21世纪工业工程专业系列教材

工程经济学

Engineering Economics 第2版

主　编　吴　锋　叶　锋

副主编　乔金友　齐德新

参　编　慈铁军　李亚斌　王哲健

　　　　祝荣欣　陈　龙　王小磊

主　审　万威武

机械工业出版社

CHINA MACHINE PRESS

本书是为适应我国工业工程与工程管理学科人才培养以及普通工科专业学生对经济管理知识的需求而编写的。全书共分12章，主要论述了工程经济的基本要素、基本原理，经济效益评价的基本方法、不确定性分析、投资估算与资金筹措、工程项目可行性分析、价值工程、设备工程经济性分析、项目可持续发展评价等内容。

本书的主要特点是：服务于教学，各章后附有内容翔实的习题，并配有教学多媒体课件；应用导向，提供了完整的项目可行性分析案例；与国家大政方针保持一致；反映工程经济领域的新进展；突出实践环节，培养学生解决实际问题的能力。

本书适宜作为高等院校工业工程与工程管理专业以及其他理工类学生的教材，也可作为广大工程技术人员和管理人员的自学参考书。

图书在版编目（CIP）数据

工程经济学/吴锋，叶锋主编．—2版．—北京：机械工业出版社，2015.6（2024.7重印）

21世纪工业工程专业系列教材

ISBN 978-7-111-50380-4

Ⅰ.①工…　Ⅱ.①吴…②叶…　Ⅲ.①工程经济学—高等学校—教材　Ⅳ.①F062.4

中国版本图书馆CIP数据核字（2015）第114358号

机械工业出版社（北京市百万庄大街22号　邮政编码100037）

策划编辑：裴　泱　责任编辑：裴　泱　及美玲　常爱艳

版式设计：赵颖喆　责任校对：樊钟英

封面设计：张　静　责任印制：孙　炜

北京中科印刷有限公司印刷

2024年7月第2版第9次印刷

184mm×260mm・17.25印张・423千字

标准书号：ISBN 978-7-111-50380-4

定价：49.00元

电话服务	网络服务
客服电话：010-88361066	机　工　官　网：www.cmpbook.com
010-88379833	机　工　官　博：weibo.com/cmp1952
010-68326294	金　　书　　网：www.golden-book.com
封底无防伪标均为盗版	机工教育服务网：www.cmpedu.com

21世纪工业工程专业系列教材

编 审 委 员 会

序

每一个国家的经济发展都有自己特有的规律， 而每一个国家的高等教育也都有自己独特的发展轨迹。

自从工业工程 （Industrial Engineering，简称 IE） 学科于 20 世纪初在美国诞生以来， 在世界各国得到了较快的发展。 工业化强国在第一和第二次世界大战中都受益于工业工程。 特别是战后经济恢复期， 日本、 德国等均在工业企业中大力推广工业工程的应用和培养工业工程人才， 获得了良好的效果。 美国著名企业家艾柯卡先生， 是美国福特和克莱斯勒汽车公司的总裁， 他就是毕业于美国里海大学工业工程专业。 日本丰田生产方式从 20 世纪 80 年代创建以来， 至今仍风靡世界各国， 其创始人大野耐一的接班人——原日本丰田汽车公司生产调查部部长中山清孝说：“所谓丰田生产方式就是美国的工业工程在日本企业的应用。” 亚洲的韩国、 新加坡、 中国台湾和中国香港均于 20 世纪 60 年代起步工业工程， 当时正值亚太地区经济快速发展时期。 中国台湾的工业工程发展与教育是相当成功的， 经过 30 年的努力， 建立了工业工程的科研、 应用和教育系统。 20 世纪 90 年代初， 全台湾 60 所大学有 48 所开设了工业工程专业， 至今人才需求仍兴盛不衰， 更重要的是于 1992 年设立了工业工程学门。 目前， 在大陆的台资企业都设有工业工程部和工业工程工程师岗位。 亚太地区的学校都广泛设立工业工程专业。 工业工程高水平人才的培养， 对国内外经济发展和社会进步起到了重要的推动作用。

1990 年 6 月中国机械工程学会工业工程研究会 （现已更名为工业工程分会） 的正式成立， 以及首届全国工业工程学术会议在天津大学的胜利召开， 标志着我国工业工程学科步入了一个崭新的发展阶段。 人们逐渐认识到工业工程对中国管理现代化和经济现代化的重要性， 并在全国范围内自发地掀起了学习、 研究和推广工业工程的活动。 更重要的是在 1993 年 7 月由原国家教委批准， 天津大学和西安交通大学首批试办工业工程专业并招收本科生， 由此开创了我国工业工程学科的先河。 而后重庆大学等一批高校也先后开设了工业工程专业。 时至今日， 工业工程专业已在我国高校普遍开设。 发展速度之快， 就像我国经济发展一样， 令世界各国瞩目。 我于 2005 年 9 月应邀赴美讲学， 2001 年应台湾省工业工程学会邀请到台湾清华大学讲学， 2003 年应韩国工业工程学会邀请赴韩讲学， 其题目均为 “中国工业工程与高等教育发展概况”。 他们均对中国大陆的工业工程学科发展给予了高度的评价， 并表达了与我们保持长期交流与往来的意愿。

虽然我国工业工程高等教育自 1993 年就已开始， 但教材建设却发展缓慢。 最初， 大家都使用由北京机械工程师进修学院组织编写的 “自学考试” 系列教材。 至 1998 年时， 全国设立工业工程专业的高校已达三四十所， 但仍没有一套适用的专业教材。 在这种情况下， 工业工程分会与中国科学技术出版社合作出版了一套工业工程专业教材， 并请西安交通大学汪应洛教授任编委会主任。 这套教材的出版有效地缓解了当时工业工程专业高等教育教材短缺的压力， 对我国工业工程专业高等教育的发展起到了重要的推动作用。

然而， 近年来我国工业工程学科发展十分迅猛， 开设工业工程专业的高校数量直线上升， 同时教育部也不断出台新的政策， 对工业工程的学科建设、 办学思想、 办学水平等进行规范和评估。在新的形势下， 为了适应教学改革的要求， 满足全国普通高等院校工业工程专业教学的需要， 机械工业出版社推出的这套 “21 世纪工业工程专业系列教材” 是十分及时和必要的。 在教材编写启动会上， 编审委员会组织国内工业工程专家和学者对本套教材的学术定位、 编写思想和特色进行了深入研讨， 力求在确保高学术水平的基础上， 适应普通高等院校教学的需求， 做到适应面广、 针对性强、 专业内容丰富。 同时， 本套教材还配备相应的实验和实习教程、 案例教程， 实现立体化。 尽管如此， 由于工业工程在我国正处于快速成长期， 加上我们的学术水平和知识有限， 教材中难免存在各种不足， 恳请国内外同仁多加批评指正。

于天津

第 2 版前言

本书是在第 1 版（2006 年）的基础上，结合近些年来工程经济活动以及相关制度法规变化修订而成的。近年来，工程建设发展迅速，尤其是高端大型工程取得了举世瞩目的进步，例如高铁、大型水坝等不但在国内取得了成功，而且已由李克强总理作为中国硬实力推荐至国际市场。与此同时，工程建设相关的法律法规也与第 1 版所处时段有很大不同。例如，企业所得税税率、营业税税率以及增值税税率及计征范围都有所不同，关于资产分类以及产成品的构成的提法在 2006 年发布的《建设项目经济评价方法与参数》第 3 版中都做了重新规范与调整，相应的工程经济分析的报表也发生了变化。因此，非常有必要对本书的第 1 版进行修订。

本书仍然延续了第 1 版的结构。除了上述内容的修订之外，还删除了第十三章“项目可行性研究综合案例”。另外，本书在形式上也做了一些改变，在每章开始增加了引例，以便教师在每章开篇时能够有一个合适的切入点，使课程讲解更富有吸引力。

本书由西安交通大学吴锋教授和华北电力大学叶锋教授任主编，东北农业大学乔金友教授和辽宁工程技术大学齐德新教授任副主编。本书共分 12 章。其中，第三、八、九章及附录（工程经济课程实践及应用）由吴锋教授修订；第一、五、六、七章由叶锋教授修订；第二、十、十一章由齐德新教授修订；第四、十二章由乔金友教授修订。此外，华北电力大学的慈铁军、李亚斌、王小磊老师和东北农业大学的王哲健、祝荣欣、陈龙老师也参加了本书的内容整理工作。西安交通大学万威武教授担任本书主审。

鉴于编写水平有限，书中纰漏与不足之处在所难免，恳请读者不吝赐教，批评指正。

吴　锋

第 1 版前言

工程经济学是建立在工程学与经济学基础之上的一门应用学科。本书是为适应我国工业工程与工程管理学科人才培养以及普通工科专业学生对经济管理知识的需求而编写的。全书共分 13 章。主要论述了工程经济的基本要素、基本原理，经济效益评价的基本方法、不确定性分析、投资估算与资金筹措、工程项目可行性分析、价值工程、设备工程经济性分析、项目可持续发展评价等内容。

本书主要特点是：①服务于教学。各章提供了丰富的习题，供学生掌握基本的理论与方法。②应用导向。工程经济是实务性很强的学科，行业内规范的工作方法是具体从事该领域工作的基础，本书提供了完整的项目可行性分析案例研究，增加了学生进行工程经济分析的情景感受，同时为学生提供了可操作的模板。③与国家大政方针保持一致。本书增加了“科学发展观与项目可持续发展评价”一章的内容，确保项目与国家大环境相和谐。④反映新进展。书中增加了近年来工程经济领域的新进展，如 BOT 融资方法等。⑤突出实践环节。总结了以往工程经济教学实践环节的研究成果，突出其重要性。详细安排了学生实践的各个环节，包括：选题、数据收集、备选方案设计、课程实践的组织方式、进度计划、研究报告与工作报告撰写、成绩评定方法等，并给出了参考题目，便于学生选择。

全书由西安交通大学吴锋和华北电力大学叶锋担任主编，东北农业大学乔金友和辽宁工程技术大学齐德新担任副主编。其中，第一、五、六、七章由叶锋撰写；第四、十二章以及第九章第一、二、三、四节由乔金友撰写；第二、十、十一章由齐德新撰写；第三、八、十三章以及第九章第五节和附录（“工程经济”课程实践及应用）由吴锋撰写。华北电力大学的慈铁军、李亚斌老师和东北农业大学的王哲健、祝荣欣、陈龙老师参加了书稿的编写与整理工作。西安交通大学的万威武教授担任主审。

本书在编写过程中，河海大学郑垂勇教授审阅了大纲，并对全书的内容安排提出了建设性的意见；万威武教授审阅了全书，从结构体系到具体概念的提法都给予了细致的意见；另外，东北大学的郭伏教授与中国矿业大学的卢明银博士也对本书提出了宝贵的意见。在此，我们深表感谢。

鉴于编者水平有限，书中纰漏与不足之处在所难免，恳请读者批评指正。

编　者

目　录

第一章 绪　论

引例

根据企业战略规划，“三山”化工厂计划在A市投资兴建一座全新的工厂，除了对环境以及社会效益进行分析评价外，其经济效益都会涉及哪些问题呢？企业高层对此已经讨论多次。第一，要为新厂确定适宜的产量规模，即解决经济规模问题。第二，要选择建厂地区和建厂地址，即选点和定址问题，这一般涉及建厂地区的水文地质条件和施工土方等基础建设问题，同时涉及原材料、电力、水源等供应来源、运输条件与方式等问题，不同的方案成本费用差异很大。第三，该项目的技术选择问题，主要包括反映生产技术水平的工艺方案以及各生产阶段的工艺方法，这些决策直接影响到设备的选择和厂区内各生产环节的平面布置，解决这些问题，同样需要对不同技术方案进行分析比较和详细的计算与论证。企业决策者认为，没有一套科学合理的经济评价方法，很难得到经济效益最好的方案，同时，近年来国内外经济形势变化剧烈，人力成本、科学技术、原材料、产品价格等企业内、外部因素都存在极大的不确定性，如何控制企业投资风险，也是决策者面临的紧迫问题。

“三山”化工的高层决策者认为，这些问题的构成属于技术和经济两个不同的范畴，不但需要多个部门人员的参与，还要用系统、科学的方法来综合研究，你能帮助他们解决上述问题吗？

人类社会的经济发展依赖于科学技术的进步，而无论采用何种技术，都必然消耗一定的人力、物力、财力等各类资源。在经济学上，这些有形和无形的资源都是某种意义下的稀有资源。另外，同一种资源往往又有多种用途，如何把有限的资源合理地配置到各种生产经营活动中，是有史以来人类生产活动中就存在的问题。

随着科学技术的高速发展，为了用有限的资源来最大限度地满足人们的需要，在实际工程中可供选择的技术方案越来越多。如何以经济效果为标准对多个技术上可行的方案进行比较，做出评价，从中选出最佳方案的问题，就更加突出，更加复杂。同时，随着投资体制改革的不断深入，我国正在逐步构建和完善市场引导投资、企业自主决策、银行独立审贷、融资方式多样的新型投资体制，各类工程项目的可行性研究、投资决策和经济评价等将是重要的基础工作，需要运用工程经济学的理论知识、技术方法，有效解决建设工程项目中的实际问题。工程经济学这门学科，正是用来研究生产经营活动中的这些经济问题和经济规律，寻求技术与经济的最佳结合。

第一节 工程经济学概述

一、工程经济的相关概念

工程经济学包括工程学与经济学两大范畴。在社会经济活动中，一个项目的成败不仅取决于技术上是否可行，而且还要分析经济上是否合理。长期以来，人们在技术和经济这两个领域不断探索与逐步积累，逐渐发展为工程学和经济学两大学科。

工程是指人们综合应用科学的理论和技术的手段去改造客观世界的具体实践活动，以及这些活动所取得的实际成果，它不同于科学也不同于技术的概念，是科学和技术的综合应用。狭义上的工程主要包括不同门类的专业工程，如机械工程、建筑工程、水利工程、航天工程等，随着社会的发展，工程的概念在不断扩大，人们往往把一些活动冠以“工程”的名称。例如，“希望工程”“安居工程”等，这些我们可以理解为广义的工程概念。工程经济学中的工程是广义的概念。

经济一词原意指家庭管理，即家庭理财，有节约、赚钱之意，希腊科学家亚里士多德定义“经济”为谋生手段的意思。中文“经济”一词取自我国古代“经邦济世”“经国济民”之意，是治理国家、拯救庶民的意思。随着社会的发展，人们对经济的理解多种多样，概括起来有以下4种含义：①生产关系、经济制度、经济基础；②国民经济的总称及其各个部门，如工业经济、农业经济；③社会的物质生产和再生产过程，如经济效益、经济规模；④节约、节省的意思，如经济小吃、经济实惠。①②两种属于宏观经济的范畴，③④两种则属于微观经济的范畴。本书涉及的经济概念既有宏观含义又有微观含义，但更多的是指微观方面。

经济学与工程学一样，有一个庞大的体系，根据研究视角不同，经济学的定义也不同。工程经济学领域引用较多的是罗宾斯的经济学定义：研究稀缺资源在给定但是有竞争的目的之间的配置的科学。按照该定义，经济学是一门主要研究各种稀缺资源在可供选择的用途中进行合理配置的科学。其主要要点有以下3个：第一，资源稀缺，如项目资金总是有限的；第二，需要分配资源的用途具有竞争关系，各种用途往往具有排他性；第三，存在决策环节，合理的配置资源需要科学决策。一般来说，经济学并不一定要求直接与货币本身有关。

任何工程（投资）项目都是通过对资源（材料、能量、信息）的消耗，经过研究、开发、设计、生产、建造、制造、运行、维护、销售、管理、咨询之中的某些过程的活动，来改造自然，从而产生经济效果、社会效果以及对生态、环境的影响。由于资源稀缺，不同的分配结果也会产生不同的效果，因此如何使有限的资源最大限度地满足社会需求，充分利用资源、合理配置资源，以最少的耗费达到最优的经济效果，这就需要研究如何根据资金情况，谋划备选方案，并利用合理的指标体系，选择合适的方法对上述方案进行科学的评价，以达到技术与经济的统一。

工程经济学是工程与经济的交叉学科，是研究工程技术实践活动经济效果的学科。即以工程项目为主体，把经济学原理应用到与工程经济相关的问题和投资上，以技术—经济系统为核心，研究如何有效利用资源提高经济效益的科学。

工程经济学中研究的各种工程技术方案的经济效益，是指各种技术在使用过程中如何以最小的投入获得预期产出或者说如何以等量的投入获得最大产出，如何用最低的寿命周期成本实现产品、作业以及服务的必要功能。

二、工程经济学的研究对象

工程经济学的研究对象是各类工程（投资）项目，包括公共项目、企业投资项目。它不仅仅是指固定资产建造和购置活动中的具有独立设计方案、能够独立发挥功能的工程整体，而且更主要的是指投入一定资源的计划、规划和方案并可以进行分析和评价的独立单位。而这些项目可以是现有或已建项目、新建项目、扩建项目、技术引进项目、技术改造项目等。它可以大到一个水利枢纽工程，小到一项技术革新，甚至一个零部件的更换。复杂的工程项目总是由许多不同内容的子项目所组成，每个子项目由于具有独立的功能和明确的费用投入，因而都可以作为进一步工程经济分析的对象。

一个工程项目的实施，首先要有相当数量的资金，而且要用一定时间去开发、设计与建设，建成后一般都要经营一段时间，这个过程的投资决策都是基于对未来情况的估计做出的，这就不可避免地存在一定风险。工程经济学的核心任务就是对工程项目及其相应环节进行经济效益分析；对各种备选方案进行分析、论证、评价，从而选择技术上可行、经济上合理的最佳方案。只有根据经济学的基本原理分析工程项目的经济特性，才能比较正确地回答“在什么项目上投资?”“何时投资?”“采取什么实施方案?”等问题，才能比较有把握地使一定数量的资金产生出最大限度的投资效益。同时也注重于培养工程技术人员的经济意识，增强经济观念，运用工程经济分析的基本理论和经济效益的评价方法，从可持续发展的战略高度以市场为前提、经济为目的、技术为手段，确保工程项目有较高的质量，并以最少的投入达到最佳的产出，为人类创造更多的财富。

三、工程经济学的产生与发展

工程经济学产生于一百多年前的美国，它是在研究投资发展大型项目如何规避风险的背景下产生的，它产生的基础是管理学科的不断发展。工程经济学从萌芽阶段到成熟阶段，不同的历史时期总有一些伟大的经济学家、工程师等为其做出阶段性的贡献。

早在1887年，美国的土木工程师亚瑟姆·惠灵顿在铁路建设的设计施工过程中，首次将成本分析方法应用于铁路的最佳长度和路线的曲率选择问题中，发表了《铁路布局的经济理论》一文，开创了工程领域中经济评价工作的先河，并引入了利息的概念，在其著作中，他将工程经济学描述为“一门少花钱多办事的艺术”，因此，他被称作是“经济评价的先驱”。另一位对工程经济核心理论有重要贡献的学者是O. B. 哥德曼，他重点研究了工程结构的投资问题。他认为，工程师的最基本的责任就是分析成本，以达到真正的经济性，即赢得最大可能数量的货币，获得最佳财务效率，并在1920年编著出版了《财务工程学》一书，其中首次提出了用复利法来分析各个方案的比较值，该方法至今仍是工程经济学的核心计算方法。

20世纪30年代，E. L. 格兰特教授详细研究了当时的各种经济流派，指出了古典工程经济学的局限性，以复利计算为基础，分别论述了短期投资和长期投资方案评价的相关问题，并总结出版了《工程经济学原理》一书，从而奠定了经典工程经济学的基础，这标志着工程经济学作为一个独立学科的初步形成，他也因此被称为“工程经济学之父”。

之后，J. 迪安发展了折现现金流量法和资金分配法。1978年L. E. 布西出版了《工程项目的经济分析》，全面总结了筹资、评价、优化决策、风险和不确定性问题，丰富了工程经济学的研究内容。1982年，J. L. 里格斯出版了《工程经济学》专著，该书观点新颖、内容丰富、论述严谨，系统阐述了工程经济学的基础理论和实践内容，确立了工程经济学的学科体系，把工程经济学的学科水平向前推进了一大步。

近代随着经济规模的不断扩大，经济形势变化莫测，工程经济学开始将经济数学、概率统计、计算机理论等新方法运用于项目的风险性研究及非经济因素的研究，使工程经济学日趋完善。

第二节　工程经济学的学科性质与特点

一、工程经济学的学科性质

1. 工程经济学是一门与自然科学、社会科学密切相关的边缘学科

要组织生产，进行预测、决策和对技术方案做出分析、论证，都离不开科学技术和现代化管理；进行工程项目的投资决策，需要运用数学优化方法和现代计算手段；从事和做好某一行业的企业管理和技术经济工作，也必须了解该行业的生产技术等。因此，自然科学是本课程的基础。同时，进行工程经济分析，就是为了获得更高的经济效益，而经济效益的取得离不开管理的改进、职工积极性和创造性的发挥，因此本课程又与社会学、心理学等社会科学相联系。如果说，过去在计划经济体制下，工程技术人员只倡导技术就能做好本职工作的话，那么在社会主义市场经济条件下，工程技术人员只有既懂技术又懂经济管理，才能胜任本职工作和主动适应客观环境的变化。

2. 工程经济学是一门与生产建设、经济发展有着直接联系的应用性学科

无论是工程经济还是企业管理的研究，都要与我国具体情况和生产建设实践密切结合，包括自然资源的特点、物质技术条件和政治、社会、经济状况等，研究所需资料和数据应当来自生产实际，研究目的都是为了更好地配置和利用社会资源，不断提高经济效益，因此，本课程是一门应用性较强的学科。

3. 工程经济学是一门定性与定量分析并重的学科

工程经济与企业管理都要求有一套系统、全面的研究方法。而这种分析方法必须具有定性与定量相结合的特点，随着自然科学与社会科学的交叉与融合，系统论、数学、电子计算机进入工程经济和企业管理领域，使过去只能定性分析的因素，现在可以定量化。但是，工程经济中仍存在大量无法定量化的因素，如技术政策、社会价值、企业文化等。因此，在研究中必须注意定性分析与定量分析的结合。

二、工程经济学的学科特点

1. 综合性

工程经济学是横跨自然科学和经济学科两大领域的交叉学科，本身就具有综合性的特点。另外，各种工程项目的可行性方案都是包含多个因素和多个目标的综合体。既要分析技术因素，又要分析经济因素；既要考虑技术上的选择，又要考虑经济上的成本与效益；既要考虑直接效果，又要考虑间接效果和连锁效益。对方案进行评价时不仅要进行技术经济评价，还要做社会、政治、环境等方面的评价；不仅要静态评价，还要动态评价；不仅要进行企业经济评价，还要进行国民经济评价等。这些都决定了工程经济分析的综合性特点。

2. 实践性

工程经济学是一门应用学科，它研究的内容来源于实践。对工程项目进行经济分析时，必须与社会经济情况、物质技术条件、自然资源等实际条件紧密结合，研究各种课题中大量的原始数据资料和相关信息，才能得出合理的结论。因此，工程经济学的基本理论和方法是实践经验的总结和提高，它的研究结论也直接应用于实践并接受实践的检验，具有明显的实践性。

3. 系统性

工程经济研究必须具有系统的观点。众所周知，系统就是由相互作用又互相依赖的若干组成部分结合而成的，具有特定功能，处于一定环境中的有机集合体。一个生产单位可以看成是一个系统，它是具有特定的功能的组织，同时它又是国民经济这个大系统中的一个组成部分。因此，在对其进行研究时，就不能不考虑整个国民经济这个大系统中其他相关组成部分对它的影响，一定要把它放在这个大环境中进行研究。例如，研究一个机械产品开发问题，不仅要分析制造企业本身的研发技术、生产能力和资金等各方面因素，还要考虑该产品涉及的相关机电行业的新技术的发展情况，以及可能涉及的原材料等其他非机械工业部门的情况。所以，工程经济研究具有系统性的特点。

4. 预测性

工程经济学在项目或方案采用之前，事先评价其经济效益。在一个工程项目建设之前，一般要对项目进行可行性研究，从技术上、经济上、财务上和社会各个因素方面，预测该项目产生的预期效果，从而判断项目是否可行，同时，还要预测这些因素的变化对项目预期效果的影响并采取相应的风险防范措施。

5. 选择性

工程经济分析的重要工作内容是方案的比较和选优。为达到此目的要拟定多个可行方案，要分析这些方案的技术经济指标以及方案实现的条件和可能带来的成果，并将这些方案进行比较，从中选出最优方案。所以，工程经济分析的过程就是方案的比较和选优的过程。

6. 定量性

工程经济学是一门以定量分析为主的学科，它与微观经济学和计量经济学有着密切的联系。定量分析与定量计算是工程经济学的重要手段。为了论证某个项目方案在技术上的先进性和经济上的合理性，必须列出能够反映出各方面情况的一系列技术经济指标，并进行定量分析与计算，借以说明技术方案的优劣和经济效益的高低。工程经济分析中，经常需要采用一些数学方法，建立各种数学模式和数学公式，并对许多数据进行处理和计算。所以，定量性是工程经济学的特点。

三、工程经济学与其他类似学科的关系

在学科关系方面，工程经济学更加偏重于微观经济学，同时又与宏观经济学有着某些联系。例如，工程经济除研究涉及企业经营性项目外，还研究政府支持的公共事业项目。此外，企业工程项目也必须注意其对宏观社会的影响，如环保、生态平衡以及生产力布局等问题。

与工程经济密切相关的学科是技术经济学。工程经济学与技术经济学既有许多共性又有所不同，工程经济的学科体系和方法很多源自于技术经济学。首先，工程经济学研究的对象是工程项目技术经济分析的最一般方法，它可能涉及技术问题，也可能不涉及技术问题；而技术经济学的研究对象是各种不同的技术政策、技术方案和技术措施，每一个分析评价与“技术”都有着不可分离的关系。其次，研究内容也不相同。技术经济学研究技术经济政策，即规定国民经济及各部门技术发展和经济活动方向的准则和措施，技术经济政策规定了技术发展的方向、重点和途径，正是因为技术的复杂性，技术经济学又有许多分支，如农业技术经济学、工业技术经济学等。工程经济学属于方法论科学，所以它的内容主要包括货币时间价值分析方法、多方案比较方法、风险分析方法等。当然，工程经济学在对“工程”进行经济分析时，也必须借助技术经济学的成果，很多工程的核心问题是技术问题。但工程经济学与技术经济学相比，其内涵与外延又有诸多不同，工程经济学涉及面要更为广泛一些。

工程经济学与会计学也关系密切，它们既有联系又有区别。工程经济学借用了会计学的某些概念，如成本、收益等用于预估项目的经济效果，其区别在于，工程经济的核心是对项目进行经济决策，因此，其所用数据如成本等都是预估的，而会计则是事后的记账方式，是按实际发生的支出如实记录的。

另外两个与工程经济学联系较为紧密的学科是管理会计学和管理经济学。相比较而言，工程经济学是研究经济性的学科，而管理会计学和管理经济学是从一个侧面或一个角度研究经济性的。其中，管理会计学是从会计角度，为企业经济决策与控制、提供经济分析信息和优化方案的学科；管理经济学是从微观经济学角度，为企业多层次多部门提供经济决策分析原理和一般性分析方法的学科；而传统的工程经济学则是利用管理经济学原理和方法论，借助于数学模型和计算机手段，为工程师参与工程、技术、生产和经营领域的策略性、战术性决策提供经济决策原理与具体方法的应用性经济学科。

第三节 工程经济学的内容与分析原则

一、工程经济学的内容

工程经济学是以工程项目投资全过程为研究对象，以掌握工程项目投资以及提高工程项目投资经济效益所涉及的经济与管理的分析方法与内容为教学目标，主要针对工科专业的硕

士生、本科生开设的课程。对于工科专业的硕士生，在教学中可以讲授全部内容，而对于工科专业的本科生可以选择基本内容进行讲解。本书为配合教学，在一些主要的章节之后，附以案例分析，课堂教学中也可以选择一些。为使本门学科的内容体系具有相对的完整性与条理性，本书的学习内容主要包括以下几部分内容：

(1) 工程经济基本概念与基本原理。工程经济基本概念与基本原理包括工程经济含义，发展史及其方法特点。

(2) 经济效益及评价指标体系。经济效益及评价指标体系包括经济效益的概念及一般表达式；经济效益评价的基本原则；经济效益评价指标体系。

(3) 资金的时间价值及等值计算。资金的时间价值及等值计算包括资金时间价值概念；资金等值及其基本计算公式；资金等值计算应用举例。

(4) 工程经济评价的原理及方法。工程经济评价的原理及方法包括技术方案经济比较的可比原则；工程经济评价指标体系；多项目（方案）的经济性比较与选优；评价指标电算化。

(5) 不确定性分析及方案综合评价。不确定性分析及方案综合评价包括盈亏平衡分析；敏感性分析；风险分析；方案综合评价；通货膨胀、通货紧缩对项目评价的影响。

(6) 投资筹措与项目融资。投资筹措与项目融资包括资金筹集渠道与方式；自有资金筹集；借入资金筹集；资本结构决策；建设—运行—转移投资模式分析。

(7) 工程项目可行性研究。工程项目可行性研究包括可行性研究的意义和作用；可行性研究的主要内容；可行性研究方法；可行性研究案例。

(8) 价值工程。价值工程包括价值工程与工程经济的关系；价值工程概念及特点；产品的功能与成本分析；产品价值评定；VE 的对象选择；价值工程的实施（案例）。

(9) 设备维修的技术经济分析。设备维修的技术经济分析包括设备的磨损与寿命；设备磨损补偿的技术经济分析；设备租赁的经济分析。

(10) 项目可持续发展评价。项目可持续发展评价包括可持续发展的内涵；可持续发展的评价及其指标体系；投资项目环境经济效益分析；投资项目的社会评价。

二、工程经济分析应遵循的原则

工程经济学是工程技术与经济核算相结合的交叉学科，是自然科学、社会科学密切交融的综合科学，是一门与生产建设、经济发展有着直接联系的应用性学科。因此，进行工程经济学的分析主要应遵循以下原则和方法：

1. 理论联系实际

工程经济学是西方经济理论的延伸和应用，本质是在研究项目运行过程中资源的最佳配置，许多概念和方法均来自于西方经济学。因此，要正确地运用工程经济学分析方法，必须正确地把握经济学中的基本概念，了解经济学所描述的经济理论。当然，每一项工程都有其不同的目标、条件和背景，如投资、费用、成本、寿命周期、经济效益等，都会根据项目的行业特点、项目性质、相关政策等有不同的计算方法，这就需要工程经济分析人员对具体问题进行具体分析，灵活运用基本理论，只有这样才能得出合理结果。

2. 正确处理短期与长期、微观与宏观经济效益的关系

任何项目上马，不能只顾眼前利益，要以发展的眼光，从长远的角度看问题，使项目具有长期的生命力，要正确处理短期（当前）经济效益与长期经济效益的关系。每个工程经济分析对象都有一个明确的功能目的，但它们往往都是由许多子项目组成，每个子项目的运行又有自己的功能目标和不同的寿命周期，要想达到整体目标最优，就必须进行全面的、系统的分析。首先将工程经济分析对象视为一个系统，明确系统的功能目的，剖析系统的要素构成、各自的特征及其相互联系，实现要素的有机结合，才能达到系统的整体最优化。任何工程项目都不是一个独立的系统，都处于社会经济大系统之中，受社会系统各种因素的影响，包括财政策和货币政策等，同时其产出也会影响生态环境、消费等社会要素。因此，工程经济分析人员要坚持系统论的观点，在提高项目经济效益的同时必须兼顾社会效益。

微观经济效益是个体的、局部的，是宏观经济效益的基础。没有微观经济效益的提高，宏观经济效益的提高也是难以实现的，所谓“小河有水大河满，小河无水大河干”正是强调微观经济的作用。企业（项目）在追求其微观经济效益的同时绝不能忽视其宏观经济效益，例如对国民经济的贡献、对社会安定、对生态环境的影响。我们绝不能以牺牲宏观经济效益为代价而达到发展微观经济效益的目的。总之，要正确处理微观经济效益与宏观经济效益的关系，在合理利用资源、保护环境与生态的前提下，以尽量少的劳动消耗，生产和提供更多、更好的符合人和社会需要的产品和服务。

3. 定性分析与定量分析相结合

工程经济学主要以定量分析为主，但其是从定性出发，通过定量分析，再得到一个定性的结论。因此，在对项目进行评价时要采取定性分析与定量分析相结合的原则。首先，通过收集的资料定性分析工程项目的行业特点、目标要求、基本指标等要素，研究确定项目的评价方法和体系。然后，通过数据资料定量计算得到一系列判别指标值。只有将项目的效益与费用定量化，才能对项目做出较准确的评价，才更有说明力。因为，工程项目与科学技术、经济、社会、生态、文化（价值）大系统相联系，在分析过程中，有些内容是很难、甚至不能量化的，这时就需要进行定性的分析，作为定量分析的补充。最后，通过实际指标与基准指标的对比或不同方案之间经济指标的对比，对工程项目各方案作出优劣判断。

4. 静态评价与动态评价相结合

静态评价与动态评价的区别在于是否考虑资金的时间价值。静态评价就是在不考虑货币的时间价值的前提下，对项目经济指标进行计算和考核，是对项目的粗略评价；动态评价就是考虑资金的时间价值，对不同时点上的投入与产出做出不同的核算处理，从而对项目进行更客观的分析和计算，也就是所谓的详细评价。由于静态评价计算简单，在确定投资机会和对项目进行初步选择时，一般只进行静态评价。静态评价不能充分反映项目现金流的实际价值，为了更科学、更准确地反映项目的经济情况，就必须对其进行动态评价。所以对工程项目进行评价时应以动态评价为主，静态评价与动态评价相结合的方式。

5. 统计预测与不确定性分析相结合

在对工程项目进行评价分析时，项目一般还未实施，尚停留在考察阶段，工程项目中的投资、成本、费用、收益等有关经济数据大都依靠预测来获得，所有的经济评价数据都是根据这些预测数据计算的，因此，评价结论的准确性与预测数据的可靠性有着密切关系。工程

经济分析中许多模型的建立、经验数据（系数）的取得离不开统计、回归分析，工程经济分析离不开统计表分析，工程经济分析人员要学习和掌握适当的统计预测方法。

对项目的经济数据进行预测，就不可避免地存在误差，另外，影响未来的因素众多，许多因素又处在不断的发展变化之中，这些都会影响评价结果。因此，为了对项目进行更全面的工程经济分析，决策者就要充分考虑和估计项目未来的发展或变化情况，对项目的经济指标做不确定性分析，并做出相应的风险分析。工程经济分析就需要在确定分析的基础上考虑不确定性因素，将确定分析的原理和风险分析方法相结合。

三、本课程的学习方法

学习工程经济学是十分必要的，在当前市场经济体系中，它是联结技术与经济的桥梁和纽带，它可以帮助我们实现投资决策的科学化。如果把市场看作球场，那么利润就相当于比分，工商税务等市场管理部门就相当于裁判，国家财税政策、工程经济分析技术和方法则可以看作是比赛规则，试想一个运动员，不懂比赛规则，如何参加比赛，又怎能获胜？因此，要想在市场经济的浪潮中搏击并取得成功，学习并掌握一些工程经济分析的技术和方法是十分必要的。

学习本课程，应注意以下方法的运用，使学习能收到实效。

1. 注意理论联系实际，采用调查研究和理论研究相结合的方法

工程经济学来源于实践，应用于实践，在学习中，应该将工程经济分析的基本理论、基本原理与日常生活、技术实践和生产实践相结合，通过思考题、计算题与案例分析来掌握课程的内容，对生活、工作中的问题多算经济账，养成勤于思考、善于应用的良好习惯。有条件的话，还可以组织一些兴趣小组，去实际部门进行调查研究或直接参与实践，获得第一手资料，进一步运用有关的知识与方法进行分析。

2. 注意定性分析与定量分析相结合的比较研究方法

工程经济分析虽然以定量分析为主，但经济问题复杂多变，简单的定量计算往往不能很好地反映问题的各个方面，尤其是一些无法量化的因素，因此，在学习基本理论和分析实际问题时，定性分析与定量分析不能偏颇，只有二者结合，才能得出比较正确和客观的结论。同时要注意比较研究，对不同方案、不同企业以及国内外同类企业、同行业或本企业的不同时期进行分析比较，从而找出改进生产和提高效益的途径。

3. 注意采用系统分析的方法

系统分析的方法就是从事物的整体出发来研究事物的方法。这种方法有利于避免和纠正研究问题的片面性，从而正确把握问题的实质。生活中还要多关注国家经济政策和财税政策的变化，将微观分析放在宏观大背景下研究，放眼未来，将长期经济效益和短期经济效益相结合，寻求综合效益最优化。

第四节 工程经济分析的一般程序

工程经济分析主要是对各种可行的技术方案进行综合分析、计算、比较和评价，全面衡

量其经济效益，以作出最佳选择，为决策提供科学依据。其一般程序如图1-1所示。

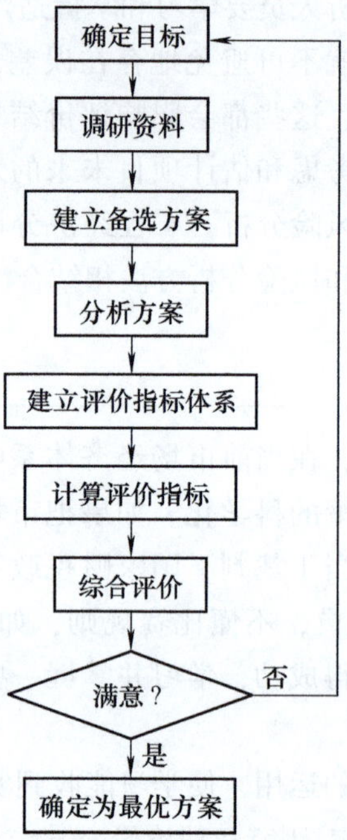

图1-1 工程经济分析的一般程序

一、确定目标

工程经济分析的目的在于寻求方案之间的优劣比较，要比较就需有共同的目标。由需要形成问题，由问题产生目标，然后依照目标去寻求最佳方案。目标是由问题的性质、范围、原因和任务决定的，它是工程经济分析中重要的一环。

二、调查研究收集资料

目标确定后，要对实现目标的需求进行调查研究，分析是否有实现目标所需的资源、技术、经济和信息等条件，资料要真实、及时和全面。

三、谋划备选方案

方案是分析比较的对象，为了有利于比较、鉴别和优选，在工程经济分析初期，应首先对能够实现既定目标的各种途径进行充分挖掘，在占有资料的基础上，比较方案尽可能多一些，提供充分的比较对象，以确保优选质量。

四、方案可比化处理

互相比较的方案，由于各方案的指标和参数不同，往往难于直接比较。因此需要对一些不能直接对比的指标，进行处理，使方案在使用价值上等同化，将不同的数量和质量指标尽可能转化为统一的可比性指标，一般是转化为货币指标，满足可比性要求。

五、建立工程经济分析模型

经济数学模型是工程经济分析的基础和手段。通过经济数学模型来建立目标体系和约束条件，为以后的经济分析创造条件。

六、模型求解

按照现行财务制度的各种规定以及数据、现行价格、税收和利率等来进行财务的收支计算，求解出各方案的主要经济指标，如投资回收期、内部收益率以及净现值等，并进行比较，初步选择方案。模型求解中，要充分而正确地考虑到不同模型的应用场合以及使用条件。

七、综合分析论证

在对不同方案的指标进行分析计算的基础上定性地综合比较，选出最优方案。再对整个指标体系和相关因素进行定量和定性分析。此外，上述方法所选择的方案通常是经济上最好的方案。而经济上最好的方案，不一定是最优的方案，需要同时考虑政治、社会、环境保护等多方面的因素，对项目进行综合评价。

八、决策

将最后选定的方案与既定的目标和评价标准比较，符合就采纳；不符合则重新按照此程序进行其他替代方案的分析。对决策结果，要进行灵敏度分析；对系统中影响决策的不确定因素的变动带来的影响；做到心中有数，对所选择的方案的稳健性进行评估，以确保决策结果的可靠性。

第五节 工程经济分析的重要意义及其局限性

一、工程经济分析的重要意义

要使技术能够有效地应用于国家经济建设，就必须对各种技术方案的经济效益进行计算、分析和评价，即进行工程经济分析。工程经济分析的重要意义主要体现在以下3个方面：

1. 工程经济分析是提高社会资源利用效率的有效途径

人类生活在一个资源有限的世界上，工程师们所肩负的一项重大社会和经济责任，就是要合理分配和有效利用现有的资源，包括：资金、劳动力、原材料、能源等，来满足人类的需要。所以，如何使产品以最低的成本可靠地实现产品的必要功能是工程师必须考虑和解决的问题，而要做出合理分配和有效利用资源的决策，则必须同时考虑技术与经济各方面的因素，进行工程经济分析。

2. 工程经济分析是企业生产出物美价廉产品的重要保证

现代社会要求企业的产品具有较高的竞争力，不仅技术要过硬，价格上也要有吸引力。如果只考虑提高质量，不考虑成本，产品价格很高，产品也就卖不出去。降低成本，增加利润，是工程师的重要任务，也是经济发展对工程师提出的要求，如果工程技术人员不懂经济，不能正确处理技术与经济关系，就做不到这一点。

3. 工程经济分析是降低项目投资风险的可靠保证

决策科学化是工程经济分析方法的重要体现。在工程项目投资前期进行各种技术方案的论证评价，一方面可以在投资前发现问题，并及时采取相应措施；另一方面对于技术经济论证不可行的方案及时否定，从而避免不必要的损失，使投资风险最小化。如果盲目从事或凭主观意识发号施令，到头来只会造成人力、物力和财力的浪费。只有加强工程经济分析工作，才能降低投资风险，使每项投资获得预期收益。

二、工程经济方法的局限性

工程经济分析方法作为一个理性决策方法曾经对项目评价与决策作出了重要贡献，然而，面对复杂的社会环境和广泛的应用背景，该方法的有效性受到质疑。例如，如果对失败的项目进行统计就会发现它们都曾通过了工程经济分析或项目可行性分析，为什么通过了可行性分析的项目仍会失败呢？除了项目实施过程中管理控制问题外，更重要的是现有的工程经济方法对处理不确定性问题存在缺陷。工程经济分析的核心问题是决策，而决策依赖对未来许多因素的预测，由于未来影响决策的因素具有很大的不确定性，如成本与收益在未来若干年难以准确判断，因此，导致目前的投资分析方法失效，从而给项目投资带来风险。解决该问题的思路有两条：其一，按照理性决策方法，改善已有的工程经济分析方法，如利用实物期权法进行投资决策分析可以有效降低投资风险。其二，将某些投资项目（如 ERP 项目）视为复杂系统，按照利用非理性决策思维进行决策。这又回到里格斯（1982）提出的一对决策概念，即“直觉”与“分析”。分析方法是指工程经济分析所采用的方法，直觉判断是分析方法前人们所普遍采用的方法。对复杂问题而言，也许理性决策能力所不及，直觉判断更为有效。例如企业导入新的概念产品的决策。不过，该方法已经脱离了工程经济分析轨道，属于另一个全新的领域。

从理性决策角度出发，实物期权法也许会成为工程经济分析方法在投资决策方面有益的补充。例如，制造企业信息化需要导入 ERP 系统。首先，ERP 项目投资和实施过程中存在有很大的风险，因此只有对 ERP 项目进行有效的风险管理，才能降低 ERP 项目的投资风险，提高 ERP 项目的实施成功率。其次，项目的投资成本和未来的收益也是不确定的，投资收益评测也是相当困难的，传统的决策方法，如内部收益率法和净现值法等，并不适用于具有高度不确定性特点的 ERP 项目的投资决策。实物期权方法克服了传统投资决策方法的弊端，为具有决策柔性的企业准确地进行 ERP 项目投资决策分析提供了一种全新的解决方案。ERP 项目投资决策问题是一个带有潜在随机过程和约束条件的多阶段投资决策，包含大量的内在关联的投资机会，ERP 项目投资中包含各类期权和复合期权。因此将实物期权思想运用于 ERP 项目投资中，针对 ERP 项目投资决策特点，采用多段随机规划方法建立了投资决策模型，为企业 ERP 项目投资决策者解决上述这些难题提供了一种科学实用的决策方法。

习题

1. 如何理解工程、经济、工程经济学的概念？
2. 工程经济学的实质、对象、目的是什么？
3. 如何理解对项目进行工程经济分析的必要性？
4. 工程经济分析应遵循哪些基本原则？
5. 工程经济学的研究对象是具体的工程项目还是一般工程项目的分析方法？
6. 怎样理解工程经济学与技术经济学、管理会计学、管理经济学等学科的联系与区别？

第二章 经济效益评价及比较原理

引例

小朱是某高校工业与制造系统工程专业的大三本科生。暑期他来到英特尔成都工厂实习。英特尔成都工厂是一家外商独资企业，位于成都高新综合保税区，主要从事英特尔半导体产品的封装测试，是英特尔在全球最大的封装生产基地。英特尔成都工厂是英特尔全球最大的芯片封装测试中心之一，并已建设成为英特尔全球晶圆预处理三大工厂之一，全球一半的英特尔移动设备微处理器来自英特尔成都工厂，目前总投资额为5.25亿美元。

小朱知道英特尔成都工厂是世界级工厂，产品制造与管理都是一流的。然而，他初来乍到，特别希望对企业的经营水平和经济效益状况有一个清楚的认识，可是工厂设备运行有序，企业人员工作井井有条，该从哪里下手，了解该企业的经营情况呢?

经济效益是经济社会中企业或项目必须考虑的问题。如何评价一个企业或项目的经济效益，用哪些指标来衡量企业或项目的经济效益，对初学者而言是一个难点。另外，评价企业或项目的经济效益需要遵循一定的原则，项目之间经济效益比较也需要满足可比性原理。本章将围绕这些问题展开论述。

第一节　经济效益概述

一、经济效益的概念

现代社会的一切实践活动，无论是物质生产领域还是非物质生产领域，都是围绕着取得预期效益为目的，只不过效益的表现形式和取得方式有所不同。工程经济学主要研究对象是物质生产领域各种生产建设活动的经济效益问题。在物质生产中，既创造了物质财富，同时也支付了社会劳动，在合理利用资源和保护生态环境的前提下，所得到的有效成果和全部的劳动耗费（包括物化劳动和活劳动的占用和消耗）的比较，构成了经济效益的概念。为深入理解，下面对其定义作进一步分析。

1. 有效成果

有效成果，即对社会有益的产品或劳务。有效成果可用使用价值或价值表示，即该成果既符合社会需要，又能够在市场上实现其价值。使用价值考查产品或劳务的有用性，价值则可考查其对社会贡献的大小。劳动成果如果不符合社会需要，在市场上不能实现其价值，则属无效成果。显然，无效成果不是构成经济效益的要素。同时，有效成果的取得还具有直接性和间接性的双重特点。直接有效成果的取得往往是生产建设活动的目的，与此同时还可能带来大量间接的有效成果。例如，由于开发水电兴建大型水利工程，除获得电力供应的直接有效成果外，还能给农田灌溉、城市用水、水产养殖、航运、防洪、旅游业等带来多方面的好处。这些就是间接有效成果。直接有效成果和间接有效成果体现着社会由此获得的一切好处，这些好处都是评价经济效益时有效成果的内容。此外，有效成果的表现形式还具有多样性。能用货币计量的有效成果，称有形成果；不能用货币计量的称为无形成果。如环境的改善、劳动条件及生产文明程度的提高、巩固国防等都是无形成果。对于无形的有效成果在进行经济效益评价时必须给予充分重视，可采用定性分析或定性与定量分析相结合的方法进行描述，加强无形成果评价定量化的研究。

与有效成果相伴而生的往往还有无效成果甚至负效果。在考查经济效益时，绝不能回避或忽视这种与有效成果相对立的负效果，例如污染环境、影响生态平衡、安全生产事故以及影响构建和谐社会等一系列负面问题所带来的负面效应。在生产实践中要积极采取切实有效的治理措施，尽力避免和防止负效果的产生。同时，对已产生的负面效果，要采用科学的方法定量化，使之在经济效益评价中得以体现。

2. 劳动耗费

劳动耗费是指为取得有效成果而在生产过程中消耗和占用的物化劳动和活劳动。

无论是物化劳动还是活劳动，它们都分别以劳动消耗和劳动占用这两种相互密切联系的支付形式构成劳动耗费。

物化劳动消耗是指进行劳动所具有的物质条件和基础。它既包括原材料、燃料、动力、辅助材料在生产过程中的消耗，还包括厂房、机器设备、技术装备等在生产实践过程中的磨损折旧等。活劳动消耗是指生产过程中具有一定的科学知识和生产经验并掌握一定生产技能的人，消耗一定的时间和精力，发挥一定的技能，有目的地付出的脑力和体力所花费的劳动量。

劳动占用是指技术方案从开始实施到停止运行为止长期占用的劳动，即投资的占用。例如，为进行生产所购置和安装的机器设备和建造的厂房等，就属于物化劳动的占用。而它们在生产过程中逐渐磨损和消耗，则是物化劳动的消耗。同时，为保证生产过程得以顺利地连续进行，经常需要建立一定数量的材料储备，这也属于物化劳动的占用。而它们分期分批地投入生产而被消耗，则是物化劳动的消耗。活劳动的占用是指在一定生产时期内所占用的全部劳动力的数量。而活劳动消耗则是指劳动者为完成一定的生产任务或生产过程所花费的劳动量。

劳动耗费可用货币指标计量，表现为费用。与有效成果相对应，劳动耗费（费用的支付）也可分为直接耗费和间接耗费：为实现技术方案而直接支付的物化劳动和活劳动费用是直接费用；为相应的配套工程和附属的生活福利设施以及某些基础设施所支付的费用则属于间接费用。有时还需计算与该技术方案实施在经济上相关的单位和部门所发生的费用，即相关投资和相关费用，并将其列入间接费用。例如，三峡水利工程实施时，就需考虑大坝建起后对长江上游水位带来的影响，涉及防洪抗旱、航运等。同时，三峡水利工程的实施还关系到百万人口迁移、周边环境保护以及对生态环境的影响等问题。这些问题的解决，将会带来一定的劳动耗费，应将这部分耗费费用计入该工程项目总的劳动耗费中去。

3. 资源与生态环境

资源和生态环境是人类生存和社会发展的物质基础。我国面临的资源与环境问题非常严峻。保障人类基本生存条件的淡水、耕地、森林和草原等资源，我国人均占有量不及世界平均水平的1/3，矿产资源的人均占有量也不到世界水平的一半，开采和利用的不合理现象普遍存在。环境污染问题，如城市大气质量标准较低，城市和乡镇工业废水和生活污水的处理与排放导致水质恶化的问题相当严重。如果继续走高能耗、高污染、低科技附加值的发展道路，以牺牲生态环境和不可再生能源为代价，片面追求短期的经济效益，从长期来看，必然妨碍和影响整个社会的发展和进步，甚至会出现倒退。这不仅影响到当代人的发展和利益，而且要损害子孙后代的发展和利益，与“可持续发展”“构建和谐社会”“实现中华民族伟大复兴”等战略目标背道而驰。

因此，在核算经济效益和技术方案对比选优的时候，一定要把资源和生态纳入到经济效益的评价指标体系中去，坚决取缔那些资源尤其是不可再生资源浪费严重或对生态环境造成破坏的建设项目和生产企业。

二、经济效益的一般表达式

经济效益是指人们在经济实践活动中取得的有效成果与劳动耗费的对比。经济效益可以有多种计量方法，这里给出的是定量计算经济效益的最一般形式，以反映经济效益的内涵。表示方法有以下3种：

1. 差额表示法

这是一种用有效成果与劳动耗费之差表示经济效益大小的方法。表达式为：

$$E = B - C \tag{2-1}$$

式中，B为有效成果；C为劳动耗费；E为经济效益。

B、C、E必须使用相同的计量单位。从经济效益的概念可知，$B-C\geqslant 0$表明技术方案在经济上可行；否则，表示不可行。

2. 比值表示法

这是一种用有效成果与劳动耗费之比表示经济效益大小的方法。表达式为：

$$E = \frac{B}{C} \tag{2-2}$$

式中，B为有效成果；C为劳动耗费；E为经济效益。

该式中的E也称为效果—耗费比。B、C可使用相同的计量单位，也可使用不同的计量单位。当B、C计量单位相同时，$B/C\geqslant 1$是技术方案可行的经济界限。

3. 差额—比值表示法

这是一种用差额表示法与比值表示法相结合来表示经济效益大小的方法。表达式为：

$$E=\frac{B-C}{C} \tag{2-3}$$

式中，B 为有效成果；C 为劳动耗费；E 为经济效益。

该式中的 E 也称为净效果—耗费比。它表示单位劳动耗费所取得的净效果，在技术经济分析中更为常用。$(B-C)/C \geqslant 0$ 是技术方案可行的经济界限。

以上 3 种表达式是定量分析经济效益的依据，也是建立经济效益评价指标的基础，一般应结合起来加以应用。

需要强调的是，经济效益与有效成果是两个不同的概念。例如，某企业采取一项新技术之后，一年可节约材料费用 150 万元，而新技术的前期调研、设计费，实施中增加的设备费及人员培训费等折算为每年 50 万元，那么采用新技术方案后的有效成果为 150 万元，经济效益为 100 万元(150－50)，或用 3(150/50) 来表达，即所得到的有效成果为其投资或耗费的 3 倍。

经济效益既然是有效劳动成果与投入的劳动耗费之间的比较值，则这个值越大，经济效益就越好。通常可采用降低劳动耗费或取得更大的有效劳动成果等方法来提高经济效益。在生产建设实践中，施行的方案往往不止一个。为了取得最好的经济效益，就应该对多种可行方案进行对比，选择可获得更大有效劳动成果、更小劳动耗费的方案，达到投资最小，利益最大化。这就是所要找的最佳方案。同时，最优的概念也是相对的。对某项工程，该方案最优，而对于另一项有类似目的的工程，该方案就不一定是最优的；该方案现在最优，过几年就很可能不是最优的了。所以，最优的选择往往要经过许多次的反复比较、研究并结合当前的技术水平而确定。

第二节 经济效益评价指标体系

工程经济分析的主要内容是论证可行技术方案的经济效益。经济效益的实质是有效成果与劳动耗费的比较。有效成果表现在诸多方面，其中有的可用数量表示，有的无法用数量表示。至于劳动耗费，其支付形态和支付条件又有多种差别。所有这些造成经济效益评价的复杂性和困难性。根据经济效益的表达式，可把构成经济效益评价指标体系划分为 4 方面的内容，即劳动成果（有效成果）类指标、劳动耗费类指标、经济效益类指标和社会效益类指标。

一、经济效益评价指标体系

（一）劳动成果类指标

劳动成果类指标是反映工程项目或技术方案有效成果的指标，主要包括产品数量、产品品种、产品质量、劳动耗费的节约以及时间因素等内容，通常要结合工程实际的特点来确定。

1. 数量指标

数量指标反映的是工程项目或技术方案所产生的有效成果数量的大小，它表明技术方案对社会需求在数量上的满足，可用实物量或价值量表示，如产品产量、产品产值等。用实物量表达的数量指标应是满足规定质量标准的实物产量；价值量指标是通过价值的形式说明技术方案有效成果的指标，它们都统一在货币的基础上，可用销售收入、净产值、利润额及总产值等指标计量。实物量指标不能准确反映出一个产出多种产品技术方案的价值量，而价值量指标可以做到这一点。

2. 品种指标

品种指标是衡量一个国家技术水平高低和满足国民经济需要程度的重要标志，它用来反映经济用途相同而实际使用价值有差异的产品种类的多少。例如，为社会生产领域和非生产领域各个方面提供的机械工业产品，按其服务领域、应用范围、工作原理、技术特征以及结构布局、形式尺寸等的不同，可列出数万个品种。新品种具有全新的功能和更广阔的适用范围，这相当于创造了一种新的有效成果。品种指标主要有产品品种数量、新产品品种数量、新品种代替老品种的数量、尖端产品品种数量以及它们各自在产品品种总数中的比重，大型设备产品配套率、产品自给率等也属于该类指标。品种指标无论在体现满足社会需求方面，还是在表示经济成果方面，都是一个重要指标。

3. 质量指标

质量指标是指产品的性能、功用、满足使用要求的程度以及外部质量特性。它通常可分为两大类：一类是反映产品内在质量特性的专门性指标，如产品的精度、构造、物理性能、化学性能、机械性能、电气性能等；另一类是反映产品外部质量特性的指标，如外观、形状、气味、色泽、手感等。因质量特性不同，反映产品质量的指标不能直接比较，实践中通常采用间接的指标进行评价，如加工合格率、优质品率、一级品率、废品率、返修率等。

4. 劳动耗费的节约指标

生产建设活动中各种物化活动和活劳动的占用和消耗的节约，也应属于有效成果类指标，而且是很重要的指标。因为劳动占用和劳动消耗的节约本身是一种额外的收益，所以它是有效的劳动成果。这种情况在技术方案比较和分析中经常遇到，因此，应充分重视这类指标的应用。

5. 时间指标

时间指标是指技术方案或产品从设计、试制到生产出来，发挥其使用价值作用所需经历的时间。它用来反映生产与建设的速度。在科学技术突飞猛进、竞争日益加剧的今天，节约时间，缩短生产建设周期，具有深远意义。在技术方案经济效益分析中，不考虑时间指标是不可能的。缩短时间能够产生有效成果体现在两个方面：一是通过节约劳动耗费来增加有效成果，二是减少或避免因新技术出现而使原技术方案相对贬值所引起的损失。属于时间指标的有：产品研制周期、产品生产周期、设备成套周期、项目寿命周期、技术方案的建设周期以及从投产达到设计产量的时间等。

（二）劳动耗费类指标

劳动耗费类指标是指反映劳动消耗和劳动占用情况的指标。具体又可划分为物化劳动的消耗、物化劳动的占用、活劳动的消耗、活劳动的占用以及劳动消耗的综合指标等。

1. 物化劳动消耗指标

物化劳动消耗可用各种原材料、燃料、动力等物质要素的实物消耗量和价值消耗量来表示。具体可按产品总量计算，也可按单位产品的消耗量计算。例如，原材料总消耗量就是该类指标；机器、设备、厂房等物化劳动的消耗是通过折旧的方式多次转移到劳动成果中去，如制造单位产品消耗设备台时数，就是反映设备消耗情况的实物量指标。

2. 物化劳动占用指标

物化劳动的占用是指某些劳动产品还没有被消耗掉，作为生产经营活动过程中必不可少的一部分已经被占用，这种被占用了的劳动产品就称为劳动占用，可用实物量和价值量表示。具体可划分为：作为劳动手段而被占用的固定资产和作为劳动对象而被占用的流动资产。前者主要是指厂房、建筑物、机器设备、仪器仪表等固定资产扣除折旧后的价值；后者则是指处于储备状态中的原材料、燃料、动力等物化劳动产品以及处于生产过程和流通领域中的在制品、库存待销售产品、已销售但未收回货款的产品、银行存款、库存现金等。

3. 活劳动消耗指标

活劳动消耗可划分为直接活劳动消耗和间接活劳动消耗。前者是指直接参与产品生产或项目建设的生产人员付出的劳动量，而该劳动消耗又可细分到各道生产工序。各道工序的生产工时、生产人员工资总额等均属该类指标。后者则是指生产管理人员的活劳动消耗，如管理人员平均工资等指标。

4. 活劳动占用指标

当经济论证或考核一个技术方案的能力或效率时，常常需要完成该技术方案所需的各类人员总数，该类指标就属于活劳动占用指标。如职工总数、生产人员数量、辅助人员数量等。

5. 劳动消耗的综合指标

反映劳动消耗的综合指标有两个：一是年总成本费用指标；二是基本建设投资指标。

年总成本费用指标是指一个年度内为生产和销售产品而花费的包括生产成本、管理费用、财务费用和销售费用在内的全部成本和费用总和。

投资指标一般是指投资者将资金投放到指定的地方，并希望达到预期效果的一种经济行为。投资指标可用两种形式描述：投资总额和单位产品投资额。投资总额是指为实现工程项目或技术方案而在固定资产形成过程中发生的全部费用支出的总和与流动资金投资之和。投资总额与生产总量（通常按年计算）的比值为单位产品投资额。它反映了技术方案的投资水平，是比较指标。在分析比较投资效果时，当两个项目或方案产量相同时，可以用投资总额比较；当产量不同时，则要用单位产品投资额来衡量才有可比性。

（三）经济效益类指标

这类指标是反映有效成果与劳动耗费相互比较的指标。它可从 3 个方面进行对比：有效成果与劳动消耗的对比；有效成果与劳动占用的对比；有效成果与劳动消耗、劳动占用的综合对比。一般情况下，当有效成果和劳动耗费能用数量或货币表示时，即可计算这类指标，可从不同侧面反映出技术方案经济效益的高低。

1. 反映有效成果与劳动消耗对比的指标

该类指标反映的是某种单位劳动消耗所产生的有效成果。例如，劳动生产率、材料利用率、动力利用率、成本利润等均属该类指标。

2. 反映有效成果与劳动占用对比的指标

该类指标反映的是某种单位劳动占用所产生的有效成果。例如，设备综合利用率、人均年产量、流动资金周转次数、固定资产产值率、资金利润率等均属该类指标。

3. 反映经济效益的综合指标

综合指标通过对有效成果与劳动消耗和劳动占用的全面计算与比较，可以综合反映投资的效益。这类指标可分为绝对经济指标和相对经济指标。绝对经济指标反映一个技术方案或一个项目本身经济效益的大小。常用的绝对经济指标有：投资回收期、净现值、内部收益率等；相对经济指标反映一个技术方案与另一个方案相比较的经济效益状况。常用的相对经济指标有追加投资回收期、差额内部收益率等。有关上述综合指标，将在以后章节中详细论述。

（四）社会效益类指标

社会效益类指标是指某些技术方案除能够创造出可度量的经济效益外，还能给社会带来种种好处，反映了某些技术方案具有的特殊效果。这类具有特殊意义的有效成果虽然在经济效益的表达式中并未体现，但在方案评价中却占有重要的地位。因此，将这些特殊的效果因素通称为社会效益。

某些技术方案可有效地促进生态环境的改善、防止环境污染；有的可促进科学发展、有利于提高科技水平；有的可改善劳动条件和劳动环境、提高文明程度；有些则可解决就业问题，或有利于解决老、少、边、贫地区的经济发展等问题。这些技术方案都具有积极的社会效益，应大力支持。反之，即便经济效益水平可观，但可能危及到社会公共利益的项目是不值得提倡的。

在进行项目或技术方案的经济效益评价时，要把社会效益纳入到评价体系当中去，而且要作为一个重要的考核指标，从而遏制、改变片面追求短期经济利益的发展思路和模式。

二、经济效益评价的基本原则

由于现代科学技术的迅猛发展及管理方法、手段的日臻完善，在考虑一个项目时，往往有多个方案可供选择。工程经济学的中心内容就是对工程项目和技术方案进行分析、比较和评价。而各方案解决问题的侧重点往往有些差别，所带来的诸多技术、经济、环境、资源、社会等问题也会呈现不同特点。这就要求在对方案进行经济效益评价时，必须遵循一定原则，全面、系统地选出最优方案，有效地降低投入、提高产出，增加效益、减少风险。

对各种技术方案进行经济效益评价时，一般应遵循以下几项基本原则：

1. 技术、经济、政策相结合的原则

技术是经济发展的重要手段，是推动经济前进的强大动力。同时，技术也是在一定的经济条件下产生和发展的，技术的进步要受经济情况和条件的制约。某个技术方案是否能得到采用，不仅要考虑技术的先进性，而且要考查其是否具有生产上的适用性和经济上的合理性，并且还要分析它对发展经济的促进作用。同时，还要注意是否符合党和国家的技术政策和经济政策，有时还需满足特定政治任务的要求，做到技术、经济、政策上的相互结合，最大限度地创造效益，促进技术进步及资源、环保等工作的共同发展。

2. 局部与整体经济效益相结合的原则

局部利益和整体利益的关系就是微观经济效益与宏观经济效益的关系。微观效益是指一个企业、部门或一个技术方案的具体经济效益，而宏观效益则是指国民经济效益或社会经济效益。一般来说，二者的利益是一致的，但有时也会出现矛盾。也就是说，一个项目或技术方案从一个企业、一个部门来看是可行、有利的，但从整个国民经济或社会效益的角度考查可能是不利的，或与现行经济法规和经济规律相冲突；另一种情况则是技术方案或项目对整个社会更为有利，而对一个企业或一个部门的利益不大。此时，就需要局部利益服从整体利益，从整个国民经济的利益出发，选择宏观经济效益好的方案。当然，在具体实施过程中，应通过必要措施尽量做到个人、企业、集体、国家利益的均衡和协调发展。

遵循该原则的具体方法往往是要对项目进行财务分析和国民经济分析。财务分析是根据国家现行财务制度和价格体系，从投资主体的角度考查项目给投资者带来经济效益的分析方法，是微观经济效益分析；项目的国民经济分析则是按照社会资源合理配置和有效利用的原则，从国家整体的角度来考查项目的效益和费用的分析计算方法，是宏观经济效益分析。

3. 近期经济效益和长远经济效益相结合的原则

这一原则就是要处理好当前利益和长远利益之间的关系。一个技术方案或新项目的实施与开发，要经过较长的周期和大量的投资，从近期来看可能是不经济的，但从长远来看，可能带来更高的生产效率和社会效益。因此，进行经济评价要从经济发展角度进行动态分析，克服贪图眼前利益而失掉长远利益的片面性，从而为经济持续发展创造良好的条件。把握好这一原则既要对项目或技术方案本身的技术、经济性有透彻的分析和清醒的认识，还要对项目的发展趋势、国家相关政策、法律法规等有一定预见性。

4. 定量经济效益与定性经济效益相结合的原则

由于有效成果有可定量的效果因素和不可定量的效果因素，因而经济效益也就有可定量的方面和不可定量的方面。定性分析与定量分析是对项目或技术方案进行经济效益分析评价的两种方法。

所谓定性分析，是指评价人员在占有一定资料、掌握相应政策的基础上，根据决策人员的经验、直觉、学识、逻辑推理能力等，以主观判断为基础进行评价的方法，评价尺度往往是给项目打分或确定指数；定量分析则是以项目各方面的计算结果为依据进行评价的方法。它通过对“成果”与“消耗”，“产出”与“投入”等的分析，对项目进行评价。定量分析具有科学、准确的特点，更由于现代应用数学及计算机技术使得定量分析规范、易行，在实际中应用普遍，是经济效益评价的重要方法。但在实际项目方案中，由于有些经济问题非常复杂，甚至有些内容无法用数量表达，因此，定性分析的作用还是不容忽视，十分必要的。应善于将定性与定量分析方法结合起来，发挥各自在分析上的优势，互为补充，使分析结果科学、准确，以利于正确选择最优方案。

5. 直接经济效益与间接经济效益相结合原则

一个项目或技术方案的实施将产生一系列经济效果。因此，经济评价除考虑项目自身的直接经济效益外，还要从社会、政治、技术、生态环境、资源利用以及本项目给其他相关项目和部门的发展创造的有利条件等诸多间接效益方面综合评价。间接效益在经济评价中有时是很重要的。有的项目直接经济效益看起来差一些，但其间接效益不错，弥补了直接效益的不足，总体上效果不错；有时的情况却是间接效益比较高，或是直接效益虽然好，但妨碍了其他相关项目或部门的发展及社会效益的提高。在这种情况下，更有必要考查间接效益，深入分析，综合评价项目的可行性，并得到正确的结论。

兼顾直接经济效益与间接经济效益的统一是形成正确决策的基础，综合评价要贯穿技术方案分析的始终。

第三节 经济效益的比较原理

工程经济分析的重要特点就是比较性，即对各种技术方案的经济效益进行比较，选出经济效益最佳的项目或技术方案。这种比较必须遵循一定的分析比较原理。比较原理主要包括以下4项：可比性原理、差异比较原理、系统分析原理和机会比较原理。

一、可比性原理

可比性原理是工程经济分析的重要原理之一，就是在对技术方案进行比较时，要分析各技术方案之间具备的可比条件，把握可比与不可比因素的内在联系，了解不可比向可比转化的规律，从而保证技术方案经济效益比较的科学性和工程经济评价结论的正确性。

该原理包括以下4个可比原则：满足需要的可比性、消耗费用的可比性、价格的可比性和时间的可比性。

（一）满足需要可比原则

满足需要可比是指相互比较的各个技术方案必须满足同样的实际需要，因而各个备选方案可以相互替代。这是所有的可能采用的方案参与比较的首要条件。

为了实现同一经济目标，所有的技术方案都是以一定数量的产量、品种和一定的质量（功能）满足需要。所以，满足需要的可比就表现在产品产量（或工作量）、品种和质量（功能）各个方面具有可比性。

1. 产量可比

相互对比的技术方案在品种、质量相同的条件下，如果产品产量相等或基本相等，则方案间具备可比性，可直接比较；对比方案产量差别不大，可采用单位产品投资额、单位产品经营成本或单位产品净收益等修正指标，进行比较、评价；当产品产量显著不同时，须进行一定的换算方可比较。如，甲、乙方案的年产量分别为100t和50t，二者产量不可比，但甲方案可与“两年的产量为100t”的修正后的乙方案进行比较，比较二者的投资总额、年成本总额等指标；还需注意的是动力方案的比较，其产量可比应是满足社会实际需要的净产量（或净工作量）相同，而不是各技术方案的额定产量（额定工作量）相同，因为该类技术方案往往存在自消耗的问题。

2. 品种可比

各个工业部门的产品，都是以各式各样的品种来满足社会生产和生活需要的。某个项目的各备选方案所提供的产量可能有各自的品种构成。

当相对比方案的产品品种结构相同或基本相同时，可视为具有产品品种可比性，可直接进行比较和评价；当相对比方案的产品品种结构有很大差别时，则方案满足同样需要的效果将有很大差别，方案间不具备直接的可比性，须进行可比性处理。当品种构成比较复杂时，可进行产量折算。例如，各比较方案提供的产品是同一系列的农用车，可将其不同品种产量的农用车依功率大小按标准（功率）台进行产量折算。又如，某火力发电厂需要解决燃料问题，既可用开采石油的方案解决，也可用开采煤炭等方案来解决，作为燃料用的石油与煤炭相比较，就是品种不同的工程技术方案间的比较问题，其实物数量不能直接相比较，但1t石油的发热量近似等于1t煤炭发热量的2倍。这样，可把二者的产量折算成发热量，进而计算二者的投资总额与年经营成本总额，进行方案的比较选优。

有些技术方案属于综合利用，可满足多方面的需要，比较时需要注意。如为解决某一矿区的居民生活用煤气问题，初步拟采用建造焦炉和采用水煤气发生炉两个方案来解决。焦炉的主产品为焦炭，副产品为煤气，即该方案具有多品种的产品，而水煤气发生炉的主产品为煤气。两个方案进行比较时，须注意分解焦炉方案的投资总额、年经营成本总额及年净收益等指标，煤气作为该方案的产品之一，只应承担其相应的成本与收益后，再与水煤气方案的相应指标进行比较，得出的结论才是科学、正确的。

3. 质量（功能）可比

产品质量可比的首要条件，就是各方案的产品质量必须都能满足特定的质量标准和质量要求，如不能满足特定质量要求，将成为方案的否决因素，也就不存在可比条件。

当相比较方案的产品质量相同或基本相同时，可直接比较各方案的经济效益；如果对比方案的产品质量有显著差别，则意味着产品的使用效果将有很大差别，方案间不具备直接的可比性，必须进行质量可比性修正计算。修正计算的常用方法就是计算不同质量产品的使用效果系数，该系数可用使用寿命或使用可靠性等指标来体现。例如，采用新技术方案生产的某产品，其使用寿命是原方案产品寿命的2倍，则新方案产品与原方案产品相比，使用效果系数h等于2。如果两方案产量规模相同，为使两方案达到质量可比要求，可用h除以新方案的投资总额和年生产总成本，得到经过调整的劳动耗费综合指标，再将该费用指标与原方案的费用总量指标（不需调整）进行比较；如果两方案的原定产量规模不同，则新方案的单位产量费用指标先除以h，再与原方案的相应指标进行比较。这就是为达到方案质量性能可比的一种调整办法。

为达到满足需要可比原则的要求，对各备选方案的产量、品种、质量等各方面有差异的因素进行修正和调整，这一过程称为工程经济评价的“等同化”或“等效化”。等同化处理不可能使各方案的经济效益评价因素完全等同，它们之间的某些因素还可能存在差异，不过显著的特征以及具有经济意义的差异不会很大。所以，技术方案评价的等同化，对于客观、正确地实现各备选方案间的比较和选优具有重要作用。

（二）消耗费用可比原则

消耗费用可比的要求，首先，就是在计算和比较各方案的费用指标时，不仅要考虑项目方案本身的生产费用，而且要考虑其储运、销售、使用等费用，即项目寿命周期成本（总成本）的可比性；其次，应从整个国民经济角度出发，分析和计算与实现本方案有生产联系的部门或单位的费用变化，即相关费用的可比性；再有，在进行方案经济比较时，各种费用的计算要采取统一的规定和方法。

寿命周期是指工程项目或产品从构思、研制、生产流通直至使用寿命终了报废为止的全部延续时间。寿命周期成本就是产品的总成本，包括制造成本和使用成本两部分。在进行项目选优时，要计算和比较总成本才能得出科学的结论。例如，水力发电与火力发电两种电站建设方案的评价、比较就很有代表性，建设水力发电站建筑安装工程量大、建设周期长、单位装机容量的基本建设投资额大，制造成本高，但利用天然和再生的水利发电，不须消耗燃料，运行和维修费用较低，即使用成本低；建设火电站，基本建设投资相对较少，制造成本低，但火力发电须消耗大量煤炭或石油等燃料，生产运行和维修费用较高，即使用成本高。在水力发电与火力发电方案的比较选优中，必须充分考虑火电站方案寿命周期内所必需的开采或购买煤炭等燃料的费用，否则，很容易得出有利于火电站的结论，而这种结论往往是不正确的。

国民经济是一个有机的整体，各地区、部门、单位间相互依存、相互协作、相互制约，有着极为密切的关系。一个工程技术方案的实施，必然引起与之相关的其他各部门、各单位建设和生产费用的发生，即相关费用的变化。例如，建设一个钢铁厂，除考虑其自身的建设和生产费用外，还要考虑与之有关的机械制造、燃料、铁路、公路、环保及市政建设等部门、单位的相应变动和配合所引起的生产和建设费用的变化。据统计，建设一个大中型钢铁厂，相关建设费用约占钢铁厂本身建设费用的1/3以上。因此，计算和比较方案的消耗费用时，必须计算和比较相关的费用。

关于各种费用的计算必须采取统一的规定和方法问题。所谓统一的规定，就是各方案的费用构成项目和计算范围必须一致，而且要防止在项目构成上和计算范围上出现交叉计算、重复计算和漏算的现象；至于统一的方法，是指各项费用的计算方法要一致。

（三）价格可比原则

对技术方案进行经济效益的计算和评价时，不可避免地要用到价格这一杠杆。价格的可比性是指在计算各个对比方案的工程经济效益时，必须采用合理和一致的价格。

合理的价格是指价格能够较真实地反映价值和供求关系，有关产品之间的比价要合理。我国目前的价格体制改革随着市场经济的发展已取得很大成就，价格体系基本理顺，商品价格背离价值和不能反映供求关系这一现象已得到有效的遏制。但工农业产品价格差异问题，以及部分原材料、初加工产品与再加工产品之间的差价不正常的关系等，还在一定范围内存在。为了避免价格背离对经济效益计算的影响，除使用现行价格外，还可采用计算价格（或称影子价格）代替现行价格；对涉及产品进出口或利用外资、技术引进等项目的投入与产出价格，可采用国际贸易价格进行分析和评价的修正计算。

价格一致是指由于科技进步和社会劳动生产率的提高，产品的价格要发生变化。因此，在计算和比较工程技术方案的经济效益时，要考虑不同时期的价格变动问题，注意采用相应时期的价格指标。即在分析近期技术方案时，应统一使用现行价格或近期的价格指标；而在分析比较远期技术方案的经济效果时，则应统一使用远景价格；不同时期的方案相比较时，则应采用统一的、某一时期的不变价格或用价格指数法折算成统一的现行价格，从而保证对比方案的价格可比性。

（四）时间可比原则

时间可比原则包括两个方面内容：一是对经济寿命不同的备选方案进行比较时，应采用相同的计算期；二是技术方案在不同时间（时刻）发生的费用支出和经济收益不能简单地相加，而必须考虑资金的时间价值。

1. 关于计算期相同问题

（1）当相互比较的技术方案的经济寿命周期有倍数关系时，应采用它们的最小公倍数作为各技术方案的共同计算周期。例如，甲方案寿命周期为4年，乙方案寿命周期为8年，则两方案进行比较时，它们共同采用的计算期应为两方案寿命周期的最小公倍数 8 年。这时，设想甲方案重复建设一次，即以两个甲方案的收益和费用支出，与一个乙方案的收益和费用支出相比较。又如，方案 A 寿命周期为 3 年，方案 B 寿命周期为 5 年，两方案比较时应采用 15 年为共同的计算周期。这时设想方案 A 重复建设 5 次，而方案 B 重复建设 3 次，据此比较它们相应的费用支出和收益。

（2）如果相互比较的各技术方案的经济寿命周期没有倍数关系，或由于投入期、服务期和衰退期不一致，而使它们的生命周期有所不同时，则应采取约定的计算期作为共同的基础，并进行相应的计算与比较。

2. 关于考虑资金时间价值的问题

各种技术方案由于技术、经济的限制，它们在投入的人力、物力、资源和发挥效益的时间上是有所差异的。不能将某一个技术方案在此期间发生的费用或收益简单地直接相加并同其他备选方案进行比较。在不考虑资金运用时间因素的情况下，进行经济效果比较，会得出错误的结果。

应当指出的是，在方案的设计和筛选阶段，为简化计算，有时可暂不考虑和计算资金的时间价值，但相对比的方案之间必须保持一致，即都要采用静态指标进行比较和评价。

时间可比原则在工程经济分析中十分重要，该类问题在以后的章节中会详细讲述。

二、差异比较原理

所谓差异比较，就是在进行项目或技术方案的比较选优时，略去各方案经济效益的等同部分，而只比较不同的因素。具体来说，当比较方案间的耗费水平一定时，只比较其效果水平；同理，当效果水平一定时，只需比较其耗费上的差异；有些技术方案的效果和耗费总的来说都不相同，但其中某些指标的达成度可能是相同的，这样只需比较达成度不同的那些指标。

采用差异比较原理进行技术方案经济效益的比较，可以减少计算的工作量，加快决策选优的速度，又不会影响比较结果的可靠性。

三、系统分析原理

系统分析是以系统整体为研究对象，以最终实现系统结构、功能最佳为目标的决策分析方法。从系统分析角度出发，技术是一个系统，经济也是一个系统，二者共同构成了技术方案这个大系统。在进行不同方案的工程经济比较时，既要研究工程技术结构、质量和可靠性等，也要研究可能实现的最佳经济效益及其实现措施等。

系统分析有许多方法，如建立线性规划、非线性规划、动态规划等数学模型，对各种可行方案进行分析比较，从中选取系统最优化方案。因此，系统分析原理是工程经济分析中的一个重要原理。

四、机会比较原理

以上原理是针对某一特定目的的方案的可比性要求。在投资决策层次上，投资者往往面临多种无特定目的的投资机会，为了让有限的资源创造最大的经济效益，就要进行机会比较。

将一种有限的资源置于某种特定用途，也就放弃了其他的投入机会，同时放弃了相应的收益。在所放弃的投资机会中最佳的机会可能带来的收益，就是将这种资源置于特定用途的机会成本。例如，一定量的资金用于项目投资，有甲和乙两个投资项目可以选择，若选择投资甲项目，就只能放弃乙的投资机会，则乙项目的可能收益即是甲项目的机会成本。

在技术经济分析中，尤其在投资决策层面上，一定要考虑某种资源用于其他用途或技术方案的潜在收益，才能做出正确决策，使资源得到有效利用，实现经济效益最大化的目标。

习题

1. 请联系实际说明，为什么在阐释技术方案经济效益概念时必须强调以合理保护生态环境为前提？
2. 经济效益评价的基本原则有哪些？
3. 简述经济效益评价指标体系的构成。
4. 工程经济分析的可比性原理包括哪些内容？

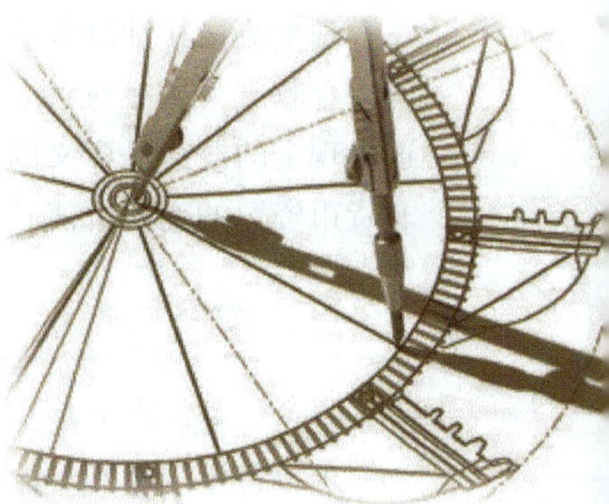

第三章 工程经济分析的基本要素

引例

成澄卷烟厂位于陕西省成澄县，系中国烟草总公司陕西分公司的五大主力卷烟制造厂之一，其品牌包括钟楼牌、华山牌以及兵马俑牌卷烟，年产卷烟20万箱，年利税8亿元。由于地理位置较为偏僻，限制了该企业的发展，产品基本属于低端卷烟产品。2014年，公司决定在其所属的市一级的开发区内，以技改项目的名义进行技术改造建立新的生产线。计划年产36万箱高等级的卷烟。如何对该项目的投资情况做工程经济分析是企业技术改造面临的首要问题。

工程经济分析的对象为工程项目。工程经济分析的目的是为项目投资盈亏平衡决策提供依据，其依据的主要手段是现金流量分析。通常，在工程经济分析时将工程项目看作一个经济系统，进行经济决策时，成本和收益表现为系统货币的流出量和流入量，统称为现金流量。构成现金流量的主要元素则为工程经济分析的基本要素，包括投资、成本、利润与税金等。

第一节　现金流量

一、现金流量的概念

若将某个工程项目作为一个系统，对该项目在整个寿命周期内所发生的费用和收益进行分析和计量：在某一时间上，将流出系统的实际支出（费用）称为现金流出，而将流入系统的实际收入（收益）称为现金流入，并将现金流入与现金流出的差额称为净现金流量。现金流入、现金流出与净现金流量统称现金流量。

现金流量有3个要素：大小、流量、时间。大小是指资金的数额；流向是指项目现金流入与流出，流入为正，流出为负；时间是指现金流入与流出的时间点。

工程经济分析中对投资与收益发生的时间点有两种处理方法。一种称为年初投资年末收益法，即把投资计入发生年的年初，把收益计入发生年的年末；另一种称为年末习惯法，即每年（期）发生的现金流量均认为发生在年末。目前经济评价主要采用年末习惯法。

现金流量在计算方法上不同于会计方法。以项目作为一个系统，现金流量只计算项目系统现金收支（包括现钞、转账支票等结算凭证），不计算项目内部的现金转移（如折旧等）。这里现金的概念是广义的“现金”，它不仅包括各种货币资金，还包括项目投入企业拥有的非货币资源的变现价值。

二、现金流量的表达

（一）现金流量表

项目每年现金流量的内容与数量各不相同，实际计算现金流量可以采用现金流量表的形式，如表3-1所示。现金流量表中列是现金流量的项目，行是年份，覆盖项目全寿命周期。

表3-1 某项目现金流量表 （单位：万元）

项目	建设期		投产期		达产期					
	1	2	3	4	5	6	7	8	9	10
A. 现金流入										
（1）营业收入			2 453	2 750	3 080	3 080	3 080	3 080	3 080	3 080
（2）固定资产残值回收										243
（3）流动资金回收										335
B. 现金流出										
（1）总投资	940	550	290	40	30					
（2）经营成本			2 069	2 343	2 618	2 618	2 618	2 618	2 618	2 618
（3）所得税			23.5	91.75	108	108	108	108	108	260
C. 净现金流量	-940	-550	70.5	275.25	324	354	354	354	354	780

（二）现金流量图

现金流量图是时间坐标上用箭头的垂直线段形象的表示现金流发生的时间及现金流的大小和流向。如图3-1所示。图中横轴表示时间，0点表示所考查经济活动的起始时刻，n为其寿命终点。垂直线段的长度与现金流量大小成比例。箭头向下表示现金流出，即货币离开所讨论系统，是负现金流量。箭头向上表示现金流入，即货币进入所讨论系统，是正现金流量。图中的现金流量一般都是用字母和数字加以标注。

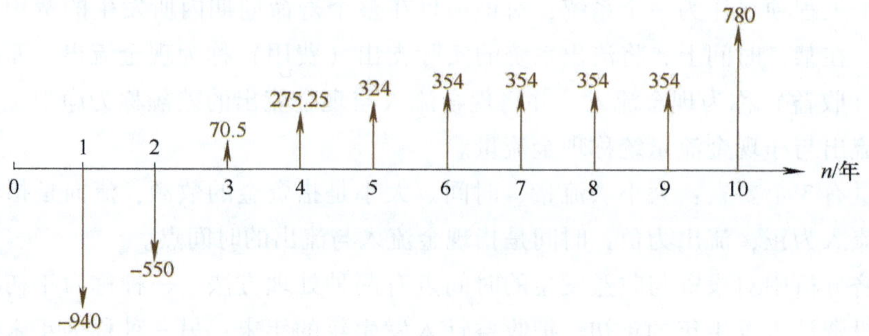

图3-1 某项目现金流量图

第二节　投资

一、投资与资产

（一）投资的概念与构成

投资是指建设、装备和运营一个项目所必需占用的资金量。它是劳动消耗中反映劳动占用的一个指标，是花费在工程项目或企业建设上的物化劳动和活劳动的总和，或者说，是为实现一项技术方案而花费的一次性支出的资金。

工程项目总投资是指项目建设和投入运营所需的全部投资，为建设投资、流动资金和建设期利息之和。

1. 建设投资

建设投资根据费用归集形式，可分为概算法和资产形成法。

（1）按照概算法，建设投资由工程费用（建筑工程费、设备购置费、安装工程费）、工程建设其他费用和预备费组成（包括基本预备费和涨价预备费）。

（2）按照资产形成法，建设投资由形成固定资产的费用、形成无形资产的费用、形成其他资产的费用和预备费用组成。

2. 流动资金

流动资金是指为维持生产所占用的全部周转资金，它包括购买原材料、燃料、动力、备品备件、支付工资和购买其他再制品、半成品、制成品等所占用的资金。它是流动资产与流动负债的差额。流动资产是指企业可以在 1 年或者超过 1 年的一个营业周期内变现或者运用的资产，是企业资产中必不可少的组成部分。流动负债是指那些要动用流动资产来归还的各种债务。

流动资金按其在生产过程中的形态和作用，可分为 3 个阶段，如图 3-2 所示。

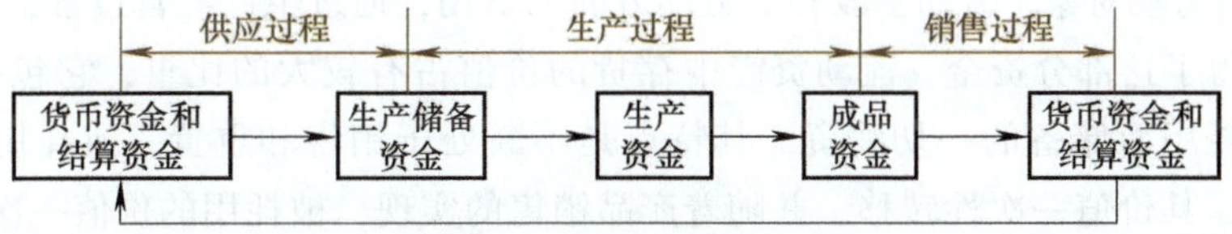

图 3-2　流动资金循环过程

企业流动资金从货币形态开始，依次经过上述 3 个阶段再回到货币形态，不断地周而复始。在实际生产过程中，企业的流动资金是同时以实物形态或货币形态分配在各个阶段上的。

流动资金通常在项目投产前预先支付，在项目寿命期终了全部还原成货币资金（流动资金回收）。

3. 建设期利息

建设期利息是指项目在建设期内因使用外部资金，如银行借款、企业债券、项目债券等而支付的利息。建设期利息应计入固定资产原值。

（二）资产

项目投资的结果形成资产。根据资本保全原则，当项目建成投入运营时，总投资中建设投资费用和建设期利息形成固定资产、无形资产和其他非流动资产。而流动资金投资则形成流动资产。

1. 固定资产

固定资产是指使用年限在1年以上，单位价值在规定标准以上，并在使用过程中保持原有物质形态的资产。其特点是：从实物角度看，固定资产能以同样的实物形态为连续多次的生产周期服务，而且在长期的使用过程中始终保持原有的物质形态；从价值形态看，固定资产由于能够以同样的实物形态为连续多次的生产过程服务，因此，固定资产的价值应当随着固定资产的使用磨损，以折旧的形式分期分批地转移到新产品的价值中去，构成新产品价值的组成部分；从资金运动看，固定资产所占用的资金循环一次周期较长，通过折旧得到补偿与收回的部分将转化为货币资金。企业的固定资产包括使用年限在1年以上的房屋、建筑物、机械、运输设备和其他与生产经营有关的设备、器具、工具等，不属于生产经营主要设备的物品，单位价值在2 000元以上，使用期限超过2年的，也应视为固定资产。

2. 无形资产

无形资产是指没有物质实体，但却可使拥有者长期受益的资产。它是企业拥有的一种特殊权利，它有助于企业取得高于一般水平的收益。无形资产主要包括专有技术、专利权、商标权、著作权、土地使用权、经营特许权、商誉权等。

3. 其他非流动资产

其他非流动资产是指建设投资中，除形成固定资产和无形资产之外的部分，如生产准备费。

4. 流动资产

流动资产是指可以在1年内或者超过1年的1个营业周期内变现或者耗用的资产，包括现金、各种存款、短期投资、应收及预付款项、存货等。存货是指企业在生产经营过程中为销售或者耗用而储备的物资，如材料、燃料、低值易耗品、在产品、半成品、产成品、协作件和商品等。在流动资产中现金及各种存款是企业在生产经营过程中停留于货币形态的那部分资产，它具有流动性大的特点。企业要进行生产经营活动，首先必须拥有一定数量的现金和各种存款，以支付劳动对象、劳动手段和活劳动方面的费用，通过生产经营过程，将劳动产品销售出去，又获得了这部分资金。流动资产中存货的价值占有较大的比重，它包括为企业销售或制造产品所耗用而储备的一切物资。其特点是不断处于销售和重置，或耗用和重置之中。在一般情况下，其价值一次性转移，并随着产品销售的实现，被耗用的价值一次性得到补偿。

二、折旧与摊销

折旧与摊销是与投资回收相关的两个概念。其中，折旧对应固定资产投资回收，而摊销则对应无形资产回收。

（一）折旧

固定资产在使用过程中由于逐渐磨损而转移到产品中的那部分价值称为折旧。根据固定资产的折旧额，从销售收入中按月提存，用于固定资产再生的那部分金额称为折旧费。固定资产虽然在生产过程中始终保持原有物质形态，其价值却由于不断磨损而处于不断变化之中。投产时核定的固定资产价值称为原值。固定资产原值扣除折旧以后的价值称为净值。通过提取折旧费对固定资产进行价值形态的补偿，通过更新对固定资产进行实物形态的补偿。由于货币形态和实物形态相分离，同一固定资产的折旧金额和固定资产价值往往并不相等。实践中如何进行折旧与如何进行更新也常常是脱节的。折旧方法目前有直线折旧法、加速折旧法等。其中加速折旧对企业较为有利，一方面可避免承担由固定资产无形磨损带来的风险，另一方面可冲减企业利润，以减少纳税。

（二）摊销

摊销费与无形资产的关系类似于折旧费与固定资产的关系。摊销费是指无形资产和其他非流动资产的原始价值在规定的年限内（在没有期限时，一般不少于10年），按年或产量转移到产品成本中的部分价值。例如，项目引进技术的技术转让费（包括许可证费、专利费、设计费），在项目投产前一次性支付的部分已作为固定资金的一部分列入总投资。这部分金额应在项目投产后分次摊入成本，称为摊销费。摊销费代表无形资产和其他非流动资产转移给产品的那部分价值，企业通过计提摊销费回收无形资产和其他非流动资产投资。

因为摊销费与折旧费具有类似的性质和地位，所以在计算现金流量时，也可以把它列入折旧栏目中一并计算。

第三节　产品成本费用

一、总成本费用

总成本费用是指在运营期（生产期）内为生产产品或提供服务所发生的全部费用，等于经营成本与折旧费和摊销费之和。总成本费用可按生产成本加期间费用的方法估算，也可以用生产要素法估算。

（一）生产成本加期间费用法

1. 生产成本

产品制造成本也称生产成本，是指工业企业为制造一定种类和数量的产品所发生的各项生产费用的总和。制造成本项目包括：直接材料费、直接工资、其他直接支出及制造费用等，如图3-3所示。

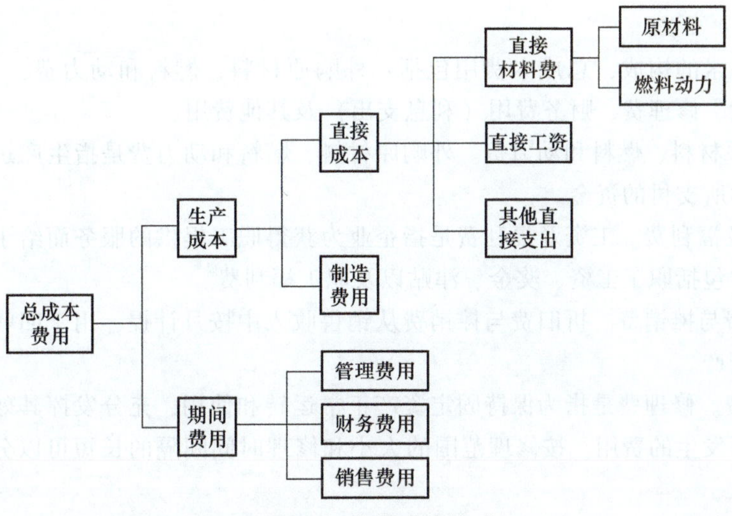

图3-3　产品成本构成

（1）直接材料费。直接材料费是指在生产过程中直接消耗于产品生产的各种物资的费用。它包括生产经营过程中实际消耗的原材料、辅助材料、外购半成品、备品配件、燃料、动力、包装物以及其他直接材料的费用。

（2）直接工资。生产成本中的直接工资是指在生产过程中直接从事产品生产人员的工资性消耗。它包括直接从事产品生产人员的工资、奖金、津贴和各类补贴。

（3）其他直接支出。生产成本中其他直接支出包括直接从事产品生产人员的职工福利费等。

（4）制造费用。生产成本中的制造费用是指在生产单位组织和管理生产所发生的各项间接费用，即发生在生产作业单位的间接费用。它包括生产作业单位管理人员的工资、职工福利费，还包括生产作业单位的房屋建筑物、机器设备的折旧费、修理维护费，机物料消耗，取暖费，水电费，低值易耗品，办公费，差旅费，运输费，保险费，设计制图费，试验检验费，劳动保护费，季节性及维修期间停工损失等费用。

上述直接材料费、直接工资及其他直接支出构成了产品的直接成本。制造费用则构成了产品的间接成本。直接成本加上间接成本为产品的制造成本即生产成本。

2. 期间费用

总成本费用中的期间费用包括管理费用、财务费用和销售费用。

（1）管理费用。管理费用是指企业行政管理部门为管理和组织生产经营活动所发生的一般管理费。它包括管理人员工资和福利费、折旧费、修理费、无形资产及其他非流动资产摊销费及其他管理费用(办公费、差旅费、劳动保护费、技术转让费、土地使用税)等。

（2）财务费用。财务费用是指企业在筹集资金等财务活动中发生的各项费用，包括生产经营期间发生的利息净支出及其他财务费用（汇兑净损失、外汇调剂手续费、支付给金融机构的手续费等）。

（3）销售费用。销售费用是指销售商品过程中发生的费用以及专设销售机构的各项费用。它包括应由企业负担的运输费、装卸费、包装费、保险费、差旅费、展览费、广告费以及专设销售机构人员的工资、职工福利费、类似工资性质的费用和业务费用。

（二）生产要素法

按照生产要素的构成，总成本费用包括：外购原材料、燃料和动力费、工资及福利费、折旧费与摊销费、修理费、财务费用（利息支出）及其他费用。

（1）外购原材料、燃料和动力费。外购原材料、燃料和动力费是指生产过程中外购原材料、燃料和动力所支付的资金。

（2）工资及福利费。工资及福利费是指企业为获得职工提供的服务而给予职工的各种形式的报酬，通常包括职工工资、奖金、津贴以及职工福利费。

（3）折旧费与摊销费。折旧费与摊销费从销售收入中按月计提，用于回收固定资产、无形资产和其他资产。

（4）修理费。修理费是指为保持固定资产正常运转和使用，充分发挥其效能，对其进行的必要的修理所发生的费用。按修理范围的大小和修理时间间隔的长短可以分为大、中、小修理。

（5）财务费用。按照会计法规，企业为筹集所需资金而发生的费用称为借款费用，又称财务费用。它包括利息支出、汇兑损失以及相关的手续费等。长期借款利息按复利计算，流动资金借款和短期借款按单利计算。

（6）其他费用。其他费用包括其他制造费用、其他管理费用金额及其他营业费用。

在项目评价中，其他制造费用通常按照固定资产原值（扣除建设期利息）的百分比或人员定额估算。其他管理费用通常按照人员定额或工资福利总额的倍数估算。其他营业费用通常按照营业收入的百分比估算。

二、经营成本

经营成本是项目经济评价中用于现金流量分析的特定概念。作为项目运营期间的主要现金流出，其构成和估算可以采用下式表达：

$$经营成本 = 外购原材料、燃料与动力费 + 工资及福利费 + 修理费 + 其他费用 \quad (3\text{-}1)$$

式中，其他费用是指从制造费用、管理费用和销售费用中扣除折旧费、摊销费、修理费、工资及福利以后的其余部分。

经营成本是从总成本费用中分离出来的一部分费用，它是指总成本费用扣除固定资产折旧费、无形资产及其他非流动资产摊销费和利息支出以后的费用。其公式为：

$$经营成本 = 总成本费用 - (折旧费 + 摊销费 + 利息支出) \quad (3\text{-}2)$$

按照工程经济分析方法，需要考虑生产系统现金流入与流出。然而按照会计核算方法，总成本费用中的折旧与摊销等费用既不属于现金流入也不属于现金流出，因此，要计算项目运营期间各年的现金流出，就必须将这些费用从总成本费用中剔除。

经营成本中不包括折旧费、摊销费及利息支出也可解释为：

（1）现金流量表反映项目在计算期内逐年发生的现金流入和流出。与常规会计方法不同，现金收支在何时发生就在何时计入，不作分摊。由于投资已在其发生的时间作为一次性支出被计入现金流出，所以不能再以折旧和摊销的方式计为现金流出，否则会发生重复计算。因此，作为经常性支出的经营成本中不包括折旧费和摊销费。

（2）因为全部投资现金流量表是以全部投资作为计算基础，利息支出不作为现金流出，而资本金（自有资金）现金流量表中已将利息支出单列，因此，经营成本中也不包括利息支出。

经营成本涉及项目生产及销售、企业管理过程中的物料、人力和能源的投入费用，能够一定程度上反映企业的生产和管理水平。同类企业经营成本具有可比性。

第四节　收入、利润与税金

一、收入

工程项目的主要收入包括两部分：营业收入与补贴收入。

(一) 营业收入

营业收入是指企业向社会出售产品及劳务的货币所得，它是产品或服务的销售量与销售价格的乘积。企业的营业收入不同于同期总产值。总产值是指已加工制造完毕的成品、半成品和正在加工制造着的在制品以及工业性劳务按相应的不变价格计算的总值，是生产阶段效益的反映。营业收入是产品经过流通领域之后给企业带来的真正经济效益，是按出售时的市场价格计算的。

(二) 补贴收入

补贴收入是指与收益有关的政府补贴，包括先征后返的增值税、按销量或工作量等依据国家规定的补助定额计算并按期给予的定额补贴，以及属于财政扶持而给予的其他形式的补贴。

同营业收入一样，补贴收入也应列入利润及利润分配表、财务计划现金流量表和项目投资现金流量表。对于非经营项目，财务效益还应包括可能获得的各种补贴收入。

二、利润

利润是指企业在一定时期内全部生产经营活动的最终成果。利润的实现表明企业的生产耗费得到了补偿，亦取得了盈利。企业利润既是国家财政收入的基本来源，又是企业扩大再生产的重要资金来源。利润指标能够综合反映出企业经营水平和管理水平。

企业实现利润，一部分以税金形式上交国家，另一部分按规定进行分配。

投资项目投产后所获得的利润可分为利润总额和税后利润两个层次。

(一) 利润总额

利润总额的计算公式为：

$$利润总额 = 营业收入 + 补贴收入 - 总成本费用 - 营业税金及附加 \tag{3-3}$$

(二) 税后利润

税后利润又称净利润，是指利润总额扣除所得税后的余额。其计算公式为：

$$税后利润 = 利润总额 - 所得税 \tag{3-4}$$

企业的利润按照国家规定做相应的调整后，必须依法缴纳所得税。缴纳所得税后的利润，除国家另有规定外，按照下列顺序分配：①被没收财物损失，违反税法规定支付的滞纳金和罚款；②弥补企业以前年度亏损；③提取法定公积金（法定公积金用于弥补亏损，按照国家规定转赠资本金等）；④提取任意公积金；⑤向投资者分配利润，企业以前年度未分配的利润，可以并入本年度向投资者分配。

三、税金及附加

税金是指企业根据国家税法规定向国家缴纳的各种税款，是企业为国家提供积累的重要方式。项目评价涉及的税费主要包括增值税、营业税、消费税、营业税金附加（城市建设维护税和教育费附加）、所得税、资源税等，有些行业还包括土地增值税。

（一）增值税

增值税是就商品生产、流通和加工、修理、修配各个环节的增值额课税的一种流转税，适用范围很广，是最主要的一种流转税。其征收范围为：①销售货物；②销售劳务；③视同销售货物；④混合销售行为；⑤出口货物；⑥进口货物。它的特点是对商品的增值额计税；以避免商品每经过一个流通环节就征一次税而产生的重复征税问题。

税率分为5档，基本税率为17%、低税率为13%、11%、6%以及零税率（出口商品税率为零）。17%的基准税率适用于销售货物或者提供加工、修理、修配劳务以及进口货物、提供有形动产租赁服务。13%的低税率适用于粮食、自来水、煤气、书刊、农药、农机等。2013年8月1日起，根据《中华人民共和国国民经济和社会发展第十二个五年规划刚要》确定的税制改革目标，在交通运输业、部分现代服务业等生产性服务业实施营业税改增值税。由此，新增11%、6%两档低税率。其中，交通运输业、建筑业等适用11%的税率，其他部分现代服务业适用6%的税率。

增值税是价外税，即商品价格中不含税。商品出售者向商品购买者按规定税率征收税款后上缴给国家，商品购买者在对外出售商品时已缴纳过税金的部分不再纳税。在具体操作上，实行逐环节征收、逐环节按发票抵扣税的办法，即以专用发票作为扣抵税款的法定凭证，按其所注明的税额扣税。

一般纳税人的应税额为当期销项税额抵扣当期进项税额后的余额。其计算公式为：

$$应纳增值税税额=(当期销项税额-当期进项税额)\times 税率 \tag{3-5}$$

1. 销项税额

销项税额是指增值税纳税人销售货物和应交税劳务，按照销售额和适用税率计算并向购买方收取的增值税税额。

2. 进项税额

进项税额是指纳税人购进货物或应税劳务所支付或者承担的增值税税额。所说购进货物或应税劳务包括外购（含进口）货物或应税劳务、以物易物换入货物、抵偿债务收入货物、接受投资转入的货物、接受捐赠转入的货物以及在购销货物过程当中支付的运费。

在企业计算时，销项税额扣减进项税额后的数字，才是应缴纳的增值税。在确定进项税额抵扣时，必须按税法规定严格审核。

此外，也可以依照增值额来计算增值税税额。其计算公式为：

$$\begin{aligned}增值税税额&=增值额\times 增值税税率\\&=(销售收入-外购原材料、燃料、动力等)\times 增值税税率\end{aligned} \tag{3-6}$$

（二）营业税

营业税是指以营业额为课税对象的一种流转税，是我国工商税制中的一个重要税种。根据《营业税暂行条例》规定，在我国境内提供应税劳务、转让无形资产或销售不动产的单位和个人，都应按规定缴纳营业税。

营业税的征收范围是：交通运输业、建筑业、金融保险业、邮电通信业、文化体育业、娱乐业和服务业等7个行业的劳务提供；转让土地使用权、商标权、专利权、非专利技术、著作权、商誉等无形资产；销售不动产和混合销售行为。税率则采用比例税率，按税目设置除娱乐业税目规定3% ~20%的幅度税率，其余营业税仅设置了3%和5%两档税。营业税税额可按下式计算：

$$应纳营业税税额 = 营业额 \times 适用税率 \tag{3-7}$$

（三）消费税

消费税是以消费品的流转额作为征税对象的各种税收的统称。它是政府向消费品征收的税项，可从批发商或零售商征收。消费税是典型的间接税。消费税实行价内税，纳税人是我国境内生产、委托加工、零售和进口《消费税暂行条例》规定的应税消费品的单位和个人。

消费税是在普遍征收增值税的基础上，根据消费政策、产业政策的要求，有选择地对部分消费品征收的一种特殊税种。目前，消费税共设置了14个税目，包括烟、酒、化妆品、小汽车等。消费税的税率有从价定率和从量定额两种。其中，黄酒、啤酒、汽油、柴油产品采用从量定额计征方法；其他消费品均采用从价定率计税，税率从3% ~56%不等。

（四）营业税金附加

营业税金附加是在增值税（或营业税、消费税）基础上进行计征的部分，主要包括教育费附加和城市维护建设税。

1. 教育费附加

教育费附加是指为了加快地方教育事业的发展，扩大地方教育经费来源，而向缴纳增值税、营业税和消费税的单位及个人征收的教育经费。教育费附加按应缴纳的增值税、营业税、消费税税款的3%征收。其计算公式为：

$$教育费附加 = (增值税 + 营业税 + 消费税) \times 征收率 \tag{3-8}$$

2. 城市维护建设税

城市维护建设税是专为筹集城市维护建设资金而征收的一种税种。根据纳税人所在地是市、区、城镇和其他地点，将实行1% ~7%的幅度税率，由各省、市、自治区自行规定。其中：项目所在地区为市区的，税率为7%；项目所在地区为县城、镇的，税率为5%；项目所在地区为乡的，税率为1%。实行分税制后，城市维护建设税将成为地方税的一个骨干税种。

城市维护建设税计算公式为：

$$城市维护建设税 = (增值税 + 营业税 + 消费税) \times 税率 \tag{3-9}$$

（五）资源税

资源税是对在我国境内开采应税矿产品和生产盐的单位和个人，就其应税数量征收的一种税。实质上，它是对因资源生成和开发条件的差异而客观形成级差收入征收的。资源税征收范围包括：

（1）矿产品。矿产品包括原油、天然气、煤炭、金属矿产品和其他非金属矿产品。

（2）盐。盐包括固体盐和液体盐。

（六）营业税金及附加

营业税金及附加是在增值税（或营业税、消费税）、资源税的基础上加营业税金附加后所得的总和。营业税金及附加的计算公式为：

$$营业税金及附加 = 增值税(或营业税、消费税) + 资源税 + 营业税金附加 \tag{3-10}$$

（七）土地增值税

土地增值税是按转让房地产取得的增值额征收的税种。房地产开发项目应按规定计算土地增值税。

（八）所得税

企业所得税适用于中国境内的实行独立经济核算的企业和组织，包括国有企业、集体企业、私营企业、联营企业、股份制企业及其他组织。上述企业在我国境内和境外的生产、经营所得和其他所得，为应纳税所得额，按相应税率计算缴纳税款。所得税税率包括3种：一般企业所得税税率为25%；小微企业所得税税率为20%；高新技术企业所得税税率为15%。在计算应纳税所得额时，企业的收入总额包括：①生产、经营收入；②财产转让收入；③利息收入；④租赁收入；⑤特许权使用费收入；⑥股息收入；⑦其他收入。同时《企业所得税暂行条例》还对准予扣除的项目做了规定。同时，还对民族自治地区的企业和其他有关企业，依照规定经过批准给予优惠政策做了规定。

企业所得税的计税依据是企业应纳税所得额，即纳税人在纳税年度取得的总收入减去税收准予扣除项目后的余额。其计算公式为：

$$应纳税所得额=收入总额-税收准予扣除项目金额 \tag{3-11}$$

式中，税收准予扣除项目金额包括国家有关规定的核定成本、费用、税金和损失等项目的金额和税收调整项目的金额。

计征企业所得税税额的关键是确定应纳税所得额。有了应纳税所得额就可以乘以适用税率计算出所得税税额。最后再考虑有无税收优惠和税额抵免，以确定实际应缴纳的所得税税额。其计算公式为：

$$应纳所得税税额=应纳税所得额\times适用税率-税额减免-税额抵免 \tag{3-12}$$

第五节　价格

项目评价分经济评价与财务评价。所谓经济评价，是指从国民经济角度出发，对拟建项目做宏观经济分析。通过项目效益与费用比较衡量其对整个国民经济带来的效益以及国家为此付出的代价，进而评价项目经济上的合理性。项目财务评价是指在国家现行财务制度和价格体系下，计算项目范围内的效益和费用，分析其盈利，以判断其财务上的可行性。经济评价与财务评价视角不同，由此引起的投入产出的范围各异，因而，最终评价的结果也不同。当评价者站在国家的角度分析评价时，所做的评价属于国民经济评价。而当评价者从企业的角度考虑问题时，所做的评价属于财务评价。

对于财务分析来说，价格的采用是由财务分析的目的决定的，投资项目的投入和产出价值都是以实际发生的交易价格计算的，这种实际的交易价格称为市场价格。

对于经济分析来说，价格应能真实反映对国民收入的贡献。如果项目投入和产出的市场价格能够真实反映其对国民收入的实际贡献，则市场价格可用于经济分析。事实上，各种产品和服务的市场价格并不是都反映它的实际价值的。例如，由于社会环境、经济管理体制、经济政策、历史因素等原因，市场价格往往偏离实际价值。在这种情况下，必须调整市场价格，以使其能够正确反映产品和服务的价值。这种用于经济分析的调整价格，称为影子价格。

一、市场价格

市场价格是计量财务支出和收入的直接依据。因此，要确定费用和效益价值，就要寻找项目投入和产出的市场价格。在寻找未来价格的过程中，项目的投入品和产出品的未来相对价格水平比过去和现在都会有较大变化。

对于财务分析来说，市场价格的这种变化，意味着实际交易价格结构的变化，应当直接反映在财务费用和收入中。因此，财务分析应当完全承认并如实反映这种市场价格的相对变化。

对于经济分析来说，影子价格建立在消费者的支付意愿和机会成本的概念上。在以国民收入作为经济分析目标的情况下，项目投入品的相对价格变化反映社会把该投入品用于此项目而不用在其他方面所必须放弃的国民收入变化。所以，影子价格的相对变化也应如实反映到经济分析中去。

通货膨胀会影响到市场价格。因此，经济分析时必须考虑到这一因素的影响。处理通货膨胀的最常用的方法是采用不变价格。不变价格是以某一时点的价格水平为基准，并假设采用此价格水平一直沿用到将来。这个基准时点可以是现在，也可以是过去的某一年或者是将来的某一年。假定通货膨胀对各种商品的价格水平具有同样的影响程度，因而只需要调整项目投入品和产出品的相对价格变化即可，而无须改变原有不变价格的一般关系。

一般来说，在经济分析中采用不变价格，从而对通货膨胀不予理睬。因为通货膨胀并不反映国家实际财务的变化，也不反映各种资源的相对价值的变化，只是反映货币供需方面的变动而已。

二、影子价格

当市场价格较真实地反映经济价值，市场价格就是影子价格。当市场价格存在变形时，就必须对它进行调整以得到较真实地反映经济价值的影子价格。

影子价格不仅取决于社会经济的目标，而且也取决于经济环境。这种经济环境包括国家各种政策的限制，也包括可利用的资源的限制。

如果把社会产品分为中间产品和最终产品（或称最终消费品），对于具有多种用途选择的中间产品来说，不论它是项目投入还是项目产出，其经济价值都应当用它的机会成本来表示，而影子价格就是机会成本。具体来说，如果它是项目的投入品，机会成本就是该项投入品用于本项目而不能用于国民经济其他行业不得不放弃的收益。这被放弃的收益也就是该投入品若不用于本项目而用于国民经济的其他方面所能带来的贡献。如果该中间产品是项目的产出，其影子价格也同样应该反映它对于其他行业生产的边际贡献。至于最终消费品，其影子价格不能用机会成本表示。因为它不具有可供选择的用途，它的经济坐标是一种消费价格。

习题

1. 投资由哪几个部分组成？投资与资产的关系是什么？
2. 什么是无形资产，它是如何形成的？
3. 请图示经营成本与总成本费用的关系。
4. 请在网上查找我国税务体系的基本情况。

第四章 资金时间价值与资金等值

引例

某公司面临两种投资方案A和B，寿命期都是4年，初始投资均为10 000元，实现收益的总数相同，但每年收益值不同，如表4-1所示。

表4-1　A、B两种方案的每年现金流量　　（单位：元）

方案＼年末	0	1	2	3	4
A	-10 000	6 000	5 000	4 000	2 000
B	-10 000	2 000	4 000	5 000	6 000

如果其他条件相同，应该选用哪个方案呢？根据直觉和常识，我们会觉得方案A优于方案B。方案A的得益比方案B早，这就是说，现金收入与支出的经济效益不仅与资金量有关，而且与发生的时间有关。这里隐含着资金具有时间价值的观念。

在日常生活中，将一笔资金存入银行，经过一段时间后，银行会额外支付一定数额的利息；我们向银行借贷一笔资金，偿还时，我们还需支付给银行额外的利息。又如用一笔资金参股投资，也可能获得红利……这些现象都说明，资金的价值会随时间的推移而增值。

第一节　资金时间价值

一、资金的时间价值概念

对于资金的时间价值，可以从以下两个方面理解：

首先，资金随着时间的推移，其价值会增加。增值的原因是由于资金的投资和再投资，先到手的资金可以用来投资而产生新的价值，因此今年的 1 元钱比明年的 1 元钱更值钱。从投资者的角度来看，资金的增值特性使资金具有时间价值。

其次，资金一旦用于投资，就不能用于现期消费。牺牲现期消费是为了能在将来得到更多的利益，个人储蓄的动机和国家积累的目的都是如此。从消费者的角度来看，资金的时间价值体现为对放弃现期消费的损失所做的必要补偿。

在工程经济分析中，资金时间价值的计算方法与银行利息的计算方法相同。实际上，银行利息也是一种资金时间价值的表现方式。

资金时间价值的重要意义在于，它明确了资金存在时间价值，树立起使用资金是有偿的观念，有助于资源的合理配置。每个企业在投资时至少能取得社会平均利润率，否则不如投资于其他项目。

在工程经济学中，由于工程项目的建设、方案的实施等都有一个时间上的持续过程，期间投入的成本资金或者获得的收益同样也具有时间价值。因此我们在对工程项目进行经济评价时，必须考虑资金的时间价值。这样才能真实、客观地评价工程项目的经济效果。这也是工程经济分析的基础方法。

二、利息与利率

利息作为占用资金所付出的代价或放弃使用资金所获得的报酬，其实是资金时间价值的一种表现形式。利息的计算实际上就是对借贷资金时间价值的计算。

1. 利率及利息的计算

（1）利率。利息率简称利率，是指一个计算周期内利息额同借贷资本额（本金）的比率。它体现了借贷资本增值的程度，是计算利息额的依据。利率通常用 i 来表示，其表达式为：

$$i = \frac{I_1}{P} \tag{4-1}$$

式中，I_1 为一个计息周期的利息额；P 为本金。

式（4-1）中表明利率是单位本金经过一个计息周期后的增值额，它反映了本金增值的程度，是衡量资金时间价值的尺度。

（2）利息。如果一个人到银行存款或借款，到期会收到或支付利息。人们在生活当中所接触到的利息概念是指通过银行借贷资金所付出或得到的比本金多的那部分增值额；工程经济中借用利息概念来代表资金时间价值，是指投资的增值部分。

利息的计算取决于本金、计息期数和利率，用公式表示为：

$$I = f(P, n, i) \tag{4-2}$$

式中，I 为总利息；P 为本金；n 为计息期数；i 为利率。

利息的计算方法有单利和复利两种。

1）单利。单利计算是指仅对本金计算利息，对所获得的利息不纳入本金计算下期利息的计算方法。在以单利计息的情况下，不论计息期数为多大，每期均只有本金计息，而利息不计利息，每期计算的利息都相等。整个计息期内总利息的计算公式如式（4-3）所示。

$$I = nPi \tag{4-3}$$

计息期末获得的本金和利息之和（简称本利和）为：

$$F = P + I = P + nPi = P(1 + ni)$$

式中，F 为将来值，即 n 年末的本利和。

例4-1 以单利方式借入一笔借款1 000元，年利率为6%，求2年后的利息和本利和。

解：2年后应付利息为：

$$I = 1\,000\text{元} \times 2 \times 0.06 = 120\text{元}$$

2年后的本利和为：

$$F = 1\,000\text{元} \times (1 + 2 \times 0.06) = 1\,120\text{元}$$

2）复利。复利计息是指不仅对本金计算利息，而且将所获得的利息也纳入本金来计算下期利息的计算方法。若一笔借款 P，按复利计息，各期计算的利息及 n 期末的本利和如表4-2所示。

表4-2 按复利计息的各期利息及 n 期末的本利和

年	年初欠款	年末应付利息	年末欠款
1	P	Pi	$P(1+i)$
2	$P(1+i)$	$P(1+i)i$	$P(1+i)^2$
3	$P(1+i)^2$	$P(1+i)^2 i$	$P(1+i)^3$
4	$P(1+i)^3$	$P(1+i)^3 i$	$P(1+i)^4$
⋮	⋮	⋮	⋮
n	$P(1+i)^{n-1}$	$P(1+i)^{n-1} i$	$P(1+i)^n$

根据表4-2可得到以下公式：

$$F = P(1 + i)^n$$

$$I = P(1 + i)^n - P \tag{4-4}$$

若例4-1按复利计息，2年后的利息和本利和如下：

2年后的本利和为： $F = 1\,000\text{元} \times (1 + 0.06)^2 = 1\,123.6\text{元}$

2年应付利息为： $I = 1\,000\text{元} \times (1 + 0.06)^2 - 1\,000\text{元} = 123.6\text{元}$

从上面两个例子中可以看出，同一笔借款，在利率相同的情况下，用复利计算出的利息金额数比用单利计算出的利息金额大，当所借本金越大、利率越高、年数越多时，两者差距就越大。

按复利计息比较符合资金运作的实际情况，因为资金时时刻刻在运行，利息也在投资再投资当中增值，所以如果没有特别说明，均按复利计息。

2. 名义利率和实际利率

在工程经济分析中，复利计算通常是以年为计息周期的，但在实际的经济生活中，也有按月、按季、或按半年等计息周期进行计算的。当利息的实际计算不是按名义上的计息周期来计算时，就会产生名义利率和实际利率的问题。如果不对计息期加以说明，则表示 1 年计息一次，此时的年利率也就是实际利率。当计息期少于 1 年时，每一计息期的实际利率乘以一年中计息期数所得到的年利率为名义利率。若名义利率为 r、年计息次数为 m，则每次计息的实际利率 $i_m=\frac{r}{m}$，那么：

一年末的本利和为：

$$F = P(1+i_m)^m = P\left(1+\frac{r}{m}\right)^m$$

一年末的利息为：
$$I = F - P = P\left[\left(1+\frac{r}{m}\right)^m - 1\right]$$

因此，年实际利率为：

$$i = \frac{I}{P} = \left(1+\frac{r}{m}\right)^m - 1 \tag{4-5}$$

例如，每半年计息一次，一年需计息 2 次，每半年计息利率为 3%，则年名义利率是 6%，而年实际利率为 $\left(1+\frac{6\%}{2}\right)^2-1=6.09\%$。

3. 离散复利与连续复利

若一年中计息次数是有限的，称为离散复利。例如，按季度、月、日等计息的方法都是离散复利。若一年中计息次数是无限的，称为连续复利。

在连续复利下，年实际利率为：

$$i_e = \lim_{m\to\infty}\left[\left(1+\frac{r}{m}\right)^m - 1\right] = \lim_{m\to\infty}\left[\left(1+\frac{r}{m}\right)^{\frac{m}{r}}\right]^r - 1$$

由于：
$$\lim_{m\to\infty}\left[\left(1+\frac{r}{m}\right)^{\frac{m}{r}}\right]^r = e^r$$

因而：
$$i_e = e^r - 1 \tag{4-6}$$

式中，e 为自然对数的底，其数值为 2.718 28。

理论上，用连续复利计算更接近于实际情况。但在目前的会计制度下，通常都是在年底结算一年的进出款，财务上也是按年支付税金、保险金和抵押费用等。因此，在一般的工程经济计算中，通常采用离散复利计算，而且以年作为计算周期。

第二节　资金等值

一、资金等值的概念

由于存在资金的时间价值，发生在不同时点上的资金不能直接比较。即使金额相等，由于各笔资金发生的时间不同，其价值并不一定相等；反之，不同时点上发生的资金金额即使不等，其资金的价值却可能相等。例如，现在的 100 元与一年后的 110 元其数额并不相等，但若年利率为 10%，现在的 100 元在一年后的本利和恰好是 110 元，则两者是等值的。同样，一年后的110元在年利率为10%的情况下，与现在的100元等值。

在同一系统中，处于不同时点数额不同的两笔（或两笔以上）相关的资金按照一定的利率和计息方式折算到相同时点，所得到的资金数额若相等，则称这两笔或多笔资金是“等值”的。

不同时点上数额不等的资金如果等值，则把它们折算到任何同一时点上的数额必然相等。

影响资金等值计算的因素有3个：资金金额的大小、资金发生的时间、所用的利率。在资金金额、发生的时点已知的情况下，利率是资金等值计算的决定性因素。

二、现金流量与现金流量图

1. 现金流量

如果把工程项目看成一个系统，对于这个系统而言，投入的资金、支付的成本、获取的利益都可以看成以货币形式体现的资金流出或流入。在工程经济学中，把各个时间点上实际发生的各种资金流出或流入统称为现金流或现金流量（Cash Flow）。在某一时间点上，流出项目系统的资金称为现金流出（或负现金流）；流入项目系统的资金称为现金流入（或正现金流）；现金流入和现金流出的代数和称为净现金流量。

在实际的工程项目中，现金流出通常包括投资支出、经营成本、缴纳的税金等；现金流入通常包括销售收入、回收的固定资产残值等。为了分析方便，通常以1年为一期，即把所有1年间产生的现金流入和流出累积到当年的年末。

2. 现金流量图

由于资金时间价值的存在，使不同时间上发生的资金无法直接比较，一定量的资金必须赋予相应的时间才能表达其确切的量的概念。现金流量图可直观地反映出现金流量的3个要素：现金流发生的时间、大小及方向（见图4-1）。

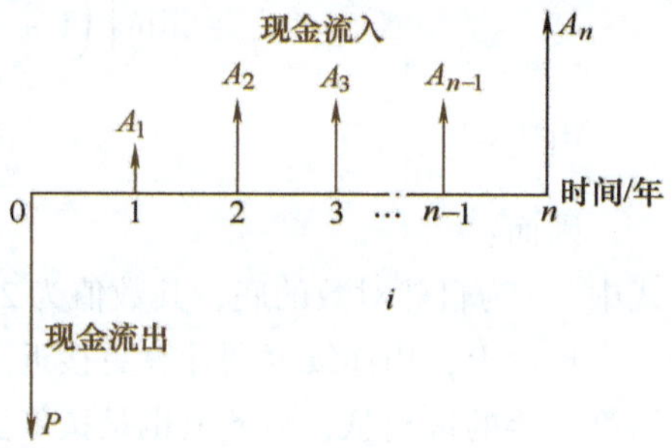

图4-1 现金流量图

图中的横轴是时间轴，向右延伸表示时间的延续。轴线等分成若干间隔，每一间隔代表一个计息单位，通常是“年”（在特殊情况下也可以是季或半年等）。时间轴上的点称为时点，表示该年的年末，同时也是下一年的年初，零时点即为第一年开始的时点。整个横轴表示我们所研究的“系统”。

与横轴垂直的有向线段代表流入或流出“系统”的现金流量。其长度表示现金流量的值，根据现金流量的大小按比例画出。用向下的有向线段表示现金流出，向上的有向线段表示现金流入。有向线段在横轴上的位置表示该现金流量发生的时间。

当实际问题的现金流量发生的时间未明确时，我们规定：投资画在期初，经营费用和收益画在当期的期末。为使现金流量图能够提供更多的信息，在图上要注明每一笔现金流量的金额，在横轴的上方或下方标出系统的利率。

研究者出发点不同绘制的现金流量图也不同，图4-2a和图4-2b表示同一项业务：一笔货款分三期偿还。图4-2a是从借方立场出发收入的贷款是现金流入，随后三次偿还则是三笔现金流出；而图 4-2b 是从贷方立场出发，因此各年现金流量恰好相反。

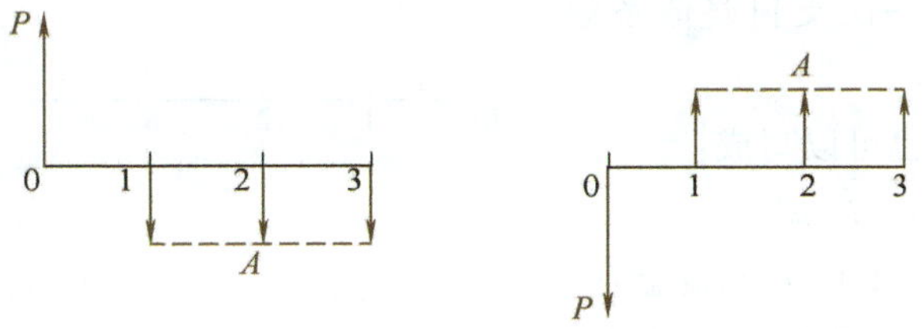

图 4-2　不同出发点的同一项业务的现金流量图

三、资金等值的计算公式

1. 公式的符号说明

（1）现值 P(Prensent Value)。现值是指资金在某一基准起始点的现金流量，通常把将来某一时点（或某些时点）的现金流量换算成某一基准起始点的等值金额称为“折现”或“贴现”。折现后的资金金额便是现值。值得注意的是，“现值”并非专指一笔资金“现在”的价值，它是一个相对的概念。如以第 t 个时点作为计算的基准起始点，则第 $t+k$ 个时点上发生的资金折现到第 t 个时点时，所得的等值金额就是第 $t+k$ 个时点上的资金在第 t 个时点的现值。

在工程经济分析中，通常以投资首次发生的时间作为基准起始点，但有时也把投产年初作为基准起始点。

（2）将来值 F(Future Value)。将来值是相对于现值而言的，它是发生在现值之后将来某一个时点上的资金金额。

（3）年值 A(Annual Value)。年值也称年均值或年等值，是指每年年均发生的等额资金序列。年值不是一笔资金，它是一笔在一段计息期内连续发生的等额资金序列。

（4）折现率或利率 i(Discount Rate or Interest Rate)。它是反映资金时间价值的参数。需要指出的是在工程经济学中，利率不是专指银行贷款利率，其主要是指工程项目的收益率。

（5）计息期 n(Number)。计算利息的周期数。在工程经济分析中，一般以年为单位。

2. 资金等值计算的公式

利用等值的概念，可以把在一个时点发生的资金金额换算成另一时点的等值金额，一般是计算一系列现金流量的现值、将来值和等额年值。现值计算是把将来某一时点的资金金额或一系列的资金金额换算成当前时点的等值金额，称为“折现”或“贴现”；将来值计算是将任何时间发生的资金金额换算成其后某一时点的等值金额；等额年值计算是将任何时间发生的资金金额转换成与其等值的每期期末的等额资金序列。

（1）一次支付终值公式。一次支付终值公式是用来计算现在时点发生的一笔资金的将来值。

例如，有一笔资金 P 按年利率 i 进行投资，求 n 年后本利和应为多少？这项活动可用现金流量图（见图 4-3）表示，n 年末的将来值计算公式为：

$$F = P(1+i)^n \quad (4\text{-}7)$$

式中，$(1+i)^n$ 称为一次支付终值系数，记为（F/P, i, n）。

所以，式（4-7）也可以写成：

$$F = P(F/P, i, n)$$

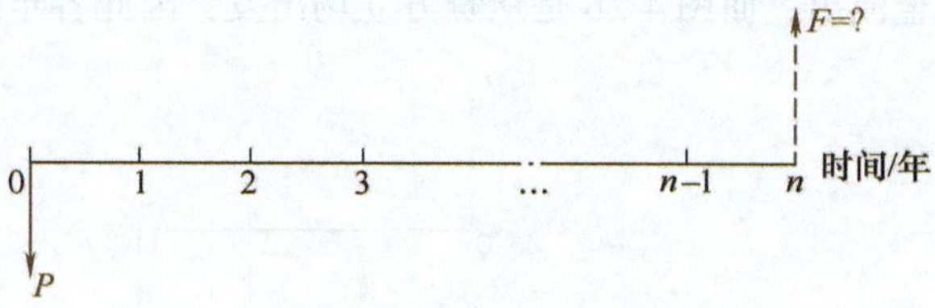

图 4-3 一次支付终值计算现金流量图

例 4-2 某企业将 1 000 万元资金存入银行，年利率为 10%，4 年后可得本利共为多少元？

解： 在上述问题中 $P=1\,000$ 万元，$i=10\%$，$n=4$ 年，通过终值公式求解。

$$F = 1\,000 \text{万元} \times (1+10\%)^4 = 1\,464.1 \text{万元}$$

（2）一次支付现值公式。一次支付现值公式是计算将来某一时点发生的资金的现值，是一次支付终值公式的逆运算，即已知利率 i，在计息 n 年后收益达到 F，求现值 P。其现金流量图如图 4-4 所示。

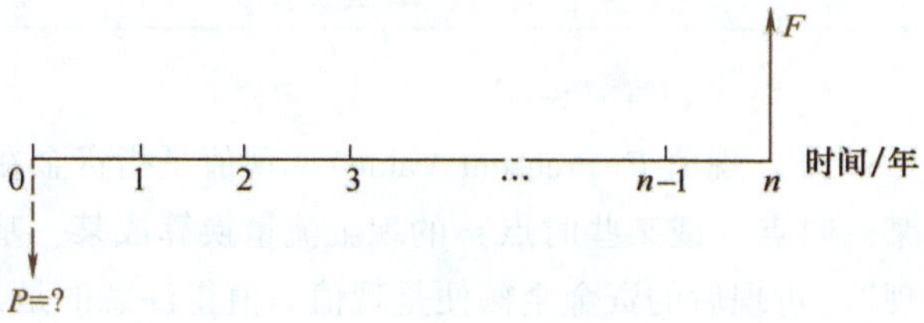

图 4-4 一次支付现值计算现金流量图

将式（4-7）变换成由将来值求现值的公式，得到一次支付现值公式。

$$P = F\frac{1}{(1+i)^n} \quad (4\text{-}8)$$

式中，$\frac{1}{(1+i)^n}$称为一次支付现值系数，记为（P/F, i, n）。

所以，式（4-8）又可表示为：

$$P = F(P/F, i, n)$$

例 4-3 某企业欲在 5 年后得到 200 万元的收益，若投资收益率为 10%，现在应投资多少？

解： 由题意可知，将来值为 200 万元，计息期数为 5 年，利率为 10%，求现值 P，将上述已知条件代入式（4-8）得：

$$P = 200 \text{万元} \times \frac{1}{(1+10\%)^5} = 200 \text{万元} \times 0.620\,9 = 124.18 \text{万元}$$

即现在投资 124.18 万元，若收益率达到 10%，可保证 5 年后获利 200 万元。

（3）等额分付终值公式。等额分付终值公式也称年金终值公式，是计算 n 期内每年年末等额发生的系列年金 A 在 n 期末的本利和，即已知 A、i、n，求 F。其现金流量图如图 4-5 所示。

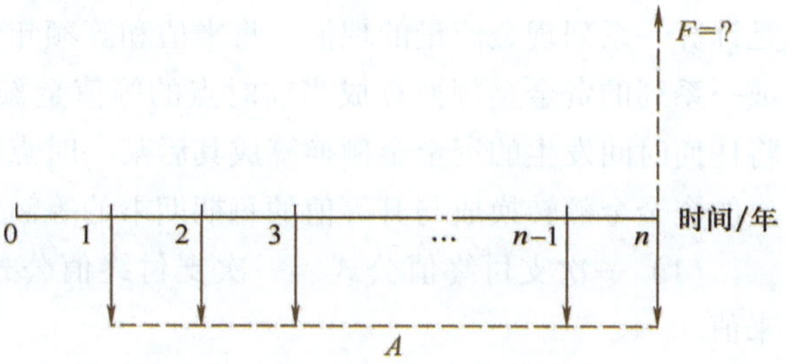

图 4-5 等额分付终值计算现金流量图

把每期期末的等额分付分别看成是每期的一次支付现值，利用一次支付终值公式可以求 n 次等额分付的终值之和的计算式。

$$F = A(1+i)^{n-1} + A(1+i)^{n-2} + \cdots + A(1+i)^{1} + A(1+i)^{0} \tag{4-9}$$

将式（4-9）两边同时乘以（1 + i），得：

$$F(1+i) = A(1+i)^{n} + A(1+i)^{n-1} + \cdots + A(1+i)^{2} + A(1+i) \tag{4-10}$$

用式（4-10）减去式（4-9），并整理，得：

$$F = A\frac{(1+i)^{n}-1}{i} \tag{4-11}$$

式中，$\frac{(1+i)^{n}-1}{i}$称为等额分付终值系数，记为（F/A，i，n）。

所以，式（4-11）也可表示为：

$$F = A(F/A, i, n)$$

可以看出，式（4-9）的右端是求等比数列 n 项的和，所以也可以用等比数列求和公式来推导出式（4-11）。

例 4-4　某人每年年末将 1 000 元存入银行，若年利率为 10%，则第 5 年年末的资金总额是多少？

解： 代入公式（4-11），可得：

$$F = 1\,000\text{元} \times \frac{(1+10\%)^{5}-1}{10\%} = 1\,000\text{元} \times 6.105\,1 = 6\,105.1\text{元}$$

（4）等额分付偿债基金公式。等额分付偿债基金公式又称等额分付资金积累公式，是为在未来偿还一笔债务或积累一笔资金，在利率为 i 的前提下，确定每年应等额存储多少资金，即已知 F、i、n，求 A。其现金流量图如图 4-6 所示。

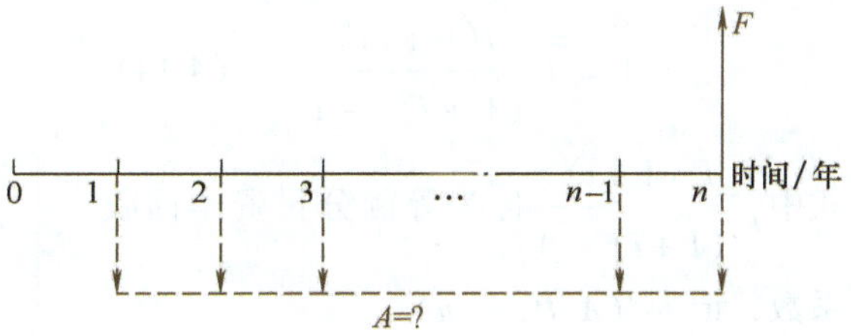

图 4-6　等额分付偿债基金计算现金流量图

将式（4-11）变换可得：

$$A = F\frac{i}{(1+i)^{n}-1} \tag{4-12}$$

式中，$\frac{i}{(1+i)^{n}-1}$称为等额分付偿债基金系数，记为（A/F，i，n）。

所以，式（4-12）也可表示为：

$$A = F(A/F, i, n)$$

例 4-5　某企业 5 年后需一次性支付 200 万元的借款，存款利率为 10%，从现在起企业要每年等额存入银行多少钱？

解： 代入式（4-12）得：

$$A = 200\text{万元} \times \frac{10\%}{(1+10\%)^{5}-1} = 200\text{万元} \times 0.163\,8 = 32.76\text{万元}$$

在给定条件下，企业只要每年存入 32.76 万元，就可保证在 5 年后一次性支付 200 万元。

（5）等额分付现值公式。等额分付现值公式是计算在利率为 i 的情况下，为了能在未来 n 年中每年年末提取相等金额 A，求现在必须投资多少？这项活动现金流量可用图 4-7 表示。

把式（4-7）代入式（4-11）并整理，可得到：

$$P = A\frac{(1+i)^n - 1}{i(1+i)^n} \quad (4\text{-}13)$$

式中，$\frac{(1+i)^n-1}{i(1+i)^n}$称为等额分付现值系数，记为（$P/A$，$i$，$n$）。

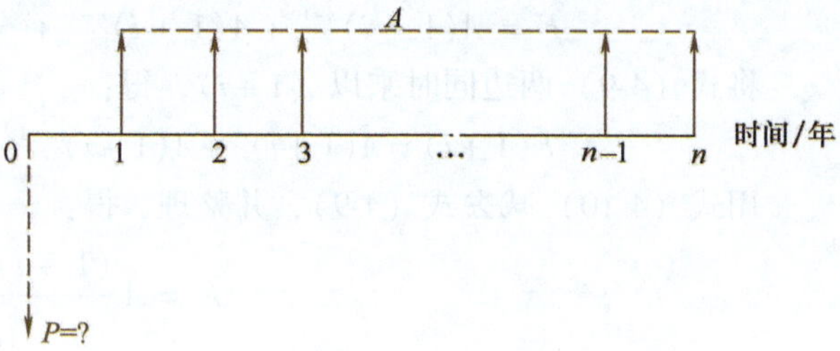

图 4-7　等额分付现值计算现金流量图

所以，式（4-13）也可表示为：

$$P = A(P/A, i, n)$$

例 4-6　某工程项目每年获净收益 80 万元，利率为 12%，项目可用每年所获的净收益在 6 年内回收初始投资，问初始投资为多少？

解：代入式（4-13）得：

$$P = 80\text{万元} \times \frac{(1+12\%)^6 - 1}{12\% \times (1+12\%)^6} = 80\text{万元} \times 4.111\,4 = 328.912\text{万元}$$

（6）等额分付资本回收公式。等额分付资本回收公式是已知现值 P，在利率为 i 的情况下，计算期 n 年中每年年末回收的等额资金值。现金流量图如图 4-8 所示。

求式（4-13）的逆运算，可得：

$$A = P\frac{i(1+i)^n}{(1+i)^n - 1} \quad (4\text{-}14)$$

式中，$\frac{i(1+i)^n}{(1+i)^n-1}$称为等额分付资本回收系数，记为（$A/P$，$i$，$n$）。

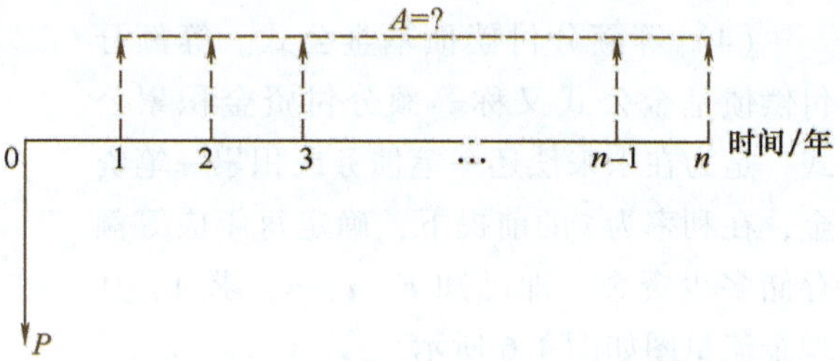

图 4-8　等额分付资本回收计算现金流量图

所以，式（4-14）也可表示为：

$$A = P(A/P, i, n)$$

例 4-7　某工程项目期初总投资为 1 000 万元，利率为 5%。若在 10 年内要将总投资连本带息收回，每年等额净收益应为多少？

解：由题可知，此题是已知现值，求以后 10 中的每年等额年值，代入式（4-14）得：

$$A = 1\,000\text{万元} \times \frac{5\% \times (1+5\%)^{10}}{(1+5\%)^{10} - 1} = 1\,000\text{万元} \times 0.129\,5 = 129.5\text{万元}$$

前述 6 个公式是资金等值计算最常用的。在工程经济分析中，有时也会出现下述现象。

（7）等差序列现金流量的等值计算公式。在实际工作中，资金的每期支付（或收益）常常是不等的，常见的有逐期等额递增现金流量序列，即各年现金流量呈等差序列变化，也称均匀梯度。在不考虑第一年年末现金流量基础上，等差序列现金流量图如图 4-9 所示。

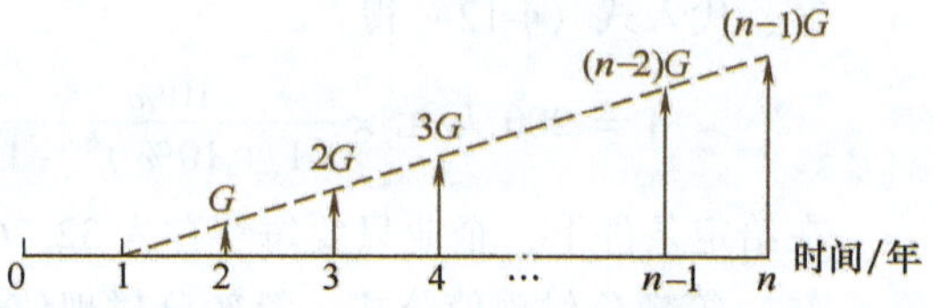

图 4-9　等差序列现金流量图

常用的等差序列现金流量计算公式有以下 3 种形式：

1）等差序列终值公式。已知如图4-9所示现金流量图，在利率为 i 的情况下，求第 n 年年末的本利和。

由图4-9可以看出，自第二年开始，每年的现金流量都包含 G；而自第三年开始，每年的现金流量也都包含 G……因此求等差序列现金流量的终值可以看成是求（$n-1$）个等额现金流量序列 G 的终值之和。其计息期分别为：（$n-1$），（$n-2$），…，2，1。计算式如下。

$$F = G\left[\frac{(1+i)^{(n-1)}-1}{i}+\frac{(1+i)^{(n-2)}-1}{i}+\cdots+\frac{(1+i)^{2}-1}{i}+\frac{(1+i)^{1}-1}{i}\right]$$

$$=\frac{G}{i}[(1+i)^{(n-1)}+(1+i)^{(n-2)}+\cdots+(1+i)^{2}+(1+i)-(n-1)]$$

利用等比数列求（$n-1$）项和公式，整理后得：

$$F = G\frac{(1+i)^{n}-in-1}{i^{2}} \tag{4-15}$$

式中，$\frac{(1+i)^{n}-in-1}{i^{2}}$称为等差序列终值系数，可用符号（$F/G$，$i$，$n$）表示。

2）等差序列现值公式。由式（4-15），再根据一次支付现值公式，可以推导出等差数列现值的计算公式。

$$P = F\frac{1}{(1+i)^{n}} = G\frac{(1+i)^{n}-in-1}{i^{2}}\cdot\frac{1}{(1+i)^{n}}$$

所以：

$$P = G\frac{(1+i)^{n}-in-1}{i^{2}(1+i)^{n}} \tag{4-16}$$

3）等差序列年值公式。由式（4-15），再根据等额分付偿债基金公式，可以推导出等差序列年值的计算公式。

$$A = G\frac{(1+i)^{n}-in-1}{i(1+i)^{n}-i} \tag{4-17}$$

例4-8　某项目的投产后第一年收益为300万元，以后逐年递增，年递增额为50万元，若收益率为10%，求6年后收益的终值。

解：画出现值流量图如图4-10所示。

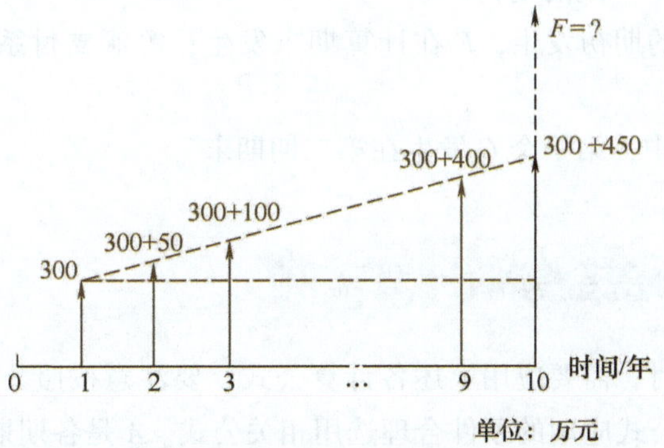

图4-10　例4-8的现金流量图

将现金流量分解为等额序列和等差序列现金流量两部分，等额年值 $A=300$ 万元，等差序列 $G=50$ 万元，利用等额分付终值公式和等差序列终值公式，有：

$$
\begin{aligned}
F &= F_A + F_G \\
&= A\frac{(1+i)^n-1}{i} + G\frac{(1+i)^n-in-1}{i^2} \\
&= 300\text{万元}\times\frac{(1+10\%)^6-1}{10\%} + 50\text{万元}\times\frac{(1+10\%)^6-10\%\times6-1}{10\%\times10\%} \\
&= 300\text{万元}\times7.716+50\text{万元}\times17.156 = 3\,172.6\text{万元}
\end{aligned}
$$

即在此条件下，6年后的收益终值为3 162.6万元。

3. 各系数之间的关系

以上各个公式是相互联系的，为便于记忆，整理公式中系数关系如下。

（1）倒数关系：

$$(P/F,\ i,\ n) = \frac{1}{(F/P,\ i,\ n)}$$

$$(P/A,\ i,\ n) = \frac{1}{(A/P,\ i,\ n)}$$

$$(F/A,\ i,\ n) = \frac{1}{(A/F,\ i,\ n)}$$

（2）乘积关系：

$$(F/P,\ i,\ n)(P/A,\ i,\ n) = (F/A,\ i,\ n)$$

$$(F/A,\ i,\ n)(A/P,\ i,\ n) = (F/P,\ i,\ n)$$

$$(A/F,\ i,\ n)(F/P,\ i,\ n) = (A/P,\ i,\ n)$$

（3）特殊关系：

$$(A/F,\ i,\ n) + i = (A/P,\ i,\ n)$$

4. 运用上述公式要注意的问题

（1）方案的初始投资，假设发生在寿命期初。

（2）寿命期内各项收入或支出，均假设发生在相应期的期末。

（3）上期的期末即下一期的期初。

（4）P 是在计算期的期初发生，F 在计算期末发生；等额支付系列 A，发生在每一期的期末。

（5）等差序列计算中，第一个 G 发生在第二期期末。

第三节　资金等值计算实例

进行资金等值计算时，需要应用上述各计算公式，要注意按照公式中 F、P、A、i、n 的含义、相互关系、利息公式应用的条件合理选用相关公式。A 是各期期末支付的资金序列，F 发生在 A 的最后一期，P 则发生在第一个 A 的前一期，i 是计息期的有效利率，n 是计息期数，且当计息期与支付期相同时，才能直接套用前述公式。同时也要注意灵活应用公式，当不能直接采用公式时，要修改相关条件，使之符合利息公式成立的前提条件。

此外，现值、将来值是相对的概念。“现值”并非专指一笔资金“现在”的价值，它是一个相对的概念。将 $t+k$ 个时点上发生的资金折现到第 t 个时点，所得的等值金额就是第 $t+k$ 个时点上资金在第 t 个时点上的现值。同样的道理，将第 t 个时点上发生的资金折现到第 $t+k$ 个时点，所得的等值金额就是第 t 个时点上资金在第 $t+k$ 个时点上的将来值。当计息期与支付期不符时，灵活进行转化，使计息期与支付期一致，然后再进行等值计算。

一、计息期与支付期一致的计算

例 4-9　要使目前的 1 000 元与 10 年后的 2 000 元等值，年利率应为多少？

解：由题意可列出等式：2 000 元 = 1 000 元 ×（F/P，i，10），即（F/P，i，10）= 2。

按资金等值公式计算得知：（F/P，7%，10）= 1.967 2，（F/P，8%，10）= 2.158 9。

用直线内插法可得：

$$i = 0.07 + 0.01 \times \frac{2.000\,0 - 1.967\,2}{2.158\,9 - 1.967\,2} = 0.07 + 0.001\,7 = 7.17\%$$

例 4-10　某人要购买一处新居，一家银行提供 20 年期年利率为 6% 的贷款 30 万元，该人每年要还款多少万元？

解：

$$A = P\ (A/P,\ i,\ n) = 30 \times (A/P,\ 6\%,\ 20)$$
$$= 30\text{ 万元} \times 0.087\,2 = 2.46\text{ 万元}$$

例 4-11　分期付款购车，每年年初付 2 万元，5 年付清。设年利率为 10%，相当于一次现金支付的购价为多少？

解：由题知，此题为已知年值求现值计算，但每年的年值发生在该年年初，与相关公式的应用条件不一致。可以先应用等额分付现值公式计算第 2 年至第 5 年年初（第 1～4 年年末）的 4 笔年等值的现值，然后再加上第一年年初（现值点）的年等值，即为期初的一次性支付购价。

$$P = A + A(P/A,\ i,\ n) = 2\text{ 万元} + 2\text{ 万元} \times (P/A,\ 10\%,\ 4)$$
$$= 2\text{ 万元} + 2\text{ 万元} \times 3.791 = 8.34\text{ 万元}$$

例 4-12　拟建立一项永久性的奖学金，每年计划颁发 10 000 元，若年利率为 10%，现在应存入多少钱？

解：

$$P = A\left[\frac{(1+i)^n - 1}{i(1+i)^n}\right] = A\left[\frac{1-(1+i)^{-n}}{i}\right]$$

当 $n \to \infty$ 时，$(1+i)^{-n} \to 0$，所以上式可变为：

$$P = \frac{A}{i}$$

将数据代入上式得：

$$P = \frac{10\,000\text{ 元}}{10\%} = 100\,000\text{ 元}$$

例 4-13 设第4年到第7年每年年末有100元的支付，利率为10%，现金流量如图4-11所示，求与其等值的第0年的现值为多少？

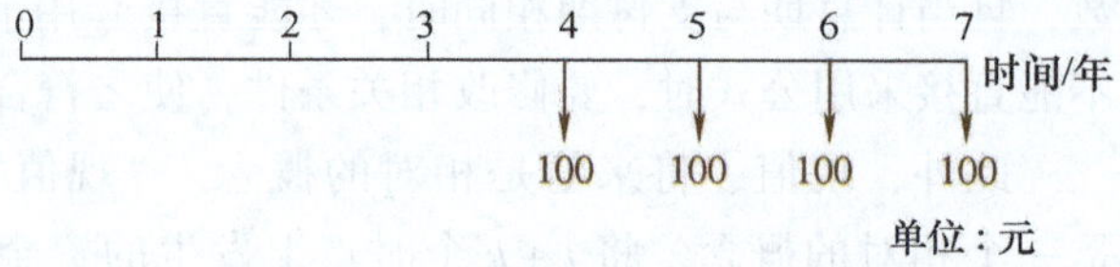

图 4-11 例 4-13 的现金流量图

解： 此题现金流量集中在第4～7年，不能直接应用已知年值求现值公式，需将第4～7年的年值折算到第三年年末（第四年年初）求 P_3，再将 P_3 折算到期初求现值 P_0。

$$P_3 = A(P/A, i, n) = 100\text{元} \times (P/A, 10\%, 4)$$
$$= 100\text{元} \times 3.17 = 317\text{元}$$
$$P_0 = P_3(P/F, 10\%, 3) = 317\text{元} \times 0.7513 = 238.16\text{元}$$

即第4～7年的年等值100元折算到第0年年初的等值资金为238.16元。

二、计息期短于支付期的计算

例 4-14 设年利率为12%，每季度计息一次，每年年末支付500元，连续支付6年，求期初的现值为多少？

解： 其现金流量如图4-12所示。

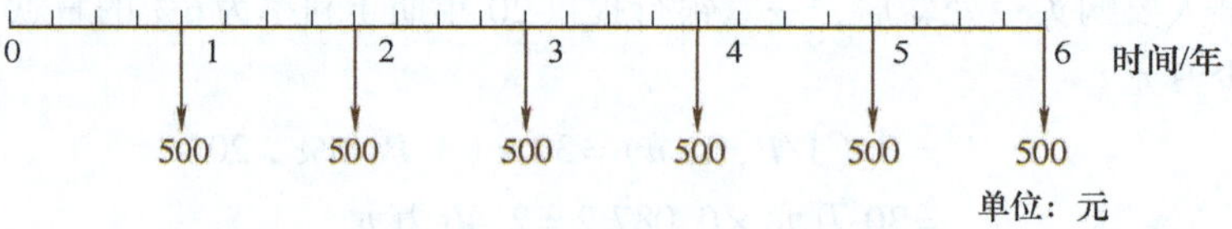

图 4-12 例 4-14 的现金流量图

该例中的计息期为季度，支付期为1年，计息期短于支付期，其不能直接套用利息公式，在计算时需使计息期与支付期一致起来，计算方法有以下3种：

方法一：计息期向支付期靠拢，求出支付期的有效利率，其年有效利率为：

$$i = \left(1 + \frac{0.12}{4}\right)^4 - 1 = 12.55\%$$
$$P = 500\text{元} \times (P/A, 12.55\%, 6) = 2\,024\text{元}$$

方法二：支付期向计息期靠拢，求出计息期末的等额支付。

年利率为12%，则季度利率为 $\frac{12\%}{4} = 3\%$，按此利率将每年年末的支出计算成每季度的等额支出，然后再计算每季等额支付的现值和。

$$A = 500\text{元} \times (A/F, 3\%, 4) = 500\text{元} \times 0.2390 = 119.5\text{元}$$
$$P = A(P/A, 3\%, 24) = 119.5\text{元} \times 16.9355 = 2\,024\text{元}$$

方法三：把每年年末的等额支付看成相应季度的一次支付，按季度计息，求出每个支付的现值和：

$$P = 500\text{元} \times (P/F, 3\%, 4) + 500\text{元} \times (P/F, 3\%, 8) +$$
$$500\text{元} \times (P/F, 3\%, 12) + 500\text{元} \times (P/F, 3\%, 16) +$$
$$500\text{元} \times (P/F, 3\%, 20) + 500\text{元} \times (P/F, 3\%, 24)$$

$$
\begin{aligned}
&= 500 \text{元} \times 0.888\,5 + 500 \text{元} \times 0.789\,4 + \\
&\quad 500 \text{元} \times 0.701\,4 + 500 \text{元} \times 0.623\,2 + \\
&\quad 500 \text{元} \times 0.553\,7 + 500 \text{元} \times 0.491\,9 \\
&= 2\,024 \text{元}
\end{aligned}
$$

三、计息期长于支付期的计算

当计息期长于支付期时，在一个计息期内所收或付出的款项不计算利息，也就是说在相邻两次计息期间存入或取出的款项在该计息期内不计当期利息。因此，处理原则是计息期间的现金流出相当于在本期期末发生，而现金流入相当于在本期期初发生。

例 4-15　已知某项目的逐月现金流量图如图 4-13 所示，计息期为季度，年利率为 12%，求第 1 年年末的金额。

解：将图 4-13a 中的现金流量整理成图 4-13b 中的现金流量。

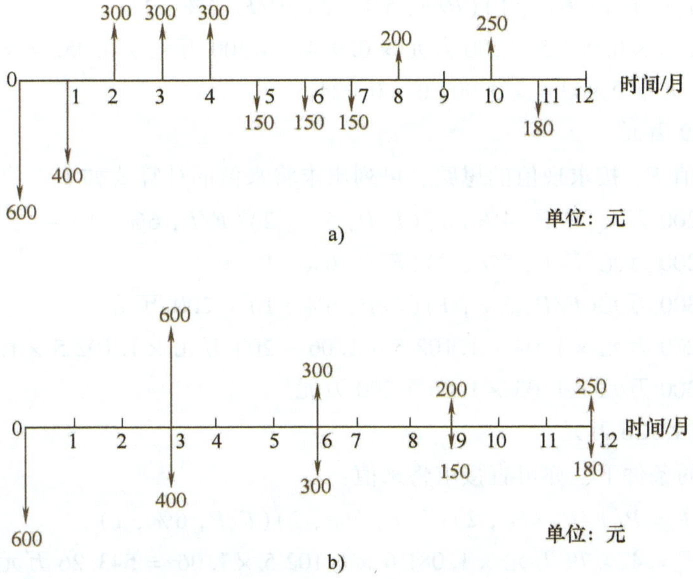

图 4-13　例 4-15 的现金流量图

这样，即可按季度利率计算第 1 年年末的将来值。

$$
\begin{aligned}
F &= -600 \text{元} \times (F/P, 3\%, 4) + (600-400) \text{元} \times (F/P, 3\%, 3) + (300-300) \text{元} \\
&\quad \times (F/P, 3\%, 2) + (200-150) \text{元} \times (F/P, 3\%, 1) + (250-180) \text{元} \\
&= -600 \text{元} \times 1.1255 + 200 \text{元} \times 1.0927 + 0 + 50 \text{元} \times 1.03 + 70 \text{元} \\
&= -353.76 \text{元}
\end{aligned}
$$

四、计算期利率不等的计算

以上所举例子都是各期间利率相等的情况，但在现实经济生活中，计算期内逐年利率可能是变化的，当各个期间利率值不等时，应按利率相等的区间逐步分别计算。

例 4-16　某现金流量图和逐年的利率 i 如图 4-14 所示，试确定该现金流量的现值、将来值和年值。

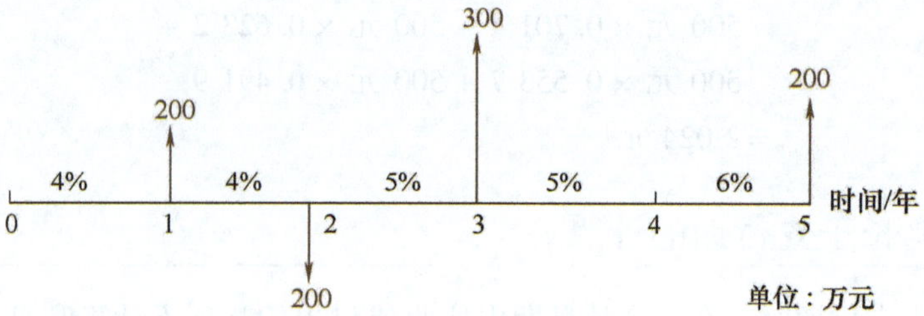

图 4-14　例 4-16 的现金流量图

解： 五年的分析期中有 3 个利率，可将分析期分为 3 段，具体计算过程如下：

（1）求现值 P

$$
\begin{aligned}
P &= 200\text{万元}(P/F, 4\%, 1) - 200\text{万元}(P/F, 4\%, 2) + \\
&\quad 300\text{万元}(P/F, 5\%, 1)(P/F, 4\%, 2) + \\
&\quad 200\text{万元}(P/F, 6\%, 1)(P/F, 5\%, 2)(P/F, 4\%, 2) \\
&= 200\text{万元} \times 0.9615 - 200\text{万元} \times 0.9246 + 300\text{万元} \times 0.9524 \times 0.9246 + \\
&\quad 200\text{万元} \times 0.9434 \times 0.9070 \times 0.9246 \\
&= 429.79\text{万元}
\end{aligned}
$$

（2）求将来值 F。按求现值的思路，可列出求将来值的计算式如下：

$$
\begin{aligned}
F &= 200\text{万元}(F/P, 4\%, 1)(F/P, 5\%, 2)(F/P, 6\%, 1) - \\
&\quad 200\text{万元}(F/P, 5\%, 2)(F/P, 6\%, 1) + \\
&\quad 300\text{万元}(F/P, 5\%, 1)(F/P, 6\%, 1) + 200\text{万元} \\
&= 200\text{万元} \times 1.04 \times 1.1025 \times 1.06 - 200\text{万元} \times 1.1025 \times 1.06 + \\
&\quad 300\text{万元} \times 1.05 \times 1.06 + 200\text{万元} \\
&= 543.26\text{万元}
\end{aligned}
$$

在已知现值的条件下，亦可直接求将来值：

$$
\begin{aligned}
F &= P(F/P, 4\%, 2)(F/P, 5\%, 2)(F/P, 6\%, 1) \\
&= 429.79\text{万元} \times 1.0816 \times 1.1025 \times 1.06 = 543.26\text{万元}
\end{aligned}
$$

（3）求年值 A。因各年利率不等，无法直接应用求年值的公式，可先列出现值或将来值与年值的关系式，然后再求年值 A：

将年值折算成现值，有下式：

$$
\begin{aligned}
P &= A(P/F, 4\%, 1) + A(P/F, 4\%, 2) + A(P/F, 5\%, 1)(P/F, 4\%, 2) + \\
&\quad A(P/F, 5\%, 2)(P/F, 4\%, 2) + A(P/F, 6\%, 1)(P/F, 5\%, 2)(P/F, 4\%, 2)
\end{aligned}
$$

将前面求出的现值代入式中，可求出年值 $A = 97.76$ 万元。

五、还本付息方式的选择

项目在建设上需要从多种渠道采用不同的方式融入资金，其中银行等金融机构的项目借款是最重要的融资方式之一。项目借款借贷双方在签订贷款协议时，贷款方往往规定了贷款利率、贷款期限、偿还方式等。但有的银行或金融机构只规定了贷款利率、贷款期限以及其他一些保证条款，项目借款的偿还方式可与贷款方协商确定。因此，研究项目借款的偿还方式，并选择一种对项目最有利的偿还方式是一项重要工作。

根据资金等值原理，为满足工程项目经济活动需要，可采用不同的方案偿还银行的一笔贷款资金。项目借款的偿还方式一般有如下几种：

1. 本利等额偿还方式

这是我国目前最常见的一种还本付息方式。本利等额偿还方式，就是在开始还款后把本利和逐年平均分摊偿还，期末正好还清全部借款的一种还款方式。在这种还款方式下，随着本金的偿还本金逐年减少，从而各年支付利息越来越少，而每年偿还本利和金额固定，从而本金偿还额逐年增加。因此，本利等额偿还方式虽然各年偿还的资金总数相等，但开始几年内偿还的利息额较大，本金较少，随着每年偿还的本金逐年增加，利息逐年减少。这种偿还方式比较适合投产后赢利能力逐渐增加的公司。

2. 本金等额偿还方式

本金等额偿还方式是在偿还期内偿还的本金每年相等，而每年的利息按每年年初实际借款余额结算的一种项目借款偿还方式。随着本金逐年等额偿还，每年发生的利息在不断减少，从而公司各年偿还的本利之和也在不断减少。因此，公司的偿债压力前期大、后期小。该偿还方式比较适合投产后赢利能力较强的公司。

3. 期末还本、各年付息偿还方式

该偿还方式在期末一次偿还本金，每年利息照常支付。其每年支付的利息为：$I=Pi$；期末偿还本利总和为：$P+Pin$。该偿还方式一般适用于投产初期赢利能力较差，但随着时间的推移，项目的偿债能力逐渐增强的项目。但贷款机构一般不会采用这种风险较大的偿债方式。该方式最大的优点就是计算较为简单。

4. 本利期末一次偿还方式

本金和利息在期末一次偿还，期末一次偿还本利总额为 $P(1+i)^n$。其中，支付的利息总额为 $I=P[(1+i)^n-1]$。这种偿还方式可以有效使用资金本息，但期末一次性偿付压力大。由于每年的利息不偿还，转为下一年本金，利滚利到期末，偿还的数额要比其他偿还方式大许多，贷款机构一般也不会采用这种自身风险较大的方式。

例 4-17　某企业获得贷款 100 万元，要在 5 年内还清，年利率 $i=10\%$，现在可以采用以下 4 种方式归还。

方案 A：各年年末支付当年应计利息，到第 5 年还本。

方案 B：本金分 5 年等额偿还，再支付当年应计的利息。

方案 C：将本金加上 5 年的利息总和，等额分摊到各年年末归还。

方案 D：在第 5 年年末，本金和利息一次还清。

试就以上 4 种还款方式，分别计算各年应偿还的利息、本金及总额，并比较优劣。

解：将各年归还贷款的金额列于表 4-3 中，仅由表中的合计项可看出，方案 B 静态总偿还额最少，似乎方案 B 较优。但其实不然，在考虑到资金的时间价值的前提下，上述 4 种偿还方案的各年还款金额应采取动态相加处理。

由表 4-3 可以看出，各方案每年还款额终值相同，也就是说，4 种还款付息方案到还款期期末还款总额是相同的。不同的偿还方式不影响总还款额，只是为偿还方根据自身的经济状况及运营发展潜力确定适合自己情况的还款方式提供基础依据。

表 4-3 各方案各年归还贷款 （单位：万元）

偿还方案	年数 （1）	年初所欠金额 （2）	年利息额 （3）	年终所欠金额 （4）=（2）+（3）	还本金 （5）	年终付款总额 （6）=（3）+（5）
A	1	100	10	110	0	10
	2	100	10	110	0	10
	3	100	10	110	0	10
	4	100	10	110	0	10
	5	100	10	110	100	110
	静态合计		50		100	150
	动态合计					161.05
B	1	100	10	110	20	30
	2	80	8	88	20	28
	3	60	6	66	20	26
	4	40	4	44	20	24
	5	20	2	22	20	22
	静态合计		30		100	130
	动态合计					161.05
C	1	100	10	110	16.38	26.38
	2	83.62	8.36	91.98	18.02	26.38
	3	65.60	6.56	72.16	19.82	26.38
	4	45.78	4.58	50.36	21.80	26.38
	5	23.98	2.40	26.38	23.98	26.38
	静态合计		32.14		99.92	131.90
	动态合计					161.05
D	1	100	10	110	0	0
	2	110	11	121	0	0
	3	121	12.10	133.10	0	0
	4	133.10	13.31	146.41	0	0
	5	146.41	14.64	161.05	100	161.05
	静态合计		61.05		100	161.05
	动态合计					161.05

第四节 通货膨胀下的资金时间价值

一、通货膨胀与货币购买力

商品和服务的价格客观上是经常性波动的。简单地讲，价格水平上升，货币实际购买力下降，即通货膨胀；当价格水平降低，则无形中提高了货币的实际购买力水平，即通货紧缩。为了准确地计算投资方案的支出、收入和经济效果，必须考虑通货水平的变化因素。

1. 通货膨胀

为了使问题简化，一般是假定通货膨胀率等于物价上涨率（价格水平上涨率）。于是有计算公式：

$$f = \overline{gp} = \frac{\bar{p}_t - \bar{p}_{t-1}}{\bar{p}_{t-1}} \tag{4-18}$$

式中，f为通货膨胀率（%）；$\overline{gp}$为平均价格水平的年上涨率（%）；$\bar{p}_t$，$\bar{p}_{t-1}$为第 t 年和 $t-1$ 年的平均价格水平（%），以物价总指数表示。

例 4-18 如果全社会零售物价总指数以 1985 年为 100，则 1987 年和 1988 年分别为 113.7 和 134.7，试求 1987 年到 1988 年的物价上涨率？

解：按式（4-18）可直接计算：

$$f = \frac{134.7 - 113.7}{113.7} = 18.5\%$$

2. 货币的购买力

价格水平向上或向下变化，对货币的购买力有不同的作用。当价格水平向上运动，货币的购买力下降；当价格水平向下运动，货币的购买力提高。

例 4-19 设某人目前投资 100 元，期望今后 5 年年收益率为 15%。至第 5 年年末，总收入由下式给出。

解： $F = 100\text{元} \times (F/P, 15\%, 5) = 201.10\text{元}$

如果目前 100 元可购买 1 辆自行车，5 年后总收入可期望购买 2 辆。但是，现在进一步假设今后 5 年自行车价格年平均上涨 10%，第 5 年年末的自行车价格将为：

$$F = 100\text{元} \times (F/P, 10\%, 5) = 161.1\text{元}$$

那么，此人第 5 年年末总收入只能购买大约 1.25（201.10 ÷ 161.1 = 1.25）辆自行车。从此例中可以看出，当物价上涨后，货币的购买能力下降了。因而在货币等值计算中，物价上涨，会进一步造成货币真实收益能力的下降。

值得进一步说明的是，价格上涨 10%，并不意味着货币购买力下降 10%。如果价格上升 10%，货币购买力下降为：

$$1 - \frac{1}{1.10} = 1 - 0.909 = 9.1\%$$

二、投资中通货膨胀因素分析

为了讨论方便，以下介绍关于市场利率 u、通货膨胀率 f 和真实利率 i 的定义。

1. 市场利率 u

市场利率反映了在金融和经济活动中的名义投资收益能力，是按照当年值计算的利率。市场利率是在金融市场上和投资经济活动中实际操作的利率。精明的投资者会清醒地意识到，市场利率中包括了货币收益能力和货币购买能力双重因素。

2. 真实利率 i

真实利率中剔除了通货膨胀的效应，反映了货币真实的收益能力。真实利率是一种抽象利率。由于在通常情况下真实利率不实际应用于金融市场的交易中，它必须通过换算才能得到。如果在经济生活中，通货膨胀或通货紧缩为零，则市场利率 u 与真实利率 i 相等。

3. 通货膨胀率 f

通货膨胀率是某一点的价格水平相对于基年价格水平增长的百分比。若通货膨胀率为负值，即为通货紧缩。

（1）已知 i 和 f，求 u。

n 年末的通货将来值为：

$$F = P[(1+i)(1+f)]^n \tag{4-19}$$

若用 u 表示考虑了利率和通货膨胀率的综合利率，则：

$$F = P(1+u)^n = P[(1+i)(1+f)]^n$$

$$u = (1+i)(1+f) - 1$$

$$= i + f + if \tag{4-20}$$

当 i 和 f 都很小时，综合利率为：

$$u \approx i + f \tag{4-21}$$

在通货膨胀下，只要有综合利率 u，就能利用复利法公式正确地进行不同时点资金的价值换算。

例 4-20 某企业拟购买一设备，设备的市场价格为 20 万元，预计该设备有效使用寿命为 5 年，若该企业要求的最低投资收益率为 15%，通货膨胀率为 5%，问该设备在寿命期内每年至少产生多少的纯收益，企业才会购买？

解：根据公式得：

$$i_c = 15\% + 5\% + 15\% \times 5\%$$

$$= 20.75\%$$

画现金流量图，如图 4-15 所示。

$$A = P(A/P, i_c, n)$$

$$= 20 万元 \times (A/P, 20.75\%, 5)$$

$$= 20 万元 \times \frac{20.75\% \times (1+20.75\%)^5}{(1+20.75\%)^5 - 1}$$

$$= 6.8 万元$$

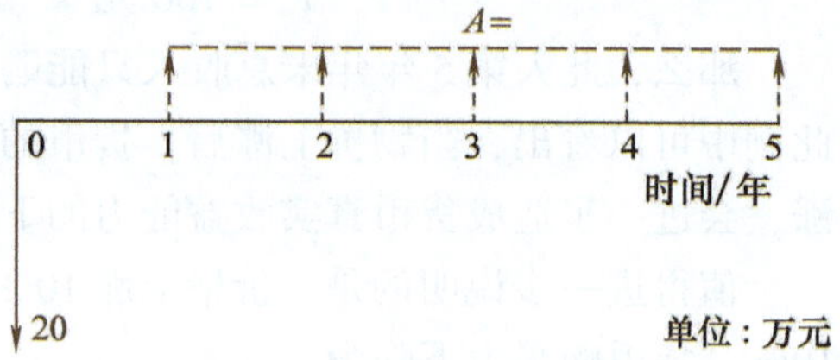

图 4-15 例 4-20 的现金流量图

所以，只有当该设备每年产生至少 6.8 万元的纯收益时，企业才可接受该设备。

（2）已知 u 和 f，求 i

由式 $u = (1+i)(1+f) - 1$

导出：

$$i = \frac{u - f}{1 + f} \tag{4-22}$$

例 4-21 某人打算投资收益率为 29% 的不动产，估计在投资期内平均通货膨胀率为 5%。问此人投资的真实收益率为多少？

解：由于所有的投资收益都将以现时货币支付，与现时现金流相关的折现率为现时折现率 u，所以：

$$u = 29\%, f = 5\%$$

代入式（4-22）得：

$$i = \frac{29\% - 5\%}{1 + 5\%} = 22.86\%$$

此人投资的真实收益率为22.86%。

在上面的例题中，我们看到，虽然在现金流量图中，每年的现金流量是相等的，但是其货币购买力是不等的。

例4-22　一对青年夫妇为他们9岁的儿子准备大学学费，若他18岁进大学，在大学4年内，每年需要相当于现在物价水平4 000元的学费。估计年通货膨胀率为5%，夫妇从儿子9岁到17岁，每年以等额存入一笔钱，设年利率为7%。问这笔钱为多少时才能支付4年的学费？

解：首先，计算通货膨胀率为5%时，当年的大学学费，具体如表4-4所示。

表4-4　通货膨胀下的各年大学学费　　（单位：元）

年　末	年　龄	考虑通货膨胀率下当年的大学学费
1	18	$4\,000 \times (1+5\%)^{9} = 6\,205$
2	19	$4\,000 \times (1+5\%)^{10} = 6\,515$
3	20	$4\,000 \times (1+5\%)^{11} = 6\,841$
4	21	$4\,000 \times (1+5\%)^{12} = 7\,183$

首先，画现金流量图，如图4-16所示。

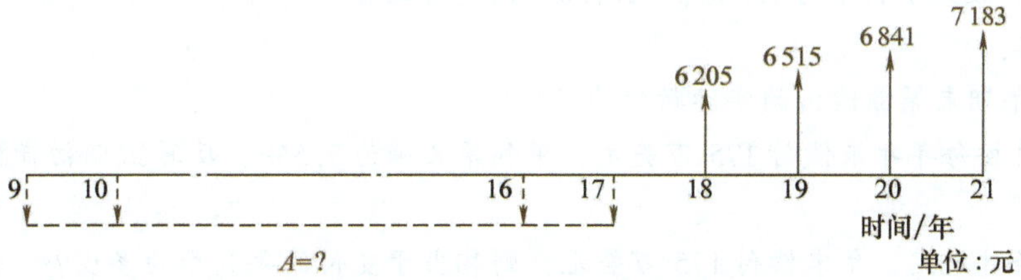

图4-16　例4-22的现金流量图

其次，选择一个时点（17岁），把所有现金流都折算到该时点，则：

$$A(F/A, 7\%, 9) = 6\,205.2\text{元} \times (P/F, 7\%, 1) + 6\,515\text{元} \times (P/F, 7\%, 2) + 6\,841\text{元} \times (P/F, 7\%, 3) + 7\,183\text{元} \times (P/F, 7\%, 4)$$

可以求出：$A = 1\,883$元

所以，他们在儿子9~17岁，每年需要存款1 883元。

这里的A等于1 883元，表示每年必须储蓄的金额，实际每年储蓄按货币购买力计算在递减。而计算的各年大学学费，虽然金额不等，但是其货币购买力却是相同的。

习题

1. 何谓资金的时间价值？试用单利公式和复利公式表示资金的时间价值。
2. 什么是名义利率和实际利率？两者有何关系？
3. 资金等值的含义是什么？其3个要素又是什么？
4. 什么是现金流量？如何画现金流量图？现金流量图的作用是什么？

5. 通货膨胀下实际利率如何计算？

6. 某人借款10 000元，偿还期为5年，年利率为10%。试就下面4种还款方式，分别计算5年还款总额和利息各是多少？

(1) 每年年末等额偿还本息。

(2) 每年年末支付当年利息，偿还2 000元本金。

(3) 每年年末支付当年利息，第五年年末一次偿还本金。

(4) 第五年年末一次支付本金和利息。

7. 图4-17是某企业经济活动的现金流量图，利用复利计算公式，试由已知项求解未知项。

(1) 已知F_1、F_2、A求P。

(2) 已知F_1、F_2、P求A。

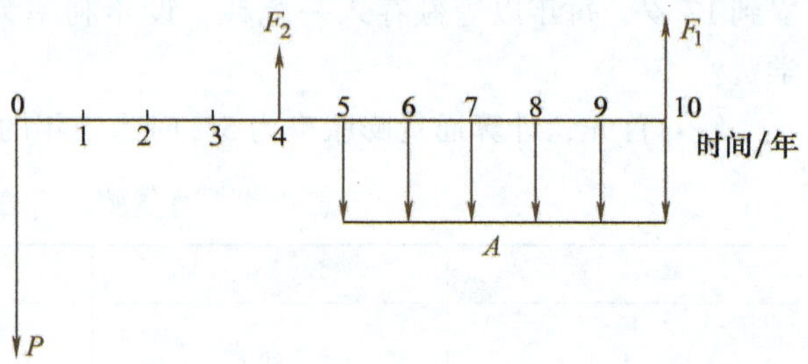

图4-17 现金流量图

8. 某企业欲与外商签约开办合资企业，但因企业资金短缺，外商同意从国外贷款1 000万美元，利率为7.5%，条件是10年内等额偿付本息，且每年要偿还本100万美元，偿还利息75万美元。假如年利率为7.5%，试问此合同是否该签？

提示思路：

(1) 10年期末等额偿付的实际数应为多少？

(2) 若真按每年年末偿付175万美元，年利率又确为7.5%，反算出期初贷款为1 000万美元吗？

(3) 按条件规定，年末偿付175万美元，则相当于支付的年利率为多少？

9. 一学生向银行贷款上学，年利率为5%，上学期限为4年，并承诺毕业后6年内还清全部贷款，预计每年偿还能力为5 000元，问该学生上学期间每年年初可从银行等额贷款多少？

10. 有一人拟订了这样的储蓄计划：第1年年初存款100元，10年中每年年末存入50元，同时在第4年年末和第8年年初再存入100元，试求年利率10%情况下：

(1) 到第10年年末的本利和。

(2) 若从第5年开始年利率改为8%，求到10年年末的本利和。

11. 某企业一年中在银行存款和取款的情况如图4-18所示。假如利息按年利率8%计算，每季度计息一次，复利计算，问年末企业一次取出资金是多少？

12. 求每半年向银行借款2 400元，连续借8年的等额支付的将来值，利息分别按如下3种情况计算：

(1) 年利率8%。

(2) 年利率8%，每半年计息一次。

(3) 年利率8%，每季度计息一次。

13. 某公司购买一台机器设备，估计能使用20年，每5年要大修理一次，第一次大修理费用为3 000元，以后每次大修费用增加1 000元。若年利率为12%，每半年计息一次。计算

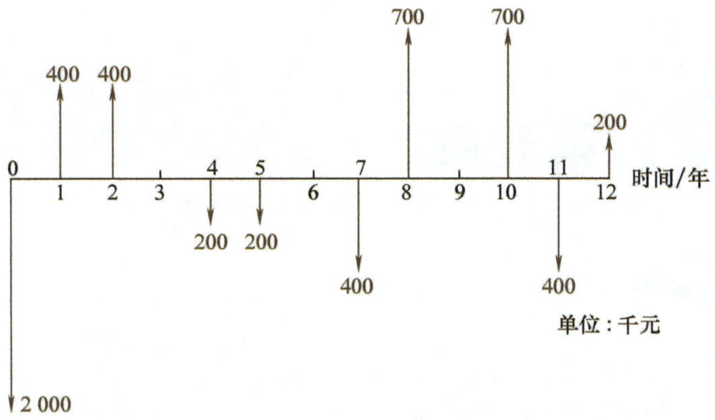

图4-18　现金流量图

每年年末等额存储多少钱才能够支付20年寿命期内的大修理费用？

14. 企业一年内共借款3 000万元，支取时间在该年中均匀连续分布，利息按支取时间开始连续计息，年名义利率为12%，求年末的本利和。

15. 若想使企业的利润在20年内翻两番，按等额递增率考虑，每年递增比率为多少？

第五章 工程经济评价指标

引例

某学校拟在操场一侧修建运动场看台，委托的设计部门提出了两个方案。方案甲：利用钢筋混凝土建造，投资 35 万元，每年保养费用 2 000 元。方案乙：采用木结构建造，内部用泥土填实，需要投资 20 万元，以后每年需要油漆费用 1 万元，每 12 年更换一次座位需要 4 万元，36 年后泥土部分不变，全部木结构拆除更新，需要费用 10 万元。在永久使用的情况下，哪个方案更经济呢？该议案提交学校代表委员会讨论时，大多数代表倾向于方案甲，他们认为，虽然方案甲前期投入较多，但是钢筋混凝土的结构对于永久使用的看台最终的费用应该少，但是工商学院的老师认为不能从表面数据决定选择哪个方案，应该从工程经济学的角度，建立一套合理的经济评价体系，运用不同的经济评价指标，对这两个方案进行定量计算分析。那么，什么指标能够反映这两个方案的经济效益？影响这个决策的因素有哪些？实际情况又是如何呢？通过学习本章，你将会做出经济上合理的决策。

经济效果的评价是工程项目评价的核心。为了正确和科学地从经济角度对各种项目进行评价，首先要确定经济评价的依据。这些依据叫作经济评价指标，它们分别反映项目经济效益某一方面的数量。由于投资者对投资的目标一般不止一个，因此，项目的评价指标也不是唯一的。根据评价深度要求的不同和获得资料的多少，以及项目本身和其所处条件的不同，可选用不同的评价指标。这些指标有主次之分，它们从不同的侧面反映投资项目的经济效果。本章将详细介绍项目经济评价的各种指标。

经济评价指标可从不同的角度进行分类。例如，按是否考虑资金的时间价值分为静态指标（不考虑资金的时间价值，即 $i=0$）和动态指标。如果按照投资项目对资金的回收速度、获利能力和资金的使用效率进行分类，投资项目的经济评价指标可分为时间型指标、价值型指标（即以货币量来表示的）和效率型指标。上述指标又可进一步细分，如表 5-1 所示。

表 5-1　项目的经济评价指标

评价指标	具体指标	备注
时间型指标	投资回收期 追加投资回收期 固定资产投资借款偿还期	静态，动态 静态，动态 静态
价值型指标	净现值，净年值，净未来值	动态
效率型指标	投资利润率，投资利税率 内部收益率，外部收益率 净现值指数 效率—费用比 增额投资收益率	静态 动态 动态 动态 静态，项目比较时用

静态指标的特点是计算简便、直观，因而被广泛用来对投资效果进行粗略估计，它的主要缺点是没有考虑资金的时间价值和不能反映项目整个寿命期间的全面情况，因此在对投资项目进行经济评价时，应以动态分析为主，必要时另加某些静态评价指标进行辅助分析。

以下对一些主要的时间型指标、价值型指标和效率型指标分别进行讨论。

第一节　时间型经济评价指标

时间型经济评价指标是通过比较项目或方案投入运作资本的时间效率来对项目的优劣做出评价，主要考虑的是项目投入资本回收的速度、回收期长短等问题，称为投资回收期。

投资回收期（Pay back period）又称投资返本期，是反映项目或方案投资回收速度的重要指标。它是指从项目投建之日起，用项目各年的净收入（年收入减年支出）抵偿全部投资（包括固定资产和流动资金）所需要的时间，其单位通常用“年”来表示。投资回收期一般是从建设开始年算起，必要时可以给出自投产期开始年算起的投资回收期。为了避免误解，计算该指标时一般要注明起算时间。

主要的时间型经济评价指标有：静态投资回收期、动态投资回收期、追加投资回收期等。

一、静态投资回收期

计算投资回收期时，不考虑资金的时间价值因素，所得到的投资回收期为静态投资回收期。

（一）静态投资回收期的定义、计算方法和判别准则

根据静态投资回收期（以年表示）的定义，可以表示成如下的通式：

$$\sum_{t=0}^{P_t}(CI_t - CO_t) = 0 \quad \text{或} \quad \sum_{t=0}^{P_t} NCF_t = 0 \tag{5-1}$$

式中，CI_t 为第 t 年的现金流入；CO_t 为第 t 年的现金流出（包括投资）；NCF_t 为第 t 年的净现金流量，$NCF_t = CI_t - CO_t$；P_t 为静态投资回收期。

在实际项目评价中，累计净现金流量等于零的时间点往往不是某一自然年份，这时可以利用已知的现金流量表或现金流量图，通过累计净现金流量，采用下式计算静态投资回收期：

$$P_t = T - 1 + \frac{\text{第}(T-1)\text{年的累计净现金流量的绝对值}}{\text{第}\ T\ \text{年的净现金流量}} \tag{5-2}$$

式中，T 为项目各年累计净现金流量首次出现正值或零的年份。

在投资回收期的计算中，回收期是指通过项目的净收益（包括利润和折旧）来回收总投资（包括固定资产和流动资金）所需要的时间。如果项目投产后的年净收益相等或用年平均净收益计算时，则 P_t 的计算式可转化为以下两种形式。

从投资开始年算起的投资回收期为：

$$P_t = \frac{I}{R} + \text{建设期} \tag{5-3}$$

式中，I 为项目的全部投资；R 为年净收益。

从投产年算起的投资回收期为：

$$P_t = \frac{I}{R} \tag{5-4}$$

对投资回收期的评价，一般根据项目评价求出的投资回收期 P_t，与行业或部门的基准投资回收期 P_c 相比较，当 $P_t \leqslant P_c$ 时，应认为项目在投资回收能力上是可以接受的；当 $P_t > P_c$ 时，方案应予拒绝。

对于各年净收入不同的项目，投资回收期通常用列表法求解。

例 5-1 某建设项目的投资及各年收入和支出情况如表 5-2 所示，期末固定资产的残值忽略不计，求其静态投资回收期？

表 5-2 项目的投资及各年收入和支出情况 （单位：万元）

年 份		0	1	2	3	4	5	6	7	8	9	10	合 计
现金流量情况	1. 建设投资	180	240	80									500
	2. 流动资金			250									250
	3. 总投资（1+2）	180	240	330									750
	4. 收入				300	400	500	500	500	500	500	500	3 700
	5. 支出（不含投资）				250	300	350	350	350	350	350	350	2 650
	6. 净收益（4-5）				50	100	150	150	150	150	150	150	1 050
累计净现金流量 $\sum C_t$		-180	-420	-750	-700	-600	-450	-300	-150	0	150	300	

解：使用表格法求解，如表 5-2 所示。首先将各年现金流折算成净现金流，如表中第 3 行为投资阶段，第 6 行为回收阶段。然后，在表格的最后一行对项目的累计净现金流量进行计算，在计算表中第 8 年恰好为零，故该项目的静态投资回收期为 8 年。若建设项目的基准投资回收期为 10 年，则有 $P_t \leqslant P_c$，该项目可以考虑接受。

若改变表格 5-2 中的数据，使累计净现金流量为零的年份不是自然年，如表 5-3 所示。

表 5-3 项目的投资及各年收入和支出情况 （单位：万元）

t/年	0	1	2	3	4	5	6	7	8	9
$CI_t - CO_t$	-1 000	20	50	90	120	180	230	330	400	500
$\sum(CI_t - CO_t)$	-1 000	-980	-930	-840	-720	-540	-310	20	420	920

则运用式（5-2），有：

$$P_t = \left(7 - 1 + \frac{|-310|}{330}\right)\text{年} = 6.94\text{ 年}$$

所以，若建设项目的基准投资回收期为 10 年，则该项目可以考虑接受。

例 5-2　某建设项目 A 的投资及各年纯收入如表 5-4 所示，期末固定资产的残值忽略不计，试求静态投资回收期。

表 5-4　项目 A 的投资及纯收入表　　（单位：万元）

项目 \ 年份	0	1	2	3	4	6～9	10	11	12
固定资产投资	20	30	20						
流动资金投资			30						
纯收入				10	15	20	20	20	20

折旧自投产后计提，共 10 年，每年折旧费 =（70 − 0）万元 ÷ 10 = 7 万元。

将有关现金流量按期末计算法累计，如表 5-5 所示。

表 5-5　项目 A 的累计现金流量表　　（单位：万元）

项目 \ 年份	1	2	3	4	5	6	7	8	9	10	11	12
固定资产投资	−20.00	−30.00	−20.00									
流动资金投入			−30.00									
纯收入			10.00	15.00	20.00	20.00	20.00	20.00	20.00	20.00	20.00	20.00
纯收入加折旧			17.00	22.00	27.00	27.00	27.00	27.00	27.00	27.00	27.00	27.00
净现金流量	−20.00	−30.00	−33.00	22.00	27.00	27.00	27.00	27.00	27.00	27.00	27.00	27.00
累计净现金流量	−20.00	−50.00	−83.00	−61.00	−34.00	−7.00	20.00	47.00	74.00	101.00	128.00	155.00

即 $P_t = \left(7 - 1 + \frac{|-7|}{27}\right)\text{年} = 6.26\text{ 年}$。

由表 5-5 计算出来的投资回收期是从基建开始年份算起，若从投产年份算起需减去 2 年，即为 4.26 年。

（二）关于静态投资回收期的几点说明

1. 静态投资回收期的特点

技术方案的决策面临着未来的不确定因素。这种不确定因素所带来的风险随着时间的延长而增加。因为未来的时间越远，人们所确知的东西就越少，风险就越大，为了减少风险，投资者必然希望投资回收期越短越好。

静态投资回收期的优点是：①概念清晰，简单易行，直观，便于理解；②不仅在一定程度上反映了技术方案的经济性，而且反映了技术方案的风险大小和投资的补偿速度；③既可判定单个方案的可行性（与 P_c 比较），也可用于方案间的比较（判定优劣）。

静态投资回收期指标的缺点在于：

（1）没有反映资金的时间价值，因此用它来决定项目的取舍，有时会做出错误的判断。

例如，某水利项目需2年建成，每年投资50亿元，投产后每年可收回资金7.5亿元，项目建成后的寿命期为50年，投资经费全部来自贷款，贷款利率为10%。如按静态投资回收期来计算 $P_t=13.3$ 年（$2\times50\div7.5$），即建成后13年多一点即可收回全部投资，此后剩余的36.7年可赚275.25亿元（7.5×36.7），可以说是一个不坏的项目，但实际上如果考虑了资金的时间价值，项目在建成投产年初欠款金额为105亿元［$50(1+0.1)+50$］。因此投产后，利息支出每年为10.5亿元（105×0.1）。当实际收入为7.5亿元时，收支相抵亏损为3亿元，到年底总的亏损金额增加为108亿元，再过一年总的欠款金额会升至111.3亿元［$108(1+0.1)-7.5$］。这样，欠款金额逐年上升，50年后将达3 596.73亿元之多！显然是一个极不可取的项目。

（2）它舍弃了方案在回收期以后的收入和支出情况，故难以全面反映方案在整个寿命期内的真实效益，因此用它来选择项目，有可能排错了方案的优劣的顺序。

例如，有两个投资项目，初期投资均为10 000元。A项目每年收益10 000元，但其经济寿命只有1年；B项目每年收益2 500元，有5年的经济寿命。分别计算一下它们的静态投资回收期：

A项目：
$$P_{tA}=\frac{10\ 000}{10\ 000}\text{年}=1\text{年}$$

B项目：
$$P_{tB}=\frac{10\ 000}{2\ 500}\text{年}=4\text{年}$$

如果单纯根据投资回收期来判断，A项目要优于B项目，但这个项目实际上不能盈利，即10 000元－10 000元＝0元，而B项目在回收期之后还有2 500元的收益，即每年有5%的收益率（动态计算）。

（3）部门或行业的基准投资回收期 P_c 尚未确定。

2. 基准投资回收期 P_c

不同地区、行业、时期，P_c 都有所区别。不同行业的基准投资收益率和基准投资回收期如表5-6所示。

表5-6 不同行业基准投资收益率和基准投资回收期

行业	i_0（%）	P_c/年
冶金	9～15	8.8～14.3
煤炭	10～17	8～13
有色金属	8～15	9～15
油田开采	12	6～8
机械	7～12	8～15
化工	9～14	9～11
纺织	8～14	10～13
建材	8～10	11～13

显然，P_C 一般在 10 年左右。

投资回收期反映了方案的盈利能力，与各年的实际收益有关，收益大、回收快，回收期就短。折旧期反映了设备（固定资产）的折旧寿命（与设备的盈利能力无关）与折旧方法、设备投资、设备使用寿命、国家规定等有关。

尽管静态投资回收期有许多不足之处，但是，在国内和国外，目前还广泛地应用静态回收期作为项目经济评价的指标，在国外工业界甚至普遍流行着要求用“在 18 个月内回收投资”来判断项目好坏的看法，并用静态投资回收期（或结合其他方法）来分配投资。究其原因，是因为投资回收期是投资决策时考虑的主要因素之一，投入的资金多久得到回收总是一个引人注目的问题，特别是对那些风险较大的项目，投资回收期较短意味着把一个不确定的未来缩短到一个近期的比较确定的状态，在投资完全回收后，不确定性对投资者来讲，意义就不再是十分重要了，因为回收期以后的收益不论多少，都是利润。因此，回收期也是一种盈亏平衡分析的形式。

多年来，我国对投资回收期这一指标比较重视，原因除了静态投资回收期这个指标直观、易于计算和理解外，还在于我国在项目的经济评价领域中引入资金的时间价值的概念较晚，而我国长期以来，建设资金又非常短缺，特别注重资金的回收和周转。

总之，静态投资回收期作为能够反映技术方案经济性和风险性的指标，在建设项目评价中具有独特的地位和作用，被广泛用作建设项目评价的辅助性指标。

二、动态投资回收期

为了克服静态投资回收期未考虑资金时间价值的缺点，在投资项目评价中常常将资金的时间价值考虑在内，称为动态投资回收期，一般用 P_t' 表示。其表达式如下：

$$\sum_{t=0}^{P_t'} (\mathrm{CI}_t - \mathrm{CO}_t)(1+i_0)^{-t} = 0 \tag{5-5}$$

动态投资回收期就是能使该式成立的 P_t' 的值（单位：年）。

动态投资回收期 P_t' 的计算通常也用列表法，首先根据各年净现金流，计算出各年折现值的累计值，再采用插值法计算出 P_t'，插值可按下式计算：

$$P_t' = \begin{pmatrix}\text{累计折现值出}\\\text{现正值的年数}\end{pmatrix} - 1 + \frac{\text{上年累计折现值的绝对值}}{\text{当年净现金流量的现值}} \tag{5-6}$$

在计算 P_t' 时，如果项目仅第 0 年有一个投资 P，以后各年的净现金流量（净效益）均为 A，在折现率为 i 的情况下动态回收期 P_t' 的解析式，计算如下：

$$P = A(P/A,\ i,\ P_t') = A\left[\frac{(1+i)^{P_t'} - 1}{i(1+i)^{P_t'}}\right]$$

解得：

$$P_t' = \frac{-\ln\left(1 - \frac{P \cdot i}{A}\right)}{\ln(1+i)}$$

用动态投资回收期 P_t' 评价投资项目的可行性时，需要与基准投资回收期 P_c 相比较。判别准则为：若 $P_t' \leqslant P_c$，则项目可以被接受，否则应予以拒绝。

下面举例说明用列表法如何计算动态投资回收期。

例 5-3 某项目的投资支出和净收益数据如表 5-7 中第 1、2 行所示。基准折现率 $i_0=10\%$，基准投资回收期 $P_c=8$ 年，试计算动态投资回收期，并判断该项目的可行性。

表 5-7 动态投资回收期计算表（$i_0=10\%$） （单位：万元）

年份 t	0	1	2	3	4	5
1. 投资支出	-20	-500	-100			
2. 净收入				150	250	250
3. 净现金流量（CI_t-CO_t）	-20	-500	-100	150	250	250
4. 现值系数（$1+10\%$）$^{-t}$	1.0	0.909 1	0.826 4	0.751 3	0.683 0	0.620 9
5. 折现值	-20.0	-454.6	-82.6	112.7	170.8	155.2
6. 累折贴现值 $\sum(CI_t-CO_t)(1+i_0)^{-t}$	-20	-474.6	-557.2	-444.5	-273.7	-118.5
年份 t	6	7	8	9	10	
1. 投资支出						
2. 净收入	250	250	250	250	250	
3. 净现金流量（CI_t-CO_t）	250	250	250	250	250	
4. 现值系数（$1+10\%$）$^{-t}$	0.564 5	0.513 2	0.466 5	0.424 1	0.385 5	
5. 折现值	141.1	128.3	116.6	106.0	96.4	
6. 累积贴现值 $\sum(CI_t-CO_t)(1+i_0)^{-t}$	22.6	150.9	267.5	373.5	469.9	

解： 首先，用投资和收益数据计算出各年净现金流量，得出表中第 3 行。再计算各年净现金流量的折现值，得第 5 行。第 6 行为折现值的累积值，即 $\sum(CI_t-CO_t)(1+i_0)^{-t}$。由表中数据可知，投资回收期应在第 5 年和第 6 年之间。

本例中，在第 6 年出现正值，代入式（5-6）可得：

$$P_t'=\left(6-1+\frac{|-118.5|}{141.1}\right)\text{年}=5.84\text{ 年}$$

因为 $P_t'<P_c$，所以项目可以被接受。

例 5-4 以表 5-5 所示的投资项目 A 为例，当 $i=10\%$ 时，可以计算得到不同年份的累计折现现金流量值，如表 5-8 所示。

表 5-8 累计折现现金流量表 （单位：万元）

项目 \ 年份	1	2	3	4	5	6	7	8	9	10	11	12
净现金流量	-20.00	-30.00	-33.00	22.00	27.00	27.00	27.00	27.00	27.00	27.00	27.00	27.00
10%的折现系数	0.91	0.83	0.75	0.68	0.62	0.56	0.51	0.47	0.42	0.39	0.35	0.32
折现值	-18.18	-24.79	-24.79	15.03	16.76	15.24	13.86	12.60	11.45	10.41	9.46	8.60
净现金流量折现值的累计值	-18.18	-42.97	-67.77	-52.74	-35.98	-20.74	-6.88	5.72	17.16	27.57	37.04	45.64

代入式（5-6）得此项目的动态回收期：

$$P_t' = \left(8 - 1 + \frac{|-6.88|}{12.6}\right)年 = 7.5 年$$

与项目的静态投资回收期（6.26 年）相比较，项目的动态投资回收期要长一些。只有当投资回收期不长和（或）要求的收益率值较低的情况下，项目的动态回收期与其静态投资回收期才相差不大。

表 5-8 所示的投资项目的动态投资回收期也可利用解析式求解，其现金流量图如图 5-1 所示。

即投资分年完成，在达产期前有试产期，项目在达产后净收益保持不变直到项目寿命期末。为了简化计算可以将图 5-1 转化为现金流量图 5-2，并用式（5-6）来计算得到项目的动态投资回收期。

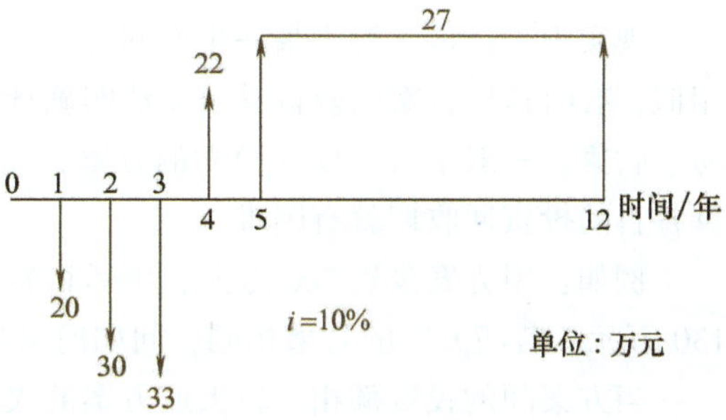

图 5-1 项目 A 的现金流量图

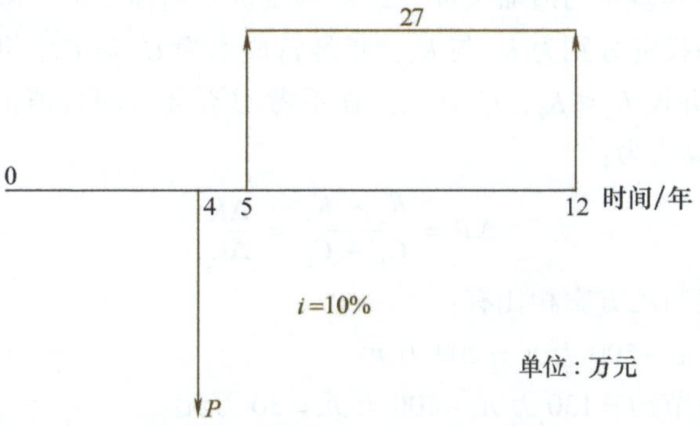

图 5-2 项目 A 的等价现金流量图

等值的一次投资额（第 4 年）P 为：

$$\begin{aligned} P &= -20 元 \times (1+10\%)^3 - 30 元 \times (1+10\%)^2 - \\ &\quad 33 元 \times (1+10\%)^1 + 22 元 \\ &= -77.22 元 \end{aligned}$$

动态回收期 P_t 为：

$$\begin{aligned} P_t' &= 4 年 + \frac{-\ln\left[1 - \frac{77.22 \times 10\%}{27}\right]}{\ln(1+10\%)} 年 = 4 年 + 3.5 年 \\ &= 7.5 年 \end{aligned}$$

所得的动态回收期 7.5 年与按累计折现现金流量方法计算得到的结果相同。

与静态投资回收期指标相比较，动态投资回收期考虑了资金的时间价值，但计算较为复杂。通常只宜用于辅助性评价。

三、追加投资回收期

评价单一方案时，可以用投资回收期分析和判断方案是否可行。当多方案比较时，即比较和评价两个或两个以上方案时，也可用投资回收期法计算每个方案的总投资回收期，并根据投资回收期的长短来比较和判断方案是否可行。

现实中，经常为解决某一生产问题，形成诸多可以选择的方案。这些方案的效果相同或相似，有时这些方案的效益甚至无法明确计量，但这些方案的投资额、经营成本等费用数据易于收集。一般来讲，投资额大的方案，成本较低；投资额小的方案，成本较高，此时，计算各自的投资回收期就有困难。

例如：甲方案投资700万元，年运行费用100万元；乙方案投资500万元，年运行费用130万元，若两方案的效果相同，问如何决策？

当方案间的投资额相差较大或方案的收益无法计量时，则需要用追加投资回收期指标来判断方案间的优劣。

1. 定义及定义式

追加投资回收期指标又称差额投资回收期、追加投资返本期，是指用投资大的方案所节约的年经营成本来偿还其多花的追加投资（或差额投资）所需要的年限。

设两个对比方案的投资分别为K_1与K_2，年经营成本为C_1与C_2，年净收益相同（或效用相同、或无法计量），并设$K_1 \leqslant K_2$，$C_1 \geqslant C_2$。在不考虑资金时间价值的条件下，则静态差额投资回收期（ΔT）计算式为：

$$\Delta T = \frac{K_2 - K_1}{C_1 - C_2} = \frac{\Delta K}{\Delta C} \tag{5-7}$$

依据前例，甲方案与乙方案相比有：

追加投资 = 700万元 - 500万元 = 200万元

年运行费用每年可节约 = 130万元 - 100万元 = 30万元

$$\Delta T = \frac{200}{30}\text{年} = 6.67\text{年}$$

很明显，ΔT所表明的只是追加投资（差额投资）的经济效益，即投资大的方案多花投资的回收时间。

若两方案的年净收益不同，年产量分别为Q_1与Q_2，则需要转化为单位产量参数后再计算。此时，静态差额投资回收期（ΔT）的计算式为：

$$\Delta T = \left(\frac{K_2}{Q_2} - \frac{K_1}{Q_1}\right) \div \left(\frac{C_1}{Q_1} - \frac{C_2}{Q_2}\right) \tag{5-8}$$

2. 追加投资回收期法的判别准则

当$\Delta T \leqslant T_b$时，则投资大、成本低方案的追加投资回收时间较短，投资大的方案较优；

当$\Delta T > T_b$时，则投资大、成本低方案的追加投资回收时间较长，投资小的方案较优。

显然，静态差额投资回收期法主要用于方案间的优劣比较。

如果参与比较的可行方案较多，一般需要两两比较、淘汰，循序进行。但计算和比较的工作量较大。

应当指出，差额投资回收期法可以用来比较方案间的优劣与好坏，至于某一较优的方案本身的经济性如何，是否可行，还不能断定，须另作判别。因此，差额投资回收期法仅适合于可行方案间的比较和选优。

例 5-5 某项目有 3 个可行方案供选择，其投资额与年经营成本如下：

方案一：$K_1=100$ 万元，$C_1=120$ 万元。

方案二：$K_2=110$ 万元，$C_2=115$ 万元。

方案三：$K_3=140$ 万元，$C_3=105$ 万元。

设基准投资回收期 $T_b=5$ 年，试选择最优方案。

解：

第一步，方案二与方案一相比较：

$$\Delta T_{2\text{-}1}=\frac{K_2-K_1}{C_1-C_2}=\frac{110-100}{120-115}\text{年}=2\text{年}<T_b=5\text{年}$$

所以，投资较大的方案二优于方案一，方案一被淘汰。

第二步，方案三与方案二相比较：

$$\Delta T_{3\text{-}2}=\frac{K_3-K_2}{C_2-C_3}=\frac{140-110}{115-105}\text{年}=3\text{年}<T_b=5\text{年}$$

可见，投资较大的方案三比方案二优越，故选择方案三为最优方案。但方案三是否可行，还须另行判断，或者只有当断定方案二或方案一为可行方案时，方案三才是可行最优方案。

从以上计算和分析可知，采用静态差额投资回收期法可以进行多方案之间的比较和选择，但较为烦琐。差额投资回收期也可以考虑资金的时间价值，称为动态差额投资回收期，读者可自己推演，这里不做详细介绍。

第二节 价值型经济评价指标

一、净现值（NPV）

净现值（Net Present Value，NPV）指标是对投资项目进行动态评价的最重要的指标之一。该指标要求考查项目寿命期内每年发生的现金流量。

在例 5-3 中，动态投资回收期的计算实质是用项目各年的净收益来补偿初始投资，在 5.84 年刚好补偿完毕。若从项目的整个寿命期来考虑，10 年内不仅能够补偿投资总额，而且还有富余，累计折现总额为正值，即净现值大于零。

（一）净现值（NPV）定义及定义式

所谓净现值，是指按一定的折现率将方案计算期内各时点的净现金流量折现到计算期初的现值累加之和。

净现值的表达式为：

$$\text{NPV}=\sum_{t=0}^{n}(\text{CI}_t-\text{CO}_t)(1+i_0)^{-t} \tag{5-9}$$

式中，NPV 为净现值；CI_t 为第 t 年的现金流入额；CO_t 为第 t 年的现金流出额；n 为项目寿命年限（或计算期）；i_0 为基准折现率。

若工程项目只有初始投资 K_0，以后各年均获得相等的净收益 NB，则此时上式可简化为：

$$NPV = NB(P/A, i_0, n) - K_0 \tag{5-10}$$

式中，$(P/A, i_0, n)$ 为年金现值系数。

（二）净现值（NPV）的经济含义

先看一个简单的例子。某方案的现金流量如图5-3所示。

经计算，可得出该投资的收益率为 $i=12\%$，由此可知，如果 $i_0=12\%$，$n=10$ 年，$P=100$ 万元，$F=310.58$ 万元，则净现值 NPV = 0。这表明：①从投资回收期角度看，按照给定的贴现率，方案在寿命期内刚好收回投资；②从定义式的含义看，项目各年的净现金流量的现值累计之和刚好为零；③收益率 i 刚好等于项目的基准收益率（基准贴现率 i_0），即技术方案（项目）的获利能力等于给定的贴现率 i_0，即达到资本的最低获利要求。

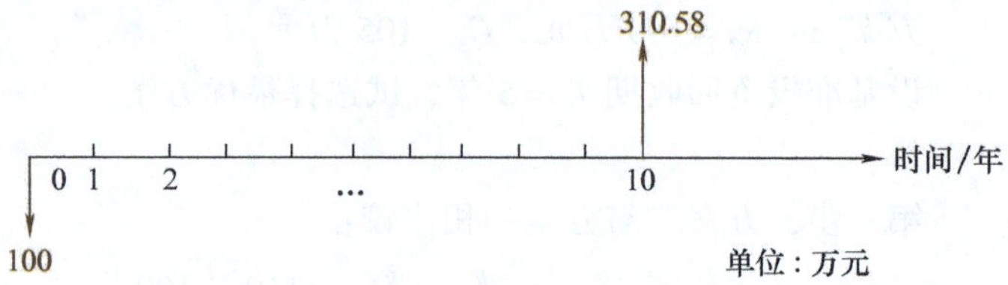

图5-3 某方案的现金流量

若净现值 NPV > 0，则表明项目的获利能力高于贴现率，即高于资本的最低获利要求，有附加收益。

若净现值 NPV < 0，则表明项目获利能力低于贴现率，即低于资本的最低获利要求（此时项目不一定亏损）。

由此可见，当净现值大于零或等于零时，项目可行；反之，不可行。

（三）判别准则

对单一项目方案而言，若 NPV≥0，则项目应予接受；若 NPV < 0，则项目应予拒绝。

多方案比选时，若方案间的投资规模相差不大，根据净现值最大准则，净现值大的方案相对较优。

（四）计算方法

净现值 NPV 通常利用公式计算，也可用现金流量表逐年折现累计而求得。用现金流量表逐年折现累计计算时，计算结果一目了然，便于检查，适用于寿命期较长而各年现金流量值不同且无规律可循时的项目的现值的手工计算；公式法是利用现金流量图来进行资金的等值计算。下面分别举例说明。

例5-6 某项目的各年现金流量如表5-9所示，试用净现值指标判断项目的经济性（$i_0=10\%$）。

解： 首先计算各年净现金流量（见表5-9最后一行），并绘制现金流量图（见图5-4）。

表5-9 某项目的现金流量表 （单位：万元）

年份（时点）	0	1	2	3	4~10
1. 投资	20	500	100		
2. 年经营费				300	450
3. 年收入				450	700
4. 净现金流量（3-1-2）NCF_t	-20	-500	-100	150	250

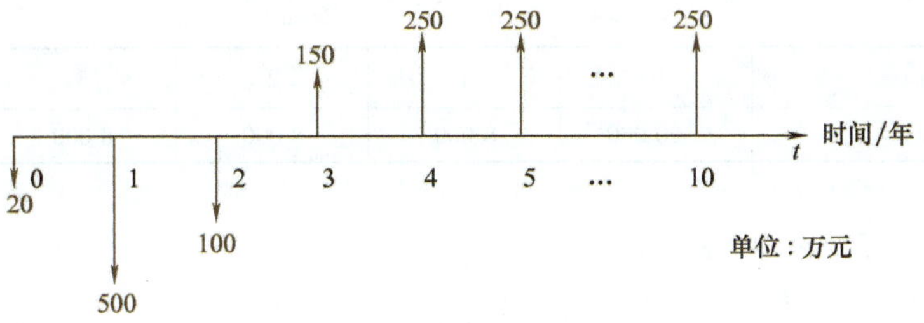

图 5-4　例 5-6 现金流量图

1. 公式法

根据表 5-9 中各年净现金流量和式（5-9），当 $i = 10\%$ 时，有：

$$\begin{aligned}NPV &= -20\text{万元} - 500\text{万元}(1+10\%)^{-1} - 100\text{万元}(1+10\%)^{-2} + \\ &\quad 150\text{万元}(1+10\%)^{-3} + 250\text{万元}(P/A, 10\%, 7)(P/F, 10\%, 3) \\ &= 469.94\text{万元}\end{aligned}$$

2. 表格法

表格法是在表 5-9 的基础上，分别计算各年净现金流量折现值，然后进行累计得出项目的净现值，如表 5-10 所示。

表 5-10　现金流量表　（单位：万元）

时点 t	0	1	2	3	4	5	6	7	8	9	10
$CI_t - CO_t$	-20	-500	-100	150	250	250	250	250	250	250	250
$\sum(CI_t - CO_t)$	-20	-520	-620	-470	-220	30	280	530	780	1 030	1 280
$\sum(CI_t - CO_t)(1+i_0)^{-t}$	-20.0	-474.5	-557.1	-444.45	-273.7	-118.45	22.55	150.8	267.55	373.55	470.05

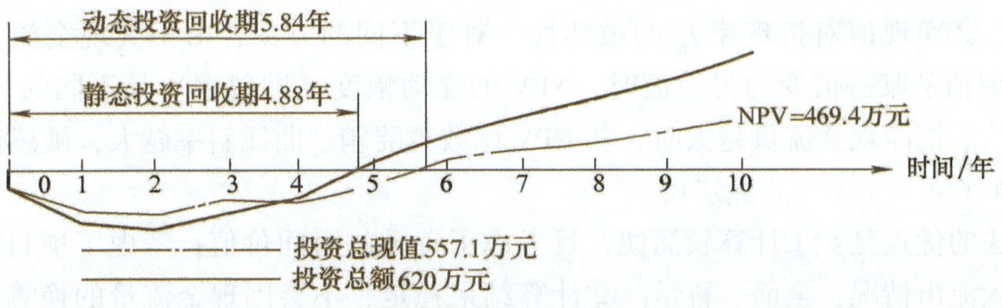

图 5-5　累计净现金流量曲线和累计折现值曲线

根据表 5-10 中的数据，可以计算出该项目的静态投资回收期为 4.88 年，动态投资回收期为 5.84 年，亦可绘制如图 5-5 的曲线，该曲线称作累计净现金流量曲线 $\sum(CI_t - CO_t)$ 和累计折现值曲线 $\sum(CI_t - CO_t)(1+i_0)^{-t}$。

（五）净现值函数曲线

所谓净现值函数就是 NPV 与折现率 i_0 之间的函数关系。

表 5-11 列出了某项目的净现金流量，表 5-12 是其净现值随 i_0 变化而变化的对应关系。若以纵坐标表示净现值，横坐标表示折现率，则上述函数关系如图 5-6 所示。

表5-11 某项目的净现金流量 （单位：万元）

年 份	0	1	2	3	4
净现金流量	-20 000	8 000	8 000	8 000	8 000

表5-12 某项目的净现值函数与 i_0 的对应关系（单位：万元）

i_0 取值（%）	NPV
0	12 000
10	5 360
20	710
22	0
30	-2 670
40	-5 210
50	-7 160
∞	-20 000

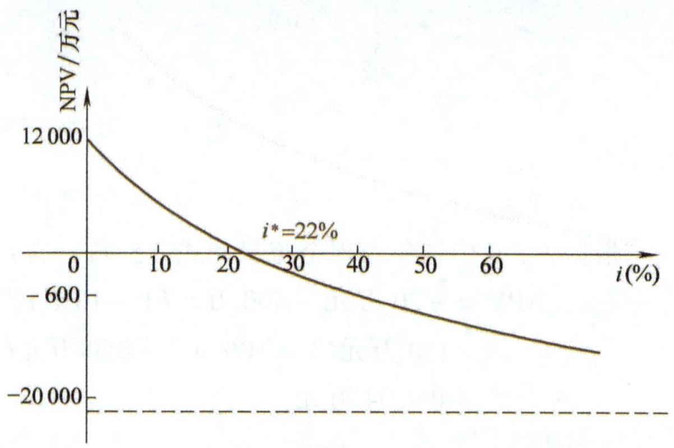

图5-6 净现值函数曲线

现对 i_0 的取值范围进行分析：

对于 i_0 的取值范围，数学上可以在（-∞，+∞）上取任意值，但具有实际的经济意义的取值范围为（-1，+∞），当 $i_0=-1$ 时，表示投入资金全部亏损，一般具有分析和决策意义的取值范围为［0，+∞］，当 $i_0=0$ 时，表示项目不亏不盈。

可见，净现值函数一般有如下特点：①同一净现金流量的净现值随折现率 i_0 的增大而减小。故基准折现率 i_0 定得越高，方案能被接受的可能性越小。②在某一个 i^* 值上（图5-6中 $i^*=22\%$），曲线与横坐标相交，表示该折现率下的 NPV=0，且当 $i_0<i^*$ 时，NPV>0；$i_0>i^*$ 时，NPV<0。i^* 是一个具有重要经济意义的折现率临界值（即内部收益率指标），后面还要对它做详细分析。③净现值对折现率 i_0 的敏感性。对于不同的方案，由于其现金流量的结构不同，当 i_0 的取值从某一值变为另一值时，NPV 的变动幅度（即斜率）是不同的。可以发现，当技术方案的后期净现金流量越大时，其 NPV 函数越陡峭、曲线斜率越大，敏感性越大。

（六）净现值（NPV）的优缺点

净现值法的优点是：①计算较简便，且考虑了资金的时间价值；考虑了项目整个寿命期内的现金流入流出情况，全面、科学。②计算结果稳定，不会因现金流量的换算方法的不同而带来任何差异。

净现值法的缺陷是：①需要预先给定折现率，这给项目决策带来了困难。因为若折现率定得过高，可行项目就可能被否定；反之，折现率定得过低，不合理的项目就可能被选中。图5-7显示了A、B两项目的净现值曲线。由图5-7可知，当折现率 i_0 为8%时，两项目的净现值相等，

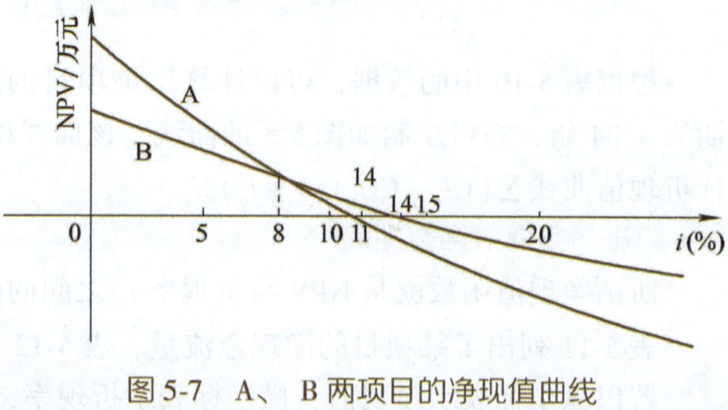

图5-7 A、B两项目的净现值曲线

具有同样好的效益；当折现率 i_0 小于8%时，A项目的净现值大于B项目；当折现率 i_0 大于8%时，B项目的净现值反而大于A项目。并且，在 i_0 大于11%时A项目的净现值为负值；在 i_0 大于14%时B项目的净现值也为负值。由此可见，净现值法的运用，折现率 i_0 对方案的取舍影响很大，必须对折现率 i_0 有较为客观的令人满意的估计。②净现值指标用于多方案比较时，没有考虑各方案投资额的大小，因而不能直接反映资金的利用效率，当方案间的初始投资额相差较大时，可能出现失误。因为一个勉强合格的大型项目的正净现值可以比一个很好的小型项目的正净现值大得多，这样决策时就有可能选择大项目，造成失误。③对于寿命期不同的技术方案，不宜直接使用净现值（NPV）指标评价。

表5-13列出了大、中、小型3个互斥项目的投资总额和按同一贴现率计算的项目净现值。根据净现值的大小，一定会得出它们的优劣次序是大方案最优、小方案最差。但如果从单位投资效益的角度分析，结论会明显不同。因为大型项目投资总额为小型项目的20倍，而其净现值却只有小型项目的5倍。

表5-13　3个项目的投资和净现值

项目类型	投资总额/万元	净现值/万元	按NPV	实际优劣	按NPVI
大	1 000	15	优	劣	1.5%
中	300	6	中	中	2.0%
小	50	3	劣	优	6.0%

例5-7　有两个互斥的投资项目，其寿命期为5年。方案一的投资为10万元，方案二的投资为100万元，它们的收益相应为3万元及27万元。当 $i=10\%$ 时，计算得：

$$NPV_1 = -10\text{万元} + 3\text{万元} \times (P/A,\ 10\%,\ 5) = 1.37\text{万元}$$

$$NPV_2 = -100\text{万元} + 27\text{万元} \times (P/A,\ 10\%,\ 5) = 2.35\text{万元}$$

$NPV_2 > NPV_1$，可以得出方案二优于方案一的结论。但是这明显与直观效果判断不一致。因上例中，方案一投资10万元每年可获利3万元，盈利占投资额的30%，而方案二投资100万元，每年才获得利益27万元，即盈利占投资额的27%。从直观效果看，当然是方案一优于方案二。

由此可见，NPV判据用于比较寿命期相等的投资方案时，它会有利于投资额大的方案。为了克服NPV指标的这个缺点，可以采用效率型评价指标，即用净现值指数NPVI(Net Present Value Index)，又称盈利性指数（Profitability Index）、净现值率NPVR（Net Present Value Rate)。为了考查资金的利用效率，人们通常用净现值指数（NPVI）作为净现值的辅助指标。净现值指数是项目净现值与项目投资总额现值之比，其经济含义是单位投资现值所能带来的净现值。后面将对此做详细分析。

例5-8　有两个方案A与B，投资均为5万元，方案A的寿命期为5年，方案B寿命期为8年，年收益为1.5万元，$i=10\%$，则可得：

$$NPV_A = -5\text{万元} + 2\text{万元} \times (P/A,\ 10\%,\ 5) = 2.58\text{万元}$$

$$NPV_B = -5\text{万元} + 1.5\text{万元} \times (P/A,\ 10\%,\ 8) = 3.00\text{万元}$$

由于 $NPV_B > NPV_A$，方案B为优，但是实际上稍加观察即可知，二者的投资均为5万元，方案A每年收益2万元，比方案B的1.5万元要好，但方案B由于寿命期长，收益积少成多，最后的净现值要比方案A的大。因此，用净现值指标来评价投资方案时，它会有利于寿命期长的方案，对寿命期不同的互斥项目，评价时还应当考虑随后介绍的净年值指标。

（七）净现值（NPV）有关问题的说明

1. 现行建设项目经济评价中折现率的种类

采用现值法评价和选择方案时，正确选择和确定折现率非常重要，它关系到方案评价的正确性和合理确定项目的盈利水平。设定折现率时常用的主要有行业财务基准收益率和社会折现率。

行业财务基准收益率，是项目财务评价时计算财务净现值的折现率。用行业基准收益率作为设定折现率计算的净现值，叫行业评价的财务净现值。行业财务基准收益率，代表行业内投资资金应当获得的最低财务盈利水平，代表行业内投资资金的边际收益率。

社会折现率，是项目国民经济评价时计算经济净现值的折现率。用社会折现率作为设定折现率计算的净现值，叫国民经济评价的经济净现值。社会折现率表示从国家角度对资金机会成本和资金时间价值以及对资金盈利能力的一种估量。确定和采用适当的社会折现率，有助于合理使用建设资金、引导投资方向、调控投资规模、促进资金在短期与长期项目之间的合理配置。目前我国已规定社会折现率取为12%。

基准折现率制定的依据是最低希望收益率MARR（Minimum Attractive Rate of Return）。它的大小与下列因素有关：①资金成本高低；②投资风险大小；③通货膨胀；④投资的目的、行业特点；⑤评价要求。

2. 关于净现值计算基准时点的选择和确定

在计算净现值时，折现计算的基准时点可以有3种：①以建设期期初为基准时点进行折现计算。即把项目计算期内各个不同时点的净现金流量全部折现为建设期期初的净现值，这是《建设项目经济评价方法与参数》所规定的折现基准时点，也是常用的基准时点。②以投产期初为基准时点进行折现计算。这是技术经济评价计算式中常采用的折现基准时点。③以计算期内任意时点为折现时点进行折现计算。这是在计算净现值时由于计算过程的需要而临时选定的折现时点，但最终还是要折现为建设期期初或投产期期初。

3. 关于计算期的选择和确定

在净现值的计算中，关于计算期的选择和确定，有两个问题应当研究和讨论：①项目计算期数n值的界定。计算期n不宜定得太长，除建设期应根据实际需要确定外，一般来讲，生产期的取值不宜超过20年。有些折旧年限很长甚至是“永久性”工程项目，如某些水利、交通等方面服务年限很长的特殊项目，其经营期限可适当延长至25年甚至30年以上，具体的计算期限可由部门或行业根据特点和实际需要研究确定。②寿命不同方案计算期的确定。相比较的方案如果使用寿命相同，那么其寿命就可作为它们的共同计算期。但是如果相比较方案的使用寿命不相同，它们在时间上就没有可比性，不能直接计算和比较，必须先作适当处理后再进行比较。处理方法有3种：一是以各方案使用寿命的最小公倍数为计算期。这种处理方法也叫原方案重复法，它是把诸方案计算期内各年净现金流量或费用流量进行重复，直到与最小公倍数计算期相等，然后再进行计算和分析比较。这是处理寿命不同方案计算期的常用方法。二是如果方案的使用寿命无限长，或者在不断维护下项目的使用寿命不断地延长，如公路、铁路、桥梁、管道、水坝等。另外，若各方案的使用寿命的最小公倍数很大时，比如使用寿命为9年和10年的两个相比较的方案，其最小公倍数为90年。此时就可将它们视为使用寿命无限长。对使用寿命无限长的方案，可按 n 值趋于无穷大处理。三是以各方案中最短的计算期作为相比较方案的计算期。操作时，应首先将寿命期较长的方案的现金流量均摊于整个寿命期，然后去尾，按最短方案的寿命期贴现汇总求出净现值，进行比较。

4. 净现值法的应用

一方面可用于独立方案的评价及可行与否的判断，如当 $NPV \geq 0$ 时，方案可行，可以考虑接受；当 $NPV < 0$ 时，方案不可行，应予拒绝。另一方面还可用于多方案的比较、选择，通常以 NPV 大者为优。

二、净年值（NAV）

净年值（Net Annual Value，NAV），或称平均年盈利（Average Annual Benefit，AAB）指标，有些书上写成 EUAW（Equivalent Uniform Annual Worth）或直接简写成 AW（Annual Worth）。

净年值的定义为：方案寿命期内的净现值用复利方法平均分摊到各个年度而得到的等额年盈利额。其表达式为：

$$NAV = NPV(A/P, i_0, n) \tag{5-11}$$

说明：①经济含义。项目在寿命期内，附加收益的年金额。②判据。$NAV \geq 0$，项目可以考虑接受；$NAV < 0$ 时，项目不能接受。③考虑到方案间投资额的大小不同，也可采用净年值指数（NAVI）指标。④净年值指数（NAVI）指标可以同时克服 NAV 有利于投资额大和寿命期长的方案的两个偏差。⑤净年值经济效益表达很不直观，常常使项目投资者或是经营者感到困惑，因此指标缺乏说服力，一般不用于单个方案的评价。即使多个方案的比较评价时，也只是作为辅助指标来考虑。

对于多个方案比较时应用 NAV 指标评价，一般适用于现金流量和利率已知、初始投资额相等，但各方案的寿命期相差悬殊时的方案比较，具有 NAV 最大值的方案是最优的。如果各方案的 NAV 值均为负值时，投资者最佳决策为不投资。

在投资方案的比选中，净年值法是现在广泛应用的净现值法的补充。

现仍以上述 NPV 法中的投资相同、寿命期不等的方案 A 和方案 B 的比选为例，用 NAV 评指标计算可得：

$$NAV_A = -5\text{万元} \times (A/P, 10\%, 5) + 2\text{万元} = 0.68\text{万元}$$

$$NAV_B = -5\text{万元} \times (A/P, 10\%, 8) + 1.5\text{万元} = 0.56\text{万元}$$

$NAV_A > NAV_B$，这样就得出了方案 A 优于方案 B 的正确结果。

因此，NAV 指标适用于投资额相差不是太悬殊而寿命期不等方案的比选。

但是从式（5-11）可以看到，该指标只考虑了项目中净利润的再投资，而没有考虑到折旧基金和资金中自有资金的利息的再投资，因此，从盈利性考虑，用 NAV 指标判断后认为是较好的项目，事实上不一定是最优的。

三、净未来值（NFV）

净未来值（The net Future Value，NFV）或净终值指标，是指在寿命期期末按复利方式计算的全部现金流量的等效终值之和。其表达式为：

$$NFV = \sum_{t=0}^{n}(CI_t - CO_t)(1 + i_0)^{n-t} \tag{5-12}$$

或：

$$NFV = NPV(F/P, i_0, n) = NAV(F/A, i_0, n) \tag{5-13}$$

说明：①从形式上看，式（5-12）与式（5-13）只是不同的表达形式。因此，NFV是NPV或NAV指标的替代。NFV立足于未来的时间基准点，在某种程度上有些夸大事实的作用。因此，当投资方案可能会遇到高通货膨胀率时，NFV比较容易显示出通货膨胀的影响效果，应用它较佳。②有些策划人员为了说服决策者投资于某个特定的方案，常应用NFV指标来夸大该方案的优越程度。

四、费用现值和费用年值

在对多个方案比较选优时，如果诸方案产出价值相同，或者诸方案能够满足同样需要但其产出效益难以用价值形态（货币）计量（如环保、教育、保健、国防类项目）时，可以通过对各方案费用现值（Present Cost，PC）、费用年值（Annual Cost，AC）或年度费用等值（Average Annual Cost，AAC）的比较进行选择。

费用现值PC的定义式为：

$$PC = \sum_{t=0}^{n} CO_t(1 + i_0)^{-t} \tag{5-14}$$

费用年值AC的定义式为：

$$AC = \sum_{t=0}^{n} CO_t(1 + i_0)^{-t}(A/F, i_0, n) = PC(A/P, i_0, n) \tag{5-15}$$

式中，PC为费用现值；AC为费用年值。

说明：①费用现值和费用年值方法，是建立在如下假设基础上的：参与评价的各个方案是可行的；适用于方案的产出价值相同，或者诸方案能够满足同样需要但其产出效益难以用价值形态（货币）计量；②费用现值和费用年值指标只能用于多个方案的比选，不能用于单个方案评价；③其判别准则是费用现值或费用年值最小的方案为优。

例5-9 某项目有3个采暖方案A、B、C，均能满足同样的取暖需要。其费用数据如表5-14所示。在基准折现率 $i_c = 10\%$ 的情况下，试用费用现值和费用年值确定最优方案。

表5-14 三个采暖方案的费用数据表 （单位：万元）

方案	总投资（0时点）	年运营费用（1~10年）	PC	AC
A	200	60	568	92
B	240	50	547	89
C	300	35	515	83

各方案的费用现值计算如下：

$$PC_A = 200\text{万元} + 60\text{万元} \times (P/A, 10\%, 10) = 568.64\text{万元}$$
$$PC_B = 240\text{万元} + 50\text{万元} \times (P/A, 10\%, 10) = 547.20\text{万元}$$
$$PC_C = 300\text{万元} + 35\text{万元} \times (P/A, 10\%, 10) = 515.04\text{万元}$$

各方案的费用年值计算如下：

$$AC_A = 200\text{万元} \times (A/P, 10\%, 10) + 60\text{万元} = 92.55\text{万元}$$
$$AC_B = 240\text{万元} \times (A/P, 10\%, 10) + 50\text{万元} = 89.06\text{万元}$$
$$AC_C = 300\text{万元} \times (A/P, 10\%, 10) + 35\text{万元} = 83.82\text{万元}$$

根据费用最小的选优准则，费用现值和费用年值的计算结果都表明，方案 C 最优，方案 B 次之，方案 A 最差。

费用现值与费用年值的关系，恰如前述净现值和净年值的关系一样，所以就评价结论而言，二者是等效评价指标。

当我们评估的对象为设备时，经常遇到收入无法预知的情况，这时就要使用年度费用等值指标。

例 5-10 一台设备以 P 元购入，寿命为 n 年，残值为 S 元，年运营费用为 Y 元，折现率为 i，但收入无法预知，其年度费用等值 AAC 为：

$$\begin{aligned}\text{AAC} &= P(A/P, i, n) - S(A/F, i, n) + Y \\ &= (P - S)(A/P, i, n) + S_i + Y\end{aligned}$$

AAC 指标适用于无收入、收入未知或无法预测的独立项目的年度费用的计算。以及适用于收入相同或具有同样效用的不同项目的比选上。

ACC 指标由于计算出来的结果是费用，这个值对项目而言越小越好。

NAV 指标则不同，由式（5-13）可知，它与 NPV 准则一样，其数值越大越好，此外，由于它是年度等值，克服了 NPV 准则评价项目时有利于寿命期长的项目的问题。

第三节 效率型经济评价指标

一、净现值指数（NPVI）

由于投资额往往是有限的，如果投资者很重视项目的投资效果，就要依据每单位投资的盈利性来衡量投资方案。

净现值指数（The Net Present Value Index，NPVI），又称净现值率或净现值比，是按设定折现率求得的方案计算期的净现值与其全部投资现值的比率。一般情况下，净现值指数定义的表达式为：

$$\text{NPVI} = \frac{\text{NPV}}{P} \tag{5-16}$$

式中，NPV 为净现值；P 为技术方案投资现值之和。

说明：

（1）净现值指数是表示单位投资现值所取得的净现值额，也就是单位投资现值所获取的超额净效益。以净现值指数的最大化为决策目标，将有利于实现有限投资取得净贡献的最大化。

（2）净现值指数法的判别准则为：净现值指数克服了净现值法有利于投资额大的方案的偏差。

对于单个方案来说与净现值法相同。即当 NPVI≥0 时，方案可行，可以考虑接受；当 NPNI<0 时，方案不可行，应予拒绝。

对于多个方案比较时应用 NPVI 指标评价，一般适用于寿命期相等、现金流量和利率已知，各方案的投资额相差悬殊时的方案的比较和排序。采用净现值率法排序，具有 NPVI 最大值的方案为最优。如果各方案的 NPVI 值皆为负值，投资者最佳的决策应是不投资。

二、内部收益率（IRR）

（一）内部收益率的定义及其定义式

内部收益率（Internal Rate of Return，IRR）又称内部（含）报酬率。在所有的经济评价指标中，内部收益率是最重要的评价指标之一，它是对项目进行盈利能力分析时采用的主要方法。

定义：内部收益率 IRR 是指项目在整个计算期内各年净现金流量的现值累计等于零（或净年值等于零）时的折现率。

内部收益率是效率型指标，它反映项目所占用资金的盈利率，是考查项目资金使用效率的重要指标。

其定义式为：

$$\sum_{t=0}^{n}(CI_t - CO_t)(1+IRR)^{-t} = 0 \tag{5-17}$$

式中，IRR 为内部收益率，或内部报酬率。

由上述概念及计算式可以看出，内部收益率法实质上也是基于现值计算方法的。

内部收益率的计算，除通过式（5-17）求得外，还可根据现金流量表中的累计净现值，用线性内插法计算求得。从经济意义上讲，内部收益率 IRR 的取值范围应是：$-1<IRR<\infty$，大多数情况下的取值范围是 $0<IRR<\infty$。

（二）内部收益率法的判别准则

计算求得的内部收益率 IRR 后，要与项目的设定收益率 i_0（财务评价时的行业基准收益率、国民经济评价时的社会折现率）相比较：

当 $IRR \geq i_0$ 时，则表明项目的收益率已达到或超过设定的折现率水平，项目可行，可以考虑接受；当 $IRR<i_0$ 时，则表明项目的收益率未达到设定的折现率水平，项目不可行，应予拒绝。

对于互斥项目，IRR 不能直接用于排序选优，应根据具体情况分析。

例 5-11　有 A、B 两个方案，其逐年投资及收益如表 5-15 所示：

表 5-15　A、B 项目的逐年投资及收益　　（单位：万元）

项目＼年份	0	1	2	3	4	5
A	-50	20	15	15	10	20
B	-150	50	60	40	40	20
B-A	-100	30	45	25	30	0

由表5-15可计算在不同 i 值下，相应的NPV值和 $IRR_A = 18.69\%$。$IRR_B = 14.35\%$（见表5-16）。

表5-16　A、B项目的NPV值　　（单位：万元）

项目 \ i (%)	0	5	10	11.77	14.35	15	18.69	20
A	30	19.51	11.10	8.51	5.07	4.26	0	-1.38
B	60	35.17	14.83	8.51	0	-2.04	-12.71	-16.19
B-A	30	15.66	3.74	0	-5.08	-6.30	-12.71	-14.81

由表5-16所得的数据可绘得图5-8，在图中，两条曲线交点的数值是8.51，对应的 i*是11.77%，（即项目B-A的内部收益率）。

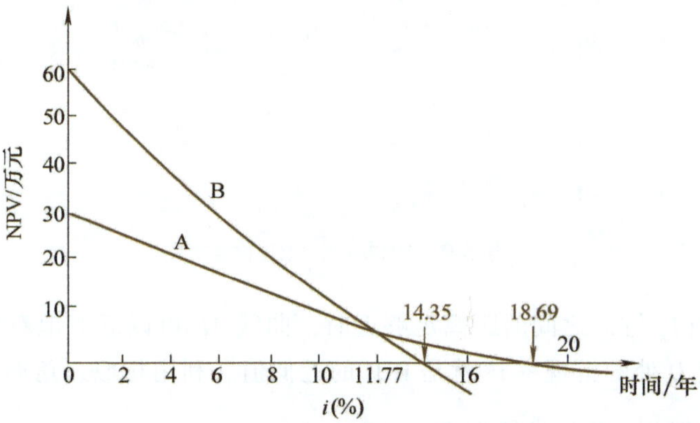

图5-8　A、B方案NPV-i曲线

正如我们在前面一再强调的，对互斥项目而言，不能用IRR值来进行排序和选优，对方案A和方案B而言，尽管 $IRR_A > IRR_B$，但我们不能就得出应优选方案A的结论。因为如表5-16和图5-8所示，当投资者的MARR < 11.77%，由于 $IRR_A < IRR_B$，应当优选方案B；当MARR > 11.77%时，由于 $IRR_A > IRR_B$，应当选择方案A。在MARR = 11.77%时，可以任选A或B方案。而在MARR > 18.69%时，NPV_A 和 NPV_B 均为负值，方案A或B均不能接受。

因此，在进行互斥项目的排序选优上，应当采用增量投资内部收益率。

应用IRR对单一项目（或独立项目组中的各个项目）进行评价的判别标准是：IRR≥i 或MARR，项目经济上可行；IRR < i 或MARR，项目经济上不可行。

（三）内部收益率的计算方法

由图5-6中的净现值函数曲线可知，随着折现率 i_0 的不断增大，净现值NPV不断减小，当折现率增至22%时，项目净现值为零。对该项目，其内部收益率即为22%。一般而言，IRR就是NPV曲线与横坐标交点处对应的折现率。

内部收益率可通过解式（5-17）方程求得，但该式是一个高次方程，不容易直接求解，通常有两种解法，即试算内插法和多项式的牛顿近似法。

1. 试算内插法

采用"试算内插法"求IRR的近似解。求解过程如下：

先给出一个折现率 i_1，计算相应的 NPV(i_1)，若 NPV(i_1) >0，说明欲求的 IRR > i_1；若 NPV(i_1) <0，说明 IRR < i_1。据此，将折现率修正为 i_2，求 NPV(i_2) 的值。如此反复试算，逐步逼近，最终可得到比较接近的两个折现率 i_m 与 i_n。假设 $i_m < i_n$，使得 NPV(i_m) >0，NPV(i_n) <0，然后用线性插值的方法确定 IRR 的近似值。计算公式为：

$$\mathrm{IRR} = i_m + \frac{|\mathrm{NPV}(i_m)|}{|\mathrm{NPV}(i_m)| + |\mathrm{NPV}(i_n)|} \times (i_n - i_m) \tag{5-18}$$

式（5-18）证明如下（见图5-9，这是净现值函数曲线的一般形式）：

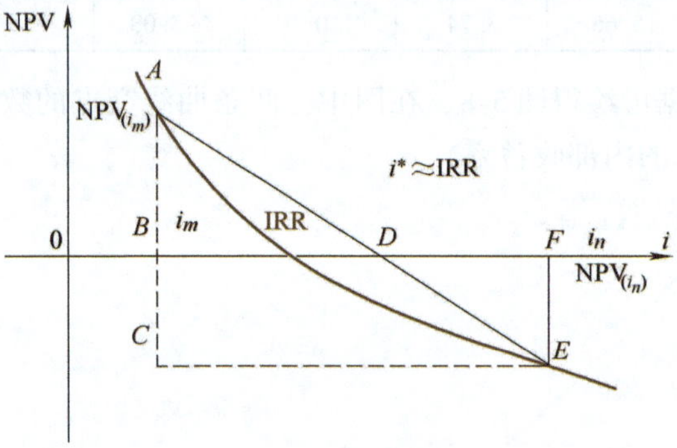

图5-9 内插法求 IRR 图解

在图5-9中，当 i_m 与 i_n 之间的距离足够近时，曲线 *AE* 可以近似地看成直线，因此直线 *AE* 与横坐标的交点 *D* 处的折现率 *i** 就是 IRR 的近似值。利用相似三角形对应边成比例的原理可得：$\frac{\overline{BD}}{\overline{CE}}=\frac{\overline{AB}}{\overline{AC}}$。据此，容易推导出式（5-19）。即：

$$\frac{\mathrm{IRR} - i_m}{i_n - i_m} = \frac{|\mathrm{NPV}_m|}{|\mathrm{NPV}_m| + |\mathrm{NPV}_n|} \tag{5-19}$$

由于式（5-19）的计算误差和 i_m 与 i_n 之间的距离的大小有关，且 i_m 与 i_n 之间的距离相差越大，误差也越大。为控制误差，运用试算内插法时，i_m 与 i_n 之间的差距一般不应超过 2% ~5%。

2. 多项式的牛顿近似法

用多项式的牛顿近似法解多项式 $f(x)=0$，应基于下式：

$$X_{j+1} = X_j - \frac{f(x_j)}{f'(x_j)} \tag{5-20}$$

式中，$f'(x_j)$ 是 $f(x_j)$ 的微分。

求解时，循环上述计算直至 $X_j \approx X_{j-1}$ 为止。

例5-12 设有某项目 A，投资及各年的收益如表5-17所示。

表5-17 项目 A 的现金流量表 （单位：万元）

年 份	0	1	2	3	4
净现金流量	-10	1	3.5	6	8.5

（1）运用试算内插法计算

当 $i=0$ 时，$NPV(0)=9.0$

$$i=20\% \text{ 时}, NPV(20\%)=-10+1\times(1.2)^{-1}+3.5\times(1.2)^{-2}+6\times(1.2)^{-3}+8.5\times(1.2)^{-4}=0.84$$

由此推知，NPV 为零时的 i 粗估值为：$i=0.20+\dfrac{0.84}{(9.0-0.84)/0.20}\approx 0.22$

$NPV(22\%)=0.3123>0$，再计算 $NPV(24\%)=-0.1571<0$

则：

$$IRR=0.20+\frac{0.3123}{0.3123+0.1571}\times(0.24-0.22)=23.287\%$$

（2）运用多项式牛顿近似法计算

项目 A 的净现值表达式为：

$$NPV(i)=-10+\frac{1}{1+i}+\frac{3.5}{(1+i)^2}+\frac{6}{(1+i)^3}+\frac{8.5}{(1+i)^4}$$

令 $x=\dfrac{1}{(1+i)}$，则多项式为：

$$f(x)=-10+x+3.5x^2+6x^3+8.5x^4$$
$$f'(x)=1+7x+18x^2+34x^3$$

作为首次计算，可令 $i=20\%$，则 $x_1=\dfrac{1}{1+i}=\dfrac{1}{1+20\%}=0.8333$，将 x_1 代入式（5-20）得：

$$x_2=0.8333-\frac{0.83396}{39.00566}=0.8119$$

第三次近似得：

$$x_3=0.8119-\frac{0.0235962}{36.745014}=0.8113$$

第四次近似得：

$$x_4=0.8113-\frac{0.0015679}{36.682971}=0.8113=x_3$$

因此最终的解是：

$$x=0.8113 \text{ 或 } i^*=23.26\% \text{（精确值为 } 23.265\%\text{）}$$

（四）内部收益率方程多解的讨论

内部收益率方程式是一元高次（n 次）方程。

若令 $(1+IRR)^{-1}=x$；令 $CI_t-CO_t=a_t$（$t=0, 1, 2, 3, \cdots, n$），则内部收益率方程式可改写为如下形式：

$$a_0+a_1x+a_2x^2+a_3x^3+\cdots+a_nx^n=0 \tag{5-21}$$

这是一个一元 n 次多项式，是 n 次方程。n 次方程应该有 n 个解（其中包括复数根和重根）。在这里，负根无经济意义，只有正实数根才可能是项目的内部收益率，而方程的正实根可能不止一个。

n次方程式的正实数根的数目可用笛卡儿符号规则进行判断，即正实数根的个数不会超过项目净现金流量序列（多项式系数序列）a_0，a_1，a_2，…，a_n的正负号变化的次数p（如遇有系数为零，可视为无符号）。

如果$p=0$（正负号变化0次），则方程无根。

如果$p=1$（正负号变化1次），则方程有唯一根。

也就是说，在$-1<\mathrm{IRR}<\infty$的域内，若项目净现金流序列CI_t-CO_t（$t=0$，1，2，…，n）的正负号仅变化一次，内部收益率方程肯定有唯一解；当净现金流序列的正负号有多次变化（两次或两次以上），内部收益率方程可能有多解。

例5-13 有一金属矿点为了开采，所需的初始投资为400万元，矿床仅够开采一年，获净利1 300万元，开采后次年需回填及“三废”处理等共耗费1 000万元。问这个投资项的内部收益率是多大?

解： 由题意知NPV=0，即：

$$-400\text{万元}+\frac{1\ 300\text{万元}}{(1+\mathrm{IRR})}-\frac{1\ 000\text{万元}}{(1+\mathrm{IRR})^2}=0$$

令$X=1/(1+\mathrm{IRR})$，代入整理上式得：

$$X^2-1.3X+0.4=0$$

因此，多项式有两个根：$X_1=0.8$和$X_2=0.5$，即此投资项目有两个内部收益率$\mathrm{IRR}_1=25\%$和$\mathrm{IRR}_2=100\%$。

对此投资项目，根据其现金流量净现值函数，可以得到图5-10的曲线，曲线与X轴相交两次，表明确实存在两个使净现值为零的内部收益率IRR，并且只有当$25\%<i<100\%$时，净现值为正值，投资项目才是可取的。

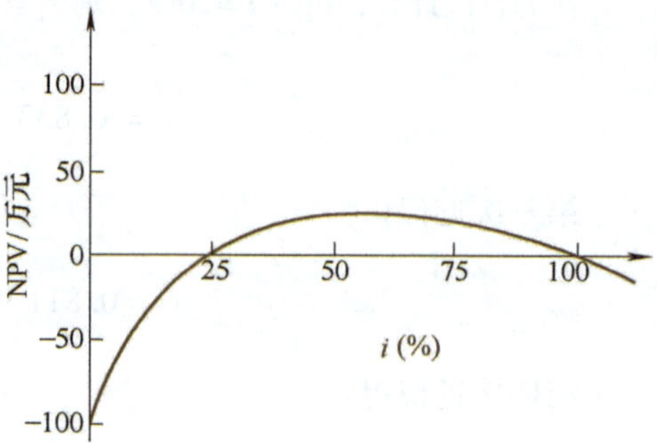

图5-10 投资项目的净现值曲线

一般地讲，大多数项目都是在建设期集中投资，直到投产初期可能还入不敷出，净现金流量为负值，但进入正常生产或达产后就能收入大于支出，净现金流量为正值。因而，在整个计算期内净现金流量序列的符号从负值到正值只改变一次。

在计算期内，当项目的净现金流量序列的符号只变化一次时，则称此类项目为常规项目。大多数投资项目都应该是常规项目。对常规投资项目，只要其累计净现金流量大于零，则内部收益率方程的正实数根的解是唯一的，此解就是该项目的内部收益率。

在计算期内，如果项目的净现金流量序列的符号正负变化多次时，则称此类项目为非常规项目。一般来讲，如果在生产期大量追加投资，或在某些年份集中偿还债务，或经营费用支出过多等，都有可能导致净现金流量序列的符号正负多次变化，构成非常规项目。非常规投资项目内部收益率方程的解显然不止一个。这些解中是否有真正的内部收益率呢？这需要按照内部收益率的经济含义进行检验，即以这些根作为盈利率，看在项目寿命期内是否始终存在未被回收的投资。如果只有一个正实数根，则可能是该项目的内部收益率，它同样需要检验。如果所有实数根都不能满足内部收益率的经济含义的要求，则它们都不是该项目的内部收益率。对这类投资项目，一般来讲，内部收益率法已失效，不能用它来进行项目的评价和选择。

为了适应用内部收益率法评价项目的需要，对非常规项目，通常可采取对现金流量进行适当处理的办法，比如用设定折现率将某些年份的现金流量进行适当折算，使之转化为类似的常规项目，从而得到内部收益率的唯一解。不过，对原有现金流量进行处理后，必然要导致项目的经济内容发生变化。

（五）内部收益率的优缺点

内部收益率指标的优点：①内部收益率法比较直观，概念清晰、明确，并可直接表明项目投资的盈利能力和反映投资使用效率的水平。②内部收益率是内生决定的，即由项目的现金流量系统特征决定的，不是事先外生给定的。这与净现值法和净年值法等都需要事先设定一个基准折现率才能进行计算和比较来说，操作起来困难小，容易决策，而基准收益率的确定则是十分困难的。目前，除国家已编制和确定了一些行业的基准收益率可参照使用外，还有大量的行业和部门至今未制定出可以参照的基准收益率。

内部收益率指标的缺点：①内部收益率指标计算烦琐，对于非常规项目有多解和无解问题，分析、检验和判别比较复杂。②内部收益率指标虽然能明确表示出项目投资的盈利能力，但实际上当项目的内部收益率过高或过低时，往往失去实际意义。③内部收益率法适用于独立方案的经济评价和可行性判断，但多方案分析时，一般不能直接用于比较和选优。

三、外部收益率（ERR）

对投资方案内部收益率 IRR 的计算，隐含着一个基本假定，即项目寿命期内所获得的净收益全部可用于再投资，且尚未回收的投资和项目回收取得的资金都能获得相同的收益率——内部收益率。这种隐含假定是由于现金流计算中采用复利计算方法导致的。实际上，这不仅对那些内部收益率比要求收益率（例如基准收益率）大得多的项目，就是对内部收益率与要求收益率差不多的项目来讲，也是不容易做到的。通常情况是项目回收资金再投资的收益率比初始投资的收益率低。原因是回收的资金量总比初始资金少，而且可使用这项资金的时间也较短。

为了看清这个问题，我们来进行下面的推导：

求解内部收益率 IRR 的方程可写成下面的形式：

$$\sum_{t=0}^{n}(\mathrm{NB}_t - K_t)(1+\mathrm{IRR})^{-t} = 0 \tag{5-22}$$

式中，K_t 为 第 t 年的净投资；NB_t 为第 t 年的净收益。

对式（5-22）两端同乘以（$1+\mathrm{IRR})^n$，也就是说，通过等值计算将式（5-22）左端的现值折算成 n 年末的终值，可得：

$$\sum_{t=0}^{n}(\mathrm{NB}_t - K_t)(1+\mathrm{IRR})^{n-t} = 0 \tag{5-23}$$

即：

$$\sum_{t=0}^{n} NB_t(1+IRR)^{n-t} = \sum_{t=0}^{n} K_t(1+IRR)^{n-t} \tag{5-24}$$

式（5-24）的左边是项目每年净收益按 IRR 再投资的终值之和，右边是项目各年投资的终值。这意味着，项目各年投资 K_t 的收益能力（按 IRR 折算到 n 年年末的终值）与把项目每年的净收益 NB_t 以 IRR 为收益率进行再投资（内部收益率的再投资假定），直到 n 年年末所得到的终值之和相等。

由于投资机会的限制，这种使项目每年净收益按 IRR 再投资的假定往往难以与实际情况相符。这种假定也正是造成非常规投资项目 IRR 方程可能出现多解的原因。

外部收益率（External Rate of Return，ERR）实际上是对内部收益率的一种修正，计算外部收益率时也假定项目寿命期内所获得的净收益全部可用于再投资，所不同的是假定净收益按基准折现率再投资。求解外部收益率的方程如下：

$$\sum_{t=0}^{n} NB_t(1+i_0)^{n-t} = \sum_{t=0}^{n} K_t(1+ERR)^{n-t} \tag{5-25}$$

式中，ERR 为外部收益率；K_t 为第 t 年的净投资；NB_t 为第 t 年的净收益；i_0 为基准折现率。

式（5-25）不会出现多解的情况，而且通常可以用代数方法直接求解。ERR 指标用于评价投资方案经济效果时，也需要与基准折现率 i_0 相比较。判别准则是：若 $ERR \geqslant i_0$ 则项目可以被接受；若 $ERR < i_0$ 则项目不可接受。

例 5-14 某大型设备方案。初始投资为 12 万元，寿命期为 6 年，期末残值为 3 万元。寿命期内平均每年的收入为 9 万元，每年的费用为 6 万元。试用外部收益率指标评价该项目是否可行？

解：按式（5-25），有：

$$(9.0-6.0)\text{万元} \times (F/A,\ i_0,\ 6) + 3.0\text{万元} = 12.0\text{万元} \times (1+ERR)^6$$

ERR 的大小与 i_0 的取值有关（见表 5-18）。若 $i_0 = 10\%$，则 $ERR = 14\%$。项目是可以被接受的。

表 5-18 例 5-14 中 ERR 与 i_0 的取值关系

i_0（%）	10	15	17	20	25	30	40	50
对应的 ERR（%）	14	16	17	18	21	23	28	32

明显：

当基准折现率 i_0 在 0～17% 范围内时，$ERR > i_0$，项目可以被接受。

当基准折现率 $i_0 = 17\%$ 时，$ERR = i_0$，此时，$ERR = IRR$。

当基准折现率 $i_0 > 17\%$ 时，$ERR < i_0$，项目不能接受。

四、效益—费用比

效益—费用比（B/C）又称费用收益率，是一个广泛地用于公共项目的评价指标，早期的英国常应用该指标对水利工程进行评估，20 世纪 60 年代后广泛用于国际及太空计划评审。虽然本方法亦可用于私人企业，但基本上仍以政府或公共事业为主。

效益—费用比直截了当，简单易行，它的基本公式是：

$$\frac{B}{C}=\frac{效益现值}{费用现值}=\frac{年度等值效益}{年度等值费用}$$

净效益现值：

$$B-C=\mathrm{PV}(效益)-\mathrm{PV}(费用)$$

可以看出，效益与成本的比较公式 B/C 和 $B-C$，是简单现值公式的再现，那些适用于现值计算的注意事项，也同样适用于成本效益计算。

B/C 为效益与费用（成本）之比，即单位成本所获得的收益；$B-C$ 为效益与成本之差，即项目的净效益。对独立项目而言，只要 $B/C>1$ 或 $B-C>0$，项目就是可行的。

动态 B/C 的计算公式是：

$$\frac{B}{C}=\frac{\sum_{t=0}^{n}\mathrm{CI}_t(1+i)^{-t}}{\sum_{t=0}^{n}\mathrm{CO}_t(1+i)^{-t}} \tag{5-26}$$

式中，CI_t、CO_t 分别为项目 t 年的收入和支出；i 为折现率。

当 $i=0$ 时，式（5-26）得出的是静态 B/C。

公用事业工程与一般生产性工程不同，它以谋求社会效益为目的，而且公用事业的兴办者、投资者与受益者一般是分离的。此外，公用事业的工程具有投资大、受益面广、期限长和影响深远等特点。例如，兴修大型水库在支出大额投资和维护费用的同时可以带来防洪、灌溉、发电、航运、水产、旅游等直接效益，还会给邻近地区的经济发展带来好处，但也会带来淹没部分土地和使库区土壤盐碱化的坏处及搬迁移民的费用等。因此，大型的公用事业工程一般是由国家政府兴办的，其投资收益一般也相对较低。

五、增额投资收益率

对于两个产出相同的方案，如果一个方案投资大而年经营成本低。另一方案投资小而年经营成本高，这时必须采用增额投资收益率或回收期作为比较的标准。

增额投资收益率，是指投资较大方案的每年经营成本节约额与其投资增额之比，其倒数即指投资较大方案用其每年经营成本的节约额，来补偿其投资增额部分所需要的时间，即增量投资回收期。进行方案比较时，凡增额投资收益率大于基准投资收益率的，应选择投资较大的方案；反之则选择投资较小的方案。增额投资收益率 $R_{增}$ 的计算公式为：

$$R_{增}=\frac{\Delta C}{\Delta K}=\frac{C_2-C_1}{K_1-K_2} \tag{5-27}$$

式中，K_1、K_2 为对比方案的投资额，且 $K_1>K_2$；C_1、C_2 为对比方案的年经营成本，且 $C_1<C_2$。

对产量不同的几个方案做比较时，可按单位产品的投资额及单位产品的经营成本计算。

例 5-15 设有 3 个投资方案（见表 5-19），试就此 3 个方案进行比较。已知基准投资收益率为 15%。

表5-19 3个方案的经济数据 （单位：万元）

现金流量	方案		
	A	B	C
总投资	100	110	140
年收入	45	50	54
年成本及税金	20	15	10

解：3个方案的投资收益率分别为：

$$R_A = \frac{45-20}{100} \times 100\% = 25\%$$

$$R_B = \frac{50-15}{110} \times 100\% = 31.82\%$$

$$R_C = \frac{54-10}{140} \times 100\% = 31.43\%$$

计算结果表明3个方案的投资收益率均大于15%，故均为可行方案。现按增额投资收益率来进一步筛选3个方案。

$$R_{B-A} = \frac{35-25}{110-100} \times 100\% = 100\%\text{（由于}100\% > 15\%\text{，应选择方案B）}$$

$$R_{C-B} = \frac{44-35}{140-110} \times 100\% = 30\%\text{（由于}30\% > 15\%\text{，应选择方案C）}$$

通过上面的计算可以看出，尽管方案B的投资收益率高于A和C，但是最终选中的是方案C。

习题

1. 某项目的现金流量如表5-20所示。试计算该工程项目的静态和动态投资回收期、内部收益率、外部收益率和费用—效益比（折现率 $i=18\%$）。

表5-20 项目的现金流量表 （单位：万元）

年序	0	1	2	3	4	5	6	7	8	9	10	11	12
现金流量	0	-500	-950	167	295	390	545	545	545	545	545	545	843

2. 某部门正在考虑有下列收入和支出的投资方案（见表5-21）。计算这项投资的净现金流量，然后求它的净现值，基准贴现率为12%。

表5-21 某部门的投资方案 （单位：万元）

年末	支出	收入
0	-100	0
1	-15	5
2	-20	20

（续）

年　末	支　出	收　入
3	-5	45
4	0	60
5	0	30

3. 某油井开采方案如下：第 0 年投资 500 万元，以后每年产油净收入 200 万元，估计可开采 12 年。油井在第 12 年年末报废时需开支 500 万元，试计算内部收益率。

4. 某项目初始投资为 8 000 元。期末无残值，假定每年净收益为 1 260 元，问：

（1）若使用 8 年，IRR 为多少？

（2）如果 $i_c = 10\%$，则该仓库至少应使用多少年才值得投资？

5. 某公司现有 3 个可行而相互排斥的投资方案（见表 5-22），3 个方案的寿命期为 5 年，基准折现率为 7%。

表 5-22　某公司的 3 个投资方案　　　　（单位：万元）

方　案	A_1	A_2	A_3
初始投资/元	7 000	5 000	8 500
年收益/元	1 940	1 320	2 300

试用下列方法选择方案：①差额投资净现值；②差额投资收益率。

6. 某企业有资金 10 000 万元，在今后 5 年内可考虑投资的项目有 4 项（A、B、C、D）。项目 A，从第 1 年年初到第 4 年年初需要投资，这些投资均可于次年年末回收，利润率为 150%；项目 B，第 3 年年初投入，第 5 年年末利润率为 125%，但最大投资资金不超过 400 万元；项目 C，第 2 年年初需投入，到第 5 年年末利润率为 140%，投资限额不超过 300 万元；项目 D 为企业把余资折借给金融机构，年初借出年末归还，年息 6%。问该企业应当如何给这些项目分配投资金额，使到第 5 年年末拥有的资金最多？

7. 用 15 000 元能够建造一个任何时候均无残值的临时仓库。估计年收益为 2 500 元，假如基准贴现率为 12%，仓库能使用 8 年。问这项投资是否满意？如果不满意，那么临时仓库至少使用多少年这项投资才是满意的？

第六章 多项目（方案）的经济评价及电算化

引例

利达公司是一家专门从事机械行业产品研发的高科技公司，最近几年发展较好，现金流比较充沛。公司根据战略发展需要，准备拿出10 000万元，制定一个五年投资计划，尝试拓展其他领域的业务。根据市场调研，初步筛选出4个可供投资的项目，具体信息如下：

项目A，从第1年年初到第4年年初需要投资，这些投资均可于次年年末回收，获本利150%；项目B，第三年年初投入，第五年年末回收本利125%，但最大投资资金不超过400万元；项目C，第二年年初需投入，到第五年年末回收本利140%，投资限额不超过300万元；项目D为企业把余资拆借给金融机构，年初借出年末归还，年息6%。

利达公司该如何确定分配这些项目的投资金额，才能使第五年年末拥有的资金最多呢？小王是利达公司新招聘来的员工，学过一些经济管理类的课程，公司刘经理就把这道难题交给了他，你能帮着小王解决这个问题吗？

为了保证某项投资活动得到较好的预期收益，通常需要制定出多个项目（方案）的项目群，企业追求的目标是项目群整体最优化，因此，企业必须在项目群所组成的方案中进行选优。

第一节 概述

一、项目（方案）的概念

工程经济中的所谓项目（方案）是指一种投资的可能性。忽略影响投资的外部条件（如政治、经济、政策和组织等）的一般工程投资项目，由于原材料、投资策略、技术水平等的不同，为了实现某一目标会形成众多的工程方案。决策者就是从多个满足国家政策、社会、环境等要求的技术方案中，通过比较，选择一个技术上先进、经济上合理的最佳方案。比较是优选的基础，因此，方案的比较与优选是工程项目建设前期工作中的重要内容。

影响项目经济效果的因素很多，诸如厂址的选样，利用不同的原料和能源，采用不同的工艺技术路线和装备，生产规模的差异，资金的构成及其投入的时间，建设期和生产期的不同等，都会构成不同的方案。假如这些方案都能满足项目的功能要求（生产某种产品或提供某种服务），在技术上是可行的，经济上又是合理的，不同方案的比较和优选就是非常必要的。只有通过不同方案的比较和选优，才能鉴别各方案的优劣，为项目的决策提供科学的依据。

另外常遇到这样一种情况，即企业面临有众多的投资机会，这些投资机会（项目）既满足目标的要求又都有实现的可能，唯一受到的约束是资金有限，这时就要求把这些项目进行比较和排序，以便做出如何利用有限资金进行投资的合理决策。

前面已经介绍了许多项目经济评价的指标，都可以对单一项目做出取舍的决策，而且能够得到一致的结论。但是，当涉及多个方案（项目组）时，根据这些方案的性质（是独立方案或互斥方案）以及资金的供给情况（资金是否限量）和其他因素（方案的寿命期相同与否），就存在着一个选择合适的评价指标，从一个方案的集合里选出可行的方案组的问题了。

二、项目（方案）之间的关系

在投资项目（方案）的优选、评价过程中，按项目（方案）相互之间的经济关系，将项目分为独立项目（方案）和相关项目（方案）。其中相关又可分为互斥项目（方案）、互补项目（方案）和层混型项目（方案）。在这里，项目和方案是可以通用的，为了叙述上的方便，以下分别称为独立项目、互斥方案、互补方案和层混型方案。

独立项目是指在经济上互不相关的项目，即接受或放弃某个项目，不会影响其他项目的取舍，诸方案之间没有排他性，只要条件（如资金）允许，就可以选择符合条件的方案，几个方案可以共存。独立型方案的效果之间具有加和性，即投资、经营费用与投资收益之间具有可加性。可表示为：

$$\sum_{i=1}^{n} X_i \leqslant N$$

式中，$X_i=1$ 或 0；$i=1, 2, 3, \cdots, n$。

$$\sum_{i=1}^{n} K_i = K_{总} \quad \sum_{i=1}^{n} C_i = C_{总} \quad \sum_{i=1}^{n} B_i = B_{总}$$

式中，K_i 为第 i 个项目的投资；C_i 为第 i 个项目的经营费用；B_i 为第 i 个项目的投资收益。

一般情况下，企业高层决策人员遇到的多属独立项目。如在各种条件允许下，企业可以开发新产品、改造老产品、进行设备更新等活动，这些项目之间就是独立关系。但在某种条件下，独立关系也可转化为互斥关系。若企业资金不足，只能开发新产品而无力更新设备时，这时两项目就成为互斥关系。

互斥方案是指同一项目的各个方案彼此可以相互代替。因此，方案具有排他性，即采纳方案组中的某一方案，就会自动排斥这组方案中的其他方案。因此，在进行评价时，互斥型方案的效果之间不具有加和性。这一关系不仅体现在同一投资项目内部的各备选方案之间，不同投资项目之间也可能存在排他关系。互斥型项目选优可表示为：

$$\sum_{i=1}^{n} X_i \leqslant 1$$

式中，$X_i=1$ 或 0，1 代表选择第 i 个项目（方案），0 代表不选择第 i 个项目（方案）；$i=1$，2，3，…，n，代表项目序号，共 n 个项目。

方案之间有时也会出现经济上互补的问题。它们之间互相依存的关系可能是对称的，也可能是不对称的。例如，连铸连轧工艺把过去相对独立的钢坯和钢材生产结合了起来，使生产过程大大的简化，还减少了热耗，降低了成本，这不仅对钢坯生产有利，也对轧钢生产有利。此外还存在着大量不对称的经济互补。例如，建造一座建筑物 A 和增加一个空调系统 B，建筑物 A 本身是有用的，增加空调系统 B 后，使建筑物 A 更有用，但不能说采用方案 B 也包括方案 A。当然这种互补可以是负的。例如，在一江河渡区考虑两个方案，一个是建桥方案（方案 A），另一个是轮渡方案（方案 B），两个方案都是收费的，此时可以考虑的方案组是方案 A、方案 B 和 AB 混合方案。在 AB 混合方案中，方案 A 的收入将因方案 B 的存在而受到影响。

经济上互补而又对称的方案可以结合在一起作为一个“综合体”来考虑。经济上互补而不对称的方案，如上述建筑物 A 和空调系统 B，则可把问题转化对有空调的建筑物（方案 AB）和没有空调的建筑物（方案 A）这两个互斥方案的经济比较问题。

层混型方案是指兼有互斥方案和独立方案两种关系的混合情况，一般有两个层次，高层次是一组独立项目，低层次由构成每个独立型项目的若干个互斥型方案组成。层混型方案关系如图 6-1 所示。

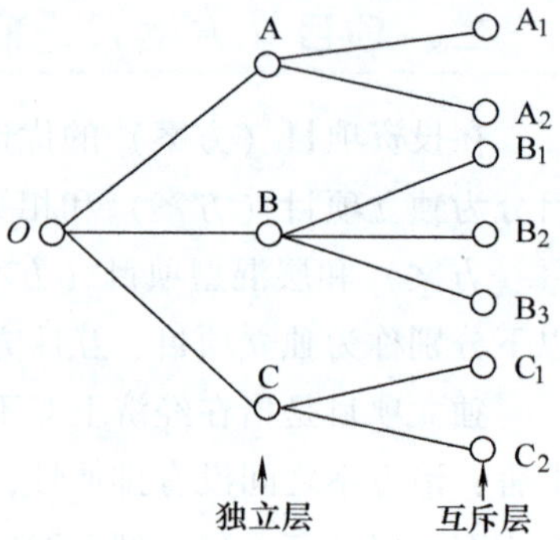

图 6-1 层混型方案关系图

一般来说，工程技术人员遇到的多为互斥型方案，高层管理部门遇到的多为独立型和层混型方案。其传统的解法是将独立型和层混型问题先转换为互斥型决策，然后求最优解。

三、传统解法——互斥组合法

互斥组合法就是在限定条件下对备选方案首先进行互斥组合，然后再从多个互斥组合中选择一组满足限定条件而经济效益又最大的互斥组合方案作为最优方案。所谓互斥组合，是指组与组之间为互斥关系，而组内各方案为独立关系的方案组合。

一般情况下，当项目各技术方案之间存在非互斥关系时，都可以把它们转换为一系列的互斥组合项目，解决独立型和层混型项目决策的主要方法就是互斥组合法，即首先利用某种方法把独立型或层混型项目方案转化为若干个相互排斥的组合方案，然后求解互斥方案选优问题。

1. 独立型项目的互斥化

因为每个项目都有两种可能——选择或者拒绝，故 n 个独立项目可以构成 2^n 个互斥型方案。如果以 1 代表项目被接受，0 代表项目被拒绝，则 A、B、C 为 3 个相互独立项目，它们可以转换成表 6-1 中的 8 种可能的互斥组合。

表6-1 独立项目的互斥组合表

方案＼项目	A	B	C	组和内的项目
1	0	0	0	无
2	0	0	1	C
3	0	1	0	B
4	0	1	1	B、C
5	1	0	0	A
6	1	0	1	A、C
7	1	1	0	A、B
8	1	1	1	A、B、C

2. 层混型项目的互斥化

层混型项目也可以借助“真值表”仿照表6-1转化为互斥方案组合。例如某企业有A、B两家工厂，各自提出互斥方案A_1与A_2，B_1与B_2，该投资项目可以组合成表6-2所示的9个互斥方案。

表6-2 层混型项目的互斥组合表

方案＼项目	A_1	A_2	B_1	B_2	组和内的项目
1	0	0	0	0	无
2	0	0	0	1	B_2
3	0	0	1	0	B_1
4	0	1	0	0	A_2
5	0	1	0	1	A_2、B_2
6	0	1	1	0	A_2、B_1
7	1	0	0	0	A_1
8	1	0	0	1	A_1、B_2
9	1	0	1	0	A_1、B_1

如果以M代表相互独立的项目数，N代表第j个独立项目中相互排斥的方案数，则可以组成相互排斥的方案数：

$$N = \prod_{j=1}^{M}(N_j + 1) = (N_1 + 1) \times (N_2 + 1) \times \cdots \times (N_M + 1)$$

第二节 多项目（方案）的经济评价方法

一、独立项目组的经济性比较与选优

（一）无约束条件下独立项目组的投资决策

在无约束条件下，一群独立项目的决策是比较容易的，这时项目评价要解决的问题，是

项目评价指标能否达到某一评价标准。因为对于经济上彼此独立的常规项目（即逐年净现金流量只有一次由负值变为正值的变化，且流入总额大于流出总额的项目），用净现值法、净现值率法、内部收益率法等任何一种方案进行评价的结论都是一致的。对于一组独立无约束的项目组的决策，决策的结果可能是：全部项目被接受、某些项目被接受和全部项目不被接受。因为各个项目是否被接受只决定于项目的本身，而与其他项目的取舍无关。

在受资金的约束的条件下，进行独立项目组的决策时，各个项目的接受与否取决于它们经济效益的大小，即要进行项目的优选。

（二）约束条件下独立项目组的投资决策

企业从独立项目组中选择项目时，最常见的约束条件就是投资的限制，这是由下面两个原因造成的：①主管部门规定了某一时期投资的限额；②已经达到了企业资本成本的临界点，即这时的资金成本已经达到企业的边际投资收益率。因此，企业不可能采用所有经济合理的项目，这时存在着资金的最优分配问题。

对一般企业来说，资金总额和资金成本之间存在着如图6-2的关系。

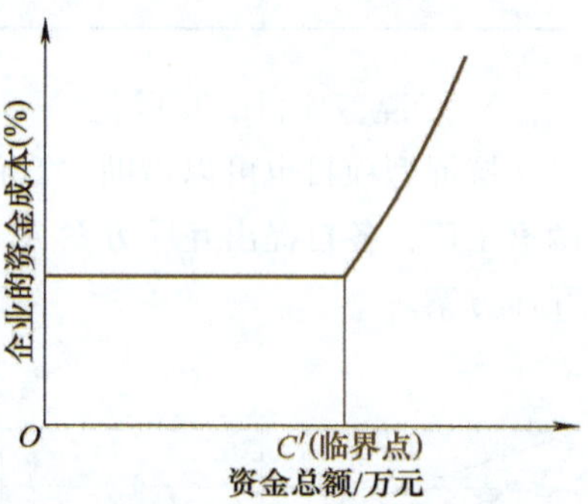

图6-2 资金总额与资金成本的关系

由图可见，企业不能按某一固定的资金成本无限制地增加资金，而存在着某个资金总额值（C为临界点），超过临界点，企业要付出越来越高的资金费用（利息），原因可能是贷款人觉得进一步增大对企业的投资会冒较大的风险。当然，如果经过了一段顺利的发展时期后，企业向自己的债权人和投资者证明自己能从已投资的项目中得到满意的利润时，额外的风险费用就消失了。企业的临界点C会提高到一个新的水平。

企业的资金成本与资金总额曲线可用来进行投资决策。当我们用直方图把IRR从大到小排列起来，标绘在企业边际项目的示意图上时（见图6-3），与曲线上升部分相交的项目，将是边际项目。

从图6-3可知，项目E是边际项目，内部收益率低于这个投资项目的其他项目（包括项目E在内）都在该企业放弃范围之列。

在有资金限额的条件下，独立项目组中入选的项目，首先要满足净现值或IRR判据，此外在可行的项目中，要根据资金限额进行项目的组合，并使最后入选的项目组的经济效益最大。在具体计算时应特别注意下列情况：

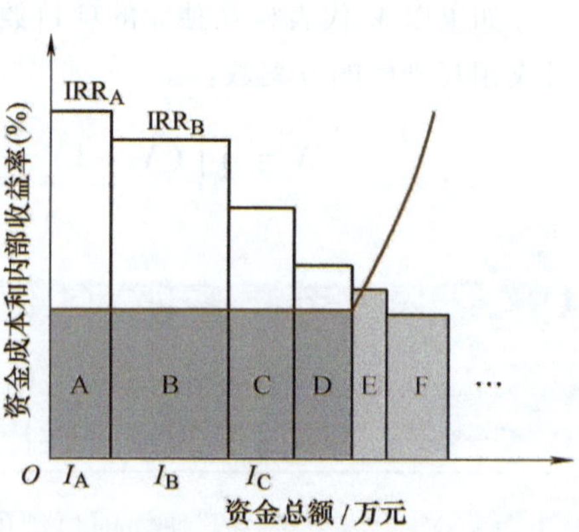

图6-3 资金总额与资金IRR的关系

（1）项目风险问题。在此之前讨论的问题都没有考虑风险，即各个项目被认为具有同等的风险，实际上很少有风险相同的投资项目。高风险的较高收益率的项目不一定比风险较低但收益率也较低的项目好。

（2）某些项目按正常资金分配原则是不可能获得投资的，因为某些项目（如“三废”治理项目、公用项目等）的收益率相对较低，甚至于可能具有负的收益率，因此必须按政府的法令和规定，把这些项目优先列入。

（3）一个部门或大的企业的投资机会应当分类考虑。例如，对新上的项目要求收益率达到25%，改扩建项目要求的最低收益率就应当小于25%（如17%），而那些旨在增加劳动就业岗位的项目甚至12%都可接受。因此最好先把资金份额分配给各类项目，在每种类型的项目中，再以资金份额为约束条件，进行项目组的优化组合。

（4）一些重大的项目通常还受环境、政治等因素的影响。因此在考虑定量的约束条件（如资源，能源等）的同时，要充分考虑到其他非经济性因素的存在和影响，可能时要进行项目的多目标决策。

因此，在存在着资金约束的条件下，多个互不相关的项目经济评价不能再简单地用一个评价准则，来决定排序和取舍，应该把所有的满足约束条件的投资项目的组合列出来，然后进行排序和取舍。

例6-1 有3个方案A、B、C（不相关方案），各方案的投资、年净收益和寿命如表6-3所示。下表的计算表明，各方案的IRR均大于基准收益率15%，总投资限额为30 000元。

表6-3 各方案的投资、收益和寿命 （单位：元）

方 案	投资（生产初期）	年净收益	寿命期/年
A	12 000	4 300	5
B	10 000	4 200	5
C	17 000	5 800	5

由于资金有限，对一系列可能的投资组合必须拒绝一些，接受一些。对应上述的A、B、C3个投资项目，其可能组合数为8个，如表6-4所示，表中还列出了项目组合后的现金流量，方案组合情况中1表示接受，0表示拒绝（项目不进入组合）。

从表6-4可知，组合序号1表示3个投资项目均被拒绝，组合8表示项目A、B、C同时进入组合，由于总资金超过现额，因此可以不加考虑。

表6-4 方案组合的净现值 （单位：元）

组合序号	方 案			现金流量		组合的NPV
	A	B	C	第0年	第1~5年	
1	0	0	0	0	0	
2	1	0	0	-12 000	4 300	2 414.27
3	0	1	0	-10 000	4 200	4 079.05
4	0	0	1	-17 000	5 800	2 442.50
5	1	1	0	-22 000	8 500	6 493.32
6	1	0	1	-29 000	10 100	4 856.77
7	0	1	1	-27 000	10 000	6 521.55
8	1	1	1	-39 000	14 300	8 935.83

由于项目A、B、C为独立项目，选取某一项目不会影响到其他项目的现金流量，因此项目组合AB的现金流量相当于项目A与项目B的现金流量之和，同理组合AB的NPV为项目

A的NPV与项目B的NPV之和。

如选用净现值作评价指标，可计算出各组合的净现值，将计算所得结果列入表6-4中，从表6-4中可以看出，在总投资小于30 000元的方案组合中，净现值最大的方案是7，所以BC组合即为最佳方案组合。

当独立项目个数增多时，组合方案数将快速增大，如10个独立项目，则可组成1 024个相互排斥的方案，用手工计算将是十分烦琐的，因此有不少人提出了各种排序优选的方法，这里不再一一赘述。

二、互斥项目组的经济性比较与选优

互斥项目是指项目间存在着相互排斥的关系，在多个互斥项目进行比选时，至多只能选取其中之一。互斥方案的比较可按各个方案所含的全部因素（相同因素和不同因素）计算各个案的全部经济效益，进行全面的对比；也可仅就不同因素计算相对经济效益，进行局部的对比，前者是通用的比较方法，即全面比较法。

互斥项目的经济效益的评价，包括了两部分内容。一是考虑各个项目本身的经济效益，即绝对经济效益检验；二是考虑一个项目相对于另一项目的经济效益哪一个较优，这就是相对经济效益检验。

互斥项目的评价方法与所用的评价指标如表6-5所示。

表6-5　互斥项目的评价方法与评价指标

评价方法	采用的评价指标	
	绝对经济效益	相对经济效益
全面评价	净现值、年等值	增量投资内部收益率 增量投资净现值
局部比较	费用现值、年费用	增量投资内部收益率 增量投资费用现值

互斥项目比选时一定要注意考查时段及计算期的可比性，费用与收益的计算范围和计算方法的可比性，项目风险水平的可比性和评价时采用的假定合理性，否则会使评价得出错误的结论。

应当着重指出，通过绝对经济效益评价可以同时得出项目在经济上是否可行和何者为优，据此可以做出项目选取与否的结论。但是相对经济效益的评价结果，只是表明比较的两个项目中，何者较优，而即使较优的项目也有可能在经济上是不可取的。因此，只有当互斥项目中必须选择其中之一时，才可以只进行相对效益的检验，并据以做出项目取舍的结论。下面介绍互斥项目评价的方法及涉及的主要问题。

（一）净现值法

多个互斥方案的选优，可以简单地用净现值法来进行，即计算各个互斥项目的净现值，从中选出净现值最大者即可，也可以用NAV或NFV指标来进行。

例6-2　设A、B两个方案为互斥方案，其寿命期内各年的净现金流量如表6-6所示，试用净现值法做出选择（$i_c = 10\%$）。

表 6-6　互斥方案 A、B 的净现金流量表　　　（单位：万元）

方案＼时间/年	0	1～10
A	-502	100
B	-629	150

解：① 计算备方案的绝对效果并加以检验

$$NPV_A = -502\text{ 万元} + 100\text{ 万元} \times (P/A,\ 10\%,\ 10) = 112.46\text{ 万元}$$

$$NPV_B = -629\text{ 万元} + 150\text{ 万元} \times (P/A,\ 10\%,\ 10) = 292.69\text{ 万元}$$

由于 $NPV_A > 0$，$NPV_B > 0$，故两个方案均通过绝对检验，即它们在经济效果上均是可行的。

② 计算两个方案的相对效果并确定最优方案。采用净现值法时，两个方案的相对效果为：

$$NPV_{B-A} = NPV_B - NPV_A = 180.23\text{ 万元}$$

由于 $NPV_{B-A} > 0$，表明 B 方案优于 A 方案。因此，应选择 B 方案为最优方案。

（二）最小费用法

有些工程建成以后，没有效益或仅有少量的效益，或者是虽有效益，但难于用钱来衡量，即只有费用发生，如图书馆、博物馆、城市绿化工程、污水处理工程和水利工程等。也有一些项目，虽有可用钱衡量的效益，但它的效益难于从整体效益中分离开来，如处于生产线上的某一装置，以及对某些收益相同的互斥项目，如建设一座全钢结构或钢筋混凝土结构的桥梁，采用水力发电或火力发电供电等。在分析比较这类项目的不同方案时，由于这些不同的方案都具有同一的目标，因而可以只比较这些方案费用的大小，并选择费用最小的方案为最佳方案。这种方法就称为最小费用法。

最小费用法可以用费用现值来比较，也可以用年度费用来比较。现分述如下：

(1) 费用现值比较法。费用现值法（PV 法）是一种特定情况下的净现值法。在比较方案时，如两个方案的寿命期和生产能力相同，即销售收入相同时，或者两个方案的效益基本相同，但有无形效益而且难以估算时，为了简化计算，则可不必考虑其相同因素（收入或无形效益），而仅比较其不同因素（支出）。此时，净现值法可改称为费用现值法。不过，通常仍简称为现值法（PV 法）或现值比较法。为了计算上的方便，往往将支出值的负号略去，而回收残值的符号则应与支出值的符号相反，取负值。

用 PV 法计算各个方案的费用现值并进行对比，其现值较低的方案是可取的方案。

例 6-3　某技改项目有两个方案，其生产能力和产品质量相同，其余数据如表 6-7 所示，设折现率为 10%，试用现值比较法进行评选。

表 6-7　某项目的财务数据

项　目	方案 A	方案 B
固定资产投资（第 0 年）/万元	3 000	4 000
流动资金投入（第 0 年）/万元	600	800
年经营成本/万元	1 500	1 200
寿命期/年	15	15
寿命期末固定资产余值/万元	150	200
寿命期末流动资金回收/万元	600	800

各方案费用现值通用的表达式为：

$$PV = \sum_{i=0}^{n} (I + C - S - W)(P/F, i, t)$$

式中，I 为全部投资（包括固定资产投资和流动资金）；C 为年经营总成本；S 为计算期末回收固定资产余值；W 为计算期末回收流动资金；$(P/F, i, t)$ 为折现系数；i 为 MARR；n 为计算期。

$$PV_A = 3\,600\text{ 万元} + 1\,500\text{ 万元} \times (P/A, 10\%, 15) - (150 + 600)\text{ 万元} \times (P/F, 10\%, 15)$$

$$PV_B = 4\,800\text{ 万元} + 1\,200\text{ 万元} \times (P/A, 10\%, 15) - (200 + 800)\text{ 万元} \times (P/F, 10\%, 15)$$

解得：

$$PV_A = 14\,829.58\text{ 万元}$$

$$PV_B = 13\,687.91\text{ 万元}$$

因为 $PV_A > PV_B$，故应选方案 B。

(2) 年费用法。年费用法（AC 法）是一种特定情况下的年等值法。在比较寿命期不等的方案时，当两个方案的生产能力相同，或者两个方案的效益基本相同。但有无形效益而难以估算时，为了简化计算，仅比较其不同因素（支出）。此时，年等值法（NAV 法）一般改称为年费用法（AC 法）。同时，为了方便计算，往往在计算中将支出值的负号省去。因此，年费用较低的方案将为可取的方案。各方案通用的年费用的表达式为：

$$AC = \sum_{i=0}^{n} [(I + C - S - W)_i (P/F, i, t)(A/P, i, n)]$$

以上面的例题为例，则可得：

$$AC_A = 3\,600\text{ 万元} \times (A/P, 10\%, 15) + 1\,500\text{ 万元} - 750\text{ 万元} \times (A/F, 10\%, 15) = 1\,949.70\text{ 万元}$$

$$AC_B = 4\,800\text{ 万元} \times (A/P, 10\%, 15) + 1\,200\text{ 万元} - 1\,000\text{ 万元} \times (A/F, 10\%, 15) = 1\,799.60\text{ 万元}$$

因方案 B 年费用低，应选方案 B。

（三）内部收益率法

采用内部收益率法评价互斥方案，同样应当进行绝对效果检验和相对效果检验。需要注意的是，并不是内部收益率大的方案就一定是好的方案，它和净现值法（以及净年值法）所得结论有时会发生矛盾。

例 6-4 方案 A、B 是互斥方案，其现金流量如表 6-8 所示，试评价选择。($i_c = 10\%$)

表 6-8 互斥方案 A、B 的净现金流量表 （单位：万元）

方案 \ 时间/年	0	1 ~ 10
A	200	39
B	100	20
增量净现金流量（A - B）	19	

首先，计算两个方案的绝对效果指标 IRR 及 NPV。根据题意有：

$$-200\text{ 万元}+39\text{ 万元}\times(P/A,\ \mathrm{IRR_A},\ 10)=0$$

$$-100\text{ 万元}+20\text{ 万元}\times(P/A,\ \mathrm{IRR_B},\ 10)=0$$

分别解得：

$$\mathrm{IRR_A}=14.5\%,\ \mathrm{IRR_B}=15\%$$

由于两者均大于基准折现率 i_c，故方案 A、B 均是可行方案。

哪个方案更优呢？如果认为内部收益率越大越好，那么由于 $\mathrm{IRR_B}>\mathrm{IRR_A}$，就会认为方案 B 优于方案 A，但是此结论与净现值法的评价结论相矛盾，两个方案的净现值分别为：

$$\mathrm{NPV_A}=-200\text{ 万元}+39\text{ 万元}\times(P/A,\ 10\%,\ 10)=39.64\text{ 万元}$$

$$\mathrm{NPV_B}=-100\text{ 万元}+20\text{ 万元}\times(P/A,\ 10\%,\ 10)=22.89\text{ 万元}$$

由于 $\mathrm{NPV_A}>\mathrm{NPV_B}$，故按净现值法认为 A 是最优可行方案。

上例表明，按照净现值最大准则和内部收益率最大准则比选方案，可能会产生相互矛盾的结论。因此，无论采用净现值法还是采用内部收益率法进行方案相对比选，比选的实质是判断投资大的方案和投资小的方案，看追加的投资能否被其增量收益抵消或抵消后有剩余。所以，在现实工程评价过程中，最可靠和最有效的方法是对增量现金流量的经济性做出判断。这就是增量法。

（四）增量法

净现值（净年度等值、净将来值）、内部收益率以及投资回收期都可以用增量分析。

1. 增量投资净现值

设 A、B 是有共同寿命期 n 年的两个互斥的投资方案，方案 B 比方案 A 投资大，两方案的增量投资（差额）净现值可由下式得出：

$$\begin{aligned}\Delta\mathrm{NPV}&=\sum_{t=0}^{n}[(\mathrm{CI_B}-\mathrm{CO_B})_t-(\mathrm{CI_A}-\mathrm{CO_A})_t](1+i)^{-t}\\&=\sum_{t=0}^{n}(\mathrm{CI_B}-\mathrm{CO_B})_t(1+i)^{-t}-\sum_{t=0}^{n}(\mathrm{CI_A}-\mathrm{CO_A})_t(1+i)^{-t}\\&=\mathrm{NPV_B}-\mathrm{NPV_A}\end{aligned}$$

式中，ΔNPV 为增量投资净现值；$(\mathrm{CI_A}-\mathrm{CO_A})_t$ 为方案 A 第 t 年的净现金流量；$(\mathrm{CI_B}-\mathrm{CO_B})_t$ 为方案 B 第 t 年的净现金流量；$\mathrm{NPV_A}$，$\mathrm{NPV_B}$ 为方案 A 与方案 B 的净现值；i 为折现率。

用增量分析法进行互斥方案比选时，若 $\Delta\mathrm{NPV}>0$，表明增量投资可以接受。这时 $\mathrm{NPV_B}>\mathrm{NPV_A}$，即投资大的方案经济效果好。反之，若 $\Delta\mathrm{NPV}<0$，则投资小的方案可取。

2. 增量投资内部收益率

增量投资内部收益率的计算式为：

$$\sum_{t=0}^{n}(\Delta\mathrm{CI}-\Delta\mathrm{CO})_t(1+\Delta\mathrm{IRR})^{-t}=0$$

式中，ΔCI 为互斥方案（A、B）的增量现金流入；ΔCO 为互斥方案（A、B）的增量现金流出；ΔIRR 为互斥方案（A、B）净现值相等时的折现率。

因此其计算式也可写为：

$$\sum_{t=0}^{n}(\mathrm{CI_A}-\mathrm{CO_A})_t(1+\Delta\mathrm{IRR})^{-t}=\sum_{t=0}^{n}(\mathrm{CI_B}-\mathrm{CO_B})_t(1+\Delta\mathrm{IRR})^{-t}$$

用增量投资内部收益率比选方案时，若 ΔIRR > i（折现率），则投资现值大的方案为优；若 ΔIRR < i，则投资小的方案为优。

例 6-5 有两个独立项目 C 与 D，但资金只允许上一个项目。已知 C、D 项目的各年现金流量如表 6-9 所示。

表 6-9 C、D 项目各年的现金流量

项目	现金流量/万元		IRR（%）	ΔIRR_{DC}（%）
	$t=0$ 年	$t=1\sim3$ 年		
C	−1 000	475	20.24	15.28
D	−2 000	915	17.67	

由于资金约束，项目 C 与 D 实际上为互斥项目，在表 6-9 的最后两栏上列出了根据 C、D 现金流量计算得出的 IRR_C 和 IRR_D 以及 ΔIRR_{DC}。

项目的 NPV—i 曲线如图 6-4 所示。

由图 6-4 可知，当行业基准收益率大于 IRR_C 时，C、D 项目的 NPV 为负，均不可取；当行业基准收益率小于 ΔIRR_{DC} 时，D 项目得到的 NPV 大于 C 项目，D 项目较优；当行业基准收益率在 ΔIRR_{DC} 和 IRR_D 之间时，C 项目优于 D 项目；当行业基准收益率在 IRR_D 和 IRR_C 之间时，D 项目不可取，只能取 C 项目。

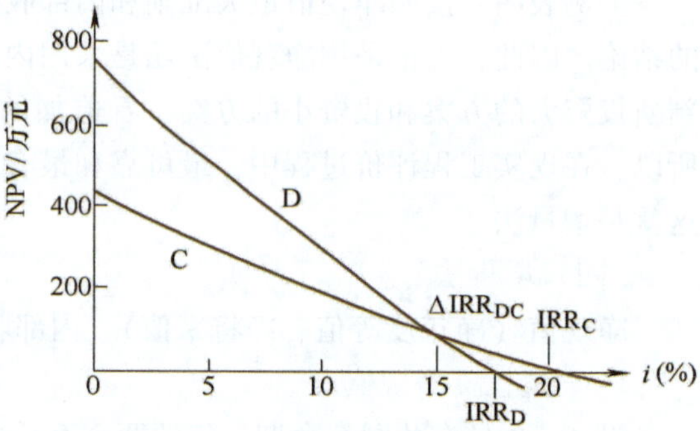

图 6-4 项目的 NPV—i 曲线

用增量投资内部收益率来比选互斥方案时，若比选的方案较多，则计算工作量也较大，此外还可能出现不存在增量投资内部收益的问题和存在着多个实数解的问题（增量投资现金流量是由两个方案的现金流量之差构成，因此它比单一方案更易出现符号多次变化的情况）。

3. 增量投资回收期

以两个互斥方案比较为例。方案一和方案二的投资分别为 I_1 和 I_2，且 $I_2 > I_1$，第 t 年的运营费为 C_{1t}和 C_{2t}（$t=1, 2, 3, \cdots, n$）。若 $C_{1t} \leqslant C_{2t}$，则方案一好；若 $C_{1t} > C_{2t}$，则要计算年运营费的节约能否在规定使用年限 n 年内收回增加的投资费（$I_2 - I_1$），假如能有剩余，多投资的方案二比方案一好，反之则取方案一。取方案二时，其公式为：

$$I_2 - I_1 \leqslant \sum_{t=1}^{n}(C_{1t} - C_{2t})$$

若考虑资金的时间价值，上式可改写为：

$$I_2 - I_1 \leqslant \sum_{t=1}^{n}(C_{1t} - C_{2t})(1+i)^{-t}$$

若两互斥方案效率不一样，须折合为一样后再进行比较，假如各年运营费均以其平均值 $\overline{C}_1$、$\overline{C}_2$ 代入，则：

$$\text{静态增量投资回收期 } P = \frac{I_2 - I_1}{\overline{C}_1 - \overline{C}_2}$$

上式的意义是：需要多少年才能用年平均运营费的节约来回收增量投资。

同样可得：

$$动态增量投资回收期\ P_t' = \frac{I_2 - I_1}{\left[\sum_{t=1}^{n}(C_{1t} - C_{2t})(1+i)^{-t}\right](A/P, i, n)}$$

若计算所得投资回收期少于规定的期限，多投资的方案比少投资的方案好，反之结论相反。

三、寿命期不同的方案的比较与选择

只有计算期相同时，方案才能进行经济效益的比较。但是在实际工作中，常常会遇到计算期不等的方案的比较问题。为了使计算期不等的方案具有时间可比性，要使各方案具有相同的计算期。为此一般采取下列方法：

（1）以各备选方案的计算期（寿命期）的最小公倍数作为各方案的共同计算期。

（2）计算各备选方案的年度等值，通过比较年度等值的大小来选取项目（净收益取大者，费用则取小者）。

（3）以备选方案中计算期最短者的时间作为各方案的共同计算期，令计算期比这个共同计算期长的各方案，在计算期期末有一个因缩短了项目寿命期而导致的残值增值。

（4）以各备选方案中计算期最长者作为各方案的共同计算期，令计算期短的方案在期末有一个因延长其寿命而需要的补充投资。

（5）统一规定一个计算期，这个计算期与各备选方案的寿命期不同，这时可能出现两种情况：

① 为了达到这统一规定的计算期，有些方案需延长寿命期，某些方案需缩短寿命期。

② 为了达到统一规定的计算期，全部方案都需延长或全部方案都需缩短寿命期。

以下将举例来说明这些方法的应用。

（一）最小公倍数法

最小公倍数法就是把比较的方案重复实施直到各个方案的期限相同为止。显然，这个相等的计算期就是诸方案的最小公倍数。

应用这个方法时应当满足的条件是：

方案可以不改变其现金流量（投资、效益和费用都保持不变）而反复实施若干次。

例 6-6 某建筑墙面为维护目的需要定期油漆，为此可用清漆及聚氨酯漆，二者相应的价格为 12 元/kg 和 26 元/kg，已知每公斤漆可覆盖壁面 $10m^2$，二者所需的劳动力费用相同，即每 1 工时 18 元，能漆壁面 $10m^2$。已知清漆的寿命期为 5 年，聚氨酯漆为 8 年。当要求 $i =$ 12% 时，问应当选用何种方案为宜？

解： 设墙面在此后每 5 年和 8 年后重新上漆，最小公倍数为 40 年（即研究期为 40 年），那么现金流量如图 6-5 所示。

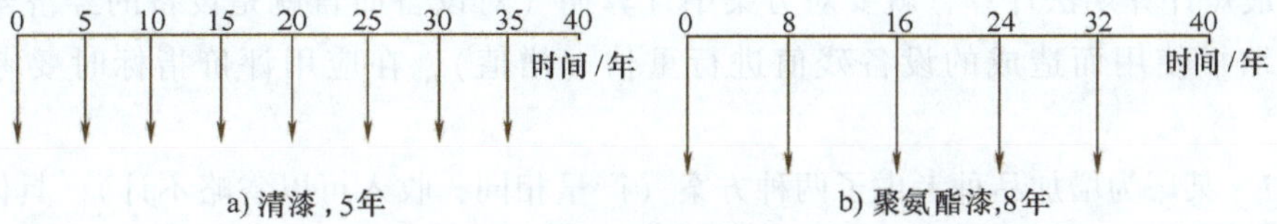

图 6-5 现金流量图

选用清漆，第一次上完后需再上漆7次。则：

$$NPV_A = \left(\frac{12}{10}+\frac{18}{10}\right)元/m^2 \times [1+(P/F,12\%,5)+(P/F,12\%,10)+\cdots+(P/F,12\%,35)]$$

$$= 3元/m^2 \times [1+(P/A,76.23\%,7)]$$

$$= 3元/m^2 \times \left[1+\frac{1-(1.7623)^{-7}}{0.7623}\right] = 6.86元/m^2$$

选用了聚氨配漆，一共漆了5遍，则：

$$NPV_B = \left(\frac{26}{10}+\frac{18}{10}\right)元/m^2 \times [1+(P/F,12\%,8)+(P/F,12\%,16)+\cdots+(P/F,12\%,32)]$$

$$= 4.4元/m^2 \times [1+(P/A,147.6\%,4)]$$

$$= 4.4元/m^2 \times \left[1+\frac{1-(2.476)^{-4}}{1.476}\right] = 7.30元/m^2$$

由于清漆的费用相对较低，因此选择清漆。

（二）年度等值法

一个方案无论重复多少次，如果它的现金流量保持不变，则其年度等值也不会改变。因此，对于计算期不等的方案的比较，可以简单地求各方案的年度等值，然后加以比较即可。

对例6-7，用清漆时，寿命期为5年，则每平方米每年的费用为：

$$AE_A = \left(\frac{12}{10}+\frac{18}{10}\right)元/m^2 \times (A/P,12\%,5) = 0.83223元/m^2$$

用聚氨酯漆时，寿命期为8年，则每 m^2 每年的费用为：

$$AE_B = \left(\frac{26}{10}+\frac{18}{10}\right)元/m^2 \times (A/P,12\%,8) = 0.88573元/m^2$$

根据上述年度等值，可以计算得到用这两种材料时的费用的现值（共同的计算期为40年），即：

$$NPV_A = 0.83223元/m^2 \times (P/A,12\%,40) = 6.86元/m^2$$

$$NPV_B = 0.88573元/m^2 \times (P/A,12\%,40) = 7.30元/m^2$$

年度等值法与最小公倍数法相比较，年度等值法具有计算简便的特点，因此它适用于方案在最小公倍数年限期间，能反复实施的各方案间的比较，并适用于计算期（需用期）相当长的一些永久性工程（诸如水电站、大坝、隧道、桥梁等）的方案的比较。

（三）最短计算期法

应用最短计算期法计算，就要对方案中计算期（对设备而言就是设备的经济寿命）长的方案因缩短使用而造成的设备残值进行重估（增值），在应用评价指标时要考虑这一增值。

例6-7 某厂为增加品种考虑了两种方案（产量相同，收入可以省略不计）。具体数据如表6-10所示，试按基准收益率15%，计算应采纳何种方案为佳。

表 6-10 两种投资方案数据表

项　目	方案 A	方案 B
初期投资/万元	1 250	1 600
年经营成本/万元	340	300
残值/万元	100	160
经济寿命期/年	6	9

解： 当计算期选用 6 年时，方案 B 由于使用期缩短了 3 年会使设备的残值增值，这个增值实际上也就考虑了 B 设备未用 3 年的使用价值，为了确定这个增值，我们这里简单地用 3 年的折旧额来计算，即

$$残值 = 160\text{ 万元} + (1\,600 - 160)\text{万元} \div 9 \times 3 = 640\text{ 万元}$$

$$NPV_A = -1\,250\text{ 万元} + (-340)\text{ 万元} \times (P/A,\ 15\%,\ 6) + 100\text{ 万元} \times (P/F,\ 15\%,\ 6) = -2\,493.49\text{ 万元}$$

$$NPV_B = -1\,600\text{ 万元} + (-300)\text{ 万元} \times (P/A,\ 15\%,\ 6) + 640\text{ 万元} \times (P/F,\ 15\%,\ 6) = -2\,609.88\text{ 万元}$$

因此应当选总费用小者，即方案 A。

（四）以某一要求的计算期来比较

例如，根据工作需要时间、未来市场状况或技术发展趋势来选定一个时期，在实际工作中常常遇到的是要求计算期短于各项目的寿命期的情况。

例 6-8 某公路施工队需添一台碎石机械，共需用 3 年，每年使用 2 000h。市场上有两种型号机械供选择：A 型售价 300 000 美元，寿命期 8 000h，运行费用为 40 000 美元/年；B 型售价为 450 000 美元，寿命期为 12 000h，年运行费用为 50 000 美元。假设该单位应纳所得税税率为 45%，$i = 15\%$。问该单位应当选择何种型号的碎石机（当选用 A 型机时，由于处理能力不够，需要每年增加 30 000 美元的外加工开支）。

根据经验，在上述情况下机械的残值期末为零，使用一段时间后的残值可以用下式来估算：

$$残值 = 原值 \times \left[1 - \left(\frac{使用时间}{寿命期}\right)^{0.8}\right]$$

则：

$$A\text{ 型机的残值} = 300\,000\text{ 美元} \times \left[1 - \left(\frac{6\,000}{8\,000}\right)^{0.8}\right] = 61\,675\text{ 美元}$$

$$B\text{ 型机的残值} = 450\,000\text{ 美元} \times \left[1 - \left(\frac{6\,000}{12\,000}\right)^{0.8}\right] = 191\,543\text{ 美元}$$

用现值法计算 A 型机械、B 型机械的数据列于表 6-11（税后）。

表 6-11 项目的现金流量表 （单位：美元）

机器型号及相关费用、残值	税后现金流量			
	0	1	2	3
A 型				
投资	−300 000			
年折旧　$300\,000 \times \frac{2\,000}{8\,000} \times 0.25$		18 750	18 750	18 750

（续）

机器型号及相关费用、残值		税后现金流量			
		0	1	2	3
年运行费用	40 000×0.25		-10 000	-10 000	-10 000
年外加工费	30 000×0.25		-7 500	-7 500	-7 500
残值					+61 675
各年净现金流量		-300 000	1 250	1 250	62 925
B型					
投资		-450 000			
年折旧	$450\ 000\times\frac{2\ 000}{12\ 000}\times 0.25$		18 750	18 750	18 750
年运行费	50 000×0.25		-12 500	-12 500	-12 500
残值					+191 543
各年净现金流量		-450 000	6 250	6 250	197 793

$$
\begin{aligned}
NPV_A &= -300\ 000\text{美元} + 1\ 250\text{美元}\times[(P/F,15\%,1)+(P/F,15\%,2)]+\\
&\quad 632\ 952\text{美元}\times(P/F,15\%,3)\\
&= -256\ 594\text{美元}\\
NPV_B &= -450\ 000\text{美元} + 6\ 250\text{美元}\times[(P/F,15\%,1)+(P/F,15\%,2)]+\\
&\quad 197\ 793\text{美元}\times(P/F,15\%,3)\\
&= -309\ 787\text{美元}
\end{aligned}
$$

从计算结果可知，应选择总费用较小的A型机械。

除了以上几种方法，在一些特殊场合，也有采用最大计算期的情况。这就需要考虑为了将项目延长到计算期所必需的增量投资（在期末投入）和延长到计算期时的重估的设备残值（贬值）。此法计算难度较大，误差相应也较大，因此，在一般情况下不考虑采用此种方法。

总之，选用以上所述各种方法时要特别注意各种方法条件的假设。例如，最小公倍数法和年值法尽管计算简便，但它不适用于技术更新快的产品和设备的方案的比较，因为在没有到公共的计算期之前，某些方案存在的合理性已经大打折扣。这同样也不适于用于处理更新改造的项目，因为让不进行改造项目与进行改造的项目多次重复，实际上是不可能的。

第三节 工程经济评价电算化

工程经济评价专业化程度高，运算难度虽然不大，但数据量大，运算烦琐，考虑的影响因素多，因此比较容易出错。为适应这种要求，许多软件公司开发了应用于工程经济评价的软件产品，但大多仅适用于某行业，未形成主导型软件产品。本书介绍应用Excel办公自动化软件辅助进行工程经济评价，易学易用。

Microsoft Excel是最优秀的电子表格软件之一，它具有强大的数据处理和数据分析功能。与传统的财务软件相比，Excel不仅提供了数据输入、输出、显示等数据处理功能，还提供了数据分析功能，而后者可以使得利用Excel来解决财务管理与分析中的各种实际问题变得方便和简单。利用 Excel 提供的绘图、文档处理、数据库管理、统计图形等功能，能够很轻松地对表格中的数据进行计算、统计、排序、分类、查询及图表制作等数据分析与处理工作。利用 Excel 提供的大量函数，可以很方便地进行财务管理、统计分析、预测分析等。还可以利用 Excel 提供的创建数据库管理和宏的功能，完成工作表内较为复杂的任务。Excel 界面友好，操作简单，易学易用，被广泛地应用于人们工作的各个方面。

在 Excel 中，应用于工程经济评价主要财务函数有：净现值 NPV（）、终值 FV（）、内部收益率 IRR（）、实际利率 RATE（）等，函数的使用方法读者可参考 Excel 的在线帮助。这里仅举几个例子来说明 Excel 在工程经济评价中的应用。

例 6-9　用列表法求投资回收期和净现值。

在第五章的例 5-4 中，所有的工作都是手工计算的，非常烦琐，这样，我们可以用 Excel 来解决。如图 6-6 所示。步骤如下：

	A	B	C	D	E	F	G	H	I	J	K	L	M	N
1														
2		年份	1	2	3	4	5	6	7	8	9	10	11	12
3		项目												
4		固定资产投资	-20.00	-30.00	-20.00									
5		流动资金投入			-30.00									
6		纯收入			10.00	15.00	20.00	20.00	20.00	20.00	20.00	20.00	20.00	20.00
7		纯收入加折旧			17.00	22.00	27.00	27.00	27.00	27.00	27.00	27.00	27.00	27.00
8		净现金流量	-20.00	-30.00	-33.00	22.00	27.00	27.00	27.00	27.00	27.00	27.00	27.00	27.00
9		累计净现金流量	-20.00	-50.00	-83.00	-61.00	-34.00	-7.00	20.00	47.00	74.00	101.00	128.00	155.00
10		10%的折现系数	0.91	0.83	0.75	0.68	0.62	0.56	0.51	0.47	0.42	0.39	0.35	0.32
11		折现值	-18.18	-24.79	-24.79	15.03	16.76	15.24	13.86	12.60	11.45	10.41	9.46	8.60
12		净现金流量折现值的累计值	-18.18	-42.97	-67.77	-52.74	-35.98	-20.74	-6.88	5.72	17.16	27.57	37.04	45.64
13														
14		静态投资回收期		6.26	年		动态投资回收期		7.50	年				
15														

图 6-6　已知的数据和计算结果

（1）输入已知数据。在第 4、5、6 行中输入已知数据，第 7 行为加上折旧后的收入，第 8 行为各年的净现金流量，在 C8 单元格输入公式“=C5+C7+C4”，然后复制到 D8：N8。

（2）计算静态累计净现金流量。在单元格 C9 中输入“=C8”，D9 中输入“=C9+D8”，复制到 E9：N9，得到各年静态累计净现金流量。

（3）计算动态累计净现金流量。在第 10 行输入 10% 的折现系数，在单元格 C11 中输入“=C8*C10”，然后复制到 D11：N11，得到各年净现金流量的折现值，同理，在第 12 行得到各年动态累计净现金流量。

根据表中数据可以分别得出静态和动态投资回收期。在单元格 D14 中输入公式“H2-1+ABS(G9)/H8”，得静态和投资回收期为 6.26 年；在单元格 I14 中输入公式“=I2-1+ABS(H12)/I11”，得动态投资回收期为 7.5 年。从这个计算表中也可以看出整个项目的净现值为 N12 单元格中的 45.64 万元。

企业在经营中常常需要对若干个可能的投资项目进行评价分析，从中优选出最好的项目进行投资。在对投资项目进行评价时一般采用两种方法：净现值法和内部收益率法。下面我们通过 Excel 用实例来说明净现值的计算和如何运用净现值法分析和评价投资的经济效益。

例 6-10　某公司拟购置一套机器设备，用于生产产品 A。现有甲、乙两种型号的机器可供选择，有关资料如表 6-12 所示：

表 6-12　两种机型的财务数据

项　目 \ 机　型	甲 机 器	乙 机 器
购入成本/元	100 000	80 000
寿命年限/年	5	5
年产销量/件	10 000	9 000
单位售价/元	10	10
单位变动成本/元	6	6
期终残值	0	400

设公司的基准收益率为 10%，试用净现值法分析和评价甲、乙两种投资方案的经济效益，并选择较优的方案。

如图 6-7 所示，首先在 C2∶D8 单元格输入已知条件，在 C10∶D11 计算现金的流出和流入。以甲机器为例，初始现金流出就是机器的购入成本，即 C10 = C3，而每年的现金净流入为：（单位售价 – 单位变动成本）× 年产销量，即（C6 – C7）× C5。然后将 C10∶C11 复制到 D10∶D11。

	A	B	C	D	E
1					
2			甲机器	乙机器	
3		购入成本	100 000	80 000	
4		寿命年限	6	5	
5		年产销量	10 000	9 000	
6		单位售价	11	10	
7		单位变动成本	7	6	
8		期终残值	0	400	
9					
10		初始现金流出	100 000	80 000	
11		每年现金流入	40 000	36 000	
12					

图 6-7　已知数据表

各相关数据如图 6-8 所示，分别用两种方法计算净现值。

	A	B	C	D	E	F	G	H	I
12									
13		方法一				现金流入			
14			0	1	2	3	4	5	NPV
15		计算因子	0.91	0.91	0.83	0.75	0.68	0.62	
16		甲机器	-100 000	40 000	40 000	40 000	40 000	40 000	
17			-90 909	36 363.64	33 057.85	30 052.59	27 320.54	24 836.85	60 722.38
18		乙机器	-80 000	36 000	36 000	36 000	36 000	36 000	
19			-72 727	32 727.27	29 752.07	27 047.33	24 588.48	22 353.17	63 741.05
20		贴现率	10%						
21									
22		方法二				现金流入			
23			0	1	2	3	4	5	NPV
24		计算因子	0.91	0.91	0.83	0.75	0.68	0.62	
25		甲机器	-100 000	40 000	40 000	40 000	40 000	40 000	60 722.38
26		乙机器	-80 000	36 000	36 000	36 000	36 000	36 000	63 741.05
27		贴现率	10%						
28									

图 6-8　计算结果

方法一：用列表法来计算净现值。

首先，计算折现系数。普通年金的现值就是在未来若干期期末发生的等额收入或支出，按贴现率换算成第一期期初的复利现值之和。由此在C15：H15中计算0～5年的贴现计算因子，即第n年的计算因子为$1/(1+i)^n$，其中i为贴现率。

然后，算年金现值。在C15中输入0.91（按期末计算法），在D15中输入公式“=1/(1+$C$20)^D14”，将其复制到E15：H15，这里$C$20为单元格绝对地址，D14为单元格相对地址，注意其写法的不同。在D17中输入公式“=D16*D15”，将其复制到E17：H17，得到年金现值，其含义为“每年净现金流×折现系数”。

最后在单元格I17输入公式“=SUM(C17：H17)”，即可得到机器甲的净现值，结果为60 722.38。

机器乙的计算方法与此类似，计算结果为63 741.05。比较甲、乙机器的净现值，应该选择乙机器。

方法二：用Excel提供的NPV函数来计算净现值。

首先，计算甲机器的净现值。在C25输入公式“=－C10”，在D25输入公式“=$C$11”，将D25复制到D25：H25，因为这里要复制公式，所以用的是绝对地址。然后在单元格I25输入公式“=NPV($C$27,D25：H25)+C25*C24”，C24中的0.91为1年的折现率。这样得到的计算结果为60 722.38。

用类似的方法也可以得到乙机器的净现值为63 741.05，与方法一的结果一致，即应该选择乙机器。相比之下，方法二应用了Excel的净现值函数计算，更为简单。

另外，也可把计算和选择的结果用Excel的图形直观地表示出来。

选择C25：C26和I25：I26区域，单击图表向导工具，作三维簇状柱形图，注意在相应的对话框中应选择不显示图例并取消网格线。完成后得到如图6-9所示的图形，从图中可以直观地反映出甲、乙两机器的净现值高低。

为了在图中更明确地显示出选择的结果，我们用文本框在图中显示选择的结果文字。首先，选择C32单元格，输入公式“=IF(I25>=I26,‘甲’,‘乙’)”，再选择C33单元格，输入公式“=‘应选择’&C32&‘机器’”，由此，根据对甲乙两机器净现值的计算结果，可在C33单元格得出“应选择甲机器”或“应选择乙机器”的结论。然后在图中适当位置处画一个文本框，不是在文本框中直接输入文字，而是在编辑栏右侧输入“=C33”，这样便将C33单元格的结果反映到了文本框中。结果如图6-9所示。

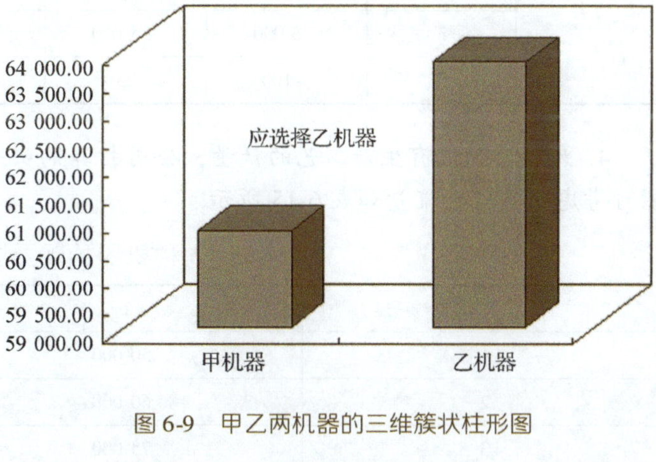

图6-9　甲乙两机器的三维簇状柱形图

习题

1. 互斥方案A、B、C的净现金流量如表6-13所示，试选择最优方案（$i_c=10\%$）。

表6-13 互斥方案A、B、C净现金流量表 （单位：万元）

方案 \ 年序	0	1	2	3	4	5
A	−450	180	180	180	180	180
B	−200	−220	220	220	220	220
C	−150	70	70	70	70	70

2. 有3个独立方案A、B、C，各方案寿命期均为5年。方案A投资100万元，年净收入60万元；方案B投资220万元，年净收入100万元；方案C投资450万元，年净收入230万元。基准收益率为10%。若资金限额为500万元，试用互斥组合法求最优方案组合。

3. 分别求出表6-14所列方案现金流量的内部收益率（IRR），并根据IRR讨论方案的优劣。

表6-14 现金流量表 （单位：元）

现金流量						
年末		0	1	2	3	4
方案	a	−10 000	5 000	5 000	5 000	5 000
	b	−200	100	200	300	400
	c	−5 000	−5 000	1 600	1 600	1 600
	d	−100	25	25	25	25

4. 为了增加现有生产工艺的产量，公司打算购买一部新机器。有下列5种类型的机器可考虑，其现金流量如表6-15所示。

表6-15 5种机器的现金流量表 （单位：元）

机器	初始投资	年运行费用
1	50 000	22 500
2	60 000	20 540
3	75 000	17 082
4	80 000	15 425
5	100 000	11 374

每种机器的寿命都是 8 年，基准收益率为 12%。

要求：

（1）计算年度费用，选择机器。

（2）用相对投资回收期法，比较机器 1 方案与机器 5 方案的优劣。

5. 为冶炼厂提供两种储存水的方法。方法 A 在高楼上安装水塔，安装成本为 102 00 0 元，方法 B 在与冶炼厂有一定距离的小山上安装蓄水池，安装成本为 83 000 元。

两种方法的寿命估计为 40 年，均无残值。方法 B 还需要购置成本为 9 500 元的附加设备，附加设备的寿命为 20 年，20 年年末的残值为 500 元，年运行费用为 1 000 元。基准折现率为 7%。

要求：

（1）用净现值比较两种方法的优劣。

（2）用年度等值比较两种方法的优劣。

6. 某人以 10% 贷款利率借入 12 万元经营小百货，其后 5 年净收入分别为 39 000 元、30 000 元、21 000 元、37 000 元及 46 000 元。其所得均用于再投资，收益率为 14%，问该人的实得收益率为多少？（请用 Excel 电子表格计算）

第七章
不确定性分析及风险分析

引例

某电力建设企业在线路工程中大量使用一种线材，目前该产品由多家供货商提供，由于供货商生产水平不同，产品质量参差不齐，不同程度地影响了施工进度，公司决定自己建厂生产这种产品，那么，该项目的风险在哪儿？该如何控制呢？

该项目的主要经济参数的估算值如下：设计生产能力为年产10万件，初始固定投资额为1 200万元，预计产品价格为40元/件，年经营成本为170万元，运营年限10年，运营期末残值为100万元，基准收益率为12%。由于市场波动的影响，经测算，单位产品价格和年经营成本未来可能在初始值的基础上分别按照±10%和±20%的幅度变动。

首先，若该项目想要收回成本，则保本产量、保本生产能力和保本销售价格分别应该是多少？其次，产品价格和年经营成本有不同的变化率，哪一个因素对项目的影响更大？它们的变化概率对项目的评价又有何影响？从方案决策的角度来讲，公司必须要对上述问题进行仔细分析研究，才能尽可能地适应未来的变化，降低项目投资的风险。

我们在前面几章中介绍的投资决策都是建立在已知的、确定的、未来的现金流量和投资收益率的基础上的，其中用到的数据一些是直接套用现行数据，如原材料消耗定额、工资、固定资产投资和流动资金投入、折现率等，另一些是来自对未来的预测，如销售收入、生产成本等。由于影响各种方案经济效果的政治经济形势、资源条件、技术发展情况等因素带有不确定性，加上预测方法和工作条件的局限性，这使得方案经济效果的实际值可能偏离其预期值，从而给投资者和经营者带来风险。

一般来说，项目评价的不确定性有两个来源，即项目本身的不确定性和项目所处环境的不确定性。为了评估项目能否经受各种风险的冲击，项目评价人员需进行工程项目的不确定性分析和风险分析，找出哪些是造成不确定性的关键性因素，估计项目可能的风险程度，以提高项目经济评价的可靠性，提高项目投资决策的科学性。

此外，为了尽量避免决策失误，我们还需要了解各种外部条件发生变化时对投资方案经济效果的影响程度，需要了解投资方案对各种外部条件变化的承受能力，以及对应于可能发生的外部条件的变化，投资方案经济效果的概率分布，需要掌握风险条件下正确的决策原则与决策方法。

项目的不确定性就是被评价项目（方案）的预测效果与将来实施后的实际效果的差异。不确定性分析是研究项目中各种因素的变化和波动对其经济效益影响的方法。

不确定性分析方法按分析因素对经济效益指标的影响趋势、分析因素在不同估计值的情况下对经济效益指标的影响程度、分析因素在出现变化的各种可能情况下对经济效益指标的综合影响等可归纳为 3 种具体方法：一是盈亏平衡分析法；二是敏感性分析法；三是概率分析法。其中盈亏平衡分析方法适应于企业财务评价，运用产量—成本—利润的关系和盈亏平衡点，来分析项目财务上的经营安全性；敏感性分析适应于国民经济评价和企业财务评价。通过分析，找出影响经济效益的最敏感因素和数据，以便加以控制；概率分析适应于国民经济评价和企业财务评价，通过分析，获得经济效益目标（有关指标）实现的可能性（概率），如实现 NPV 的概率有多大、项目 IRR 的概率分布如何等。因此，在我国经济评价有关文件（如《方法与参数》）中规定，在对项目进行经济分析的基础上，要进行盈亏平衡分析、敏感性分析，有条件时还应进行概率分析和风险分析。

下面我们依次介绍这 3 种分析方法。

第一节　盈亏平衡分析

盈亏平衡分析是通过盈亏平衡点（BEP）分析项目成本与收益平衡关系的一种方法。

各种不确定因素（如投资、成本、销售量、产品价格、项目寿命期等）的变化会影响投资方案的经济效果，当这些因素的变化达到某一临界值时，就会影响方案的取舍。盈亏平衡分析的目的就是找出这种临界值，即盈亏平衡点，判断投资方案对不确定因素变化的承受能力，为决策提供依据。

盈亏平衡点越低，说明项目盈利的可能性越大，亏损的可能性越小，因而项目有较大的抗经营风险能力。因为盈亏平衡分析是分析产量（销量）、成本与利润的关系，所以称为量本利分析。

盈亏平衡点的表达形式有多种。它可以用实物产量、单位产品售价、单位产品可变成本以及年固定成本总量表示，也可以用生产能力利用率（盈亏平衡点率）等相对量表示。其中产量与生产能力利用率，是进行项目不确定性分析中应用较广的。根据生产成本、销售收入与产量（销售量）之间是否呈线性关系，盈亏平衡分析可分为：线性盈亏平衡分析和非线性盈亏平衡分析。根据项目—方案的关系，盈亏平衡分析又可分为独立方案盈亏平衡分析和互斥方案盈亏平衡分析。

一、独立方案盈亏平衡分析

独立方案盈亏平衡分析的目的是通过分析产品产量、成本与方案盈利能力之间的关系，找出投资方案盈利与亏损在产量、产品价格、单位产品成本等方面的界限，以判断在各种不确定因素作用下方案的风险情况。

投资项目的销售收入与产品销售量（如果按销售量组织生产，产品销售量等于产品产量）的关系有两种情况，即线性和非线性。

（一）线性盈亏平衡分析

线性盈亏平衡分析主要分析销售收入、生产成本与产品产量的关系。进行线性盈亏平衡分析，我们一般做如下假设：①产量等于销售量，销售量变化，销售单价不变，销售收入与产量呈线性关系，企业主管不会通过降低价格增加销售量；②假设项目正常生产年份的总成本可划分为固定和可变成本两部分，其中固定成本不随产量变动而变化，可变成本总额随产量变动呈比例变化，单位产品可变成本为一常数，总可变成本是产量的线性函数；③假定项目在分析期内，产品市场价格、生产工艺、技术装备、生产方法、管理水平等均无变化；④假定项目只生产一种产品，或当生产多种产品时，产品结构不变，且都可以换算为单一产品计算。

该项目的生产销售活动不会明显地影响市场供求状况，假定其他市场条件不变，产品价格不会随该项目的销售量的变化而变化，可以看作一个常数。销售收入与销售量呈线性关系，即：

$$B = PQ \tag{7-1}$$

式中，B 为销售收入；P 为单位产品价格；Q 为产品销售量。

项目投产后，其生产成本可以分为固定成本与变动成本两部分。固定成本是指在一定的生产规模限度内不随产量的变动而变动的费用。变动成本是指随产品产量的变动而变动的费用。变动成本总额中的大部分与产品产量成正比例关系。也有一部分变动成本与产品产量不成正比例关系，如与生产批量有关的某些消耗性材料费用、工夹模具费及运输费等，这部分变动成本随产量变动的规律一般呈阶梯形曲线，通常称这部分变动成本为半变动成本。由于半变动成本通常在总成本中所占比例很小，在经济分析中一般可以近似地认为它也随产量成正比例变动。

总成本是固定成本与变动成本之和，它与产品产量的关系也可以近似地认为是线性关系，即：

$$C = C_f + C_v Q \tag{7-2}$$

式中，C 为总生产成本；C_f 为固定成本；C_v 为单位产品变动成本。

将式（7-1）与式（7-2）在同一坐标图上表示出来，可以构成线性量—本—利分析图（见图7-1）。

图7-1中纵坐标表示销售收入与产品成本，横坐标表示产品产量。销售收入线 B 与总成本线 C 的交点称盈亏平衡点（Break Even Point，BEP），也就是项目盈利与亏损的临界点。在BEP的左边，总成本大于销售收入，项目亏损；在BEP的右边，销售收入大于总成本，项目盈利；在BEP点上，项目不亏不盈。

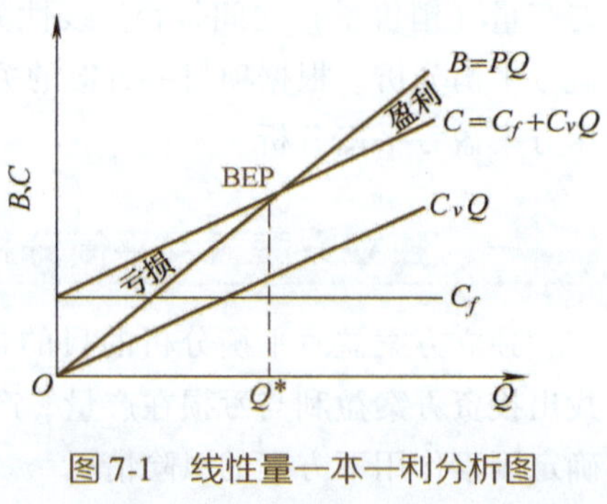

图7-1 线性量—本—利分析图

在销售收入及总成本都与产量呈线性关系的情况下，可以很方便地用解析方法求出以产品产量、生产能力利用率、产品销售价格、单位产品变动成本等表示的盈亏平衡点。

在盈亏平衡点，销售收入 B 等于总成本 C，设对应于盈亏平衡点的产量为 Q^*，则有：

$$PQ^* = C_f + C_v Q^*$$

盈亏平衡产量：

$$Q^* = \frac{C_f}{P - C_v} \tag{7-3}$$

若项目设计生产能力为 Q_c，则：

盈亏平衡生产能力利用率：

$$E^* = \frac{Q^*}{Q_c} \times 100\% = \frac{C_f}{(P - C_v) Q_c} \times 100\% \tag{7-4}$$

若按设计能力进行生产和销售，则：

盈亏平衡销售价格：

$$P^* = \frac{B}{Q_c} = \frac{C}{Q_c} = C_v + \frac{C_f}{Q_c} \tag{7-5}$$

若按设计能力进行生产和销售，且销售价格已定，则：

盈亏平衡单位产品变动成本：

$$C_v^* = P - \frac{C_f}{Q_c} \tag{7-6}$$

例 7-1　某工业项目年设计生产能力为生产某种产品 3 万件，单位产品售价 3 000 元，总成本费用为 7 800 万元，其中固定成本 3 000 万元，总变动成本与产品产量成正比例关系，求以产量、生产能力利用率、销售价格、单位产品变动成本表示的盈亏平衡点。

解：首先计算单位产品变动成本：

$$C_v = \frac{(7\,800 - 3\,000) \times 10^4 \text{ 元}}{3 \times 10^4 \text{ 件}} = 1\,600 \text{ 元/件}$$

由式（7-3）得盈亏平衡产量：$Q^* = \frac{3\,000 \times 10^4}{3\,000 - 1\,600}\text{件} = 21\,429 \text{ 件}$

由式（7-4）得盈亏平衡生产能力利用率：

$$E^* = \frac{3\,000 \times 10^4 \text{ 件}}{(3\,000 - 1\,600) \times 3 \times 10^4 \text{ 件}} \times 100\% = 71.43\%$$

由式（7-5）得盈亏平衡销售价格：

$$P^* = \left(1\,600 + \frac{3\,000 \times 10^4}{3 \times 10^4}\right)\text{元/件} = 2\,600 \text{ 元/件}$$

由式（7-6）得盈亏平衡单位产品变动成本：

$$V_v^* = \left(3\,000 - \frac{3\,000 \times 10^4}{3 \times 10^4}\right)\text{元/件} = 2\,000 \text{ 元/件}$$

通过计算盈亏平衡点，结合市场预测，可以对投资方案发生亏损的可能性做出大致判断。在例 7-1 中，如果未来的产品销售价格及生产成本与预期值相同，则项目不发生亏损的条件是年销售量不低于 21 429 件，生产能力利用率不低于 71.43%；如果按设计能力进行生产并能全部销售，生产成本与预期值相同，则项目不发生亏损的条件是产品价格不低于 2 600 元/

件；如果销售量、产品价格与预期值相同，则项目不发生亏损的条件是单位产品变动成本不高于2 000元/件。

（二）非线性盈亏平衡分析

在生产实践中，由于产量扩大到一定水平，原材料、动力供应价格会引起上涨等原因造成项目生产成本并非与产量呈线性关系，也由于市场容量的制约，当产量增长后，产品售价也会引起下降，价格与产量呈某种函数关系，因此，销售收入与产量就呈非线性关系。非线性盈亏平衡关系示意图如图7-2所示。

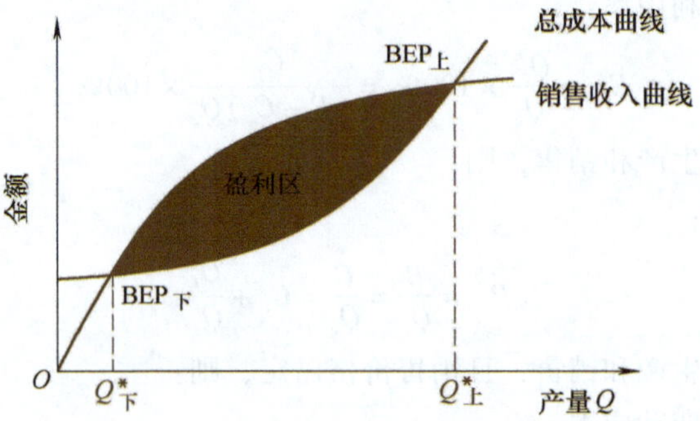

图7-2 非线性盈亏平衡关系示意图

（三）成本结构与经营风险的关系

由于销售量、产品价格及单位产品变动成本等不确定因素发生变动，而引起项目盈利额的波动，称为项目的经营风险（Business Risk）。由销售量及成本变动引起的经营风险的大小与项目固定成本占总成本的比例有关。

设对应于预期的年销售量 Q_c 和预期的年总成本 Q_c，固定成本占总成本的比例为 S，则：

固定成本：
$$C_f = C_c S$$

单位产品变动成本：
$$C_v = \frac{C_c(1-S)}{Q_c}$$

当产品价格为 P 时，盈亏平衡产量为：

$$Q^* = \frac{C_c S}{P - \dfrac{C_c(1-S)}{Q_c}} = \frac{Q_c C_c}{\dfrac{1}{S}(PQ_c - C_c) + C_c}$$

盈亏平衡单位产品变动成本为：

$$C_v^* = P - \frac{C_c S}{Q_c}$$

由式（7-3）及式（7-6）可以看出，固定成本占总成本的比例越大，盈亏平衡产量越高，盈亏平衡单位产品变动成本越低。高的盈亏平衡产量和低的盈亏平衡单位产品变动成本，会导致项目在面临不确定因素的变动时发生亏损的可能性增大。

设项目的年净收益为NB，对应于预期的固定成本和单位产品变动成本为：

$$\mathrm{NB} = PQ - C_f - C_v Q = PQ - C_c S - \frac{C_c(1-S)}{Q_c}Q$$

$$\frac{d(\text{NB})}{dQ}=P-\frac{C_c(1-S)}{Q_c}$$

显然，当销售量发生变动时，S 越大，年净收益的变化率越大。也就是说，固定成本的存在扩大了项目的经营风险，固定成本占总成本的比例越大，这种扩大作用越强。这种现象称为运营杠杆效应（Operating Leverage）。固定成本占总成本的比例取决于产品生产的技术要求及工艺设备的选择。一般来说，资金密集型的项目固定成本占总成本的比例比较高，因而经营风险也比较大。

（四）各种财务指标的盈亏平衡含义

盈亏平衡除了应用于量—本—利分析外，还可以用来对一个项目的投资、收入、费用、残值、折现率、寿命期等进行盈亏平衡分析。

例 7-2　某投资项目，投资 $P=150$ 万元，年收入 75 万元，年经营费用 40 万元，寿命期 10 年，期末可回收固定资产残值为 25 万元，折现率 $i=15\%$。要求对折现率、寿命期、收入、费用、投资、残值的盈亏平衡进行分析。

（1）折现率。由 IRR 的定义可知，项目的 IRR 值就是盈亏平衡点的折现率，即：

$$-150\text{万元}+(75-40)\text{万元}\times(P/A,\text{IRR},10)+25\text{万元}\times(P/F,\text{IRR},10)=0$$

解得：

$$\text{IRR}=20.15\%$$

（2）寿命期。由动态投资回收期 P_t' 的定义可知，此时项目的 NPV(i) = 0，因此问题即为求该项目的动态投资回收期，用列表法计算的结果如表 7-1 所示。

表 7-1　寿命期计算表

	0	1	2	3	4	5	6	7	8	9	10
净现金流	-150	35	35	35	35	35	35	35	35	35	60
PV	-150	30.43	26.47	23.01	20.01	17.40	15.13	13.16	11.44	9.95	14.83
NPV	-150	-119.57	-93.11	-70.09	-50.08	-32.67	-17.54	-4.39	7.06	17.01	31.84

根据表中的数据计算寿命期为：$P_t'=(8-1)\text{年}+\frac{|-4.39|}{11.44}\text{年}=7.38\text{年}$

（3）费用。

$-150\text{万元}+(75-C)\text{万元}\times(P/A,15\%,10)+25\text{万元}\times(P/F,15\%,10)=0$，则 $C=46.34$ 万元。

（4）收入。

$-150\text{万元}+(B-40)\text{万元}\times(P/A,15\%,10)+25\text{万元}\times(P/F,15\%,10)=0$，则 $B=68.66$ 万元。

（5）投资。

$-I_0+35\text{万元}\times(P/A,15\%,10)+25\text{万元}\times(P/F,15\%,10)=0$，则 $I_0=181.84$ 万元。

（6）残值为 0。

由表 7-1 可知，NPV = 31.84 万元，固定资产残值的现值为 $25\text{万元}\times(P/F,15\%,10)=6.18$ 万元，所以，即使残值为 0，项目也不会亏损。

计算结果及原始数据分析如表7-2所示。

表7-2 计算结果及原始数据分析

	折现率（%）	寿命期/年	收入/万元	费用/万元	投资/万元	残值/万元
原始值（1）	15	10	40	75	-150	25
平衡点（2）	20.15	7.38	46.34	68.66	-181.84	0
比率（2）/（1）	1.34	0.74	1.16	0.92	1.21	—

注：平衡点与原始值的比率越接近1，表示该项目的变动对项目盈亏的影响越大。

二、互斥方案盈亏平衡分析

在需要对若干个互斥方案进行比选的情况下，如果是某一个共有的不确定因素影响这些方案的取舍，可以采用下面介绍的盈亏平衡分析方法帮助决策。

设两个互斥方案的经济效果都受某不确定因素 x 的影响，我们可以把 x 看作一个变量，把两个方案的经济效果指标都表示为 x 的函数：

$$E_1 = f_1(x)$$

$$E_2 = f_2(x)$$

式中，E_1 和 E_2 分别为方案1与方案2的经济效果指标。

当两个方案的经济效果相同时，有：

$$f_1(x) = f_2(x)$$

解出使这个方程式成立的 x 值，即为方案1与方案2的盈亏平衡点，也就是决定这两个方案孰优孰劣的临界点。结合对不确定因素 x 未来取值范围的预测，就可以做出相应的决策。

例7-3 生产某种产品有3种工艺方案，采用方案1，年固定成本800万元，单位产品变动成本为10元；采用方案2，年固定成本500万元，单位产品变动成本为20元；采用方案3，年固定成本300万元，单位产品变动成本为30元。分析各种方案适用的生产规模。

解： 各方案年总成本均可表示为产量 Q 的函数：

$$C_1 = C_{f1} + C_{v1}Q = 800 + 10Q$$

$$C_2 = C_{f2} + C_{v2}Q = 500 + 20Q$$

$$C_3 = C_{f3} + C_{v3}Q = 300 + 30Q$$

各方案的年总成本函数曲线如图7-3所示。

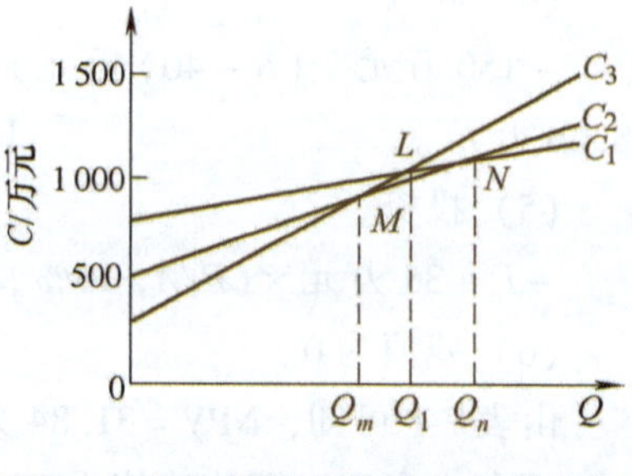

图7-3 各方案的年总成本函数曲线

由图7-3可以看出，3个方案的年总成本函数曲线两两相交于 L、M、N 3点，各个交点所对应的产量就是相应的两个方案的盈亏平衡点。在本例中，Q_m 是方案2与方案3的盈亏平衡点，Q_n 是方案1与方案2的盈亏平衡点。显然，当 $Q < Q_m$ 时，方案3的年总成本最低；当 $Q_m < Q < Q_n$ 时，方案2的年总成本最低；$Q > Q_n$ 时，方案1的年总成本最低。

当 $Q = Q_m$ 时，$C_2 = C_3$，即：

$$C_{f2}+C_{v2}Q_m=C_{f3}+C_{v3}Q_m$$

则：
$$Q_m=\frac{C_{f2}-C_{f3}}{C_{v3}-C_{v2}}=\frac{500-300}{30-20}\text{万件}=20\text{ 万件}$$

当 $Q=Q_n$ 时，$C_1=C_2$，即：
$$C_{f1}+C_{v1}Q_n=C_{f2}+C_{v2}Q_n$$

则：
$$Q_n=\frac{C_{f1}-C_{f2}}{C_{v2}-C_{v1}}=\frac{800-500}{20-10}\text{万件}=30\text{ 万件}$$

由此可知，当预期产量低于 20 万件时，应采用方案 3；当预期产量在 20 万件至 30 万件之间时，应采用方案 2；当预期产量高于 30 万件时，应采用方案 1。

在例 7-3 中，我们是用产量作为盈亏平衡分析的共有变量，根据年总成本的高低判断方案的优劣。在各种不同的情况下，根据实际需要，也可以用投资额、产品价格、经营成本、贷款利率、项目寿命期、期末固定资产残值等作为盈亏平衡分析的共有变量，用净现值、净年值、内部收益率等作为衡量方案经济效果的评价指标。

有时项目的不确定性因素需要分析才能得到，此时找出影响项目经济效益的不确定性因素成为问题分析的重点。

例 7-4　某地区欲进行公路建设，根据目前交通状况，修建两车道即可满足要求，但考虑到今后车流量的增加，预计几年后要扩建成四车道。因此，目前考虑两个方案：A 方案为投资 1 200万元先修建两车道，将来增加投资 530 万元扩建成四车道；B 方案为直接修建四车道，投资为 1 500 万元。已知 $i_c=10\%$，使用年限为 40 年，期末残值为 0。试分析其盈亏平衡点。

解：首先分析影响决策的不确定因素。根据题意可知该决策的不确定因素为需要四车道的年限，因此设时间作为变量，即 X 年后需要扩建成四车道。那么两个方案的投资现值分别为：

$$I_A=1\ 200\text{ 万元}+530\text{ 万元}\times(P/F,10\%,X)$$
$$I_B=1\ 500\text{ 万元}$$

由 $I_A=I_B$，得：

$$1\ 500\text{ 万元}=1\ 200\text{ 万元}+530\text{ 万元}\times(P/F,10\%,X)$$
$$(1.1)^{-X}=\frac{300}{530}=0.566$$
$$X=\frac{\ln(0.566)}{\ln(1.1)}\text{年}=5.97\text{ 年}$$

即该项目的盈亏平衡点为 5.97 年。若第 6 年以后才需要四车道，则选则 A 方案，否则选择 B 方案。

当有数个互斥项目且有多个不确定因素时，其分析和判断方法将变得复杂，此时一般用“盈亏平衡线”来解决。这种方法不是判别投资个案的盈亏，而时只考查各方案间的优劣程度，所以这类分析又被称作“优劣平衡线分析”。

三、盈亏平衡分析法的优缺点

盈亏平衡分析法是对拟建项目进行不确定性分析的方法之一，当项目的一些主要参数，如销售量（产量）、售价、成本等已经初步确定，而另一些经济数据（如总投资、收益率等）还不完备或不易确定时，用盈亏平衡分析法对高度敏感的产量、售价、成本等因素进行粗略的分析，将有助于最后确定项目的各项经济指标。

由盈亏平衡点产量公式 $Q^* = \dfrac{C_f}{P - C_v}$ 可知，项目盈亏平衡时的产量的高低取决于年总固定成本、单位产品销售价格 P 和单位产品的可变成本之差，因此，如果一个项目有几个不同方案可供选择，且各方案的年总固定成本相同，则 $P - C_v$ 越小的方案，达到盈亏平衡的产量越高；反之，则越低。如果各方案的 $P - C_v$ 值相同，则 C_f 值越大，达到盈亏平衡的产量越高，其与设计生产能力的比值越接近 1，说明项目的风险越大，越容易受生产、销售水平减少的影响而由盈转亏。

因此，盈亏平衡分析法除可用于确定项目的合理生产规模外，还可用于设备不同（生产能力不同）、工艺流程不同的互斥方案的选择。设备生产能力的变化会引起总固定成本的变化，工艺流程的变化则会引起单位产品可变成本的变化。这是因为采用技术先进的工艺流程时，生产效率会有提高，原材料和劳动力都会有节约，从而会使单位产品的可变成本有所降低。所以，通过对这些方案进行盈亏平衡分析，可为方案的抉择提供有用的信息。

盈亏平衡分析的优点还在于它不仅可用于多个互斥项目的优选。而且还可以用于具有多个不确定因素的多个互斥项目的比较和分析。后者得出的结果当用图来表示时，可以用来对各种不确定因素下的项目进行分析和做出判断，也可在很多实务问题上发挥重大作用。

经典的量—本—利盈亏平衡分析法的缺点有两个：其一，它是建立在产量等于销售量的基础之上的，即产品能全部销完而无积压；其二，它所用的一些数据是以类似工厂正常生产年份的历史数据修正得出的，其精确程度是不高的。因此，盈亏平衡分析法最适合于现有项目的短期分析。由于拟建项目考虑的是一个长期的过程，所以用盈亏平衡分析法是无法得到一个全面的结论的。

尽管盈亏平衡分析有着上述的缺点，但由于它有计算简单和能直接对项目的关键因素（盈利性）做出不确定性分析的优点，所以至今仍被作为项目不确定性分析的方法之一而被广泛使用。

第二节　敏感性分析

一、敏感性分析的任务和目的

敏感性分析是研究建设项目的主要因素（如产品售价、产量、经营成本、投资、建设期、汇率、物价上涨指数等）发生变化时，项目经济效益评价指标（内部收益率、净现值等指标）的预期值发生的变化，以判断这些因素对项目经济目标的影响程度。这些可能发生变化的因素称为不确定因素。通过敏感性分析，可以找出项目的敏感因素，并确定这些因素变化后，对评价指标的影响程度，使决策者能了解项目建设中可能遇到的风险，从而提高投资决策的准确性。同时，也可以预示对项目经济效益的影响最重要的因素，我们可以对它们进行重新调查、分析、计算，以提高投资决策的可靠性。另外，还可为各敏感因素对项目评价指标进行风险概率分析提供方向。

根据项目评价内容的不同，如经济评价中对经济净现值、经济内部收益率所做的敏感性分析，称为经济敏感性分析；对财务评价指标所做的敏感性分析，称为财务敏感性分析。

敏感性分析不仅应用在拟建项目经济评价中，以助投资者做出最后决策，而且还可以用在项目规划阶段和用于方案选择。在项目规划阶段，用敏感性分析可以找出乐观的和悲观的方案，从而提供最现实的生产要素的组合。敏感性分析还可应用于方案选择。人们可以用敏感性分析区别出敏感性大的和敏感性小的方案，以便在经济效益相似的情况下，选取敏感性小的方案。

进行敏感性分析，可以一次只变动一个因素，使其他因素保持不变，来研究项目经济效益指标的变化。这时称为单因素的敏感性分析。也可以一次同时变动几个因素，而使其余因素保持不变，来研究项目经济效益指标的变化。这时称为多因素的敏感性分析。

二、单因素敏感性分析

单因素敏感性分析是就单个不确定因素的变动对方案经济效果的影响所做的分析。在分析方法上类似于数学上多元函数的偏微分，即在计算某个因素的变动对经济效果指标的影响时，假定其他因素均不变。

单因素敏感性分析的步骤与内容如下：

（1）确定分析指标。本书第五章讨论的各种经济效果评价指标，如净现值、净年值、内部收益率、投资回收期等，都可以作为敏感性分析的指标。由于敏感性分析是在确定性经济分析的基础上进行的，就一般情况而言，敏感性分析的指标应与确定性经济分析所使用的指标相一致，不应超出确定性分析所用指标的范围另立指标。当确定性经济分析中使用的指标比较多时，敏感性分析可围绕其中一个或若干个最重要的指标进行。

（2）选择需要分析的不确定因素，并设定这些因素的变动范围。影响投资方案经济效果的不确定因素有很多，严格来说，凡影响方案经济效果的因素都在某种程度上带有不确定性。但事实上没有必要对所有的不确定因素都进行敏感性分析，对于一般的工业投资项目来说，要作敏感性分析的因素通常从下列因素中选定：①投资额，包括固定资产投资与流动资金占用。根据需要还可将固定资产投资划分为设备费用、建筑安装费用等。②项目建设期、投产期、到产期。③产品产量及销售量。④产品价格。⑤经营成本，特别是其中的变动成本。⑥项目寿命期。⑦项目寿命期末的资产残值。⑧折现率。⑨外币汇率。在选择需要分析的不确定因素的过程中，应根据实际情况设定这些因素可能的变动范围。

（3）计算各因素分别变化，对指标的影响。计算各不确定因素在可能的变动范围内发生不同幅度变动所导致的方案经济效果指标的变动结果，建立起一一对应的数量关系，并用图或表的形式表示出来。

（4）确定敏感因素。所谓敏感因素就是其数值变动能显著影响方案经济效果的因素。判别敏感因素的方法有两种：第一种是相对测定法，即设定要分析的因素均从确定性经济分析中所采用的数值开始变动，且各因素每次变动的幅度（增或减的百分数）相同，比较在同一变动幅度下各因素的变动对经济效果指标的影响，据此判断方案经济效果对各因素变动的敏感程度。第二种方法是绝对测定法，即设各因素均向对方案不利的方向变动，并取其有可能出现的对方案最不利的数值，据此计算方案的经济效果指标，看其是否可达到使方案无法被接受的程度。在实践中可以把确定敏感因素的两种方法结合起来使用。

（5）决策。即综合经济效果评价和不确定性分析的结果，选择最佳方案绘制敏感性分析图求出变量变化极限值。作图表示各变量因素的变化规律，可以更直观地反映出各个变量因素的变化对经济效益指标的影响，而且可以求出内部收益率等经济效果指标达到临界点（指财务内部收益率等于财务基准收益率或经济内部收益率等于社会折现率）时，各种变量因素允许变化的最大幅度（极限值）。作图的具体方法如下：

纵坐标表示项目的经济效果指标，如NPV、投资内部收益率、回收期等，横坐标表示几种不确定变量因素的变化幅度（%），图上按敏感性分析计算结果画出各种变量因素的变化曲线，其中与横坐标相交的角度最大的曲线为最敏感性因素的变化曲线。同时，在图上还应标出财务基准收益率或社会折现率。从某种因素对全部投资内部收益率的影响曲线与基准收益率或社会折现率线的交点（临界点），可以得知该种变量因素允许变化的最大幅度，即该变量盈亏界限的极限变化值。变化幅度超过这个极限值，项目就不可行。如果发生这种极限变化的可能性很大，则表明项目承担的风险很大。

例7-5 某项目初始投资200万元，寿命10年，期末残值为20万元，各年的销售收入、经营成本均相等，分别为70万元和30万元。经预测，将来投资、销售收入、经营成本可能在±10%范围变化，试对NPV进行敏感性分析（$i_c=10\%$）。

解：题目中已指出不确定性因素为投资、销售收入、经营成本。

（1）计算原方案指标：

$$\begin{aligned}NPV &= -200\text{万元} + (70-30)\text{万元} \times (P/A, 10\%, 10) + 20\text{万元} \times (P/F, 10\%, 10)\\ &= -200\text{万元} + 40\text{万元} \times 6.1446 + 20\text{万元} \times 0.3855 = 53.5\text{万元}\end{aligned}$$

（2）计算各因素变化后的指标值。这里考查投资和经营成本的变化情况。

1）设投资增加10%，其他因素不变，则：

$$\begin{aligned}NPV &= -200\text{万元} \times (1+10\%) + 40\text{万元} \times 6.1446 + 20\text{万元} \times 0.3855\\ &= 33.5\text{万元}\end{aligned}$$

可见，净现值比原方案减少20万元。

求投资变化的临界值，即设投资变化百分比为x时，NPV=0，此时有：

$$NPV = -200\text{万元} \times (1+x) + 40\text{万元} \times 6.1446 + 20\text{万元} \times 0.3855 = 0$$

解得：$x=26.75\%$。

2）设销售收入减少10%，其他因素保持原值不变，则：

$$\begin{aligned}NPV = &-200\text{万元} + [70\text{万元} \times (1-10\%) - 30\text{万元}] \times 6.1446 + 20\text{万元} \times\\ &0.3855 = 10.48\text{万元}\end{aligned}$$

可见，净现值比原方案减少了43.02万元。

设销售收入变化百分比为y时，NPV=0，即：

$$\begin{aligned}NPV = &-200\text{万元} + [70\text{万元} \times (1+y) - 30\text{万元}] \times 6.1446 + 20\text{万元} \times\\ &0.3855 = 0\end{aligned}$$

解得：$y=-13\%$。

3）设经营成本增加10%，其他因素不变，则：

$$NPV=-200\text{万元}+[70\text{万元}-30\text{万元}\times(1+10\%)]\times6.1446+20\text{万元}\times0.3855=35.06\text{万元}$$

可见，净现值比原方案减少了18.44万元。

设经营成本变化百分比为z时，NPV=0，即

$$NPV=-200\text{万元}+[70\text{万元}-30\text{万元}\times(1+z)]\times6.1446+20\text{万元}\times0.3855=0$$

解得：$z=29\%$。

（3）敏感性因素排序并作图。由步骤（2）可知，在不确定因素都变化同样数值（10%）时，引起指标的变化大小不同。销售收入导致的变化最多，所以为最敏感性因素；投资次之，为次敏感性因素；经营成本引起的变化最少，为不敏感性因素。

由图7-4也可看出，最陡峭的直线为最敏感性因素，并以此类推。

由于分析指标NPV与上述3个不确定性因素的函数关系都是线性的，故图中变化线都为直线。读者可在此例中设定寿命期为另外一个不确定性因素，则NPV关于寿命期的变化线为曲线。

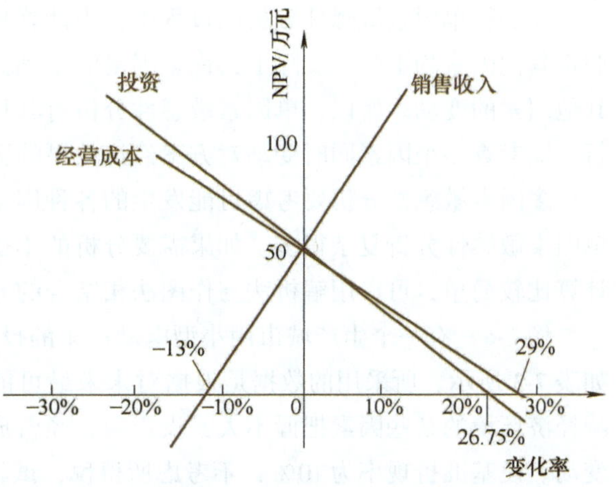

图7-4　敏感性分析图

（4）风险分析。从投资角度（投资变化，其他两因素不变）来看，当投资增加超过26.75%时，项目不可行，据最初的数据，投资最多增减±10%，所以项目抗风险性较强；从销售收入角度看，当销售收入减少至13%时，NPV=0，即项目处于可行与不可行的临界点。而销售收入最多增减±10%，从销售收入角度看，项目抗风险性较强。同理，从经营成本角度看，项目也具有较强的抗风险能力。

以上分析只是一个问题的侧面，具有片面性。因为不确定因素的变化不可能一个变另外两个不变，而是都在变，因此可以进一步做如下分析。

在最不利的情况下，即投资为200万元×(1+10%)=220万元，销售收入为70万元×(1-10%)=63万元，经营成本为30万元×(1+10%)=33万元时：

$$\begin{aligned}NPV&=-220\text{万元}+(63-33)\text{万元}\times6.1446+20\text{万元}\times0.3855\\&=-27.95\text{万元}<0\end{aligned}$$

在最有利的情况下，即投资为200万元×(1-10%)=180万元，销售收入为70万元×(1+10%)=77万元，经营费用为30万元×(1-10%)=27万元时：

$$\begin{aligned}NPV&=-180\text{万元}+(77-27)\text{万元}\times6.1446+20\text{万元}\times0.3855\\&=134.94\text{万元}>0\end{aligned}$$

把NPV可能的数值表示出来，如图7-5所示。

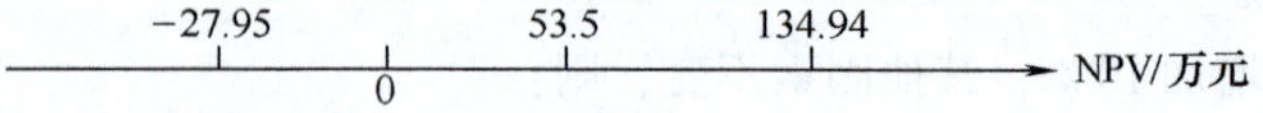

图7-5 概率估计图

假如按照平均概率来计算，不可行所占比例为：

$$\frac{\left|-27.95\right|}{134.94+\left|-27.95\right|}=17.16\%$$

在概率分析上，发生概率小于5%的事件为小概率事件。在实际分析中，可根据项目性质及工程经济分析的特点，确定合适的抗风险尺度。若风险尺度定为15%，则例7-5中，由于17.16%＞15%，所以该项目抗风险性不强。

三、多因素敏感性分析

在进行单因素敏感性分析的过程中，当计算某特定因素的变动对经济效果指标的影响时，假定其他因素均不变。实际上，许多因素的变动具有相关性，一个因素的变动往往也伴随着其他因素的变动。所以，单因素敏感性分析有其局限性。改进的方法是进行多因素敏感性分析，即考查多个因素同时变动对方案经济效果的影响，以判断方案的风险情况。

多因素敏感性分析要考虑可能发生的各种因素不同变动幅度的多种组合，计算起来要比单因素敏感性分析复杂得多。如果需要分析的不确定因素不超过3个，而且经济效果指标的计算比较简单，可以用解析法与作图法相结合的方法进行分析。下面举列说明。

例7-6 有一个生产城市用小型电动汽车的投资方案，用于确定性经济分析的现金流量表如表7-3所示，所采用的数据是根据对未来最可能出现的情况的预测估算的。由于对未来影响经济环境的某些因素把握不大，投资额、经营成本和产品价格均有可能在±20%的范围内变动。设基准折现率为10%，不考虑所得税，试就上述3个不确定因素作多因素敏感性分析。

表7-3 小型电动汽车项目现金流量表 （单位：万元）

年　份	0	1	2~10	11
投资	15 000			
销售收入			19 800	19 800
经营成本			15 200	15 200
期末资产残值				2 000
净现金流量	−15 000	0	4 600	4 600＋2 000

解： 设投资额为 K，年销售收入为 B，年经营成本为 C，期末资产残值为 L。用净现值指标评价本方案的经济效果，计算公式为：

$$\begin{aligned}\mathrm{NPV}=&-K(1+x)+[B-C(1+y)](P/A,10\%,10)(P/F,10\%,1)\\&+L(P/F,10\%,11)\end{aligned}$$

将表7-4中的数据代入上式，经过整理得：

$$NPV = 11\ 394 - 15\ 000x - 84\ 900y$$

取 NPV 的临界值，即令 NPV = 0，则有：

$$11\ 394 - 15\ 000x - 84\ 900y = 0$$

$$y = -0.176\ 7x + 0.134\ 2$$

这是一个直线方程。将其在坐标图上表示出来(见图7-6)，即为 NPV = 0 的临界线。在临界线上，NPV = 0；在临界线左下方的区域，NPV > 0；在临界线右上方的区域，NPV < 0。也就是说，如果投资额与经营成本同时变动，只要变动范围不超出临界线左下方的区域（包括临界线上的点），方案都是可以接受的。

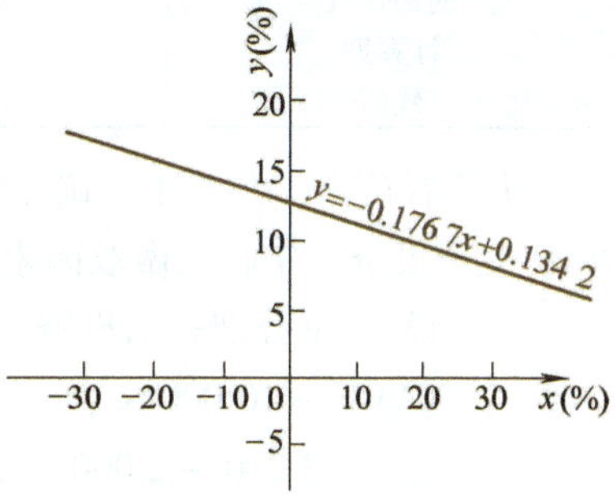

图7-6　双因素敏感性分析图

如果同时考虑投资额、经营成本和产品价格这 3 个因素的变动，分析其对净现值影响的计算公式为：

$$NPV = -K(1+x) + [B(1+z) - C(1+y)](P/A, 10\%, 10)(P/F, 10\%, 1) + L(P/F, 10\%, 11)$$

代入有关数据，经过整理得：

$$NPV = 11\ 394 - 15\ 000x - 84\ 900y + 110\ 593z$$

取不同的产品价格变动幅度代入上式，可以求出一组 NPV = 0 的临界线方程：

当 $z = +20\%$ 时　　$y = -0.176\ 7x + 0.394\ 7$

当 $z = +10\%$ 时　　$y = -0.176\ 7x + 0.264\ 5$

当 $z = -10\%$ 时　　$y = -0.176\ 7x + 0.003\ 9$

当 $z = -20\%$ 时　　$y = -0.176\ 7x - 0.126\ 3$

在坐标图上，这是一组平行线（见图7-7）。

由图7-7可以看出，产品价格上升，临界线往右上方移动，产品价格下降，临界线往左下方移动。根据这种三因素敏感性分析图，我们可以直观地了解投资额、经营成本和产品价格这 3 个因素同时变动对决策的影响。在本例中，如果产品价格下降 20%，同时投资额下降 20%，经营成本下降 10%，则投资额与经营成本变动的状态点 A 位于临界线 $z = -20\%$ 的左下方，方案仍具有满意的经济效果。而如果产品价格下降 10%，同时投资额上升 5%，经营成本上升 10%，则投资额与经营成本变动的状态点 B 位于临界线 $z = -10\%$ 的右上方，方案就变得不可接受了。

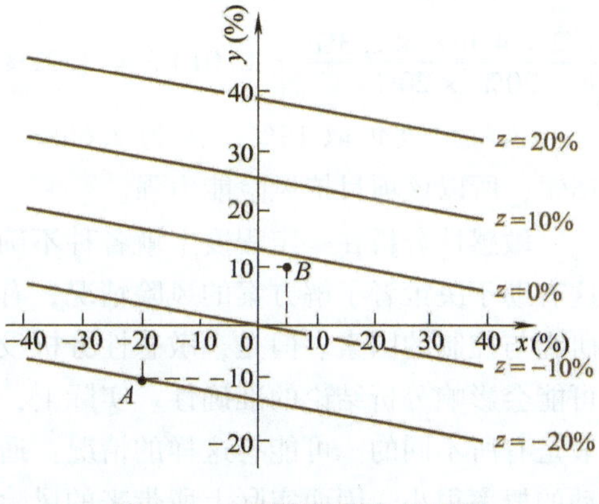

图7-7　三因素敏感性分析图

通过敏感性分析图，不仅可以了解各敏感因素变动时对决策的影响，有时还可以用来估计项目亏损的概率大小。同时，分析指标不仅限于 NPV，也可用其他指标，如 NAV 等。

例7-7　某项目基本数据如表7-4所示。

表 7-4 某项目基本数据

项目参数	预测值	项目参数	预测值
期初投资	10 000 元	年收入	5 000 元
计算期	5 年	年支出	2 200 元
残值	2 000 元	i_c	8%

决策者认为，参数中不确定性因素为投资、年收入，变化范围不超过 ±10%。试对指标 NAV 关于投资、年收入做双因素敏感性分析。

解：设 x，y 分别表示投资、年收入的变化百分比，则：

$$\begin{aligned} NAV &= -10\,000\times(1+x)(A/P,8\%,5)+5\,000\times(1+y)- \\ &\quad 2\,200+2\,000\times(A/F,8\%,5) \\ &= -10\,000(1+x)\times0.250\,5+5\,000(1+y)-2\,200+2\,000\times0.170\,5 \\ &= 636-2\,505x+5\,000y \end{aligned}$$

方案可行时有：

$$636-2\,505x+5\,000y\geqslant0$$

临界线为：

$$636-2\,505x+5\,000y=0$$

以 x，y 为两坐标轴，作双因素敏感性分析如图 7-8 所示。

图 7-8 中，虚线方框内部为不确定性因素的变化范围，直线 $636-2\,505x+5\,000y=0$ 将其分成两部分，左上部分为 NAV >0（即项目可行），右下部分为 NAV <0（即项目不可行）。

不可行部分所占的比重为：

$$\frac{1/2\times4.6\%\times2.3\%}{20\%\times20\%}=0.013\,2=1.32\%$$

风险尺度仍取 15%，因为 2.65% < 15%，所以该项目抗风险能力强。

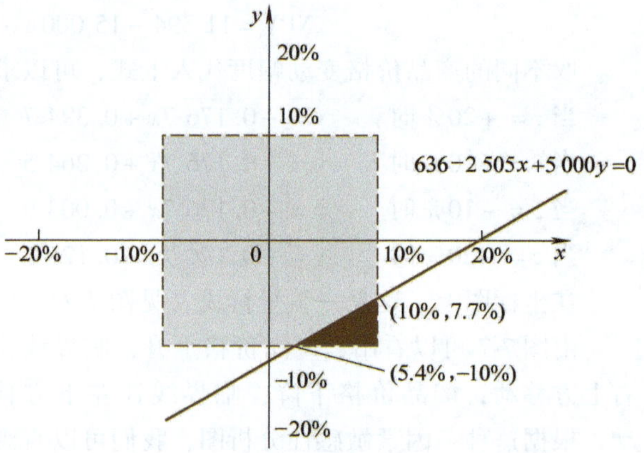

图 7-8 双因素敏感性分析及概率估计图

敏感性分析在一定程度上就各种不确定因素的变动对方案经济效果的影响做了定量描述。这有助于决策者了解方案的风险情况，有助于确定在决策过程中及方案实施过程中需要重点研究与控制的因素。但是，敏感性分析没有考虑各种不确定因素在未来发生变动的概率，这可能会影响分析结论的准确性。实际上，各种不确定因素在未来发生某一幅度变动的概率一般是有所不同的。可能有这样的情况：通过敏感性分析找出的某一敏感因素未来发生不利变动的概率很小，因而实际上所带来的风险并不大，以至于可以忽略不计；而另一不太敏感的因素未来发生不利变动的概率却很大，实际上所带来的风险也更大。这种问题是敏感性分析所无法解决的，必须借助于概率分析方法。

第三节 风险分析

所谓风险就是发生不幸的概率。因此，风险可以表示为（不利）事件发生的概率及其后果的函数。即，风险 = $F(P, C)$，其中 P 表示事件发生的概率，C 表示事件发生的后果。

风险和危险是不一样的。危险意味着一种坏兆头的存在，而风险则不仅意味着坏兆头的存在，而且还意味着发生这个坏兆头的渠道和可能性。因此有时虽然存在着危险，但也不一定要冒此风险。风险问题也有别于前面提到的不确定性的概念。风险实际上是可测定的不确定性（可确定其发生的概率），而“不可测定的不确定性”才是真正意义上的不确定性，也叫完全不确定性。

风险分析的目的是帮助人们做出风险最小的决策，同时注意控制项目执行过程中的风险，因此风险分析指的是人们利用系统的、规范的方法对风险进行辨识、估计和评价的全过程，它包括风险辨识、风险估计、风险评价 3 个部分。因为只有在对风险的类型及产生的原因有了正确的认识基础上，才能对风险的大小做出较为准确的估计。同样，只有在对风险有了正确的认识和估计的基础上才能有针对性地提出处理风险的具体措施，风险分析的内容可用图 7-9 表示。

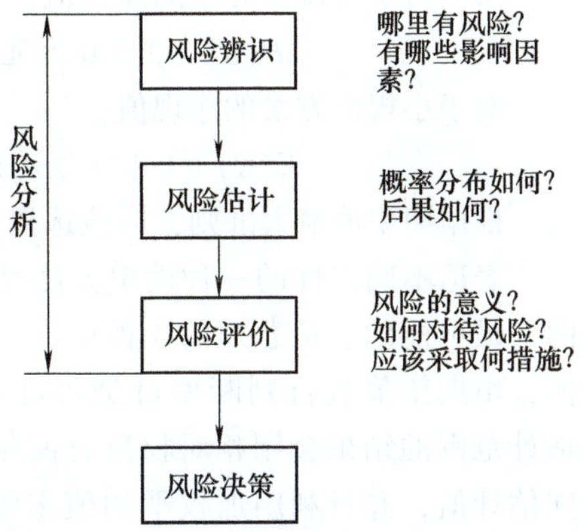

图 7-9　风险分析的内容

对于风险的辨识，不仅仅是一个经济问题，它还涉及多种复杂因素，本书暂不讨论。这里仅讨论风险估计和风险决策问题，即概率分析和风险决策问题。

一、概率分析

概率分析是指通过研究各种不确定因素发生不同幅度变动的概率分布及其对方案经济效果的影响，对方案的净现金流量及经济效果指标做出某种概率描述，从而对方案的风险情况做出比较准确的判断。

大量的社会经济现象都具有概率性质。项目的种种不确定因素的变动及其对项目经济效果的影响也具有概率性。在这种情况下，无论是哪一种项目经济效果评价指标，都可将其看成是一个随机变量，而且这种随机变量，实际是很多其他随机变量（如产品产量、产品价格、生产成本、投资等）的复杂函数。概率分析就是利用概率分布研究不确定性的方法，它通过研究不确定的概率分布，从而找出经济效果评价指标连续概率分布情况，以判断项目可能发生的损益或风险。

（一）期望值和标准差

在不确定因素的影响下，项目经济效果评价指标不是一个确定值，而是不确定因素的某种概率描述。期望值和标准差是描述这种分布特征的重要参数。

（1）期望值。在大量重复事件中，期望值就是随机变量取值的平均值，也是最大可能取值，它最接近实际真值。

设以 x 表示随机变量，$P(X)$ 表示该随机变量可能出现的概率，则期望值 $E(X)$ 可按下式计算：

$$E(X) = \sum_{j=1}^{m} X_j P_j(X) \tag{7-7}$$

在概率分析中，$\sum_{j=i}^{m} P_j(X) = 1$。

例7-8 某项目的投资决策有两个方案：方案一就是大规模生产方案，该方案在没有竞争对手的情况下可获净现值3 000万元；在有竞争对手的情况下净现值变为 -500万元。方案二就是小规模生产方案，该方案在没有竞争对手的情况下可获净现值1 800万元；在有竞争对手的情况下可获净现值1 300万元。通过多方征求专家意见，认为“有竞争”的概率为0.25，“没有竞争”的概率为0.75。试求两个方案的期望值，并确定哪个方案较好。

解： 对于大规模方案的净现值：

$$E(X) = 3\,000\text{万元} \times 0.75 - 500\text{万元} \times 0.25 = 2\,125\text{万元}$$

对于小规模方案的净现值：

$$E(X) = 1\,800\text{万元} \times 0.75 + 1\,300\text{万元} \times 0.25 = 1\,675\text{万元}$$

根据期望值最大准则，应该选择大规模方案。

表达不确定性的一种简单方法是通过对未来事件的各种可能的估计，往往进行最乐观的、最可能的、最悲观的3种估计。在这3种估计之后，分别给予不同的权重，计算其期望值，由期望值进行判断项目是否可行。3种估计范围的结果会用相对权重分配给各种不同估计值，并且利用加权平均值求解算术期望值。一般予以3种估计值的权重如表7-5所示。

表7-5 3种估计的权重

3种估计	相对权重
最乐观值	1
最可能值	4
最悲观值	1

例7-9 某项目根据市场前景预测的不同，得出3种结果：①最乐观估计，该项目将有内部收益率28%；②最可能估计，该项目将有内部收益率18%；③最悲观估计，该项目将有内部收益率11%，试求该项目的内部收益率期望值。

解： 该项目的内部收益率期望值为：

$$E(X) = \frac{\sum Xf}{\sum f} = \frac{28\% \times 1 + 18\% \times 4 + 11\% \times 1}{6} = 18.5\%$$

应该指出，当某种情况（事件）多次重复发生时，在分析其长期结果中，期望值是有用的。对于像建设项目投资之类的经济行为，大多是只发生一次的，此时期望值的作用就不大了，而应配合其他指标。

（2）标准差。标准差是表示随机变量的离散程度，即表示随机变量和真值之间的偏离程度。标准差可用下式计算：

$$\sigma = \sqrt{\sum_{j=1}^{m} (X_j - \overline{X})^2 P_j(X)} \tag{7-8}$$

式中，$\overline{X}$表示随机变量的平均数，即式（7-7）中的期望值。

（二）期望值与标准差之间的权衡问题

（1）期望值相同的情况分析。如两个方案期望值相等，则标准差大的方案，风险也大，由于人们对风险总是持回避态度，因此，标准差大的方案是不利方案。

（2）期望值不相同的情况分析。期望值不相同时，可能有下列几种情况（甲乙两方案比较)：

1) 方案甲期望值 $E(X)$ 大，标准差小，则方案甲有利。

2) 方案甲期望值 $E(X)$ 小，标准差大，则方案乙有利。

3) 方案甲期望值 $E(X)$ 大，标准差大；或方案乙期望值 $E(X)$ 小，标准差小，则两方案取舍比较困难。胆小、怕担风险的决策者常常挑选方案乙，这样一来风险是小了，但同时也失去了获得较高经济效益的机会。

如果认为项目的期望值服从正态分布，则项目期望值的置信区间为$E(X) \pm t\sigma$。其中，t 为概率度，可根据正态分布表的概率 F（又称置信度）查表求得，如果置信度为95%，则 $t=1.96$。

例 7-10　某项目有两个方案可供选择。方案甲净现值为 4 000 万元，标准差为 600 万元；方案乙净现值为 2 000 万元，标准差为 400 万元。试以 95% 的置信度（即风险率不超过 5%）选择项目。

解：方案甲的置信区间为 $4\ 000 \pm 1.96 \times 600$ 万元，即（2 824 万元，5 176 万元），表示方案甲的净现值在 2 824 万元与 5 167 万元之间的可能性为 95%。

方案乙的置信区间为 $2\ 000 \pm 1.96 \times 400$ 万元，即（1 216 万元，2 784 万元），表示方案乙的净现值在 1 216 万元与 2 784 万元之间的可能性为 95%。

通过置信区间比较，不难看出应该选择甲方案。

(3) 期望值代表性。反映期望值代表性大小的指标，可用标准差系数表示：

$$V_\sigma = \frac{\sigma}{\bar{X}} \times 100\% \tag{7-9}$$

一般而言，标准差系数越小，则项目的风险越小。

二、风险决策分析

（一）风险决策问题的概念

决策是人们生活和工作中广泛存在的一种活动，是为解决当前或未来可能发生的问题，选择最佳方案的一种过程。比如，某人早饭后一定要出门办事，由于阴天，考虑是否要带雨具（天气预报也不是百分之百的可靠）。若不带雨具可能因下雨而受损失，带上雨具若不下雨是个累赘（也算是个损失）。到底带不带？“要出门办事”这个特定的条件迫使他要做出决策。又如，一个企业，对某种新产品的市场需求情况不十分清楚，即可能有好、中、差 3 种情况，情况好就能获利，中等情况就不赔不赚，如果情况差就要亏本，到底投产不投产，需要企业有关人员做出决策。所以小至个人生活、企业经营管理，大至国家的经济、政治等大政方针，随时都需要决策。

在工程的设计与施工，工厂新产品的开发与生产批量的确定等问题上，经常面对几种不同的自然状态（或称客观条件），又有可能采取几种不同的方案。条件迫使人们针对各种不同的自然状态在各种不同的方案中选定一个最优方案加以实施。这就提出了决策问题。

例如，某厂欲确定下一计划期内产品的生产批量，根据以前经验并通过市场调查和预测，已知产品销路好、一般、差 3 种情况的可能性（即概率）分别为 0.3、0.5 和 0.2，产品采用大、中、小批量生产，可能获得的效益价值也可以相应地计算出来，如表 7-6 所示。现要通过决策分析，确定合理批量，使企业获得效益最大。

表 7-6 产品批量决策表 （单位：万元）

自然状态 / 自然状态概率 / 效益值 / 行动方案	产品销路		
	θ_1（好）	θ_2（一般）	θ_3（差）
	$P(\theta_1)=0.3$	$P(\theta_2)=0.5$	$P(\theta_3)=0.2$
A_1（大批量生产）	20	12	8
A_2（中批量生产）	16	16	10
A_3（小批量生产）	12	12	12

这是3种选择方案的决策问题。在这个问题中，决策者面临的几种自然情况叫自然状态，又叫客观条件，简称状态（或条件）。这个问题是面临三种自然状态（即销路好 θ_1、一般 θ_2 和差 θ_3），这些状态是不以人们的意志为转移的，所以也称不可控因素，但在 $\{\theta_1, \theta_2, \theta_3\}$ 中必定会出现一种状态，而且也只可能出现一种状态。A_1（大批量生产）、A_2（中批量生产）、A_3（小批量生产）为行动方案（简称方案），也叫策略。这一部分是可控因素，最后要选择哪个方案由决策者决定。$P(\theta_1)$，$P(\theta_2)$，$P(\theta_3)$ 是各自然状态出现的概率。表中右下方的数字20，12，8，16，16，10，12，12，12，叫益损值。因这些数字的含义不同，也有人叫效益值或风险值。它们构成的矩阵叫作决策的益损矩阵或风险矩阵，表达式为：

$$M=\begin{pmatrix}20 & 12 & 8\\ 16 & 16 & 10\\ 12 & 12 & 12\end{pmatrix}$$

因此，满足下列5个条件即构成风险决策问题：

（1）存在着决策人希望达到的目标（利益较大或损失较小）。

（2）存在着两个以上的行动方案可供决策人选择，最后只选定一个方案。

（3）存在着两个或两个以上的不以决策人的主观意志为转移的自然状态。

（4）不同的行动方案在不同的自然状态下的相应益损值（利益或损失）可以计算出来。

（5）在几种不同的自然状态中未来究竟将出现哪种自然状态，决策人不能肯定，但是各种自然状态出现的可能性（即概率），决策人可以预先估计或计算出来。

（二）决策树分析

求解风险问题，最常用的方法有最大可能法、期望值法、决策树法、矩阵法等，这里只介绍决策树分析法。

俗话说："三思而后行"，"走一步看几步"，意思是人们在做决断和采取行动之前要慎重考虑和权衡各种可能发生的情况，要看到未来发展的几个步骤，决策树方法就是这一思想的具体化。这种决策方法其思路如树枝形状，所以形象地称之为决策树。

1. 决策树方法的步骤

首先，由前面损益表中的数据做出决策树，如图7-10所示。

图中符号说明：

□——决策点。从它引出的分枝叫方案分枝，分枝数反映可能的行动方案数。

○——方案节点。其上方的数字表示该方案的效益期望值，从它引出的分支叫概率分支，每条分支的上面写明了自然状态及其出现的概率，分枝数反映可能的自然状态数。

△——结果节点（或称“末梢”）。它旁边的数字是每一方案在相应状态下的效益值。

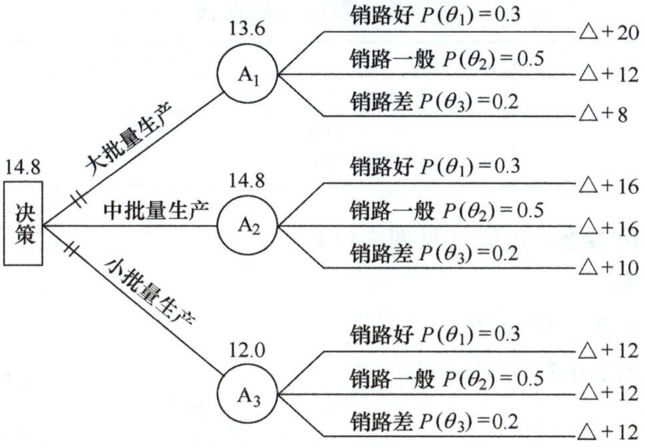

图 7-10　决策树

将各方案节点上的期望值加以比较，选取最大的效益期望值 14.8，写在决策点的上方说明选定了方案 A_2，方案分枝中打有“≠”记号的表示该方案删除掉，或称剪枝方案。

为了掌握和运用决策树方法进行决策，需要掌握几个关键步骤：

（1）画决策树。画决策树是指把某个决策问题未来发展情况的可能性和可能结果所作的预测或预计用树状图形反映出来。画决策树的过程，实质是拟订各种决策方案的过程，是对未来可能发生的各种事件进行周密思考、预测或预计的过程，是对决策问题一步一步深入探索的过程。

（2）预计可能事件发生的概率。概率数值的确定，可凭相关人员的估算或根据过去的历史资料推算，或用特定的预测方法计算。概率的准确性很重要，如果误差过大，就会给决策带来偏差，从而给企业带来损失。但是为了求得一个比较准确的概率可能会支出相当的人力和物力，所以对概率的要求应根据实际情况而定，不能离开现实条件而要求越精确越好。为了便于决策，把确定好的概率值标在树图的相应位置上。

（3）计算损益期望值。从决策树的末梢（即结果节点）开始，按由右向左的方向顺序，利用损益值和它们相应的概率计算出每个方案的损益期望值。

决策问题的目标如果是效益（如利润、投资回收额等）应取期望值的最大值。如果决策目标是费用的支出或损失，则应取期望值的最小值。

2. 多级决策

以上的例子只包括一级决策，称为单级决策问题。有些决策问题包括两级以上的决策，称为多级决策的问题，举例如下：

例 7-11　为了生产某种新产品拟建一生产厂。现有两个方案：方案一为建大厂，需投资 320 万元，寿命期为 10 年；方案二为投资 180 万元建一小厂，投入生产 3 年后，若产品销路好则再投资 160 万元扩建成大厂，继续生产 7 年，每年的损益值与建大厂相同。两个方案在不同市场条件下（销路好及销路差）的盈亏情况和状态概率如表 7-7 所示。由于扩建厂工艺先进、产品新颖，预测 7 年销路好的概率为 0.9，差的概率为 0.1。若设前 3 年产品不好销，则后 7 年也不会好，则不扩建。基准收益率为 10%，试对该项目进行决策。

表 7-7 项目的损益表 （单位：万元）

方　案	销售及概率	
	销售好，概率为 0.7	销售差，概率为 0.3
建大厂	100	-20
建小厂	40	10

解：根据题意做出多级决策树（见图 7-11）。

先考虑建大厂方案：

节点④的现值（第 3 年年末）为：[100 × 0.7 + (-20) × 0.3] 万元 × (P/A, 10%, 7) = 311.58 万元

节点⑤的现值（第 3 年年末）为：(-20) 万元 × 1 × (P/A, 10%, 7) = -97.37 万元

节点②的现值为：[100 万元 × (P/A, 10%, 3) + 311.58 万元 × (P/F, 10%, 3)] × 0.7 + [(-97.37) 万元 × (P/F, 10%, 3) + (-20) 万元 × (P/A, 10%, 3)] × 0.3 = 301.08 万元

建大厂的期望净现值为：301.08 万元 - 320 万元 = -18.92 万元

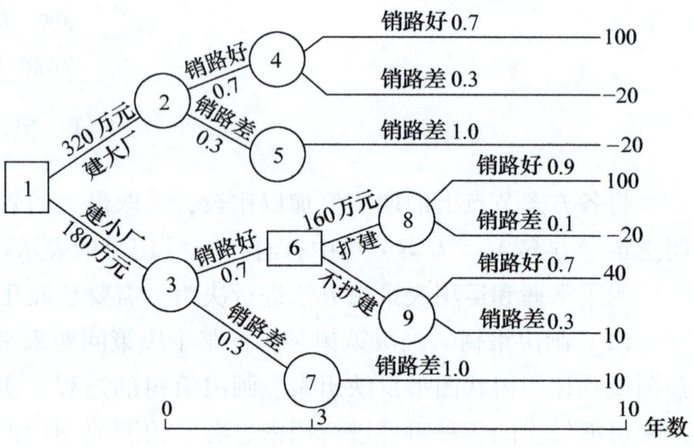

图 7-11 多级决策树

考虑方案二，先建小厂的情况：

节点⑧的现值（第 3 年年末）为：[100 × 0.9 + (-20) × 0.1] 万元 × (P/A, 10%, 7) = 428.42 万元

节点⑨的现值（第 3 年年末）为：[40 × 0.7 + 10 × 0.3] 万元 × (P/A, 10%, 7) = 150.92 万元

在决策点 6 比较扩建或不扩建方案，扩建方案要比不扩建方案现值（第 3 年年末）多 117.5 万元（428.42 - 160 - 150.92）。因此在 6 取扩建方案，净现值为 268.42 万元（428.42 - 160）。

节点⑦的现值（第 3 年年末）为：10 万元 × 1 × (P/A, 10%, 7) = 48.68 万元

由 6 与⑦可得节点③的现值为：

[40 万元 × (P/A, 10%, 3) + 268.42 万元 × (P/F, 10%, 3)] × 0.7 + [10 万元 × (P/A, 10%, 3) + 48.68 万元 × (P/F, 10%, 3)] × 0.3 = 229.23 万元

先建小厂，3 年后扩建，方案二的净现值 = 229.23 万元 - 180 万元 = 49.23 万元 > 0。

由于先建大厂的期望净现值为负，因此最终的结论是先建小厂后扩大为佳。

第四节　蒙特卡罗模拟评价决策方法

蒙特卡罗模拟法是一种随机模拟方法，也叫模拟抽样法或统计实验法。它不是按照传统的观念去求解模型，而是按一定概率分布产生随机数的方法来模拟可能出现的随机现象。它的实质是实验，即在假定条件下去运行模型，然后根据模型运行的结果，进行预测分析和系统评价。蒙特卡罗模拟法是概率分析中一种非常实用的方法。

在实际应用时，常常是先建立一个基本模型，再进行数字模拟，如果模拟结果说明模型的有效性不足，可以逐步扩大模型的细节，反复进行数字模拟以求最后取得一个更精确的估计。随机模拟之所以具有强大的功能，其主要原因之一就是可以把更详细、更接近实际的内容纳入模拟模型。这一点是可解的分析模型所难以办到的。

模拟分析就是利用计算机模拟技术，对项目的不确定因素进行模拟，通过抽取服从项目不确定因素分布的随机数，计算分析项目经济效果评价指标，从而得出项目经济效果评价指标的概率分布，以提供项目不确定因素对项目经济指标影响的全面情况。

在经济评价中，任何一个评价指标 Z 往往是多个自变量 x_i 的多元函数，即可表示为：

$$Z = f(x_1, x_2, \cdots, x_m)$$

一般情况下，自变量 x_i 都是确定的值，这样，得到的 Z 也是一个确定的值。当我们进行概率分析时，x_i 中至少有一个是随机变量，因而 Z 也是一个随机变量，这样我们在对方案进行比较评价时，就不但要比较 Z 的期望值的大小，而且还要比较项目失败的风险的大小。

运用蒙特卡罗模拟法进行经济评价的过程主要有以下 3 个步骤：

(1) 构造模型。进行蒙特卡罗模拟，首先必须确定研究对象及其概率分布，研究对象就是对研究指标有主要影响的因素，概率分布一般采用一个适当的理论分布来描述自变量的经验概率。对于某些经济问题来说，常常没有可以直接引用的分布率。在这种情况下，通常的做法是根据历史记录或主观的分析判断，求得研究对象的一个初始概率分布。例如在需求预测中，可以根据过去的实际需求量分布状况，估计预测目标的初始分布，或运用主观概率法、专家调查法给出一个事件出现的概率分布。

(2) 运行模型。根据确定的模型结构（概率分布及其结构关系）进行随机抽样，由计算机按自变量的分布概率产生随机数作为样本，由函数关系计算样本的评价指标，故又称为数字模拟。

(3) 根据模型的随机模拟结果，统计各事件发生的频数，得出要求的统计量，如评价指标的期望值、方差、概率分布图等，从而进一步分析评价指标的置信区域和项目的风险程度。

蒙特卡罗模拟的工作流程如图 7-12 所示。

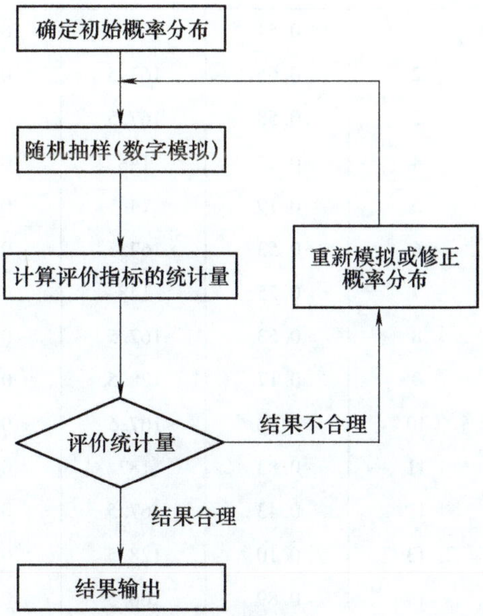

图 7-12　蒙特卡罗模拟的工作流程

下面举两个实例，说明蒙特卡罗模拟分析法。

例7-12 某公司新建一项目，第一年投资为I，第二年起运营，每年净收益为A，寿命期为20年，固定资产残值为S_v。根据大量统计资料，此行业基准收益率为6%，I、A、S_v为随机分布，分布概率如表7-8所示，试用蒙特卡罗模拟法建造该项目的净现值分布。

表7-8 分布概率 （金额单位：万元）

年净收益A	金额	128.5	148.0	167.5	187.0	206.5	$m_L=164.58$ $\sigma_L=23.78$
	概率	0.17	0.20	0.36	0.15	0.12	
	累计概率	0.17	0.37	0.73	0.88	1.00	
投资I	金额	1 250	1 310	1 370	1 490	1 430	$m_L=1\ 388$ $\sigma_L=72.75$
	概率	0.10	0.13	0.34	0.23	0.20	
	累计概率	0.10	0.23	0.57	0.80	1.00	
残值S_v	金额	72	78	84	90	96	$m_L=82.86$ $\sigma_L=7.19$
	概率	0.17	0.22	0.34	0.17	0.10	
	累计概率	0.17	0.39	0.73	0.90	1.00	

解： 进行蒙特卡罗模拟时，把随机数和累计概率相比较，落入哪个区间，自变量就取那个区间的上限值。根据题意，该项目的净现值计算公式为：

$$NPV=A(P/A,6\%,20)(P/F,6\%,1)+S_v(P/F,6\%,21)-I(P/F,6\%,1)$$

依次取3个随机数所对应的A、I、S_v计算NPV，就可以得到净现值的一批样本，本例共选取了25组数据，如表7-9所示。

表7-9 净现值的随机计算

样本号	随机数	A/万元	随机数	I/万元	随机数	S_v/万元	NPV/万元
1	0.54	167.5	0.87	1 430	0.61	84	713
2	0.65	167.5	0.05	1 250	0.15	72	879
3	0.58	167.5	0.54	1 370	0.34	78	767
4	0.22	148	0.38	1 370	0.46	84	532
5	0.19	148	0.76	1 490	0.22	78	417
6	0.53	167.5	0.61	1 490	0.13	72	652
7	0.25	148	0.34	1 370	0.38	78	530
8	0.53	167.5	0.70	1 490	0.81	90	658
9	0.17	128.5	0.19	1 310	0.80	90	353
10	0.70	167.5	0.16	1 310	0.92	96	829
11	0.83	187	0.32	1 370	0.82	90	1008
12	0.43	167.5	0.61	1 490	0.71	84	656
13	0.10	128.5	0.72	1 490	0.94	96	185
14	0.89	206.5	0.57	1 370	0.45	84	1243
15	0.29	148	0.52	1 370	0.97	96	536

（续）

样本号	随机数	A/万元	随机数	I/万元	随机数	S_v/万元	NPV/万元
16	0.20	148	0.85	1 430	0.59	84	475
17	0.56	167.5	0.38	1 370	0.73	90	771
18	0.37	148	0.02	1 250	0.22	78	643
19	0.49	167.5	0.55	1 370	0.04	72	766
20	0.69	167.5	0.84	1 430	0.12	72	709
21	0.08	128.5	0.26	1 370	0.45	84	295
22	0.17	128.5	0.34	1 370	0.50	84	295
23	0.06	128.5	0.96	1 430	0.29	78	237
24	0.72	167.5	0.06	1 250	0.03	72	879
25	0.58	167.5	0.43	1 370	0.76	90	771

图 7-13 中各区段 NPV 值出现的频率就是它发生概率的近似值，表示此项目可获得的各种 NPV 可能性的大小。由图分析可知，NPV <0 的概率为零，即没有净现值为负值的风险；0 < NPV <200 万元的概率为 4%；NPV >400 万元的概率为 76%；NPV >1 000 万元的概率为 28%。需要指出的是，本例选取了 25 组样本进行分析计算，在样本较小的情况下，概率分布图可能不太理想，读者可选取较多样本进行模拟，结果会比较满意，精度较高。

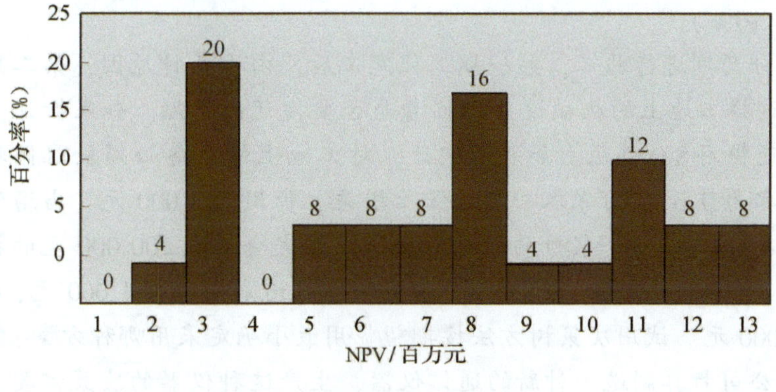

图 7-13 NPV 的概率分布直方图

模拟分析的计算工作量较大，因而一般采用计算机编程计算。

习题

1. 某项目设计生产能力为 700 件/年，预计将来产品售价为 30 元/件，单位产品变动成本为 10 元，总固定成本为 850 元。要求：①求盈亏平衡产量、平衡点处销售收入；②分析项目的抗风险能力。

2. 生产某种产品有两种方案。方案 A 初始投资为 50 万元，预期年净收益为 15 万元；方案 B 初始投资为 150 万元，预期年净收益为 35 万元。该产品的市场寿命具有较大的不确定性，如果给定基准折现率为15%，不考虑期末资产残值，试就项目寿命期分析两方案取舍的临界点。

3. 假设某家从事新制造业的工厂年生产量为12 000件，单位产品的销售价格 $P=(100-0.1x)$ 元/件，固定成本为20万元，单位产品变动成本 $C_v=(0.005x+4)$ 元/件。试求该工厂的盈亏平衡点和最大利润的产量。

4. 某项目年销售收入为500万元，销售税率为20%，项目投资为1 000万元，年经营费用为200万元，其中固定费用为100万元，设标准收益率为15%。另经分析，将来变动成本、销售收入可能在±20%范围变动，试对投资收益率进行敏感性分析（要求画图）。

5. 某项目现金流量表如表7-10所示。

表7-10　现金流量表　　（单位：万元）

项目 \ 年份	0	1	2	3	4	5	6	7
投资	400	200						
销售收入		180	180	180	180	180	180	180
经营费用		30	30	30	30	30	30	30
残值								60

经预测，销售收入、经营费用可能在±20%范围变动，试对NPV指标进行双因素敏感性分析（$i_c=10\%$）。

6. 某工程分两期进行施工，第一期工程完工后，由于某种原因，第二期工程要半年后才能上马，这样工地上的机械设备面临着是否要搬迁的问题。如果搬迁，半年后再搬回来，共需搬迁费用8 000元。如果不搬迁，对工地上的设备必须采取保养措施：当遇到好天气（概率为0.6），可采取一般性保养措施，费用为3 000元；当遇到经常下雨天气（概率为0.4），仍采用一般性的保养措施，则肯定会造成100 000元的损失，若采取特殊保养措施（费用10 000元），则有0.8的可能性造成小损失1 000元，0.2的可能性造成大损失4 000元。试用决策树方法按期望费用最小确定采用哪种方案。

7. 某电力公司打算制造一种新的通信仪器，生产这种仪器的决策需要500万元的投资，这种仪器的需求量并不知道，但能做出3种估计：假如估计需求量很大，今后5年中每年有200万元的收益；需求量一般，今后5年中每年有160万元的收益；需求量很小，今后5年中每年有80万元的收益。

估计需求量大的概率为0.5，需求量一般的概率为0.4，基准折现率为10%。

（1）根据期望值，判断公司是否要做这种投资？

（2）有人建议对需求实际情况进行调查。那么，该公司可以承担的最大的调查费用是多少？

8. 假定某工厂准备承包一项生产任务，承包的期限不定，可能是3年、4年或5年。承包3年的概率为0.3，4年的概率为0.4，5年的概率为0.3。为完成这项生产任务，工厂需要购买一种机器。现有A、B、C 3种机器，它们的原始费用分别为50 000元、40 000元和70 000元。估计机器的年度使用费如表7-11所示。

表7-11　3种机器的年度使用费用　　　　（单位：元）

机器A		机器B		机器C	
年度使用费	概　率	年度使用费	概　率	年度使用费	概　率
1 000	2/5	2 000	1/5	800	1/6
2 000	3/5	3 000	3/5	1 500	1/3
		4 000	1/5	2 500	1/3
				3 000	1/6

假定机器的残值均为零，基准折现率为12%，用蒙特卡罗方法做10次试验，比较3个方案的优劣。

9. 考虑两个设备的投资方案。方案A需要15 000元的原始投资，年度使用费为2 000元，使用寿命与残值如表7-12所示，每种使用寿命发生的可能性相等。

方案B需要30 000元投资，年度使用费为1 000元，残值可以表示为使用寿命n的函数$F(n)=8\ 000$元$-500n$元，使用寿命出现的可能性如表7-13所示。

表7-12　方案A使用寿命与残值

使用寿命/年	残值/元
3	4 000
4	2 500

表7-13　方案B的使用寿命概率分布

使用寿命/年	可能性
7	0.4
8	0.3
9	0.3

假如基准贴现率为10%，试用蒙特卡罗方法做10次试验，求两种方案的平均年度费用差，并比较两种方案的优劣。

第八章 投资估算与资金筹措

引例

哈奇集团易拉罐项目建设资金估算与资金筹措

简钰钧先生系哈奇集团董事长。该企业位于广东省惠州市，为满足该企业果汁饮料产品包装需求，2015年，该公司决定自建一条三片马口铁易拉罐生产线。三片马口铁易拉罐是指由罐底、罐体和易开盖三部分组成的易拉罐。其中，罐底和罐体由马口铁制造，易开盖由铝材制造。易拉罐生产项目包括土建、产品制造设备和其他配套设备（如水、电、气等基础设施）。其中，产品制造设备又包括罐体生产设备和易开盖设备以及印铁和烘干设备。由于国内目前还无法掌握关键的高速易拉罐制造技术，因此罐体制造中的裁铁、焊接、缩颈、卷边合盖以及码垛等设备需要进口。其余设备可以国内解决。公司计划年产罐体6亿只，每条生产线可年产2亿~3亿只易拉罐。项目究竟需要多少资金，如何估算该项目的投资，同时如何筹措到相应的资金是摆在简钰钧董事长面前的首要问题。

项目运作实际是资金的运作，伴随着项目建设与运作的各个阶段，投资具有不同的特点，前面章节介绍了投资的构成，然而却没有介绍投资如何估算以及投资的来源。实际上，项目需要多少资金以及资金从何而来是项目建设与运作的一个最基本的先决条件。因此，资金估算与资金筹措始终是投资人面临的最严峻的问题。

第一节 工程估价

工程估价是项目可行性分析的基础，其准确程度直接影响着工程项目的评价结果，决定着能否获得银行的贷款以及项目能否被批准。因此，工程估价是项目评价与决策不可或缺的环节。

工程估价是指在初步设计之前的投资过程中，依据现有资料或历史资料，根据工程估算的经验与办法，对实施工程过程中的各种费用进行估算与判断，为正确决策提供依据。

一、工程估价的内容与要求

工程项目费用主要包括投资费用与生产费用两大部分，因此，投资估算主要包括项目投资估算与产品生产成本估算。

项目投资估算是对整个工程项目投资总额的估算，是指从项目筹建、施工、直至建成投产的全部建设费用。它主要包括固定资产投资估算与流动资金估算两部分。

产品生产成本估算是对项目建成后所提供产品的生产与销售成本的预估。它是计算一定时期内项目的生产运营费用的基础，也是进行方案比较时财务分析的一项重要指标。

由于项目造价是对未来发生投资的预估，因而，准确估算项目费用是估价的核心问题。项目估价准确度与项目估算的阶段有关。项目建设分为规划阶段（机会研究阶段）、初步设计阶段和详细设计（工程设计）阶段。不同阶段有不同的投资估算方法。通常机会研究阶段投资估算的准确度为±30%；初步可行性研究阶段投资估算的准确度为±20%；详细可行性研究阶段投资估算的准确度为±10%，而工程设计阶段投资，估算的准确度在±5%。本节所涉及的投资估算方法主要针对机会研究阶段。

二、项目投资估算

（一）固定资产投资估算

1. 单位生产能力投资估算法

生产能力一般是指项目建成投产以后，以每年产量为标志的一种设计指标。设计生产能力越大，项目的建设规模也越大，所需资金也就越多。在设计生产能力与建设投资之间存在着一定的数量关系。单位生产能力投资是指每单位的设计生产能力所需要的建设投资。

计算公式为：

$$I_1 = KI_0Q \tag{8-1}$$

式中，I_1 为拟建项目所需投资额；I_0 为已知同类项目的单位生产能力投资指标；Q 为拟建项目的总生产能力；K 为修正系数（根据价格指数、通货膨胀等因素进行选取）。

2. 生产规模指数法（0.6 指数法）

利用已知的投资指标概略估计类型相同，但规模不同的项目投资额，计算公式为：

$$I = KaX^n \tag{8-2}$$

式中，I 为要求的工程或设备投资额；a 为已知工程或设备的投资额；X 为规模的倍数；n 为常数，一般用 0.6；K 为修正系数。

当两种规模不同的项目比较时，其投资额与规模之间存在如下所述的关系式，即：

$$\frac{I_2}{I_1} = K\left(\frac{X_2}{X_1}\right)^n \tag{8-3}$$

在借助增加装置尺寸达到扩大生产能力时，n 取 0.6～0.7。例如，增加高炉容积，扩大钢铁厂产能。

在借助增加装置数量达到扩大生产能力时，n 取 0.8～1.0。例如，增加织机数量，扩大纺织厂产能。

3. 工程系数法

对不同类型的项目，有时通过设备造价再综合项目特点，通过相关系数也可对项目投资进行估算。这种方法在技术设备选型阶段预估项目总投资时往往很有效。

$$固定资产投资 = 系数 \times 经验估算的设备总价值 \tag{8-4}$$

这种方法的关键是系数的确定和选用，由于工程本身的类型十分复杂，因而工程系数也比较复杂。项目投资估价工程系数表如表8-1所示。

该方法估算投资的基础是设备价值。由于设备供应商在报价时可能采取两种方式，即纯设备价格与涵盖安装调试的设备价格，因此，选用不同价格方式估算项目投资的系数会有所不同。

表8-1 项目投资估价工程系数表

工程类型	按设备交货价值的系数	按安装设备价值系数
固体处理过程工程	3.10	2.16
固体—流体处理过程工程	3.63	2.56
流体处理过程工程	4.74	3.30

4. 单位产品的投资造价指数法

计算公式为：

$$I_A = I_B Q Y^X Y_i^{X_i/2} \tag{8-5}$$

式中，I_A 为工程项目A总费用（总投资）；I_B 为同类工程B单位产品投资造价指数；Q 为项目设计规模（t/年）；Y 为基建期设备、材料价格年平均增长指数；X 为造价指标年限至本工程开始建设年限之差；Y_i 为基建期设备、材料价格年平均增长指数（预测值）；X_i 为基建期。

（二）流动资金估算

1. 产值资金率法

流动资金可以项目产值为基础，通过产值资金率进行估算。通常，在某一行业中，一定的产值需要相应的流动资金来运作。依此，产生了产值资金率法。

$$I_f = \mathrm{GNP} \times Q \tag{8-6}$$

式中，I_f 为流动资金；GNP为正常生产年份销售收入（工业总产值）；Q 为产值资金率，与行业有关。

2. 固定资产比例法

流动资金的计算可以参照的另一项指标是固定资产。通常，在某一行业中，一定的固定资产要求一定的流动资金配套。因此，如果知道某项目固定资产的投资，则可依此按比例推算流动资金。

$$流动资金 = 项目固定资产投资 \times 流动资金占固定资产投资比例 \tag{8-7}$$

一般工程的流动资金按固定资产的10%~20%计。

三、产品生产成本估算

1. 趋势外推法

趋势外推法是指根据历史数据来推算产品成本的方法。计算公式为：

$$C = C_f + QC_v \tag{8-8}$$

式中，C 为产品总成本；C_f 为固定成本；C_v 为单位产品可变成本；Q 为产量。

趋势外推法的依据是成本与产量的变化具有线性关系。在实际运作中，在固定成本没有太大的变化，即没有增加新型大型设备的前提下，扩大产能，该条件才能成立。

2. 类比法

如果将要建设的项目有类似现成项目可以参考，则可用成本类比法。

$$\frac{C_B}{C_A}=K\frac{Q_B}{Q_A} \tag{8-9}$$

式中，C_B 为新建项目产品成本；C_A 为现有同类项目产品成本；Q_B 为新建项目的规模；Q_A 为现有同类项目的规模；K 为成本修正系数（0.7～1.3），根据物价指数、项目特点等因素选择。

第二节 项目资金筹集

项目建设离不开资金，要获得资金首先要明白获取资金的渠道。工程技术人员出身的项目管理者往往对项目建设资金的运用比较熟悉，而对资金的来源不甚关心，对资金筹集的渠道与方式更加缺乏了解。后者对于日益增加的具有工程背景、从事项目管理的技术管理复合型人才至关重要。

一、项目筹资动机与要求

资金缺乏是普遍存在的，通过不同渠道获取资金是项目的立足之本。项目筹资或项目融资，就是根据项目建设和运营的需要，通过筹资渠道和资金市场，运用筹资方式，经济、有效地筹措和集中资金。进行项目资金筹集，首先必须了解筹资的具体动机，依循筹资的基本要求，把握筹资的渠道与方式。

（一）项目筹资的动机

项目筹资的基本目的是为了项目的建设与运营。项目具体的筹资活动通常受特定动机的驱使。项目筹资的具体动机是多种多样的。例如，为了项目启动购买土地、重置设备、引进新技术而筹资；为了资金周转和临时需要而筹资；为了偿付债务和调整资本结构而筹资等。归纳起来主要有两种，即扩张筹资动机和偿债筹资动机。筹资动机对筹资行为和结果产生着直接的影响。

1. 扩张筹资动机

扩张筹资动机是因扩大生产经营规模或追加对外投资的需要而产生的筹资动机。具有良好发展前景、处于成长时期的企业通常会产生这种筹资动机。例如，生产经营的产品供不应求，需要增加市场供应；开发生产适销对路的新产品；追加有利的对外投资规模；开拓有发展前途的对外投资领域。这些活动往往都需要筹集资金。扩张筹资动机所产生的直接结果，是项目资产总额和筹资总额的增加。

2. 偿债筹资动机

偿债筹资动机是项目为了偿还某债务而形成的借款动机，即借新债还旧债。偿债筹资有两种情形：一是调整性偿债筹资，即虽有足够的能力支付到期旧债，但为了调整原有的资本结构，仍然举债，从而使资本结构更加合理；二是恶化性偿债筹资，即项目现有的支付能力已不足以偿付到期旧债，而被迫举债还债，这表明项目的财务状况已有恶化。

（二）项目筹资的要求

项目筹集资金的基本要求，是衡量筹资效果的基本指标，主要考虑投资效果、资金成本、资金节奏和资本结构等要求。

1. 认真研究投资方向，努力提高投资稳健性

项目选择是企业内部的事情，相关决策完全由企业决策者根据商机自行决定。然而，稳健的、有生命力的项目一定是与国家宏观政策、法规相一致的，相关的筹资活动必须遵守国家法律法规。

2. 合理选择筹资来源，努力降低资金成本

资金筹集可以采用不同的渠道和方式，各种筹资渠道与方式筹资难易程度、资金成本和财务风险均不相同。所以，需要综合分析各种筹资渠道和筹资方式，研究各种资金来源的构成，从而取得最优的筹资组合，努力降低资金成本。

3. 适时取得资金来源，控制资金投放节奏

资金筹措要与资金的投放需求时间相匹配，使筹资与用资在时间上相吻合，避免取得资金过早而造成投放前的闲置或取得资金滞后而影响资金的使用。

4. 周密安排资本结构，保持有效的偿债能力

项目的资本结构由借入资本与自有资本构成。负债的水平要与自有资本和偿债能力的要求相适应。负债过多，可能带来过高的财务风险，偿债能力过低。自有资金过高，不利于利用外部资本放大自有资本的收益水平。

（三）项目筹资的渠道与方式

项目筹集资金需要通过一定的渠道，采用一定的方式，获取资金的渠道还与获取资金的方式相关。

1. 项目筹资渠道

筹资渠道是指筹措资金来源的方向与源泉。认识筹资渠道的种类及每种渠道的特点，是筹集资金的必然要求。

项目筹集资金的渠道包括：

（1）银行信贷资金。银行对项目的各种贷款，是各类企业重要的资金来源。银行一般分为商业银行和政策性银行。前者为各类企业提供商业性贷款，后者主要为特定企业提供政策性贷款。需要注意的是，随着对外开放程度的扩大，国外银行正在进入中国市场，因此，除传统国内银行渠道外，国外银行将成为项目筹资的重要渠道。

（2）非银行金融机构资金。非银行金融机构主要有信托投资公司、保险公司、租赁公司、证券公司、企业集团的财务公司等。它们有的融资融物，有的承销证券，有的为了一定目的而集聚资金，可以为某些企业直接提供部分资金或为企业筹资提供服务。这种筹资渠道的财力比银行要小，但对很多项目筹资而言，更为有效。

（3）国家财政资金。历史上，国有企业资金来源大部分是过去由国家以拨款方式投资形成的。由于近些年政府职能的转变，政府逐渐退出国有企业的经营，因此，该资金来源的份额在逐年减小。但是某些涉及国计民生的重大项目以及某些公共事业项目，如公共交通事业、

环保项目等，还是可以获得国家财政的资助。

(4) 其他企业资金。企业在生产经营过程中，形成部分暂时闲置的资金，为了改善资本结构或增加投资效果，往往需要相互投资。这些都为项目筹资提供了资金来源。随着资本市场逐渐成熟与完善，企业间相互投资正在成为项目筹资的重要来源之一。

(5) 民间资金。企业职工和城乡居民的闲散资金，可以对项目进行投资，形成民间资金渠道，为项目所用。

(6) 企业自留资金。企业内部积累形成的资金，主要是计提折旧、提取公积金和未分配利润而形成的资金。这是企业建设新项目的重要筹资渠道。另外，银行在审议项目可行性报告决定是否提供贷款时，通常会对项目自有资金数量提出要求，而企业自留资金则是该部分资金的主要来源。

(7) 外商资金。外商资金是外国投资者以及我国香港、澳门和台湾地区投资者投入的资金，是外商投资企业的重要资金来源。利用外商直接投资（FDI）的水平是国际上评价区域经济发展的风向标，该指标在我国各省、市、地区广泛采用，因此，外商直接投资是一个活跃的、不能被忽视的项目筹资来源。另外，国家与外国政府或国际组织间的某些经济合作协议也为某些特定的领域提供了资金渠道。某些国际慈善组织的捐赠也是特定行业或地区获取资金的渠道。

2. 项目筹资方式

筹资方式是指项目筹措资金所采取的具体形式，体现着资金的属性。认识筹资方式的种类及每种筹资方式的属性，有利于项目选择适宜的筹资方式和进行筹资组合，项目筹集资金的方式包括：①吸收直接投资；②发行股票；③银行借款；④商业信用；⑤发行债券；⑥发行融资券；⑦租赁筹资。

3. 筹资渠道与筹资方式的配合

筹资渠道是指获得资金的源泉与方向，筹资方式则是指获取资金的手段。一定的筹资方式可能只适用于某一特定的筹资渠道，但是同一渠道的资金往往可以采取不同的方式取得，而同一筹资方式又往往适用于不同的筹资渠道。因此，项目筹集资金时，两者必须匹配。筹资方式与筹资渠道的匹配关系如表 8-2 所示。

表 8-2 筹资获得渠道与筹资获取方式的匹配关系

渠道 / 配合 / 方式	国家财政资金	银行信贷资金	非银行金融机构资金	其他企业资金	民间资金	企业自留资金	外商基金
吸收直接投资	△	△	△	△	△	△	△
发行股票	△	△	△	△	△	△	△
银行借款		△					
商业信用				△			
发行债券		△	△	△	△		
发行融资券		△	△	△	△		
租赁筹资			△				△

二、项目筹资的类型

项目从不同筹资渠道和用不同筹资方式筹集的资金，根据具体的来源、方式、期限等的不同，形成不同的类型。不同类型资金的结合，构成项目具体的筹资组合。项目的全部资金来源，可分为自有资金与借入资金、长期资金与短期资金、内部筹资与外部筹资、直接筹资与间接筹资等类型。

（一）自有资金与借入资金

项目的全部资金来源，可以按资金权益性质的不同区分为自有资金和借入资金。合理安排自有资金与借入资金的比例关系，是筹资管理的一个核心问题。

1. 自有资金

自有资金，也称自有资本或权益资本，是企业依法筹集并长期拥有、自主调配运用的资金来源。根据我国财务制度，项目自有资金由资本金、资本公积金、盈余公积金和未分配利润构成。项目的自有资金可以通过国家财政资金、民间资金、其他企业资金、外商资金等渠道，采用发行股票、吸收直接投资、留用利润等方式筹措。

2. 借入资金

项目借入资金，也称借入资本或债务资本，是项目依法筹措并依约使用、按期偿还的资金来源。借入资金包括各种借款、应付债券、应付票据等。

企业的借入资金可通过银行、非银行金融机构、民间等渠道，并采用银行借款、发行债券、发行融资券、商业信用、财务租赁等方式筹措取得。借入资金有时可按规定转化为自有资金，如可转换为股票的公司债券。

（二）长期资金与短期资金

项目的资金来源，按期限的不同可区分为长期资金和短期资金。合理安排项目资金的期限结构，实现项目资金的最佳配置和筹资组合。

1. 长期资金

项目要长期与连续地进行生产经营活动，必须有一定数量的长期资金作保证。长期资金是指使用期限在1年以上的资金。长期资金还可进一步划分为中长期资金和长期资金。其划分原则为：需用期在1~5年以内的资金为中长期资金；5年以上的资金为长期资金。长期资金主要用于：购建固定资产、取得无形资产、开展长期投资、垫支于长期性流动资产等。长期资金一般采用吸收直接投资、发行股票、发行债券、长期借款、融资租赁等方式来筹措。

2. 短期资金

项目运行过程中往往出现资金周转暂时短缺现象，这时就需要一些短期资金以维持项目运行。短期资金是指需用期限在1年以内的资金。

（三）内部筹资与外部筹资

项目的资金来源可以分别通过内部筹资和外部筹资来形成。需要合理安排项目内部筹资与外部筹资的比例与顺序。

1. 内部筹资

内部筹资是指通过留用利润与计提折旧等方式而增加资金。计提折旧不能增加企业的资金规模，但可以改变资金的形态，为项目增加现金来源，其资金量取决于折旧方式。留用利润是增加企业的资金总量的途径之一，其资金量由利润分配政策决定。

2. 外部筹资

外部筹资是指在项目内部资金不能满足需要时，向外部筹集形成资金的行为。项目运行之初，内部筹资有限，因此，就要广泛开展外部筹资。外部筹资的渠道和方式很多。本章所列渠道和筹资方式基本上都适用于外部筹资。外部筹资往往需花费筹资费用，如取得借款需支付一定的手续费，发行股票、债券需支付发行成本等。

（四）直接筹资与间接筹资

项目的筹资活动按其是否以金融机构为媒介，可分为直接筹资和间接筹资。

1. 直接筹资

项目不经过金融机构的筹资称为直接筹资。这个过程中，项目直接与资金供应者协商借贷或发行股票、债券等资金。

2. 间接筹资

项目借助银行等金融机构而进行的筹资活动称为间接筹资。这是传统的筹资形式。在该筹资模式下，金融机构扮演中介角色，预先聚集资金，然后再提供给筹资企业。间接筹资的基本方式是银行借款，另外还包括融资租赁与非银行金融机构借款等形式。

第三节　自有资金筹集与借入资金筹集

根据资金权益性质的不同，资金筹集可分为自有资金筹集与借入资金筹集两种模式。

一、自有资金筹集

项目立项通常需要一定数量的自有资本。随着生产经营活动的扩大，自有资本的比例也会随之扩大。要合理地进行自有资金的筹集，就需要对自有资金筹集的种类、条件、程序以及优缺点有所了解。自有资金可通过吸收直接投资和发行股票方式完成。

（一）吸收直接投资

吸收直接投资是非股份制企业筹措自有资本的主要途径。企业以协议等形式吸收国家、其他企业、个人和外商等直接投入的资金称为吸收直接投资，它是形成企业资本金的一种筹资方式。

1. 吸收直接投资的种类

吸收直接投资按出资者性质分为：吸收国家直接投资，主要为国家财政拨款；吸收企业、事业单位等法人的直接投资；吸收企业内部职工和城乡居民的直接投资等。

吸收直接投资按投资者的出资形式分吸收现金投资与吸收非现金投资。

（1）吸收现金投资。项目有了现金，可用于购置资产、支付费用，比较灵活方便。因此，项目一般争取投资者以现金方式出资。

（2）吸收非现金投资。吸收非现金投资主要有两类形式：一是吸收实物资产投资，即投资者以房屋、建筑物、设备等固定资产和材料、燃料、产品等流动资产作价；二是吸收无形资产投资，即投资者以专利权、商标权、商誉、非专利技术、土地使用权等无形资产作价投资。

2. 吸收直接投资的条件

项目采用吸收直接投资方式筹措自有资本，必须符合一定的条件要求，主要有以下几个方面：

（1）采用吸收直接投资方式筹措自有资本的企业，应当是非股份制企业。

（2）在吸收无形资产投资时，应符合法定比例。2006年1月1日前，我国《公司法》规定企业吸收无形资产投资的比例一般不超过注册资本的20%。如果情况特殊，企业含有高新技术，确需超过20%的，应经审批部门批准，可是适当增加比例，但最高不得超过30%。十届全国人大常委会第十八次会议2005年10月27日通过了修订后的《公司法》，并自2006年1月1日起施行，对无形资产最高出资比例从原有的20%提高到70%，也就是说在企业的总资产中，无形资产可以占有更大的比重。新《公司法》的修订，体现了国家和社会对各种智力资产、非物质资产的尊重和重视，也对无形资产的摊销提出了新的要求。

3. 吸收直接投资的优缺点

（1）吸收直接投资的优点

1）吸收直接投资所筹的资金属于企业的自有资本，与借入资本相比较，它能提高企业的资信和借款能力。

2）吸收直接投资不仅可以筹集现金，而且能够直接获得所需的先进设备和技术，能够尽快地形成生产经营能力。

3）吸收直接投资财务风险比较低。

（2）吸收直接投资的缺点

1）吸收直接投资通常资本成本较高。

2）吸收直接投资由于没有证券为媒介，产权关系有时不够明晰，也不便于产权交易。

（二）发行股票

股票是股份制公司发行的有价证券，是持股人拥有公司股份的凭证。发行股票是股份公司筹集资金的主要方式。

1. 股票的种类

股票根据不同视角可分为不同种类。按股东的权利和义务可分为普通股股票和优先股股票。按票面有无记名可分为记名股票和无记名股票。按票面是否标明金额可分为有面额股票和无面额股票。按投资主体的不同可分为国家股、法人股、个人股和外资股。

2. 股票发行条件

股票发行通常有很烦琐的条件，在股票发行前，一般需要向有关部门提交公司章程、发行股票申请书、招股说明书、股票承销协议以及会计师事务所审计的财务会计报告。

3. 股票筹资的优缺点

股份有限公司运用股票筹集自有资本与公司债券、长期借款等筹资方式相比，有其优点和缺点。

（1）股票筹资的优点

1）股票筹资没有固定的股利负担。公司有盈利，并认为适于分配股利，就可以分给股东；公司盈利较少，或虽有盈利但资金短缺或有更有利的投资机会，也可以少支付或不支付股利。而债券或借款的利息无论企业是否盈利及盈利多少，都必须予以支付。

2）股票股本没有固定的到期日，无须偿还，它是公司的永久性资本，除非公司清算时才予以偿还。这对于保证公司对资金的最低需要，促进公司长期持续稳定经营具有重要意义。

3）利用股票筹资的风险小。由于股票股本没有固定的到期日，一般也不用支付固定的股利，不存在还本付息的风险。

4）发行股票筹集自有资本能增强公司的信誉。股票股本以及由此产生的资本公积金和盈余公积金等，是公司筹措债务的基础。有了较多的自有资本，有利于提高公司的信用价值，同时也为更多地利用债务筹资提供强有力的支持。

（2）股票筹资缺点

1）资本成本高。

2）利用普通股筹资，分散控制权。

3）增发股票，每股价值降低。

二、借入资金筹集

借入资金筹集包括短期借入资金筹集、长期借款资金筹集与发行债券筹集等方式。

（一）短期借入资金筹集

短期借入资金筹集包括商业信用与短期银行借款。

1. 商业信用

商业信用是企业之间的直接信用行为，即在商品交易中以延期付款或预收货款进行购销活动而形成的借贷关系。

商业信用是由商品交易中钱与货在时间和空间上的分离而产生的。在现代商品经济条件下，商业信用成为企业普遍运用的短期筹资手段。

项目利用商业信用筹资的具体形式，通常有应付账款、应付票据和预收账款。

商业信用筹资的优缺点：

企业利用商业信用筹集短期资金的优点是：①它是一种“自然性筹资”，伴随商品交易自然产生，使用比较方便；②与银行借款筹资相比，限制条件较少，选择余地较大；③如果没有现金折扣，或者企业不放弃现金折扣，以及使用不带息应付票据，则企业利用商业信用筹资并不发生筹资成本。

企业利用商业信用筹集短期资金的缺点是：①一般期限较短，尤其是应付账款，期限更短；②对应付账款而言，如果放弃现金折扣，须负担很高的成本；③对应付票据而言，如不带息，可利用的机会极少，如带息则成本较高。

2. 短期银行借款

短期银行借款是指期限在1年以内的借款。借款按借款的目的用途分为周转借款、临时借款、结算借款和贴现借款等。

短期借款的优缺点：

短期银行借款与其他短期筹资方式和长期借款相比，具有一定的优点，主要是：①筹资效率较高，企业获得短期借款所需时间要比长期借款短得多，因为银行发放长期贷款前，通常要对借款企业进行比较全面的调查分析，花费时间较长。②筹资的弹性大，借款企业可以按急需随时借款，在现金充裕时及早偿还，便于企业灵活安排。

短期银行借款突出的缺点是：①筹资风险高；②实际利率较高，在补偿性余额和附加利率情形下，尤其如此。

（二）长期借款资金筹集

长期借款是指企业向银行等金融机构以及向其他单位借入的、期限在1年以上的各种借款。

长期借款按提供贷款的机构，可分为政策性银行贷款、商业银行贷款和其他金融机构贷款（如保险公司贷款）。

（1）政策性银行贷款，执行国家政策性贷款业务的银行（通称政策性银行）提供的贷款，通常为长期贷款。

（2）商业银行贷款，包括短期贷款和长期贷款。

（3）其他金融机构贷款，其他金融机构对企业的贷款一般较商业银行贷款的期限更长，要求的利率较高，对借款企业的信用要求和担保的选择也比较严格。

长期借款的优缺点：

（1）长期借款的优点。其主要优点是：①借款筹资速度快。企业利用长期借款筹资，一般所需时间较短，程序较为简单，可以快速获得现金。而发行股票、债券筹集长期资金，需做好发行前的各种工作，如印制证券等，发行也需一定时间，故耗时较长，程序复杂。②借款成本较低。利用长期借款筹资，其利息可在所得税前列支，故可减少企业实际负担的成本，因此比股票筹资成本低得多；与债券相比，借款利率一般低于债券利率；此外，由于借款属于间接筹资，筹资费用也极少。③借款弹性较大。在借款时，企业与银行直接商定贷款的时间、数额和利率等；在用款期间，企业如因财务状况发生某些变化，亦可与银行再行协商，变更借款数量及还款期限等。因此，长期借款筹资对企业具有较大的灵活性。④企业利用借款筹资，与债券一样可以发挥财务杠杆的作用。

（2）长期借款的缺点。其主要缺点是：①筹资风险较高。借款通常有固定的利息负担和固定的偿付期限，故借款企业的筹资风险较高。②附加条件较多。这可能会影响到企业以后的筹资和投资活动。③筹资数量有限。一般不像股票、债券那样可以一次筹集到大笔资金。

（三）发行债券资金筹集

债券是债务人为筹集借入资本而发行的，约定在一定期限内向债权人还本付息的有价证券。发行债券是企业筹集借入资本的重要方式。

公司债券按不同标准可分为：记名债券与无记名债券；抵押债券与信用债券；固定利率债券与浮动利率债券。

公司发行债券，应具备规定的发行资格和条件：

（1）发行债券的资格。根据《公司法》规定，股份有限公司、国有独资公司具有发行公司债券的资格。

（2）发行债券的条件。按照国际惯例，发行债券需要符合规定的条件，一般包括发债券最高限额、发行公司自有资本最低限额、公司获利能力、债利率水平等。根据我国《公司法》的规定，发行公司债券必须符合下列条件：①股份有限公司的净资产额不低于人民币 3 000 万元，有限任公司的净资产额不低于人民币 6 000 万元；②累计债券总额不超过公司净资产的 40%；③最近 3 年平均可分配利润足以支付公司债券 1 年的利息；④筹集的资金投向符合国家产业政策；⑤债券利率不得超过国务院限定的利率水平。此外，发行公司债券所筹集资金，必须按审批机关批准的用途使用，不得用于弥补亏损和非生产性支出。

债券筹资的优缺点：

（1）债券筹资的优点。其主要优点为：①债券成本较低。与股票的股利相比较而言，债券的利息允许在所得税前支付，发行公司可享受税上利益，故公司实际负担的债券成本一般低于股票成本。②可利用财务杠杆。无论发行公司的盈利多少，债券持有人一般只收取固定的利息，而更多的收益可用于分配给股东或留用公司经营，从而增加股东和公司的财富。③保障股东控制权。债券持有人无权参与发行公司的管理决策，因此，公司发行债券不会像增发新股票那样可能会分散股东。④便于调整资本结构。在公司发行可转换债券以及可提前赎回债券的情况下，便于公司主动地合理调整资本结构。

（2）债券筹资的缺点。其主要缺点为：①财务风险较高。债券有固定的到期日，并需定期支付利息，发行公司必须承担按期付息偿本的义务。在公司经营不景气时，亦需向债券持有人付息偿本，这会给公司带来更大的财务困难，有时甚至导致破产。②限制条件较多。发行债券的限制条件一般要比长期借款、租赁筹资的限制条件都要多且严格，从而限制了公司对债券筹资方式的使用，甚至影响公司以后的筹资能力。③筹资数量有限。公司利用债券筹资一般受一定额度的限制。多数国家对此都有限定。我国《公司法》规定，发行公司流通在外的债券累计总额不得超过公司净资产的 40%。

第四节　资本结构决策

一、资本成本

资本成本是企业筹资管理的主要依据，也是投资管理的重要标准。

（一）资本成本的含义

在市场经济条件下，企业筹措和使用资本往往都要付出代价。资本成本也称资金成本，是指企业为筹措和使用资本而付出的代价。这里的资本是指所筹集的长期资金，包括自有资本和借入长期资金。

资本成本包括用资费用和筹资费用两部分内容：

1. 用资费用

用资费用是指企业在生产经营、投资过程中因使用资本而付出的费用，如向股东支付的股利、向债权人支付的利息等。这是资本成本的主要内容。长期资金的用资费用，因使用资金数量的多少和时期的长短而变动。

2. 筹资费用

筹资费用是指企业在筹措资金过程中为获取资金而付出的费用。例如，向银行支付的借款手续费，因发行股票、债券而支付的发行费用等。筹资费用与用资费用不同，它通常是在筹措资金时一次支付的，在用资过程不再发生，因此可视作筹资数量的一项扣除。

资本成本有多种形式。在比较各种筹资方式时，使用个别资本成本，如长期借款成本、债券成本、股票成本等；在企业全部资本结构决策时，使用综合资本成本；在追加筹资决策时，还可以使用边际资本成本。

（二）资本成本的意义

资本成本是财务管理的一个重要概念，国际上将其列为一项“财务标准”。资本成本对于筹资管理、投资管理都有重要意义。

1. 资本成本是比较筹资方式、选择追加筹资方案的依据

（1）个别资本成本是比较各种筹资方式优劣的一个尺度。项目筹集长期资金一般有多种方式可供选择，如长期借款、发行债券、发行股票等。这些长期筹资方式的个别资本是不一样的。资本成本的高低可作为比较各种筹资方式优缺点的一个依据。当然，资本成本并不是选择筹资方式的唯一依据。

（2）综合资本成本是进行资本结构决策的基本依据。全部长期资金通常是采用多种方式筹资组合构成的，这种长期筹资组合有多个方案可供选择。综合资本成本的高低就是比较各个筹资组合方案，作出资本结构决策的基本依据。

（3）边际资本成本是比较选择追加筹资方案的重要依据。为了扩大项目生产经营规模、增加经营所需资产或追加对外投资，往往需要追加筹集资金。在这种情况下，边际资本成本是比较选择各个追加筹资方案的重要依据。

2. 资本成本是评价投资项目、比较投资方案和追加投资决策的主要经济标准

一般而言，一个投资项目只有其投资收益率高于其资本成本率，经济上才是合理的，否则，该投资项目将无利可图，甚至会发生亏损。国际上通常将资本成本视为投资项目的“最低收益率”；视为是否采用投资项目的“取舍率”（A Cut-off Rate）；作为比较选择投资方案的主要标准。在预测分析中，有时还将资本成本作为贴现率，用以计算各投资方案的现金流量现值、净现值和现值指数，以比较不同方案的优劣。

3. 资本成本还可作为衡量整个项目经营业绩的基准

在这方面，可将项目实际的资本成本率与相应的利润率相比较。如果利润率高于资本成本率，可以认为经营有利；反之，如果利润率低于资本成本率，则可认为项目经营不利，业绩不佳，需要改善经营管理，提高利润率和降低资本成本率。

二、资本结构

资本结构是企业筹资决策的核心问题。企业应综合考虑有关影响因素，运用适当的方法确定最佳资本结构，并在以后追加筹资中继续保持。企业现有资本结构不合理的，应通过筹资活动主动调整，使其趋于合理，以达到最优化。

（一）资本结构的含义

资本结构是指企业各种资本的构成及其比例关系。例如，某企业的资本总额为1 000万元，系由银行借款200万元、债券200万元、普通股350万元、留存收益250万元组成，其比

例分别为银行借款0.2、债券0.2、普通股0.35，留存收益0.25。由此可见，一个企业的资本结构，可以用绝对数（金额）来反映，亦可用相对数来表示。

在实务中，资本结构有广义和狭义之分。广义的资本结构是指项目全部资本的构成，而不仅包括长期资本，还包括短期资本，主要是指短期债务资本。狭义的资本结构是指长期资本结构，在这种情况下，将短期债务资本列入营运资本来处理。

项目的资本结构是采用各种筹资方式筹资而形成的。各种筹资方式的不同组合类型决定着项目的资本结构及其变化。在通常情况下，项目都采用债务筹资和权益筹资的组合，由此形成的资本结构又称“搭配资本结构”（Geared Capital Structure）或“杠杆资本结构”（Leveraged Capital Structure），其搭配比率或杠杆比率（即债务资本比率）表示资本结构中债务资本和权益资本的比例关系。因此，资本结构问题总的来说是债务资本比率问题，即债务资本在资本结构中占多大的比例。

（二）资本结构中债务资本的作用

在资本结构决策中，合理地利用债务筹资，安排债务资本的比率，对企业具有重要的影响。

1. 使用债务资本可以降低项目资本成本

由于债务利息率通常低于股票股利率，而且债务利息从税前支付，企业可减少所得税，从而，债务资本的成本明显低于权益资本的成本。因此，在一定的限度内合理提高债务资本的比率，就可降低企业的综合资本成本；反之，若降低债务资本的比率，综合资本成本就会上升。

2. 利用债务筹资可以获取财务杠杆利益

由于债务利息通常都是固定不变的，当息税前利润增大时，每1元利润所负担的固定利息就会相应减少，从而可分配给企业所有者的税后利润也相应增加。因此，利用债务筹资可以发挥财务杠杆的作用，给企业所有者带来财务杠杆利益。

在有借贷资金情况下，全部投资效果与自有资金投资效果是不同的。以投资利润率指标为例，全部投资利润率一般不等于贷款利润率，这两种利润率差额的后果为企业所得，从而使自有资金利润率上升或下降。则自有资金利润率 $R_{自}$ 的公式如下：

$$R_{自}=\frac{I_{全}R_{全}-I_{借}R_{借}}{I_{自}}=\frac{(I_{自}+I_{借})R_{全}-I_{借}R_{借}}{I_{自}}=R_{全}+\frac{I_{借}}{I_{自}}(R_{全}-R_{借}) \tag{8-10}$$

式中，$I_{全}$为全部投资；$I_{自}$为自有资金；$I_{借}$为借贷资金；$R_{全}$为全部投资利润率；$R_{借}$为借贷资金利润率。

由式（8-1）可知，当 $R_{全}>R_{借}$时，$R_{自}>R_{全}$；当 $R_{全}<R_{借}$时，$R_{自}<R_{全}$。而且自由资金利润率与全部投资利润率的差别被资金借贷比$\frac{I_{借}}{I_{自}}$放大，这种放大作用财务上称为“杠杆作用”。

运用债务筹资，虽然可以发挥财务杠杆的作用，但同时也给企业带来一定的财务风险，包括定期付息还本的风险和可能导致所有者收益下降的风险。

（三）资本结构的影响因素

在现实中，制约资本结构决策的因素，除了前已述及的资本成本、财务风险以外，还有如下一些重要因素，项目在资本结构决策中应予以综合考虑。

1. 项目所有者和管理人员的态度

如果项目的所有者和管理人员不愿使企业的控制权旁落他人，则尽可能采用债务筹资的方式来增加资本，而不发行新股增资。与此相反，如果企业不愿承担财务风险，就可能较少利用财务杠杆，尽量减低债务资本的比例。

2. 贷款银行和评信机构的态度

虽然项目对如何适当地运用财务杠杆，进行资本结构决策有自己的分析判断，但在涉及较大规模的债务筹资时，贷款银行和信用评级机构的态度实际上往往成为决定项目财务结构的关键因素。通常情况下，项目在决定资本结构并付诸实施之前，都向贷款银行和评信机构咨询，并对他们提出的意见予以充分的重视。如果企业过高地安排债务筹资，贷款银行未必会接受大额贷款的要求，或者只有在抵押担保或相当高的利率条件才同意增加贷款。此外，企业在增发新股调整资本结构时，还有必要与证券分析人员和潜在的投资者商讨。

3. 项目的获利能力

企业的息税前利润最低应满足债务利息的要求，否则不可能运用财务杠杆。在实际工作中，获利水平相当高的企业往往并不使用大量的债务资本，因其可以利用较多的留用利润来满足增资需要。

4. 项目的现金流量状况

债务的利息和本金通常必须以现金支付，这就要涉及企业现金流量问题。项目现金流入量越大，举债筹资能力就越强。因此，项目产生现金的能力，对提高全部资本结构中债务资本比率有着重要的作用。

5. 企业的增长率

在其他因素相同的条件下，项目的发展速度低，则可能只通过留用利润来补充资本；而发展较快的项目会在很大程度上依赖于外部筹资。由此相比而言，增长率高的项目会倾向于使用更多的债务资本。

6. 税收因素

债务的利息可以减税，而股票的股利不能减税，因此，一般而言，项目所得税税率越高，借款举债的好处就越大。由此可见，税收实际上对负债资本的安排产生一种刺激作用。

7. 行业差别

实际工作中，不同行业以及同一行业的不同企业，在运用债务筹资的策略和方法上大不相同，从而也会使资本结构产生差别。在资本结构决策中，应掌握本项目所处行业资本结构的一般水准，作为确定本项目资本结构的参照，分析本项目与同行业其他项目的差别，以便决定本项目的资本结构。

（四）资本结构的决策方法——比较资本成本法

比较资本成本法是计算不同资本结构（或筹资方案）的加权平均资本成本，并以此为标准相互比较进行资本结构决策。

在实际中，企业对拟定的筹资总额，可以采用多种筹资方式来筹集，同时每种筹资方式的筹资数额亦可有不同安排，由此形成若干个资本结构（或筹资方案）可供选择。现举例说明。

例 8-1　某企业初创时有如下 3 个筹资方案可供抉择，有关资料经测算汇入表 8-3。

表 8-3　筹资成本比较　　（单位：万元）

筹资方式	筹资方案一		筹资方案二		筹资方案三	
	筹资额	资本成本（%）	筹资额	资本成本（%）	筹资额	资本成本（%）
长期借款	200	5	300	5.5	250	6
债券	100	7	250	8	200	7.5
股票	700	8	450	8	550	8
合计	1 000	—	1 000	—	1 000	—

下面分别测算 3 个筹资方案的加权平均资本成本，并比较其高低，从而确定最佳筹资方案，即最佳资本结构。

方案一：

（1）各种筹资占筹资总额的比重。

长期借款：　$200 \div 1\,000 = 20\%$

债券：　$100 \div 1\,000 = 10\%$

股票：　$700 \div 1\,000 = 70\%$

（2）加权平均成本。

$$20\% \times 5\% + 10\% \times 7\% + 70\% \times 8\% = 7.3\%$$

方案二：

（1）各种筹资占筹资总额的比重。

长期借款：　$300 \div 1\,000 = 30\%$

债券：　$250 \div 1\,000 = 25\%$

股票：　$450 \div 1\,000 = 45\%$

（2）加权平均资本成本。

$$30\% \times 5.5\% + 25\% \times 8\% + 45\% \times 8\% = 7.25\%$$

方案三：

（1）各种筹资方式占筹资总额的比重。

长期借款：　$250 \div 1\,000 = 25\%$

债券：　$200 \div 1\,000 = 20\%$

股票：　$550 \div 1\,000 = 55\%$

（2）加权平均资本成本。

$$25\% \times 6\% + 20\% \times 7.5\% + 55\% \times 8\% = 7.4\%$$

以上 3 个筹资方案的加权平均资本成本相比较，方案二的最低。

第五节　建设—经营—转让投资模式分析

一、BOT 投资方式的含义

BOT 是英文 Build-Operate-Transfer 的缩写，即建设—经营—转让，BOT 投资方式在我国称为“特许权融资方式”，其含义是指国家或者地方政府部门把特许权协议授予签约方的投资企业，承担公共性基础设施（基础产业）项目的融资、建造、经营和维护；在协议规定的特许期限内，项目公司拥有投资建造设施的所有权，允许向设施使用者收取适当的费用，由此回收项目投资、经营和维护成本并获得合理的回报；特许期满后，项目公司将设施无偿地移交给签约方的政府部门。有时，BOT 模式被称为“暂时私有化”过程。

BOT 投资方式是项目融资（Project Finance）于 1984 年由土耳其总理奥扎尔率先正式提出，试图采用 BOT 这种市场化的运作方式进行融资和建设基础设施。由于 BOT 方式迎合了各国基础设施建设的迫切需求和国际私人资本投资的需求，目前，BOT 方式已被广泛用于世界各国的基础设施建设中。著名的横跨英法之间的欧洲隧道、澳大利亚的悉尼港口隧道等都用了 BOT 方式；土耳其、菲律宾、马来西亚、印度、新加坡、泰国等发展中国家都有 BOT 投资方式的项目。可以说，BOT 作为国际上新兴的投融资方式正方兴未艾，极大地促进了国际资金的流动和国际经济合作的发展。

实施一个 BOT 项目，将涉及众多的参与者，包括政府、发起人或股东、代理人、贷款人、保险人、运营商、承包商、供货商等，这些参与者都与项目公司形成一种双边协议关系，他们之间既有利益关系，又有利害冲突，其关系如图 8-1 所示。

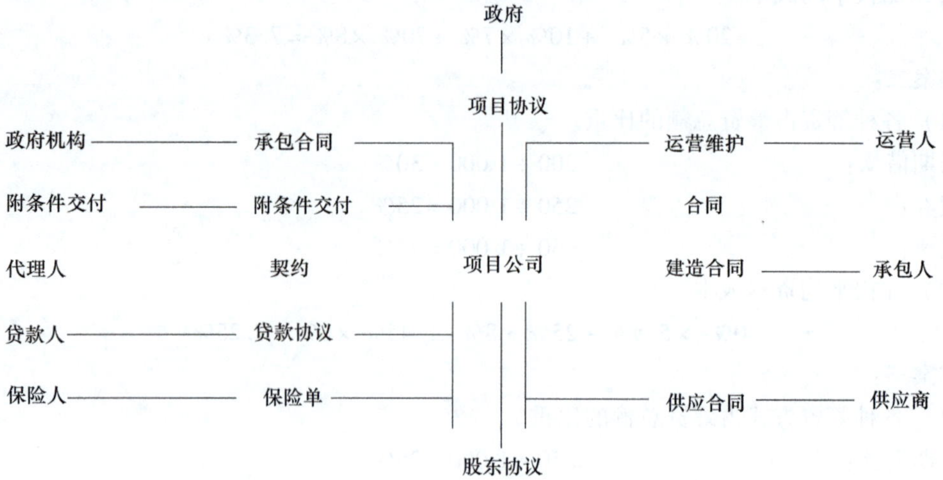

图 8-1　BOT 项目基本结构

二、BOT 模式的其他主要形式

根据世界银行《1994 年世界发展报告》的阐释，BOT 投资方式还包括 BOOT、BOO、BTO、DBFO、BLT 等运营形式。

BOOT（Build-Own-Operate-Transfer），即建设—拥有—经营—转让，是指私人合伙或某企业财团融资建设基础产业项目，项目建成后，在规定的期限内拥有所有权并进行经营，期满后将项目移交给政府。

BOO（Build-Own-Operate），即建设—拥有—经营，是指承包商根据政府赋予的特许权，建设并经营某项产业项目，但是并不将此项基础产业项目移交给公共部门。

BTO（Build-Transfer-Operate），即建设—转让—经营。对于关系到国家安全的产业如通信业，为了保证国家信息的安全性，项目建成后，并不交由外国投资者经营，而是将所有权转让给东道国政府，由东道国经营通信的垄断公司经营，或与项目开发商共同经营项目。

DBFO（Design-Build-Finance-Operate），即设计—建设—融资—经营。这种方式是从项目设计开始就特许给某一私人部门进行，直到项目经营期收回投资，取得投资收益。但项目公司只有经营权没有所有权。

BLT（Build-Lease-Transfer），即建设—租赁—移交，是指政府出让项目建设权，在项目运营期内政府成为项目的租赁人，私营部门成为项目的承租人，租赁期满结束后，所有资产再移交给政府公共部门的一种融资方式。

三、BOT投资方式应用情况

公共基础设施的建设已是当前各个国家突出的社会、经济和政治问题。世界银行的专家在统计分析了全球经验后得出一个很重要的结论，即国家的经济增长和基础设施建设的投资有着极其紧密的相关关系：国内生产总值（GDP）按人口平均每增长1%，基础设施建设的投资也必须相应投入约1%，否则必将阻碍国民经济的增长，不能保持国民经济稳定和持续的发展。过去的25年里，东亚地区是世界上经济增长最快的地区，其相应的基础设施投资已从20世纪70年代占GDP值的3.6%，提高到80年代的4.6%，90年代的5%～6%，而其中90%的投资是由国家、公共部门投入的，如图8-2所示。

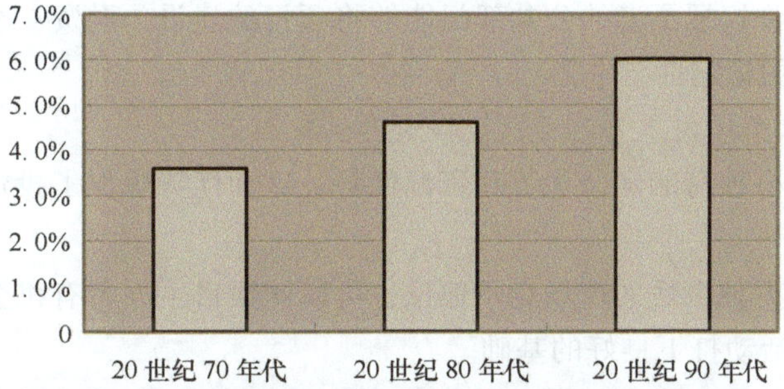

图8-2 东亚地区基础设施投资占GDP的规模

从1995～2004年，10年间我国基础设施的投资额为7 440亿美元，如此巨大的投资规模，如果再像以往那样90%左右依靠国家和政府来投入，国家财力是难以承受的，而且管理能力和水平也无法适应全球经济一体化的要求。我国从20世纪80年代中期开始应用BOT项目。1984年由香港合和实业公司和内地的中国发展投资公司等在深圳建设的沙角B电厂，是我国第一个BOT基础设施项目，也是我国引进BOT筹资方式的里程碑。虽然由于各种原因造成了不少问题，但广东沙角B电厂仍然被公认为20世纪80年代世界上较为成功的BOT项目，它的经验也被世界各国的BOT专家引用。

2000年以后，我国利用外资政策发生了重大变化，在基础设施方面，由限制外资直接投资转向引导，BOT方式开始受到我国政府的高度重视。国家有关部门多次举办BOT研讨会，派员出国考察，学习国外BOT项目运作的方式，使BOT理念在我国得到传播，为开发BOT

项目打下了基础。

2004年广东东莞17个污水处理厂项目以BOT方式公开对外招标，吸引了数百家公司报名，通过资格预审的单位或联合体有150多家。2008北京奥运会国家体育场项目，由北京市国资公司、中信集团、北京城建集团、美国金州控股集团、国安岳强公司等巨头总投资约35亿元人民币建设。作为回报，上述公司联合组建的项目公司将获得奥运会后国家体育场30年的经营权；此外，BOT方式还在北京京通高速公路、上海黄浦延安东路隧道复线等许多项目上得以运用。目前我国基础设施建设中已逐步采用BOT这一投资模式，以加快基础设施建设，特别是在交通、水电、环保领域。

四、BOT融资方式的特点

（一）政府运用BOT融资方式的优越性

（1）BOT融资的实质，是将国家的基础产业项目建设和经营管理民营化，这样就可以把私营企业的经营机制引入基础设施建设中，提高基础设施项目建设和经营效率。

（2）减少项目对政府财政预算的影响，使政府仍能在自有资金不足的情况下上马一些基建项目。

（3）由于与项目有关的资金是由项目公司融资的，不构成政府的债务，因此，不增加政府的外债总额和财务负担，即使项目建设需要大量的资金，也不需要政府出面负担。

（4）可以吸引外资，引进新技术，改善和提高项目的管理水平。

（5）它使作为特许权授予者的公共部门能够将项目的建设、融资、经营风险转移给私人部门，增强公共部门的稳定性。

（二）BOT方式吸引项目主办者或直接投资者的原因

（1）BOT项目具有独特的定位优势和资源优势，这种优势确保了投资者获得稳定的市场份额和资金回报率。

（2）BOT项目具有独占性的市场竞争地位，可以使项目主办者有机会涉足政府的基础性领域，为将来的投资活动打下良好的基础。

（3）BOT项目通常可以带动投资方的产品特别是其大型工业成套设备的使用，从而有助于开拓其产品市场。同时，在项目运营期满后，投资方可以通过提供持续性服务，继续取得服务收入，继续扩大技术设备销售等。

（三）BOT融资方式潜在的负面效果

（1）风险分摊的不对称性问题。在BOT项目融资的操作中，政府的作用至关重要，在许多案例中，政府承担了过多的责任与风险。如在BOT项目融资模式中，政府往往承担了除政治风险以外的汇率风险和利率风险等，而这些风险一般应由项目经营者承担。

（2）在特许期内，政府失去了项目的经营权（所有权），不利于政府的有效控制。

（3）可能造成设施的掠夺性经营。本质上，在BOT项目中，私人部门只是项目设施的租赁者，特许期满，项目设施总是要无偿转让给政府。所以，项目公司为早日收回投资并获得利润，就必须在项目的经营中采用先进技术和管理方法，提高项目的生产效率和经营业绩，增加项目的竞争力，使投融资双方早日获得利润回报。这种掠夺式经营使项目资产在特许期满转让给政府时已无多大潜力可挖，原来先进的设备已经老化，需要大量的维修和保养资金，这就失去了采用 BOT 融资模式的意义。

（4）可能导致大量税收的流失。如前所述，BOT 实际上是基础设施暂时私有化的过程，在这种融资模式下，项目公司多是以民营资本或外资形式出现，因而总是存在一个或一个以上的非政府参与人，而各地对民营资本或外资都有一定的优惠政策，所以，这种操作可能导致国家税收的大量流失。

（5）由于项目公司承担了很大的项目风险，必然要求较高的回报，因此，从整个项目来看，减少了政府对项目的收益；同时，由于民间资本的逐利性，项目公司会尽量压缩开支，这样就难以保证项目的质量；为了避免这种情况，政府必须加大监督力度，从而增加政府的工作难度。

习题

1. 筹资的基本动机是什么？如果自有资金充裕，是否还需要借入资金？

2. 为什么有些企业采用吸收直接投资的筹资方式？吸收直接投资有哪些可供选择的具体形式？

3. 网上查阅相关信息：哪些领域或项目可以获得国家财政资金？

4. 公司为什么要申请股票上市？分析电信业龙头华为技术有限公司不上市的原因。

5. 影响资本结构的原因有哪些？分析上市公司增发新股会对资本结构产生什么影响。

6. BOT 运营模式有哪些？在这些不同的模式中，平衡各个利益主体的关键分别是什么？

第九章 工程项目的可行性分析

引例

新型铸管股份有限公司新建球墨铸铁管项目投资可行性分析

新型铸管股份有限公司（以下简称“新型铸管”）始建于1969年，该企业已由四十多年前成立时的年产10万t钢铁的生产规模发展到目前年产165万t铁、110万t钢、110万t钢材、65万t球墨铸铁管的综合规模，已成为国内生产能力最大、产品规格最全、配套能力最强的球墨铸铁管生产基地。球墨铸铁管规模、规格品种及管件配套能力、质量、市场份额在全国同行业中居首位，球墨铸铁管实际生产量、技术水平、产品质量处于世界同行业领先地位，产品国内市场占有率达40%，出口比例达30%。

球墨铸铁管是高科技产品，是一种广泛用于输水、输气的高品质管材，随着我国国民经济的快速发展，我国城镇扩建、改造规模空前加大，城市供水系统、排水系统的建设和更新速度加快，作为城市基础设施现代化标志的煤气使用管道化的进一步发展，以及工业建设中必须先行的基础设施如输气、供排水工程的建设，都给球墨铸铁管产品带来了巨大的市场需求。

通过长年积累“新型铸管”在钢铁和球墨铸铁管两大主业，形成并拥有了一系列专有技术、管理经验、人才以及资本市场等方面的资源优势，继续做大做强主业是其发展的方向。但存在如下的问题：

（1）随着国内球墨铸铁管市场竞争的加剧，以及“新型铸管”现有生产基地的规模限制，公司现有的场地已无法支持公司主业的进一步发展。

（2）公司球墨铸铁管产品目前销售范围远达非洲、中东、东南亚等地区，近处销往全国各地，其中销往华东地区的球墨铸铁管产品占到公司球墨铸铁管生产量的50%以上，高额的运输成本也限制了公司球墨铸铁管产品的销售。

为继续做大做强球墨铸铁管主业、提升比较竞争优势、增强核心竞争力，“新型铸管”公司应如何规划投资建设新的球墨铸铁管生产基地、调整公司产品生产布局、实施外延发展战略、培育新的经济增长点是企业必须首先考虑的问题。如何进一步选择合适项目产品与规模，确定项目选址及进行设施规划以及进行项目财务评价并最终完成可行性分析，是项目实施的先决条件。

可行性研究，也称可行性分析。它是在拟建工程项目投资决策前，通过市场分析、技术分析、财务和国民经济评价，对有关建设方案、技术方案或生产经营方案进行技术经济论证的一种理论和方法。

可行性研究是20世纪30年代美国开发田纳西河流域时首先推行，目前已在许多国家广泛应用于研究工程建设项目的技术先进性、经济合理性和建设可能性的分析方法。

可行性（Feasibility），按英文原意是“做到或实现的可能性、可以行得通的、有成功的可能”。1978年，联合国工业发展组织在《工业可行性研究编制手册》中指出：可行性研究为工业项目的投资决策提供技术、经济和商业上的基础。工程项目可行性研究，就是对新建或改、扩建项目的一些主要问题，如市场需求、资源条件、建设条件、资金来源、设备选型、环境影响等因素，从技术和经济两个方面进行详尽的调查研究、分析计算和方案比较，并对这个项目建成后可能取得的技术经济效果和社会影响进行预测，从而提出这个工程项目是否值得投资建设和怎样投资的意见，为投资决策提供可靠的依据。

国务院1981年30号文件《关于加强基本建设计划管理，控制基本建设规模的若干规定》和1981年12号文件《技术引进和设备进口工作暂行条例》中明确规定所有新建、扩建的大中型项目，都要在经过反复周密的论证后，提出项目可行性研究报告。1983年2月，国家计委颁发了《关于建设项目进行可行性研究的试行管理办法》（计资［1983］116号文件），对可行性研究的具体内容进行了规定。

同时，国家经济建设主管部门对一些重大建设项目，如宝钢、石油化工引进装置、核电站、山西煤炭开发等，多次组织专家进行可行性分析和论证。实践表明，开展可行性研究工作，可以避免盲目上马所造成的巨大浪费和损失，提高固定资产的投资效益，使有限的资金创造出最大的经济效益和社会效益。

第一节 可行性研究的工作程序及基本内容

一、可行性研究的工作程序

（一）工程项目发展周期

工程项目是以工程建设为载体的项目，是作为被管理对象的一次性工程建设任务。它以建筑物或构筑物为目标产出物，需要支付一定的费用、按照一定的程序、在一定的时间内完成，并应符合质量要求。

工程项目的建设，一般可以分为4个时期：投资前时期、投资时期、生产时期和后评估时期，如图9-1所示。

投资前时期，首先是根据市场调研与经济形式预估，提出拟建项目构想，之后进行项目可行性分析。如果项目不可行，则重新构想项目或终止项目。如果项目可行，则进一步撰写项目设计任务书并进行项目初步设计。投资时期，主要包括与供应商及其他相关单位进行谈判、签订合同，施工图设计及施工建设与竣工验收。接下来是生产时期与后评估时期。

上述4个时期中，最关键、风险最大的应属第一时期，即投资前时期。而可行性研究又是投资前时期的最重要工作。

（二）可行性研究的作用及主要内容

1. 可行性研究的作用

可行性研究的目的是对拟建项目技术是否有利、经济是否合理、建设是否可行等问题进行综合分析与论证，它是提高投资效果、避免或减少建设项目决策失误的关键环节。它决定着一个项目是否能够如期进行，因此，也被称为“决定工程项目命运的环节”。当年的三峡水利工程以及怒江水利工程就经历过多次可行性论证。

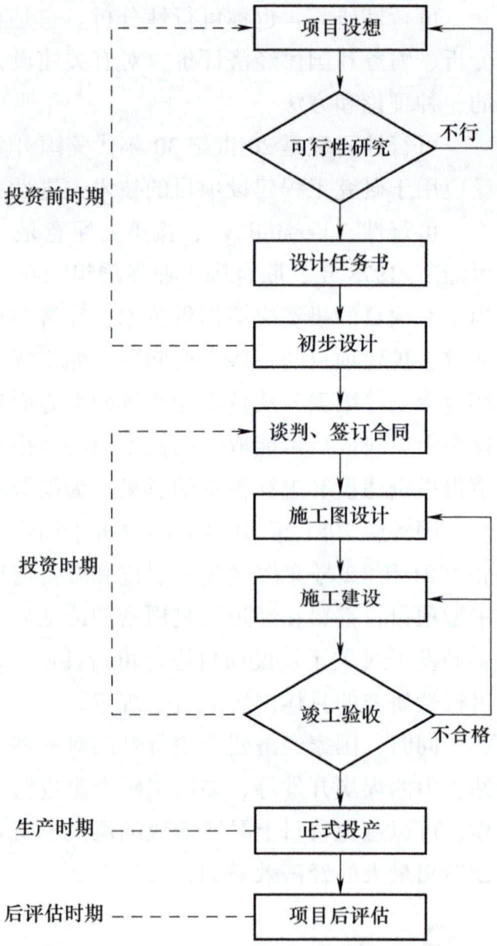

图 9-1 工程项目发展周期

可行性研究的作用可以归纳为以下几个方面：

（1）作为确定工程项目建设的依据。

（2）作为向银行申请贷款等筹措资金的依据。

（3）作为建设项目与有关部门、单位签订合同、协议的依据。

（4）作为向当地政府和环境保护部门申请建设执照的依据。

2. 可行性研究的主要内容

可行性研究一般要求回答以下问题：

（1）项目在技术上是否先进、可行？

（2）项目在财务上是否有盈利、经济上是否合理？

（3）项目需要多少投资？投资通过哪些渠道筹集？怎样使用和偿还？

（4）项目建成后对国民经济与社会有哪些影响？

（5）项目是否满足环境方面的要求？

概括起来，可行性研究主要解决的是工程项目“技术上的先进性”“经济上的合理性”“社会上的有效性”以及“环境上的友好性”等问题。

可行性研究的内容，如图 9-2 所示。

工程项目总是以其产品或服务来满足社会需要并取得利润。要建设一个项目，首先要解决的问题是投资机会的问题，即哪里有商机，如何获利？这是项目的设想阶段。因此，生产什么和其规模如何是首先需要解决的问题。这个问题不仅要取决于市场（包括竞争对手情况）、产品价格、选址的资源条件和原材料、燃料动力、劳动力供应状况以及环境保护要求，还要取决于工艺技术和配套设施以及投资环境等情况。

通过项目设想，提出了项目建设的建议书，但这个项目是否可行，还要进行全面的调查研究和技术经济分析，包括财务测算效益分析、资金规划以及物料流量平衡分析等才能做出决策。若拟建的项目有多个可行方案，还要进一步对多个备选方案进行综合评价与决策。

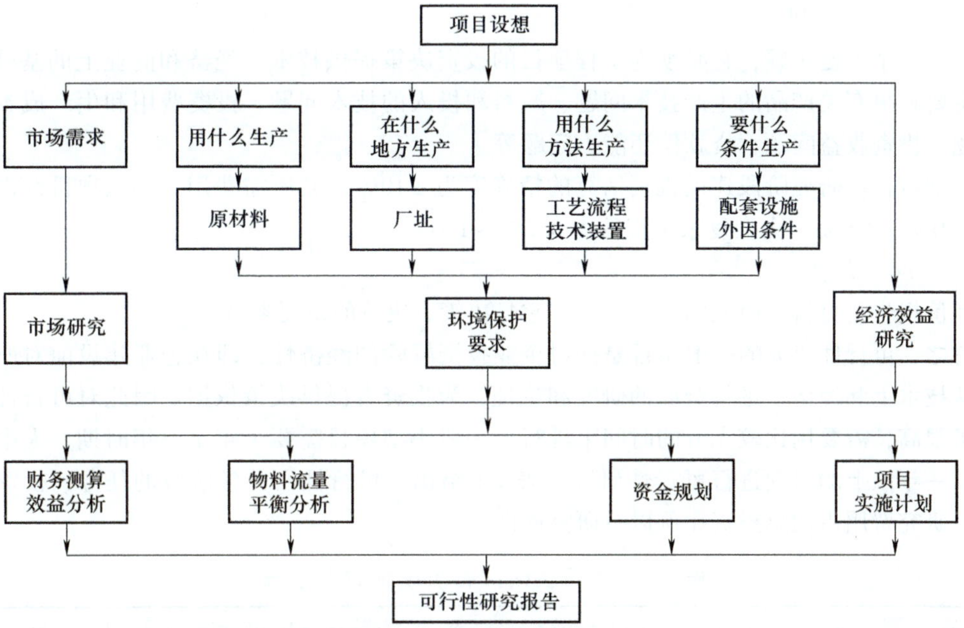

图 9-2　可行性研究的主要内容

（三）可行性研究的阶段划分

可行性研究是投资前时期所需完成的一个主要工作，通过可行性研究，来解决建设项目是否可行的问题。根据可行性研究在不同阶段的研究目的、要求和内容的不同，可划分为以下几个阶段：

1. 机会研究

机会研究的主要任务是为工业建设项目投资方向提出建议，即在一个确定的地区或部门内，利用自然资源为基础，寻找最有利的投资机会。它为企业家提供一个可能进行工业建设的主要投资方向。

在机会研究阶段中，考虑一个项目的投资机会，主要应分析和研究诸如自然资源条件、工业布局、进口替代、资金条件、政府的有关政策法令等因素。

当机会研究的结果是可行时，就可做进一步的研究，进入下一阶段。

这一阶段的研究比较粗略，主要依靠笼统的估计，所以精确程度较差。一般对投资额的估算精确误差为 ±30%；所需费用约占投资总额 0.2% ~1.0%。

2. 初步可行性研究

一些比较复杂的工程，单靠机会研究还不能决定取舍，还要进行初步可行性研究，以便对项目设想进行初步的估计。在此阶段，主要应解决以下两个问题：

（1）投资机会是否有希望。就收集的有关资料进行详细的分析、研究，以便做出是否值得进一步深入研究的决策。

（2）有哪些关键性问题需要做辅助研究，如市场考察、实验室试验、中间工厂试验、厂址选择、生产规模研究、设备选择方案等。

这一阶段对建设投资估算精确度一般要达到 ±20%，所需费用占总投资的 0.25% ~1.5%。

3. 详细可行性研究

这是一个关键步骤，它必须为工程项目的投资决策提供技术、经济和商业上的基础。该阶段主要解决有关产品的生产技术问题、原料和投入的技术问题、投资费用和生产成本的估算问题、投资收益问题、贷款偿还能力问题等。

详细可行性研究阶段建设投资估算的精确度为 ±10%。其所需费用，小型项目约占总投资的 1.0% ~3.0%；大型复杂工程约占 0.2% ~1.0%。

4. 评价与决策

评价报告是可行性研究的最后结论，它是决策者决策的重要参考。

总之，可行性研究的一般宗旨是探讨企业投资冒险的经济性，即在企业建设前对所建设企业从技术上和经济上进行全面的研究和论证，为投资者提供决策依据。因此对可行性研究的要求很高，需要用比较充分的时间来进行。一般小型项目需要半年至一年时期，大中型项目需要一年以上的时间进行可行性研究。表 9-1 给出了可行性研究各阶段的任务、投资估算精度、研究费用占用总投资比例以及研究周期。

表 9-1　可行性研究各阶段参数汇总表

研究阶段	任　务	投资估算精度	研究费用占用总投资比例（%）	研究时间
机会研究	寻求投资方向与目标	±30%	0.2 ~1.0	1 ~3 个月
初步可行性研究	初步选择备选方案	±20%	0.25 ~1.5	3 ~5 个月
详细可行性研究	具体深入研究备选方案	±10%	小项目1.0 ~3.0 大项目0.2 ~1.0	大项目1 ~2 年 小项目0.5 ~1 年
评价与决策	方案评价与决策	±10%	—	1 ~3 个月

（四）可行性研究的一般工作程序

由于不同的工程项目之间有巨大的差别，可行性研究的内容也就存在着很多不同之处。但是，若舍去表面现象之后，就会发现：工程项目总是以其产品来满足社会需要并取得盈利为目的。

要建设一个工程项目，首先应当解决生产什么和生产多少的问题。从这方面看，不同的工程项目，可行性研究所涉及的基本问题大致是相同的，其工作程序具有一般性。要做好可行性研究，必须按照一定的工作程序进行。

1. 确定目标

在可行性研究中，所谓目标是指在一定环境和条件下，希望达到的某种结果。

项目目标是项目建设的动机，一般由项目所有权单位确定。它往往表现在经济、技术、社会甚至政治、国防等方面，它随着不同项目和不同的承办单位而不同。在确定目标时，还要提出达到预期目标的考核指标体系，如技术指标、经济指标、社会指标以及环境指标等。

2. 调查研究

调查研究的主要内容是：市场调查；原材料、燃料、动力以及劳动力调查；工艺、技术、设备调查；厂址选择；资金来源与筹措和其他一系列问题。

3. 列出可能的技术方案

在调查研究的基础上，列出各种可供选择的技术方案，即要求所拟定的备选方案应当包括所有可能方案，否则会由于遗漏一些可能方案而得不到最优结果。挖掘潜在方案需要采用一些技术，如专家咨询法、头脑风暴法以及类比法等。

4. 技术先进性分析

技术的先进性有着广泛的含义，既有产品性能的先进性，又有采用工艺技术和购置设备的先进性，还有标准化等组织管理技术的先进性。必要时还要通过实验，取得必要的技术数据。技术先进性需要考虑技术环境的未来发展，一些技术可能会随新的技术的产生而落后，因此，技术分析需要一定的前瞻性。

5. 经济与财务效益分析

对方案经济与财务效益的分析是指按现行经济与财务制度的各种规定和数据、现行价格、税收和利率等来进行的经济与财务收支计算，并用可能发生的资金流量对技术方案的经济与财务效益进行评价。

6. 综合评价

通过对技术方案经济效果的评价，可以优选出经济上的最好方案。但经济上的最好方案不一定是最优方案，必须进行综合评价。所谓综合评价是指在经济评价的基础上，同时考虑其他非经济方面的效果，如政治、社会、环境效果等对技术方案进行的评价。这种评价往往采用多目标决策的方法。

7. 优选可取方案并写出可行性研究报告

通过以上诸项分析和评价，根据项目目标优选最佳方案，并按照总体纲要写出可行性研究报告。可行性研究结论可以是推荐的最佳备选方案，也可以是几个非劣可行方案，分别列出他们各自的优缺点，供决策者选择；当然也可以是“不可行”结论。

工程项目建设与否的决策，通常由投资部门来做。一般由企业提交，然后上报有关部门，由上级计划部门（如发改委等）或主管机构进行决策。

可行性研究的一般工作程序如图 9-3 所示。

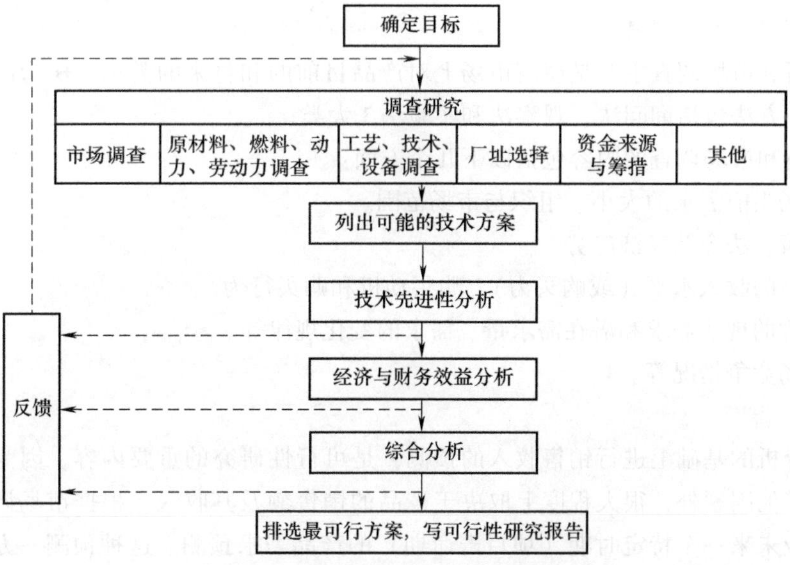

图 9-3　可行性研究的一般工作程序

二、可行性研究的基本内容

作为投资决策前必不可少的关键环节，可行性研究报告是在前一阶段的项目建议书获得审批通过的基础上，主要对项目市场、技术、财务、工程、经济和环境等方面进行精确系统、完备无遗的分析，完成包括市场和销售、规模和产品、厂址、原辅料供应、工艺技术、设备选择、人员组织、实施计划、投资与成本、效益及风险等的计算、论证和评价，选定最佳方案，依此就是否应该投资开发该项目以及如何投资，或就此终止投资还是继续投资开发等给出结论性意见，为投资决策提供科学依据，并作为进一步开展工作的基础。

（一）项目背景

从产业背景、区域背景、项目定位以及企业背景多层次介绍项目设想提出的背景。其中，产业政策主要涉及产业结构政策、产业组织政策、产业布局政策以及国家这一时期的技术政策和投资政策等。区域背景主要涉及拟建项目地区经济与产业发展政策与条件。项目定位包括本项目的设想打算：列出项目的主要参数，如产品及产品组合、工厂生产能力、建设进度投资等，说明项目的坐落地及厂址。企业背景主要论述企业发展战略以及与本项目的关系等。通过上述分析明确项目建设的必要性和现实意义。

（二）市场调查和企业生产规模

市场分析在可行性研究中的重要地位在于，任何一个项目，其生产规模的确定、技术的选择、投资估算甚至厂址的选择，都必须在对市场需求情况有了充分了解以后才能决定。而且市场分析的结果，还可以决定产品的价格、销售收入，最终影响到项目的盈利性和可行性。在可行性研究报告中，要详细研究当前市场现状，以此作为后期决策的依据。通过市场调查，了解社会生产和人民物质文化生活对某种产品的需求状况及市场供应情况，分析其变化趋势并采用科学方法，预测某种产品在未来市场上的需求量。在市场调查和预测的基础上，研究、确定企业的生产规模。

1. 需求分析和市场调查

需求分析和市场调查主要是摸清市场上对产品目前的和将来的需求，作为确定工厂规模的依据。调查方法包括询问法、观察法和实验法3大类。

需求分析和市场调查的内容包括以下几个方面：

（1）市场当前需求的大小、组织与市场范围。

（2）政策、法令及经济趋势。

（3）顾客的收入水平（或购买力）、购买动机和购买行为。

（4）顾客的现实需求和潜在需求量、需求的变化规律等。

（5）市场竞争情况等。

2. 预计销售额

在需求分析的基础上进行销售收入的预测，是可行性研究的重要内容。因为一个项目是否可行，除其他因素外，很大程度上取决于产品的销售额及其收入。根据市场调查结果，可以预测出企业未来一个特定时期（项目寿命期）的产品需求预测。这种预测一方面可以判断项目是否可行，另一方面也是确定生产规模的依据。

3. 预测产品销售价格

市场价格是影响销售额并最终影响项目绩效的关键因素。然而，项目可行性研究阶段的市场价格只能通过预测确定，预测的是否准确，只有在项目运行后通过市场销售才能确定。因此，预测产品销售价格具有很大的不确定性。正确地预测价格对企业建成后的经营状况有很大的影响，也是决定项目是否可行的关键因素。

4. 确定企业生产规模

生产规模是指用产品表示工程项目年综合生产能力。所谓综合生产能力，一般是指一定时期内能够生产的产品量或单位数。在确定工厂生产能力之后，还要确定生产方案。这个问题同将来工厂所要采取的生产方法、生产设备和使用原材料都有密切关系，而且对将来工厂生产的经济合理性具有很大的意义。

生产规模的确定要考虑规模的经济性。根据“规模经济”理论。生产规模的大小对经济效益有很大影响。规模经济理论是指在一特定时期内，由于生产专业化水平的提高等原因，企业产品绝对量增加时，其单位成本下降，即扩大经营规模可以降低平均成本，从而提高利润水平。

（三）原材料和燃料、动力调查

工业生产过程是原材料投入工厂，转变为产品、副产品和废料的过程。因此，在可行性研究中必须对需要投入的各种材料，包括所需的各种主要原料、燃料、动力资源进行分析调查，使其在技术上具有可能性。这方面的工作内容包括：

（1）列出在生产过程中直接或间接使用的原料、燃料及动力。

（2）确定原料、燃料及动力的来源及其可得数量。

（3）分析原材料、燃料及动力的单位成本和确定供应计划。

（4）列出购买原材料、燃料及动力的方法。

（5）列出其他可以替代的原料、燃料及动力。

（四）坐落地点和厂址选择

可行性研究在对市场需求、生产能力、生产计划和投入要素等做出估算后，必须确定适于建设该工程项目的坐落地点和厂址，并研究该项目的建设和经营与厂址周围环境的相互关系。

1. 坐落地点

项目的坐落地点是指项目坐落的地理区域。如某个地区、某个省或某一河流选定一个适宜的区域。在这些区域内通常还有几个可供选择的厂址。

确定工业项目的地点主要应考虑以下 3 个因素：

（1）国家的方针政策

国家的方针政策如合理地配置工业、减少在大工业城市新建大型工业企业的规定；又如禁止在风景区建工厂、鼓励和扶助少数民族地区等政策。

（2）产、供、销的最佳组合

在拟建的生产规模、产品方案和工艺流程的前提下，选择产、供、销条件最优组合的建设地点，使产品到达消费点的劳动消耗最低（产品成本最低）。

（3）当地的各种条件

当地的各种条件包括该地区的基础结构（能源、水、通信等）和社会经济环境（如当地的自然气候、劳动力、三废处理方式等）。

2. 厂址选择

厂址选择应充分考虑下列各因素：

（1）与原材料供应地及市场的距离，以减少运输成本。

（2）建厂的自然条件，如工程地质、水文地质及气象地形要符合建厂要求。

（3）外部协作条件，注意企业协作外部环境，即成行成市、产业集聚等因素。

（4）通信、水源、动力可靠，厂址应尽量选在供电供水充分地区，通讯设施完善。

（5）交通运输条件以及其他生产性服务业（如金融与物流服务等）水平。

（6）社会环境和生态平衡。

（五）项目规划与设计

在项目范围内，项目规划与设计包括生产技术方案的选定、机械设备类型的选择、工艺方案决策及土建工程的确定。

1. 生产技术方案的选定

技术方案选择是工程项目可行性分析的关键。要从本企业实际情况出发对技术的先进性、适用性、可靠性以及经济性进行分析。同时还要对技术的溢出效果以及技术后果的危害性进行重点考虑。技术溢出效果是指技术应用后对科学技术和其他领域的作用，如推动其他行业的发展、改善劳动条件、改善人民生活等。

2. 设备选择

设备是实现项目目标的工具和手段，是机器、机械、运输工具，以及其他各种生产或非生产装备的总称。在一般情况下，设备选择从属于一定的生产规模和工艺技术，特别是对于具有流程性质的行业（如化工）。因此，应根据工厂生产能力和所选定的生产技术来确定设备方面的需要。

3. 工艺方案决策

生产工艺方案决策就是对产品的基本制造流程进行制定、评价和选择。不同的产品特点，不同生产规模，不同的品种数量，不同的工艺方法都会影响制造流程的选择。生产流程的类型有单件生产、成批生产、大量生产、连续生产，选择的原则是有利于提高设备利用率和劳动生产率。

（六）工厂组织机构和生产人员

确定工厂组织机构和生产人员主要是为了计算管理人员、管理费用和生产工人的工资总额。目前劳动力稀缺，不同层次劳动力的供应已经成为影响项目成功建设与运行的重要因素。因此，有必要对高、中、低层劳动力的获得做详细分析，确保人力资源的充足供应。

（七）建设进度

建设进度包括从筹建到设计、施工、竣工的整个建设安排。一般利用项目管理方法进行。其中“甘特图”或“网络图”可用来对项目进度进行管理与控制。甘特图也称横道图，即以图示的方式通过活动列表和时间刻度形象地表示出任何特定项目的活动顺序与持续时间。甘特图中，横轴表示时间，纵轴表示活动（项目），线条表示在整个期间上计划和实际的活动完成情况。它直观地表明任务计划在什么时候进行，及实际进展与计划要求的对比。管理者由此可便利地弄清一项任务（项目）还剩下哪些工作要做，并可评估工作进度。

（八）投资估算及筹措

资金是项目建设最基本的先决条件之一。正确确定项目所需资金数量及资金来源是项目决策的重要内容。有关投资估算及资金筹措方面的知识，请参阅第八章“投资估算与资金筹措”。

（九）生产成本估算

为了决定一个项目是否值得兴建，除了投资大小、销售收入以外，还必须实事求是地预测项目的生产成本，以保证项目的切实可行。生产成本的估算方法有类比法、分项估算法和趋势外推法 3 种。

（十）国民经济与财务评价

国民经济与财务评价即从社会和企业两个角度，考查一个项目将给国家、企业带来的利益和影响，从而判断其是否可行，做出正确的投资决策。

（十一）环保、节能与安全

在项目建设中，必须贯彻执行国家有关环境保护、能源节约和职业安全卫生方面的法规、法律，对项目可能对环境造成的影响，对影响劳动者健康和安全的因素，都要在可行性研究阶段进行分析，提出防治措施，并对其进行评价，推荐技术可行、经济，且布局合理，对环境的有害影响较小的最佳方案。按照国家现行规定，凡从事对环境有影响的建设项目都必须执行环境影响报告书的审批制度，同时，在可行性研究报告中，对环境保护和劳动安全要有专门论述。

上面介绍的是可行性研究的基本内容，但具体到每一个项目则随项目的不同而有所增减或侧重。

第二节　市场分析

任何一个工程项目在机会研究时期，都是在寻找可以获利的商机。因此，项目可行性研究的首要问题就是要研究拟建项目生产什么、生产多少等问题，即通过市场调查与研究，了解社会对某种产品或服务的需求状况及市场供应情况，分析其变化趋势，并采用合适的方法，预测该产品在未来市场上的需求量。在市场调查和预测的基础上，确定出该项目的合理规模。

一、市场调查

市场调查就是通过有目的、有计划、有步骤地收集、记录、整理和分析有关项目进行市场经营活动方面的资料，供项目经营者进行预测、决策的一项工作。

（一）市场调查的内容

市场调查的内容很多，不同的项目调查的内容不同，总的来讲，工程项目的调查内容包括以下几个方面：

1. 经济形势、政策及法规

对有关经济形势、政策、法规的了解，有助于项目投资者制定和调整投资方向和投资规模，安排项目建设和生产经营活动计划。

2. 市场需求情况

市场需求调查主要是了解市场对有关产品的产量、质量、规模、价格等方面的要求，它包括购买力、需求数量、销售状况等。

3. 竞争状况

项目总是在竞争环境中生存。项目决策不可能不考虑竞争对手的状况。项目投资者需要注意市场情况，确保投资项目生产的产品及劳务能在市场上占据有利位置。了解竞争是应对竞争，并取得竞争优势的前提。

（二）市场调查的方法

市场调查的方法很多，各自有其特点，适用于不同情况，但概括起来，主要有以下 3 种：

1. 访问调查法

调查者通过直接或间接的方式，对被调查者以询问问题的形式收集资料的一种调查方法，通常在调查前需要预先准备好相关问题，并设计调查表，以便询问。

根据获得信息媒介的不同，访问调查法又可分为电话调查法、面谈调查法、会议调查法和填表调查法 4 种。

2. 观察调查法

调查人员直接到现场进行观察或利用某种仪器进行收录和拍摄的一种收集资料的方法。其特点是在调查过程中，调查人员通过从旁观察并记录其发生的行为而得到信息。此方法得到的资料一般比较真实、可靠，但其缺陷是难以了解行为发生的真正原因和动机。

3. 实验调查法

通过小规模的销售实验或模拟实验来对各种市场营销因素加以测定和调查。此方法可以获得正确的原始资料，方法比较科学，但调查成本高、周期长，费工、费时。

二、市场预测

市场预测就是在市场调查的基础上，运用科学的方法和手段，对未来市场的发展变化趋势作出分析、预计、判断和测算，为决策提供可靠的、客观的依据。

（一）市场预测的基本程序

为了保证市场预测取得满意的结果，在项目可行性研究过程中，预测工作需要按照一定的程序进行。其步骤包括：确定预测目标；收集、处理资料；选择预测技术；建立预测模型；评价模型；利用模型预测；分析并输出预测结果。市场预测的基本程序如图 9-4 所示。

（二）市场预测的方法

市场预测的方法，大体上可分为两大类，即定性预测和定量预测两种。

1. 定性预测方法

定性预测方法主要依靠预测者的经验和综合分析能力，对各种可能的未来发展，评价其重要程度和概率，对事件进行反复评价，并在进行过程中不断修正其假设和判断。这种方法简单，适应性好，花费不多，在资料数据较少的情况下，通常能获得较好效果。

（1）专家座谈法。聘请相关方面的领域专家，通过座谈研讨，依靠专家的知识和经验进行预测。该方法以专家为获取知识的对象，因此选择和依靠的专家必须具有所需的领域知识及丰富的实践经验。预测的方法是先向专家提出问题、提供信息，由专家讨论分析综合，根据专家本人的知识和经验做出其个人判断，然后由调查人员把专家意见归纳整理，形成预测结论。这种方法的优点是占有的信息量大，考虑的因素比较全面具体，专家之间可以互相启发，集思广益，取长补短。其缺点是容易受权威的影响，与会者不能畅所欲言。

（2）销售人员意见综合法。一线销售人员是对市场动向最为敏感的人群，该方法是把销售人员的判断综合起来的一种方法。所提供的信息比较切合实际，具有较高的灵敏度。不足之处在于：销售人员是有偏见的观察者，视野有一定的局限性。同时，还受他们个人性格的影响，如他们可能是天生的悲观主义者或乐观主义者；他们也可能由于最近的销售受挫或成功，从一个极端走向另一个极端等。

（3）德尔菲法（Delphi Method）。德尔菲法是在专家座谈法的基础上加以改进而形成的方法，近年来成为广泛应用的预测方法，其实质是具有反馈的函询机制。具体做法是：预测主持者选定预测目标（问题）和参加的预测专家，先将所要预测的问题和有关背景材料以及调查表，用通信的方式寄给各位专家，分别向各位专家征询意见。预测小组把专家们寄回的个人意见，加以综合、归纳、整理，再反馈给专家，进一步征询意见，如此反复多次，直至专家们的意见渐趋一致，方可作为预测结果。

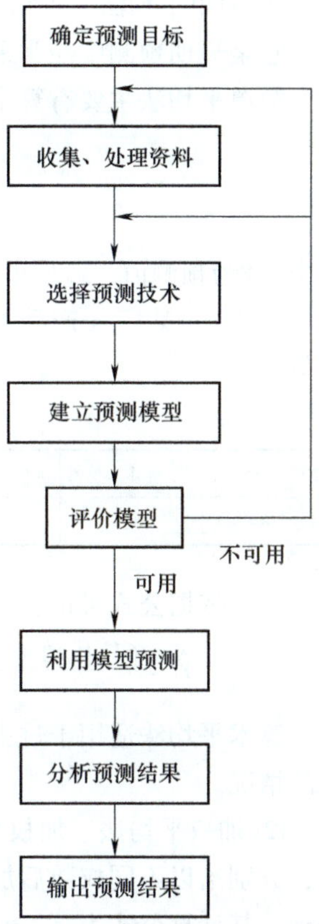

图 9-4　市场预测的基本程序

德尔菲法实际上就是采用函询的形式进行匿名交流。在进行过程中专家互不见面，这样就避免专家座谈法的缺点，减少权威、资历、口才、人数、心理等各种因素对专家的影响，便于清除顾虑，大胆思考，畅所欲言；从汇总资料可以了解别的专家的看法，取长补短，改变自己的意见，重新预测，无损自己的威望。信息反馈沟通是德尔菲法的又一特点，因为此法函询征集意见不是一次就结束了，而是反复几次，一般 3～4 次，为了使专家掌握情况，预测领导小组每次都将专家的意见汇总分类，列出不同看法和依据，再分送给专家，专家们从反馈资料中进行分析、选择，参考有价值的信息，深入联想，反复比较，有利于提出较好的预测意见。德尔菲法避免了专家座谈会上权威的影响，同时又具有面对面开会的效果，使预测的结果更佳符合实际。

2. 定量预测方法

定量预测法可分为两大类：一是时间序列预测法；二是回归预测法。

（1）时间序列预测法。时间序列法的前提是假定事物的过去规律会同样延续到未来，所以根据市场过去的变化趋势就可以预测市场未来的发展。

所谓时间序列，是指观察和记录到的一组按时间顺序排列的数据。时间序列分析法把时间序列数据作为随机变量，运用数学方法消除偶然因素的影响并使其向外延伸，做出对未来市场的预测。

① 简单平均法。求出时间序列数据平均数并以其为基础确定预测值的方法称简单平均法，它是短期预测中经常采用的方法。

简单平均法主要有算术平均法和加权平均法。算术平均法的计算公式为：

$$\hat{Y} = \frac{x_1 + x_2 + x_3 + \cdots + x_n}{n} = \frac{\sum_{i=1}^{n} x_i}{n} \tag{9-1}$$

式中，$\hat{Y}$为预测值；x_i为第 i 期的数据；n 为数据期数或期限。

例 9-1 某厂 A 产品 1～6 月实际销售额的统计资料如表 9-2 所示，需预测 7 月的销售额。

表 9-2 某厂 A 产品销售额预测 （单位：万元）

月 份	1	2	3	4	5	6	7
销售额	61	58	60	70	64	59	62（预测值）

解：依据公式可得：

$$\hat{Y}_7 = \frac{61\text{万元} + 58\text{万元} + 60\text{万元} + 70\text{万元} + 64\text{万元} + 59\text{万元}}{6} = 62\text{万元}$$

算术平均法适用于过去实际销售情况没有显著波动，且下一时期的销售条件没有什么变化的情况。

② 加权平均法。加权平均法就是在求平均数时，根据时间序列数据中各数据重要性的不同，分别给以不同权数后加以平均的方法。通过加权平均法求得的平均数，可反映长期趋势变动。其计算公式为：

$$\hat{Y} = \frac{1}{n}\sum_{i=1}^{n} \omega_i x_i \tag{9-2}$$

式中，ω_i 为第 i 期的权数。

加权平均法的关键是确定权数。权数只能依据经验而定。一般来说，近期数据加权系数大，远期数据加权系数小。如果按波动幅度确定，波动幅度大者加权系数大。在数据变动不大时，可按等差数列确定权数；在数据变动大时，可按等比数列确定权数。

③ 移动平均法。移动平均法是在算术平均法的基础上发展起来的，旨在弥补算术平均法的不足，并反映企业销售量变化的趋势。其特点是通过平均法的分段推移，逐步排除较远期数字的影响，而吸纳较近期的数据，即为一个“吐故纳新”的过程。

简单移动平均法的计算公式为：

$$\begin{aligned} M_t &= \frac{Y_t + Y_{t-1} + Y_{t-2} + \cdots + Y_{t-N+1}}{N} \\ &= M_{t-1} + \frac{Y_t - Y_{t-N}}{N} \end{aligned} \tag{9-3}$$

式中，Y_t 为第 t 期的实际数据；N 为移动平均的步长；M_t 为 t 期的移动平均值。

用简单移动平均法进行预测的基本公式为：

$$\hat{Y}_{t+1} = M_t \tag{9-4}$$

例 9-2 现有某厂 1～12 月的实际销售额数据如表 9-3 所示，试求各个时期的移动平均值

($N=5$)，并预测下一年元月的销售额。

表 9-3 某厂 1～12 月的实际销售额 （单位：万元）

月 份	1	2	3	4	5	6	7	8	9	10	11	12	
销售额	53	55	56	63	62	58	61	63	66	72	70	75	

解：在 $N=5$ 的情况下，首期的移动平均值应从 5 月开始。

$$M_5=\frac{62\text{ 万元}+63\text{ 万元}+56\text{ 万元}+55\text{ 万元}+54\text{ 万元}}{5}=58\text{ 万元}$$

$$M_6=\frac{58\text{ 万元}+62\text{ 万元}+63\text{ 万元}+56\text{ 万元}+55\text{ 万元}}{5}=58\text{ 万元}+\frac{58\text{ 万元}-54\text{ 万元}}{5}=58.8\text{ 万元}$$

以此类推直至求出最后 6 个月的移动平均值如表 9-4 所示。用简单移动平均法预测明年元月的销售额为：

$$\hat{Y}_{13}=M_{12}=69.2\text{ 万元}$$

表 9-4 $N=5$ 时销售额的移动平均值及预测值 （单位：万元）

月 份	1	2	3	4	5	6	7	8	9	10	11	12	下一年元月
销售额	54	55	56	63	62	58	61	63	66	72	70	75	—
M_t	—	—	—	—	58.0	58.8	60.0	61.4	62.0	64.0	66.4	69.2	—
$\hat{Y}_t$	—	—	—	—	—	58.0	58.8	60.0	61.4	62.0	64.0	66.4	69.2

④ 指数平滑法。指数平滑法是考虑到各期销售对未来销售的不同影响。近期影响较大，远期影响较小。因此在计算过程中，以时间作为定权，进行加权平均。计算公式为：

$$S_t=\alpha y_t+(1-\alpha)S_{t-1} \tag{9-5}$$

式中，S_t 为 t 时期的一次指数平滑法；y_t 为 t 时期的实际值；α 为加权系数。

利用指数平滑法进行预测的基本公式为：

$$\hat{Y}_t=S_t \tag{9-6}$$

平滑系数 α 在式中是新旧数据的分配比值，α 值越大，则新数据在 S_t 中所占比重越高。当 $\alpha=1$ 时，则指数平滑值等于时间序列中最近的一个数据。当 $\alpha=0$ 时，指数平滑值等于上一期的指数平滑值。α 的增大，意味着对新数据重视程度越大。

使用指数平滑法的关键是平滑系数 α 的取值，当 α 大时，对历史上的近期变化趋势反映比较充分，如果近期观察值受不规则因素的干扰较大，就会影响预测的准确性；当 α 取小值时，反映长期变化趋势比较充分，但可能反映近期变化不够。目前，α 的取值尚没有理论依据，只有一些经验数据，且相差很大，有人认为 α 在 0.01～0.3；也有人认为 α 在 0.7 以上，主要是对新数据的作用的看法不同，才有此不同的结论。因此，α 值的选择最好先在已知历史数据中进行试验，然后再确定一个合适的数值，也就是说应针对实际情况而选取 α。

使用指数平滑法还有一个初始值 S_0 的估算问题。因为指数平滑法是以前一个数据 S_{t-1} 作为起点，就有一个初始值的取值问题。当时间序列数据比较多时，初始值的作用并不明显，可以假设 $S_{t-1}=Y_1$，即等于数列的第一个数据值。

例 9-3 某电器销售企业 2009～2014 年某种电器销售额及其一次指数平滑数列计算列表如表 9-5 所示。

表 9-5 一次指数平滑值计算表 （单位：万元）

年　份	2009	2010	2011	2012	2013	2014
销售额 Y	50	40	45	48	55	65
$\alpha=0.3$ 预测值	50	47	46.4	46.88	49.32	54.02
$\alpha=0.7$ 预测值	50	43	44.4	46.92	52.58	61.34

解：根据式（9-5）进行计算：

当 $\alpha=0.3$ 时

$$S_0=Y_1=50\text{ 万元}$$

$$S_1=\alpha Y_1+(1-\alpha)S_0=0.3\times50\text{ 万元}+0.7\times50\text{ 万元}=50\text{ 万元}$$

$$S_2=\alpha Y_2+(1-\alpha)S_1=0.3\times40\text{ 万元}+0.7\times50\text{ 万元}=47\text{ 万元}$$

$$S_3=\alpha Y_3+(1-\alpha)S_2=0.3\times45\text{ 万元}+0.7\times47\text{ 万元}=46.4\text{ 万元}$$

$$S_4=\alpha Y_4+(1-\alpha)S_3=0.3\times48\text{ 万元}+0.7\times46.4\text{ 万元}=46.88\text{ 万元}$$

$$\vdots$$

可以看到，当 α 比较大时，预测值对最新的数据反映比较敏感；当 α 比较小时，预测值更加反映其长期趋势。

⑤ 二次指数平滑法。当一次指数平滑值数列不够平滑时，可进行二次指数平滑。二次指数平滑法是对一次指数平滑数据 S_t 再做一次指数平滑，方法同上。

一般，当过去各个时期的实际值变化不大或不规则的变化不显著时，采用移动平均法进行预测较为适宜；在倾向变化大时，用指数平滑法进行预测较好。

（2）回归预测法。回归预测是市场分析中常用的一种方法。

假设预测事物有一个主要影响因素，因变量和自变量呈线性关系，即：

$$\hat{Y}_i=a+b\,x_i \tag{9-7}$$

对于一组已知的（x_i，y_i）来讲，当它们之间的关系满足式（9-7）时，利用最小二乘法，就可以确定其参数（a，b），此时的 $\hat{Y}_i$ 就是 y_i 的估计值。

最小二乘法的基本原则是对于确定的方程，要使观察值（y_i）对估计值（$\hat{Y}_i$）偏差的平方和最小。根据这一思想，通过数学推导，可得：

$$\hat{Y}_i=a+b\,x_i \tag{9-8}$$

其中，

$$a=\overline{Y}-b\,\overline{X}$$

$$b=\frac{\sum x_i y_i-\overline{Y}\sum x_i}{\sum x_i^2-\overline{X}\sum x_i}$$

式中，$\hat{Y}_i$ 为第 i 期的预测值；$\overline{Y}$ 为一组 y_i 的平均值 $\left(\overline{Y}=\frac{\sum y_i}{n}\right)$；$\overline{X}$ 为一组 x_i 的平均值 $\left(\overline{X}=\frac{\sum x_i}{n}\right)$。

然后再根据 a、b 确定回归方程（经验公式）。对所建立的线性回归方程的可信度要进行一些必要的统计检验，只有通过检验，说明方程式是成立的，才能用来进行预测。检验的方法有多种，常用的有 S 检验和相关性检验。

1）S 检验。S 是指回归标准差，即所有的观察值 Y_i 与相应的回归值 $\hat{Y}_i$ 的平均误差。

$$S=\sqrt{\frac{\sum_{i=1}^{n}(Y_i-\hat{Y}_i)^2}{n-k}} \tag{9-9}$$

式中，Y_i 为第 i 个观察值；$\hat{Y}_i$ 为第 i 个回归值；n 为统计数据的个数；k 为参数个数，在一元线性回归方程中，参数为 a、b，所以 $k=2$。

S 值越小越好，通常以 S 和 $\overline{Y}$，的比值 $S/\overline{Y}$ 测定回归方程误差的大小。如果 $S/\overline{Y}<15\%$。就认为 S 检验通过。

2）相关性检验。相关性检验就是用相关系数 r 来判断两个变量 X 与 Y 之间的线性关系的密切程度，计算公式为：

$$r=\frac{n\sum X_iY_i-(\sum X_i)(\sum Y_i)}{\sqrt{[n\sum X_i^2-(\sum X_i)^2][n\sum Y_i^2-(\sum Y_i)^2]}} \tag{9-10}$$

r 的绝对值在 1 和 0 之间。r 的绝对值越大，表明直线与数据点吻合程度高，并说明两个变量之间的相关性越好。r 的绝对值越小，说明直线与数据点吻合程度差。当相关系数 r 为正时，因变量随变量的增大而增大；当 r 为负时，因变量随变量的增大而减小。

总之，一元线性回归主要解决 3 个问题：①从一组历史数据出发，确定变量 Y 与 X 之间的定量关系式回归方程；②对这个关系式的可信程度进行统计检验；③利用所求得的回归方程进行预测。

例 9-4　某地区 2010～2014 年某服装商店的销售额和该地区服装社会零售额历史统计资料如表 9-6 所示，已知该地区 2015 年服装社会需求预测值为 45 百万元，试用回归分析法预测该服装店 2015 年的服装销售额。

表 9-6　某地区的统计资料　　（单位：百万元）

年　份	2010	2011	2012	2013	2014
商店服装销售额 Y	2.4	2.7	3.0	3.4	3.8
服装社会零售额 X	26	29	32	37	41

解：首先建立回归方程。先计算回归系数 a、b，如表 9-7 所示。

表 9-7　计算数据

年份	Y_i/百万元	X_i/百万元	X_i^2	Y_i^2	X_iY_i	$\hat{Y}_i$	$Y_i-\hat{Y}_i$
2010	2.4	26	676	5.76	62.4	2.417 8	-0.017 8
2011	2.7	29	841	7.29	78.3	2.693 2	0.006 8
2012	3.0	32	1 024	9.00	96.0	2.968 6	0.031 4
2013	3.4	37	1 369	11.56	125.8	3.427 6	-0.027 6
2014	3.8	41	1 681	14.44	155.8	3.794 8	0.005 2
$n=5$	$\sum Y_i=15.3$	$\sum X_i=165$	$\sum X_i^2=5\ 591$	$\sum Y_i^2=48.05$	$\sum X_iY_i=518.3$		$\sum Y_i-\hat{Y}_i=-0.002$

$$\bar{Y} = \frac{1}{n}\sum Y_i = \frac{15.3}{5} \text{百万元} = 3.06 \text{百万元}$$

$$\bar{X} = \frac{1}{n}\sum X_i = \frac{165}{5} \text{百万元} = 33 \text{百万元}$$

将有关数据代入公式得：

$$b = \frac{\sum x_i y_i - \bar{Y}\sum x_i}{\sum x_i^2 - \bar{X}\sum x_i} = 0.091\ 8$$

$$a = \bar{Y} - b\bar{X} = 0.031$$

故一元线性回归方程为：

$$\hat{Y} = 0.031 + 0.091\ 8X$$

其次是对所建立的线性回归方程进行检验。

S 检验：

$$S = \sqrt{\sum_{i=1}^{n}(Y_i - \hat{Y}_i)^2/(n-k)}$$

$$= 0.025$$

（k 为回归方程参数个数，此处为2）

$\frac{S}{Y} = \frac{0.025}{3.06} = 0.008\ 17 < 15\%$，检验通过。

相关性检验：

$$r = \frac{n\sum X_i Y_i - (\sum X_i)(\sum Y_i)}{\sqrt{[n\sum X_i^2 - (\sum X_i)^2][n\sum Y_i^2 - (\sum Y_i)^2]}}$$

$$= \frac{5 \times 518.3 - 165 \times 15.3}{\sqrt{[5 \times 5\ 591 - 27\ 225][5 \times 48.05 - 234.09]}}$$

$$= 0.999\ 1$$

说明 X 与 Y 之间密切相关，预测方程成立。

最后预测2015年市场该产品销售额，将 $X = 45$ 百万元带入，得：

$$\bar{Y}_{2015} = 0.031 \text{百万元} + 0.0918 \times 45 \text{百万元} = 4.162 \text{百万元}$$

在实际问题中，两个变量之间除线性相关外，更多的是非线性相关，这时应选择适当的曲线来描述两个变量之间的非线性相关关系。

第三节　经济评价

工程项目经济评价是可行性研究的重要组成部分，是项目决策科学化的重要手段，必须按照国家发展和改革委员会、建设部《关于建设项目经济评价工作的若干规定》（发改投资［2006］1325号文件附件一）中的要求，对项目建设的必要性和可能性做出全面、详细、完整的经济评价。

对于一个工程项目，评价者从不同的角度去分析、考察时，由于引起投入与产出的范围不同，故所得结果也不相同。当评价者站在企业的角度去对工程项目进行分析、评价时，称之为财务评价。当评价者站在国家的角度去分析、评价时，称之为国民经济评价。

一、财务评价

所谓财务评价，是指在国家现行财税制度和价格体系的条件下，计算项目范围内的效益和费用，分析项目的盈利能力、清偿能力以及财务生存能力，以考查项目在财务上的可行性。对于一个项目，进行财务评价的主要目的是判断企业投资项目的效益，解决资金安排的可行性、资金安排的效益性，为协调国家和企业利益提供依据。

（一）财务评价的目的和主要内容

1. 财务评价的目的

财务评价是从投资项目或企业角度对项目进行的经济分析。其主要目的是：

（1）从企业或项目角度出发，分析投资效果，判明企业投资所获得的实际利益。

（2）为企业制定资金规划。

（3）为协调企业利益和国家利益提供依据，当项目的财务评价和国民经济评价发生矛盾时，国家需要用手段予以调节。财务评价可以通过考查有关经济参数（如价格、税收、利率等）变动对分析结果的影响，寻找经济调节的方式和幅度，使企业利益和国家利益趋于一致。

项目决策可分为投资决策和融资决策两个层次。投资决策重在考查项目净现金流的价值是否大于其投资成本，融资决策重在考查资金筹措方案能否满足要求。根据不同的需要，财务分析可分为融资前分析和融资后分析。融资前分析主要从项目投资获利能力角度，考查项目方案设计的合理性。而融资后分析则主要考查项目在特定融资方案下的盈利能力、偿债能力、和财务生存能力，判断项目方案在一定的融资方案下的可行性。

2. 财务评价的主要内容

工程项目财务评价主要是考查项目的盈利能力、偿债能力和财务生存能力。

盈利能力是指项目建成投产后产生利润的能力。

偿债能力是指项目偿还建设投资借款和清偿债务的能力。

财务生存能力是指项目计算期内净现金流量用以维持正常运营、实现财务可持续性的能力。

根据项目类型不同，财务评价采用的指标也有所区别。对于经营性项目，应按上述全部指标进行评价。对于非经营性项目，财务分析主要分析项目的财务生存能力。

（二）现金流量分析

现金流量是项目在建设期和生产服务年限中（有效寿命期内）各年度的现金流入和流出的数量。通过现金流量分析，可以考查企业的盈利能力，为投资方案进行比较建立了共同的基础。

工程项目的现金流量由现金流入量、现金流出量、净现金流量和累计净现金流量4项组成。

1. 现金流入量

工业项目的现金流入量包括：

（1）营业收入，是指项目销售产品（提供劳务）取得的收入。

（2）补贴收入。企业可能得到的补贴收入，包括先征后返的增值税、财政扶持补贴等。

（3）回收固定资产余值，是指项目生产服务最后一年可收回的固定资产残值。

(4) 回收流动资金，是指生产服务年限最后一年收回的流动资金，其大小与最初投入的流动资金额相等。

2. 现金流出量

现金流出量的内容因评估出发点的不同，而有所区别。

(1) 全部投资现金流出量。全部投资现金流出量包括：①建设投资；②流动资金；③经营成本；④营业税金及附加（即：营业税金＋城市建设维护税＋教育费附加税）；⑤维护运营投资。

(2) 资本金（自有资金）现金流出量。资本金，也称自有资金的现金流出量，包括：①项目资本金；②借款本金偿还；③借款利息支付；④经营成本；⑤营业税金及附加，（即：营业税金＋城市建设维护税＋教育费附加税）；⑥所得税；⑦维护运营投资。

3. 净现金流量

净现金流量是指各年度现金流入量与现金流出量之差。

4. 累计净现金流量

累计净现金流量是指各年度净现金流量的累计数额，本指标主要用于计算投资回收期。

(三) 财务评价的基本报表

财务评价的基本报表包括各类财务现金流量表、利润与利润分配表、财务计划现金流量表、借款还本付息计划表和资产负债表。

1. 财务现金流量表

此类报表反映项目计算期内各年的现金收支（现金流入与现金流出），用以计算各项动态指标和静态指标，进行财务盈利能力分析。按投资计算基础，财务现金流量表分为：

(1) 项目投资财务现金流量表。项目投资财务现金流量表主要用于融资前项目投资现金流量分析，该表部分的项目投资来源，是从项目投资总获利能力的角度，以全部投资作为计算基础，通过计算项目投资财务内部收益率及净现值等财务分析指标，考查项目全部投资的盈利能力，为各个投资方案（无论其资金来源和利息多少）进行比较建立共同的基础。

根据需要，可从所得税前和所得税后两个角度，选择计算所得税前和所得税后的指标。

所得税前指标不受融资方案和所得税政策变化的影响，仅仅体现项目方案本身的合理性。因此，它可以作为初步投资决策的主要指标，用于考查项目是否可行、是否值得融资。项目投资财务现金流量表的具体结构如表9-8所示。

表9-8　项目投资财务现金流量表　　（单位：万元）

序号	项目	合计	计算期				
			1	2	3	…	n
1	现金流入						
1.1	营业收入						
1.2	补贴收入						
1.3	回收固定资产余值						
1.4	回收流动资金						
2	现金流出						

（续）

序　号	项　　目	合　计	计　算　期				
			1	2	3	…	n
2.1	建设投资						
2.2	流动资金						
2.3	经营成本						
2.4	营业税金及附加						
2.5	维护运营投资						
3	所得税前净现金流量（1-2）						
4	累计所得税前净现金流量						
5	调整所得税						
6	所得税后净现金流量（3-5）						
7	累计所得税后净现金流量						

计算指标：

项目投资财务内部收益率（所得税前）
项目投资财务内部收益率（所得税后）
项目投资财务净现值（所得税前）
项目投资财务净现值（所得税后）
项目投资回收期（所得税前）
项目投资回收期（所得税后）

注：调整所得税为以息税前利润为基数计算的所得税。

（2）项目资本金现金流量表。项目资本金现金流量表是从项目权益投资者整体的角度，考查项目给项目权益者（项目发起人）带来收益水平的报表。该表从投资者角度出发，以投资者出资额作为计算基础，把各年投入项目的项目资本金记为现金流出，各年交付的所得税和借款还本付息也记为现金流出。它是在拟定的融资方案基础上进行的息税后分析。该表主要用于计算项目资本金财务内部收益率，考查项目资本金的盈利能力。

项目资本金现金流量表将其净现金流量表示为缴税和还本付息之后剩余，即项目（或企业）增加的净收益，也是投资者的权益性收益。

项目资本金现金流量表的具体结构如表 9-9 所示。

表 9-9　项目资本金现金流量表　　（单位：万元）

序　号	项　　目	合　计	计　算　期				
			1	2	3	…	n
1	现金流入						
1.1	营业收入						
1.2	补贴收入						
1.3	回收固定资产余值						
1.4	回收流动资金						
2	现金流出						

（续）

序　号	项　　目	合　计	计　算　期				
			1	2	3	…	*n*
2.1	项目资本金						
2.2	借款本金偿还						
2.3	借款利息支付						
2.4	经营成本						
2.5	营业税金及附加						
2.6	所得税						
2.7	维护运营投资						
3	净现金流量（1－2）						
计算指标： 资本金财务内部收益率（%）							

注：1. 项目资本金包括用于建设投资、建设期利息和流动资金的资金。
2. 对外商投资项目，现金流出中应增加职工奖励及福利基金科目。
3. 本表用于新设法人项目与既有法人项目“有项目”的现金流量分析。

2. 利润与利润分配表

利润与利润分配表是反映项目计算期内各年营业收入、总成本费用、利润总额等情况，以及所得税后利润的分配，用于计算总投资收益率、项目资本金净利润率等指标的财务报表。

利润与利润分配表的具体结构如表9-10所示。

表9-10　利润与利润分配表　　（单位：万元）

序　号	项　　目	合　计	计　算　期			
			1	2	…	*n*
1	营业收入					
2	营业税金及附加					
3	总成本费用					
4	补贴收入					
5	利润总额（1－2－3＋4）					
6	弥补以前年度亏损					
7	应纳税所得额（5－6）					
8	所得税（25%）					
9	净利润					
10	期初未分配利润					
11	可供分配利润（9＋10）					
12	提取法定盈余公积金					
13	可供投资者分配的利润（11－12）					
14	应付优先股股利					
15	提取任意盈余公积金					

（续）

序　号	项　　目	合　计	计　算　期			
			1	2	…	n
16	应付普通股股利（13－14－15）					
17	各投资方利润分配					
	其中：甲方股利					
	乙方股利					
18	未分配利润（13－14－15－17）					
19	息税前利润（利润总额＋利息支出）					
20	息税折旧摊销前利润（息税前利润＋折旧＋摊销）					

注：1. 对于外商投资项目，由第11项减去储备基金、职工奖励与福利基金和企业发展基金（外商独资项目可不列企业发展基金）后，得出可供投资者分配的利润。
2. 法定盈余公积金按净利润计提。

3. 财务计划现金流量表

财务计划现金流量表是反映项目计算期各年的投资、融资及经营活动的现金流入和流出，用于计算净现金流量和累计盈余资金，分析项目是否有足够的净现金流量维持正常运营，实现财务可持续性的财务报表。

财务计划现金流量表的基本结构如表9-11所示。

表9-11　财务计划现金流量表　　　　（单位：万元）

序　号	项　　目	合　计	计　算　期				
			1	2	3	…	n
1	经营活动净现金流量（1.1～1.2）						
1.1	现金流入						
1.1.1	营业收入						
1.1.2	增值税销项税额						
1.1.3	补贴收入						
1.1.4	其他流入						
1.2	现金流出						
1.2.1	经营成本						
1.2.2	增值税进项税额						
1.2.3	营业税金及附加						
1.2.4	增值税						
1.2.5	所得税						
1.2.6	其他流出						
2	投资活动净现金流量（2.1～2.2）						
2.1	现金流入						
2.2	现金流出						

（续）

序　号	项　　目	合　计	计　算　期				
			1	2	3	…	n
2.2.1	建设投资						
2.2.2	维护运营投资						
2.2.3	流动资金						
2.2.4	其他流出						
3	筹资活动净现金流量（3.1～3.2）						
3.1	现金流入						
3.1.1	项目资本金投入						
3.1.2	建设投资借款						
3.1.3	流动资金借款						
3.1.4	债券						
3.1.5	短期借款						
3.1.6	其他流入						
3.2	现金流出						
3.2.1	各种利息支出						
3.2.2	偿还债务本金						
3.2.3	应付利润（股利分配）						
3.2.4	其他流出						
4	净现金流量（1+2+3）						
5	累计盈余资金						

注：1. 对于新设法人项目，本表投资活动的现金流入为0。
2. 对于既有法人项目，可适当增加科目。
3. 必要时，现金流出中可增加应付优先股股利科目。
4. 对外商投资项目应将职工奖励与福利基金计为经营活动现金流出。

4. 借款还本付息计划表

借款还本付息计划表反映项目计算期内各年借款本金偿还和利息支付情况，用于计算偿债备付率和利息备付率指标。

借款还本付息计划表的基本结构如表9-12所示。

表9-12　借款还本付息计划表　（单位：万元）

序　号	项　　目	合　计	计　算　期				
			1	2	3	…	n
1	借款1						
1.1	期初借款余额						
1.2	当期还本付息						
	其中：还本						
	付息						
1.3	期末借款余额						
2	借款2						

（续）

序　号	项　　目	合　计	计　算　期				
			1	2	3	…	n
2.1	期初借款余额						
2.2	当期还本付息						
	其中：还本						
	付息						
2.3	期末借款余额						
3	债券						
3.1	期初债务余额						
3.2	当期还本付息						
	其中：还本						
	付息						
3.3	期末债务余额						
4	借款和债券合计						
4.1	期初余额						
4.2	当期还本付息						
	其中：还本						
	付息						
4.3	期末余额						

计算指标：

偿债备付率

利息备付率

注：1. 本表可直接适用于新设法人项目，如有多种借款或债券，必要时应分别列出。

2. 对既有法人项目，在按有项目范围计算时，可根据要增加项目范围内原有借款的还本付息计算；在计算企业层次的还本付息时，可根据需要增加项目范围外借款的还本付息计算。

3. 本表可另加流动资金借款的还本付息计算。

5. 资产负债表

资产负债表反映了公司在特定时点的财务状况，是公司的经营管理活动结果的集中体现。通过分析公司的资产负债表，能够揭示出公司偿还短期债务的能力、公司经营稳健与否或经营风险的大小，以及公司经营管理总体水平的高低等。该表可用于计算资产负债率、流动比率和速动比率等反映企业偿债能力的指标。资产负债表结构如表 9-13 所示。

表 9-13　资产负债表　（单位：万元）

序　号	项　　目	计　算　期					
		1	2	3	4	…	n
1	资产						
1.1	流动资产总额						
1.1.1	货币资金						
1.1.2	应收账款						
1.1.3	预付账款						

（续）

序 号	项 目	计 算 期					
		1	2	3	4	…	n
1.1.4	存货						
1.1.5	其他						
1.2	在建工程						
1.3	固定资产净值						
1.4	无形及其他资产净值						
2	负债及所有者权益（2.4+2.5）						
2.1	流动负债总额						
2.1.1	短期借款						
2.1.2	应付账款						
2.1.3	预收账款						
2.1.4	其他						
2.2.	建设投资借款						
2.3	流动资金借款						
2.4	负债小计						
2.5	所有者权益						
2.5.1	资本金						
2.5.2	资本公积金						
2.5.3	累计盈余公积金						
2.5.4	累计未分配利润						
计算指标： 资产负债率（%） 流动比率 速动比率							

注：1. 对外商投资项目，第2.5.3项改为累计储备基金和企业发展基金。

2. 对既有法人项目，一般只针对法人编制，可按需要增加科目，此时表中资本金是指企业全部实收资本。必要时，也可针对“有项目”范围编制，此时表中资本金仅指“有项目”范围的对应数值。

3. 货币资金包括现金和累计盈余资金。

（四）财务评价指标

财务评价指标主要有盈利能力指标、偿债能力和财务生存能力指标3类指标，按是否考虑资金时间价值，又可分为动态和静态两类指标。

1. 盈利能力分析

盈利能力分析的主要指标有项目投资财务内部收益率、项目投资财务净现值、资金财务内部收益率等动态指标和项目投资回收期、总投资收益率、项目资本金净利润率等静态指标。在进行项目财务评价时，可根据项目的特点及财务分析的目的、要求等进行选用。

（1）财务内部收益率。财务内部收益率（FIRR）是指能使项目计算期内净现金流量现值累计等于0时的折现率。

根据分析视角的不同，财务内部收益率主要有两个指标：

1）项目投资财务内部收益率。项目投资财务内部收益率体现了项目全部投资的盈利能力。该指标可用于对项目本身的设计合理性进行评价。

当计算的项目投资财务内部收益率大于或等于行业规定的基准收益率 i_c 时，说明项目投资获利水平达到了规定的要求（行业的平均水平），即项目投资是合理的。

2）资本金财务内部收益率。资本金财务内部收益率指标体现了在一定的融资方案下，投资者整体所能获得的权益性收益水平。该指标可用来对融资方案进行比较和取舍。

当计算的资本金财务内部收益率大于或等于项目投资者整体对投资获利的最低期望值（即最低可接受收益率）时，说明投资获利水平高于或达到了要求，项目是可以接受的。

（2）财务净现值。财务净现值（FNPV）是指按设定的折现率（一般采用基准收益率 i_c）计算的项目计算期内净现金流量的现值之和。

在一般情况下，财务盈利能力分析只计算项目投资财务净现值，包括所得税前净现值或所得税后净现值。

若在设定的折现率下计算的财务净现值大于或等于0，项目方案在财务上可考虑接受。

（3）项目投资回收期。项目投资回收期（P_t）是指以项目的净收益回收项目投资所需要的时间，一般以年为单位。项目投资回收期宜从项目建设开始年算起，若从项目投产开始年计算，应予以特别注明。

对于一般项目，若投资回收期短，则表明项目的盈利能力强，投资回收快，抗风险能力强。

（4）总投资收益率。总投资收益率（ROI）表示总投资的盈利水平，是指项目达到设计能力后正常年份的年息税前利润或运营期内年平均息税前利润（EBIT）与项目总投资（TI）的比率。

总投资收益率的计算公式为：

$$\mathrm{ROI}=\frac{\mathrm{EBIT}}{\mathrm{TI}}\times 100\% \tag{9-11}$$

式中，EBIT为利润总额加利息支出。

若总投资收益率高于同行业的收益率参考值，则表明用总投资收益率表示的盈利能力满足要求。

（5）项目资本金净利润率。项目资本金净利润率（ROE）表示项目资本金的盈利水平，是指项目达到设计能力后正常年份的年净利润或运营期内年平均净利润（NP）与项目资本金（EC）的比率。

项目资本金净利润率的计算公式为：

$$\mathrm{ROE}=\frac{\mathrm{NP}}{\mathrm{EC}}\times 100\% \tag{9-12}$$

若项目资本金净利润率高于同行业的净利润率参考值，则表明用项目资本金净利润率表示的盈利能力满足要求。

2. 偿债能力分析

偿债能力分析指标包括利息备付率、偿债备付率、资产负债率、流动比率和速动比率。

（1）利息备付率。利息备付率（ICR）是指在借款偿还期内的息税前利润（EBIT）与应付利息（PI）的比值，它从付息资金来源的充裕性角度反映项目偿付债务利息的保障程度和支付能力。其计算公式为：

$$ICR = \frac{EBIT}{PI} \times 100\% \tag{9-13}$$

式中，EBIT 为息税前利润（利润总额 + 利息支出）；PI 为计入总成本费用的全部利息。

利息备付率可以分年计算，也可按整个借款偿还期综合计算。分年计算的利息备付率更能反映项目的偿债能力。

利息备付率高，表明利息偿付的保障程度高，风险小。利息备付率应大于 1，并可根据债权人的要求确定。

（2）偿债备付率。偿债备付率（DSCR）是指在借款偿还期内，可用于还本付息的资金（EBITDA - T_{AX} - IC）与应还本付息金额（PD）的比值。其计算公式为：

$$DSCR = \frac{EBITDA - T_{AX} - IC}{PD} \times 100\% \tag{9-14}$$

式中，EBITDA 为息税前利润加折旧和摊销（利润总额 + 利息支出 + 折旧 + 摊销）；T_{AX} 为所得税；IC 为运营期维护运营的投资；PD 为应还本付息金额，包括还本金额和计入总成本费用的全部利息。融资租赁费用支出可视同借款本金偿还。运营期内的短期借款本息也应纳入计算。

偿债备付率可按年计算，也可按整个借款偿还期综合计算。分年计算的偿债备付率更能反映项目的偿债能力。

偿债备付率表示可用于还本付息的资金偿还借款本息的保障率。偿债备付率应大于 1，并可根据债权人的要求确定。

（3）资产负债率。资产负债率（LOAR）是指年末负债总额（TL）同资产总额（TA）的比率，其计算公式为：

$$LOAR = \frac{TL}{TA} \times 100\% \tag{9-15}$$

资产负债率低，表明企业和债权人的风险较小，也表明企业经营安全、稳健，具有较强的筹资能力。对该指标的分析，应结合国家宏观经济状况、行业发展趋势、企业所处竞争环境等具体条件判定。项目经济评价中，在长期债务还清后的年份可不计算资产负债率。

项目可用于还款的资金来源主要包括息税前利润、折旧费和摊销费。还款资金不足时，可通过短期融资或从原有企业取得可供还款的资金，以满足资金需求。

（4）流动比率。流动比率是反映各年偿付流动负债能力的指标，流动比率是流动资产对流动负债的比率，用来衡量企业流动资产在短期债务到期以前，可以变为现金用于偿还负债的能力，其公式为：

$$流动比率 = \frac{流动资产总额}{流动负债总额} \times 100\% \tag{9-16}$$

一般说来，流动比率越高，说明企业资产的变现能力越强，短期偿债能力亦越强；反之则弱。一般认为流动比率应在 2 : 1 以上，流动比率 2 : 1，表示流动资产是流动负债的两倍，即使流动资产有一半在短期内不能变现，也能保证全部的流动负债得到偿还。

（5）速动比率。速动比率是反映项目快速偿付流动负债能力的指标，速动比率是指速动资产对流动负债的比率。它是衡量企业流动资产中可以立即变现用于偿还流动负债的能力，其公式为：

$$速动比率=\frac{流动资产总额-存货}{流动负债总额}\times 100\% \tag{9-17}$$

传统经验认为，速动比率维持在 1∶1 较为正常，它表明企业的每 1 元流动负债就有 1 元易于变现的流动资产来抵偿，短期偿债能力有可靠的保证。速动比率过低，企业的短期偿债风险较大，速动比率过高，企业在速动资产上占用资金过多，会增加企业投资的机会成本。

3. 财务生存能力分析

财务生存能力分析，主要是分析项目在整个寿命期内每年是否有足够的净现金流量维持正常运营，以实现财务可持续性。

财务可持续性首先体现为有足够大的经营活动净现金流量。其次体现为各年累计盈余资金不应出现负值。若出现负值，则应进行短期借款，同时分析短期借款的年份长短和数额大小，判断财务可持续性是否受到影响。

财务生存能力分析的主要指标是净现金流量和累计盈余资金。

（五）基本财务报表与评价指标的对应关系

各类财务报表，从不同角度反映项目财务状况，在对项目进行经济评价的过程中，评价项目的类型、评价目标、评价视角决定了所采用的基本报表和财务评价指标。它们之间的对应关系如表 9-14 所示。

表 9-14　项目经济评价指标和基本报表

评价内容	基本报表	财务评价指标		融资前	融资后
		静　态	动　态		
盈利能力分析	项目投资财务现金流量表	项目投资回收期	项目投资财务内部收益率项目投资财务净现值	√	
	项目资本金现金流量表		资本金财务内部收益率		√
	利润与利润分配表	总投资收益率			√
偿债能力分析	资产负债表	资产负债率 流动比率 速动比率			√
	借款还本付息计划表	利息备付率 偿债备付率			√
财务生存能力分析	财务计划现金流量表	净现金流量 累计盈余资金			√

（六）财务分析的基本程序

财务评价应在项目财务效益与费用估算等财务分析的基础上进行。财务分析的基本程序如图 9-5 所示。

财务分析可分为融资前分析和融资后分析，一般宜先进行融资前分析，在融资前分析结论满足要求后，初步设定融资方案再进行融资后分析。在项目建议书阶段，可只进行融资前分析。融资前分析包括收集建设投资、营业收入、经营成本以及流动资金的基础数据，进而进行项目投资现金流量分析，利用内部收益率、净现值投资回收期等指标确定项目是否可行。如项目可行，则进一步考虑融资方案。对于拟定的融资方案，通过计算财务指标，分析项目的盈利能力、偿债能力和财务生存能力，判断项目的可接受性。明确项目对财务主体及投资者的价值贡献，为决策提供依据。最后通过不确定性分析，对影响项目的不确定性因素进行综合考虑，以对未来各种情况下项目的结局有一个总体把握。

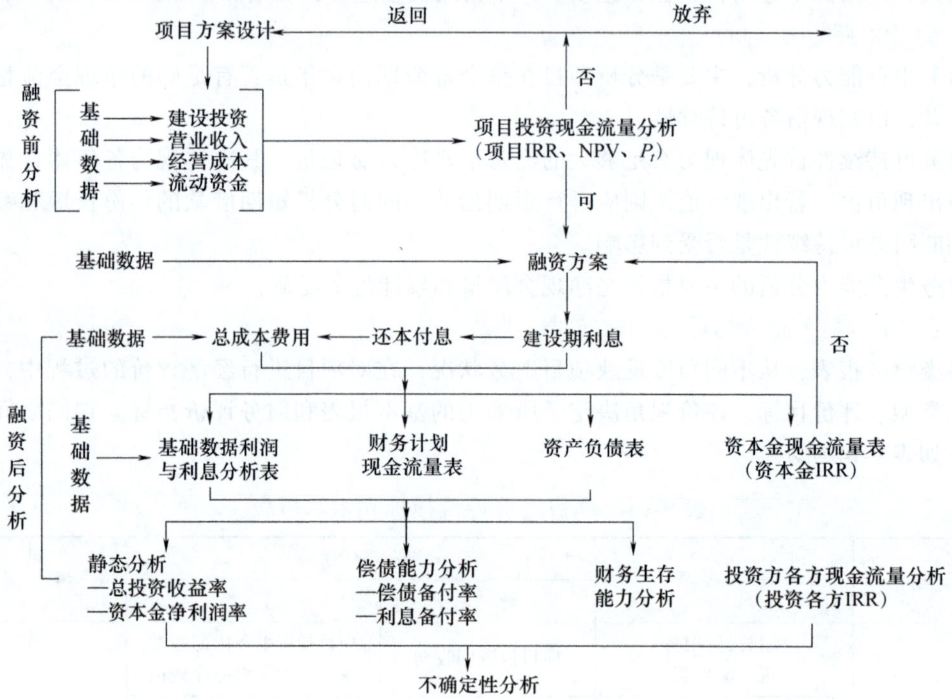

图9-5 财务分析的基本程序

二、国民经济评价

（一）国民经济评价与财务评价的关系

项目的国民经济评价是指从国民经济角度出发，对拟建项目进行的宏观分析。通过项目效益与费用比较，衡量项目对国民经济带来的效益和国家所付出的代价，评估项目经济上的合理性。项目的经济评价应充分考虑国民经济发展战略和行业、地区发展要求，在做出市场预测及项目布局、工艺选择等技术研究的基础上，运用影子价格、影子汇率、影子工资和社会折现率等经济参数，计算项目的费用和效益，并通过多种方案比较，对拟定项目的经济可行性和合理性进行分析论证，做出全面的经济评价，为项目的科学决策提供依据。

项目经济评价同财务评价一样，同属于对经济活动，包括投资活动和经营活动，进行有效管理和控制的一种方法和手段。其目的在于实现项目决策的科学化、民主化，避免和减少投资决策失误，提高项目的投资效益和贷款偿还能力。项目经济评价和财务评价有许多相似的方面，如在分析的目的上，二者都是寻求以最小的投入获得最大的产出；在分析的内容上，均侧重于投资构成分析、市场分析、效益分析、不确定性分析等；在分析的方法上，定性分析与定量分析相结合，静态指标与动态指标相结合等。但项目的经济评价和财务评价又有区别，它们是从两个不同的角度和层次对项目的投资活动进行分析和评价的，二者相辅相成，缺一不可，各有各的任务和作用，反映了同一项目的两个方面。

国民经济评价和财务评价主要区别在于：

1. 评价角度不同

财务评价是从项目财务角度考查项目的盈利状况及借款偿还能力，以确定投资行为的财务可行性。国民经济评价是从国家整体的角度考查项目对国民经济的贡献以及国民经济为此项目付出的代价，以确定投资行为的经济合理性。

2. 效益和费用的含义及划分范围不同

财务评价是根据项目的实际收支确定项目的效益和费用，补贴计为效益，税金和利息计为费用。国民经济评价是着眼于项目对社会提供的有用产品和服务及项目所耗费的全社会有用资源，来考查项目的效益和费用，故补贴不计为项目的效益，税金和国内借款利息均不计为项目的费用。财务评价只计算项目直接发生的效益与费用，国民经济评价对项目引起的间接效益与费用即外部效果也要进行计算和分析。

3. 评价采用的价格不同

财务评价对投入和产出物采用财务价格，国民经济评价采用影子价格。

4. 主要参数不同

财务评价采用官方汇率和行业基准收益率，国民经济评价采用国家统一测定的影子汇率和社会折现率。

由于上述区别，两种评价有时可能产生两种相反的结论。一般情况下项目或方案的取舍主要取决于国民经济评价的结论。

（二）国民经济评价指标

1. 经济净现值

经济净现值（ENPV）是按给定的社会折现率将项目寿命年限内各年的国民收入净增量（净“现金”流量）贴现到某一基准年（建设初期）的现值之和。它的计算公式为：

$$ENPV = \sum_{t=0}^{n} (CI - CO)_t (1 + i_s)^{-t} \tag{9-18}$$

式中，CI 为用影子价格计量的现金流入量；CO 为用影子价格计量的现金流出量；$(CI - CO)_t$ 为用影子价格计量的第 t 年的净现金流量；n 为项目寿命年限；i_s 为社会折现率。

判别准则：若 ENPV≥0，项目可以接受；否则应予以拒绝。

2. 经济内部收益率

经济内部收益率（EIRR）是经济净现值为零时的内部收益率，即项目在建设和服务年限内各年净增国民收入现值累计之和为零时的折现率。其计算公式为：

$$\sum_{t=0}^{n} (CI - CO)_t (1 + EIRR)^{-t} = 0 \tag{9-19}$$

经济内部收益率是反映投资效率的指标。如果方案的经济内部收益率大于或等于社会折现率，则方案从国民经济角度看可以接受；反之，就应拒绝。

3. 经济外汇净现值

经济外汇净现值（$ENPV_F$）是反映项目实施后对国家外汇收支直接或间接硬性的重要指标，应以衡量项目对国家外汇真正的净贡献（创汇）或净消耗（用汇）。其计算公式为：

$$ENPV_F = \sum_{t=0}^{n} (FI - FO)_t (1 + i_s)^{-t} \tag{9-20}$$

式中，FI 为外汇流入量；FO 为外汇流出量；$(FI - FO)_t$ 为第 t 年外汇净流入量。

4. 经济换汇成本

经济换汇成本（EFC）是指项目生产出口产品及替代进口产品所耗费的国内资源价值的现值（人民币元）与外汇（美元）净收益的现值之比，亦即获取 1 美元净外汇收入或节省 1 美元耗费所需消耗的国内资源价值（人民币元）。其计算公式为：

$$EFC = \frac{\sum_{t=0}^{n} DR_t (1 + i_s)^{-t}}{\sum_{t=0}^{n} (FI - FO)_t (1 - i_s)^{-t}} \tag{9-21}$$

式中，DR_t 为项目在第 t 年为生产出口品和（或）代替进口品所投入的本国资源价值（包括投资、原材料、工资、其他投入物和贸易费用，按影子价格计算）。

经济换汇成本若小于影子汇率，表明项目生产出口品和（或）替代进口品的经济效益好；若经济换汇成本大于影子汇率，则经济效益不好。

当项目产出只有部分为外贸品（出口和进口替代）时，应将生产外贸品部分所耗费的国内资源价值从国内资源总耗费中划分出来，然后用于式（9-21）中计算。

经济换汇成本是分析评价项目实施后在国际上的竞争力，进而判断其产品应否出口的指标，其经济含义是 1 美元外汇所需的人民币金额。

习题

1. 可行性研究的作用是什么？其基本内容有哪些？
2. 市场调查的方法有哪些？其应用场合有哪些？
3. 市场预测的方法有哪些？各有何特点？
4. 什么是财务评价？什么是国民经济评价？两者有什么区别？
5. 项目财务评价的指标有哪些？各反映项目的哪些情况？

第十章
价值工程（VE）

引例

某打印机企业生产多种打印机产品，包括激光打印机系列和喷墨打印机系列。产品在成本、质量和功能方面都面临竞争对手的巨大压力。张部长系该公司产品规划部部长，面对竞争，有人建议利用精益生产等工业手段优化工作流程，降低成本，也有人提出可以增加功能，如竞争对手将复印、扫描、传真和打印集于一体，满足客户更多的需要。请问张部长应该如何考虑产品开发的问题，以便应对竞争？

成本是企业重要的竞争指标之一。而70%的产品成本在设计阶段就被确定下来，留给运营阶段可以改善成本的空间只有30%。因此，如何在设计阶段就确定产品的成本是工程师必须考虑的问题。价值工程就是解决该问题的有效方法。

第一节　价值工程与工程经济的关系

一、价值工程的产生与发展

价值工程（Value Engineering，VE），是1947年由美国通用电气公司采购部门的一位设计工程师拉里·麦尔斯（Lawrence D. Miles）首先提出并研究的。时值第二次世界大战期间，采购短缺的军火生产材料很困难。麦尔斯在采购公司急需的大量石棉板时，石棉板价格却成倍增长。麦尔斯提出问题：“为什么用石棉板？它的功能是什么？”原来购买石棉板是为了在产品喷刷涂料时，把它铺到地上，避免污染地板和引起火灾。麦尔斯找到一种价格便宜又不燃烧的纸，代替石棉板。由此，麦尔斯发现了商品的功能与成本的关系。他提出：“如果得不到所需要的材料或物品，可以想办法得到它的功能。”经过研究他认为，要设计出物美价廉的产品，应认识到：用户需要的不是产品本身，而是它的功能，并且按照功能的必要程度来付款，因此要以用户对产品所要求的功能为基础进行产品设计。于是，设计物美价廉的产品问题，变成了以最低费用（成本）提供用户所要求功能的问题。以此为基础，他组织了大量的物资代用研究工作，并总结出一套能完成任务、确保功能又可使成本下降的科学方法，并发表了《价值分析》一书。以后又经不断的发展、完善，形成了目前所称的价值工程。

20世纪初，美国人泰勒通过组织生产线、确定合理的生产量、安排合理的生产过程等管理方法达到提高产量、确保质量、降低成本的目的。这种管理技术现已发展成为工业工程（Industrial Engineering），简称IE技术。IE能促进生产方法的进步，有效降低成本，但它以产品设计的条件为前提，故其降低的成本有一定限度。1920年，美国人休哈特提出质量控制（Quality Control，QC）概念，QC的出发点是科学利用各种资源、尽可能减少各种消耗、力求无浪费的生产，以取得更大的效益。QC也是以产品设计的技术要求为条件，其降低成本与增加效益也有一定的限度；要想进一步降低成本，就必须修改设计图样，站在用户的立场上重新审查产品设计，消除那些无效设计或过剩设计，可靠地实现产品或作业的必要功能。

价值工程是继IE、QC之后出现的又一种新的管理方法。通用电气公司在开发价值工程技术上花了80万美元，而在头17年里就节约了2亿美元以上；1954年美国海军舰船局首先采用VE方法，仅1956年就节约3 500万美元，后又被空军、陆军及民用产品的生产所采用；进入20世纪70年代，作为新产品、新技术合同的必要条件，规定必须实施VE；1955年VE传入日本，1960年日本企业开始采用，并与工业工程（IE）和质量管理（QM）结合起来开展活动。

价值工程从材料代用开始，以后发展到改进设计、改进生产工艺；从单个零件、单个作业工序的改进，发展到整机、全部工序的改进；从应用领域看，由产品开发设计发展到行政、培训、管理、风险分析、预测、资源分配和销售等领域，是一门提高产品或服务价值并广泛应用的学科。我国自1978年引进、推广和应用价值工程以来，为很多企业所采用，节约了大量的能源和珍贵的原材料，降低了企业生产成本，提高了经济效益。

二、价值工程与工程经济的关系

工程经济的核心就是通过技术经济分析的方法，对项目、产品、工艺等进行核算、对比和选优。实践表明，价值工程是一种新兴的工程经济分析方法，是研究产品功能和成本之间关系的管理技术。功能属于技术指标，成本则属于经济指标，它用“价值”的概念，把技术和经济统一起来，谋求用最低的成本，获得必要的功能，以达到在满足使用者需要的同时，使企业和社会都获得最佳的经济效益，并使有限的资源得到充分合理利用的目的。

第二节　价值工程的概念与特点

一、价值工程的基本概念

所谓价值工程，是指通过有组织的协作，对所研究对象的功能与费用进行系统分析，力图以最低的寿命周期成本可靠地实现必要的功能，旨在提高所研究对象价值的思想方法和管理技术。

要准确掌握VE的本质，须从以下几点深刻理解：

（一）寿命周期成本

寿命周期成本是指从研制VE对象开始，到它形成直至退出使用所需的全部费用。对产品来说，此笔费用 C 可用 C_1、C_2 两部分费用之和来表示，即：

$$C = C_1 + C_2 \tag{10-1}$$

式中，C 为寿命周期成本；C_1 为生产成本（它是指产品出厂前的一切费用，包括产品的调研、立项、设计、生产过程等对物化劳动和活劳动所支付的费用总和）；C_2 为使用成本（它是指产品出厂后的一切费用。包括产品在流通、运输、销售、使用、维护与维修以及报废后处理等物化劳动和活劳动所支付的费用总和）。

针对同一产品而言，一般情况下，生产成本随着产品功能水平的提高而上升，使用成本则随着产品功能水平的提高而下降，如图 10-1 所示。寿命周期成本就随产品功能水平的变化而成开口向上的抛物线形变化，显然，寿命周期成本具有一个最小值 $C_{\min}$。在这一点上，产品达到一个适当的功能水平 F_0，而使生产成本与使用成本之和——寿命周期成本最小。

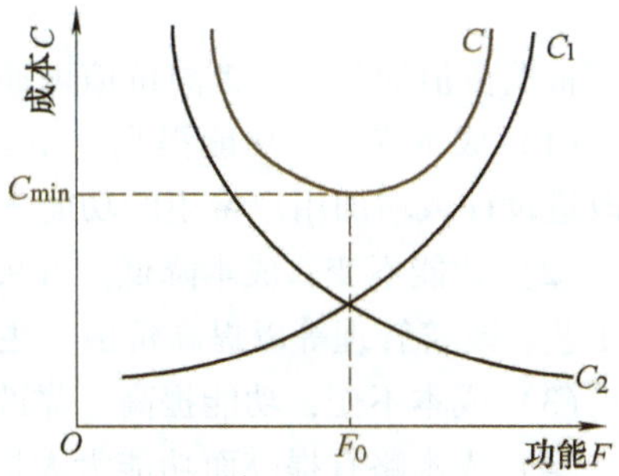

图 10-1　寿命周期成本简图

VE 的目的，就是通过科学的分析研究而使产品具有一个适当的功能水平，从而确保产品的寿命周期成本最低。在实践中，往往要反复应用 VE 才能实现该目的。

（二）可靠地实现必要的功能

1．“可靠地实现”的含义

这主要表现在性能、可靠性、保养性、安全性和操作性等几个方面。性能是指功能的实现程度；可靠性是指功能实现的持续性；保养性是指功能发生故障时修复的难易程度；安全性是指实现功能时的安全程度；操作性是指实现功能时人们使用产品的难易程度。这些都是实现功能的必要条件，满足这些条件就是“可靠地实现”的含义。

2．“必要的功能”的含义

这是针对不必要功能而言的。产品功能从不同角度可做如下划分：

（1）按功能重要程度可分为基本功能和辅助功能。基本功能是产品的主要功能，是产品存在并被生产的理由，也是顾客购买的原因。产品的基本功能往往不止一个；辅助功能一般是支持基本功能，是为了更好地实现基本功能而附加的功能。

（2）按功能适应用户需要可分为必要功能和不必要功能。必要功能是指为满足使用者的需求应具备的功能；不必要功能是指用户不需求的（多余）功能项目，包括过剩的功能水平、过时功能和重复功能以及无助于基本功能更好地实现的、应予剔除的辅助功能项目和水平。

（三）价值的含义

理解了“寿命周期成本”和“可靠地实现必要的功能”，VE 就从两者的关系中得出“价值”这个概念，可用公式表示为：

$$价值(V) = \frac{功能(F)}{成本(C)} \tag{10-2}$$

更确切地说，价值 = 顾客所要求的必要功能/产品寿命周期成本。

VE 中的“价值”是一个相对的概念，是作为一种“尺度”提出的，可概括为“评价事物（VE 对象）有益程度的尺度”“好的程度”或“物美价廉的程度”，能够用最低的寿命周期成本向用户提供必要功能的产品，其价值就最大。如果把成本看成是制造产品的投入，把功能看成是产出，则价值在一定程度上相当于从产品中获得的经济效益，即：

$$效益=\frac{产出}{投入}=\frac{功能}{成本} \tag{10-3}$$

二、提高价值的途径

根据价值的公式，提高价值可通过下列5种途径：

（1）成本降低，功能提高。主要靠采用新技术、新材料、新工艺、新方法等降低成本；靠改进设计或增加用户希望的功能来提高产品的功能水平。这是提高价值的理想途径。

（2）功能不变，成本降低。开展VE，找出过剩和不必要功能，采用材料代用、新方法、新工艺、改善管理等以提高价值。主要针对性能和质量都趋于稳定的定型产品。

（3）成本不变，功能提高。靠改进设计以提高其使用功能和美学功能。

（4）成本略有提高而功能大大提高。针对购买力较高的用户，在原有产品基础上适当提高档次的同时而使功能大增，并能以较高价格出售。

（5）功能稍微降低，成本较大幅度降低。针对购买力较低的用户，在满足用户需要的同时适当降低产品档次，而使成本大幅度降低，以此提高价值。

三、VE的特点

VE在我国是一门新的软科学和管理技术。尽管我国在传统管理中，在产品设计和生产中也注重产品质量，也进行成本核算，似乎具备价值工程的思想。但实际上，VE是一种更有效的方法，其系统性和科学性体现在以下特征中：

1. VE是有组织的创造性活动

VE不是个别人或科室的活动，而是涉及企业生产经营的各个部门、环节，依靠各方面的专家和有经验的职工，按一定的工作和组织程序，运用多种学科的知识和方法开展的创造性活动。

2. VE的核心是对产品进行功能系统分析

通过对功能和成本的关系进行定性和定量的分析，搞清产品的基本功能和辅助功能，分析各功能之间的关系，找出新的解决办法。

3. VE侧重于产品的研制阶段

产品成本的70%～80%是在研制阶段就决定了的。在设计阶段开展VE，通过合理确定产品的结构、工艺、材料、外协和生产组织形式，把产品的功能与成本建立在最优选择基础上。

4. VE不同于一般成本控制

从VE对产品成本的控制范围来说，它不同于一般成本控制之处在于它不只考虑产品的生产成本，而是综合考虑了生产成本和使用成本，即寿命周期成本；从对产品分析的时间看，成本分析一般在事后，而VE活动则在事前就已开展。

四、VE的工作程序

VE的工作程序，可概括为3个阶段、6个步骤、7个提问，具体如表10-1所示。

表 10-1　VE 的阶段、步骤与提问

阶　段	具体步骤	VE　提　问
分析问题	选择对象 收集情报 功能分析与评价	VE 的对象是什么 VE 的作用是什么 VE 的成本是多少 VE 的价值是多少
综合分析	方案创造	有无其他方法实现其功能
方案评价	方案评价与选择 方案实施与成果评价	新方案的成本是多少 新方案能可靠地实现必要的功能吗

VE 以功能为中心来分析问题，采用功能分析的方法，包括功能定义、功能整理和功能评价，对 VE 对象的功能、成本和价值进行定性和定量分析，为 VE 对象的改进提供依据。

综合研究是综合各方面的情况来制定解决问题的方案。

方案评价是对提出的多种设想和方案进行评价、筛选和择优，以确定和选择最佳方案。最后，方案还要付诸实施，以达到改进 VE 对象、满足用户要求的目的。

第三节　产品的功能与成本分析

一、功能分析

（一）功能定义技术

功能定义就是用简明准确的语言，描述 VE 对象及其构成要素的各种功能，以区别各产品或零件之间的特性。定义时通常采用一个动词加一个名词的形式来描述作为定义对象的主语的功能，如：

主语	动词	+	名词
杯子	盛		水
电线	传导		电流
铅笔	做出		记号
桌子	支撑		重量

功能定义时一般应遵循以下规则：

（1）用动词和名词把功能简洁地表达出来。要透过产品或零部件的物理特性，找出本质的东西或者说要打破现有产品的框框，找到其隐藏在背后的某种功能特性。

（2）名词部分要使用可测量的词汇。如给“桌子”下定义时，“支撑重量”就符合要求，因为重量是可测量的。

（3）避免用被动或间接的动词。如提供、供给、准备等。

（4）避免使用类似目标的词或短语。如改进、增大、减少、优化等。

（5）站在物品的立场上下定义。避免以人为中心来考虑物品功能的倾向，如给“铅笔”

的功能定义为“写字”则是错误的。

(6) 一项功能下一个定义。对各构成要素的功能一项一项地下定义，一个部件能完成几项功能，就要对几个功能分别下定义。

以上规则的目的是便于在方案创造阶段扩大思路，增加构思出高价值方案的可能性，其创造过程如图10-2所示。

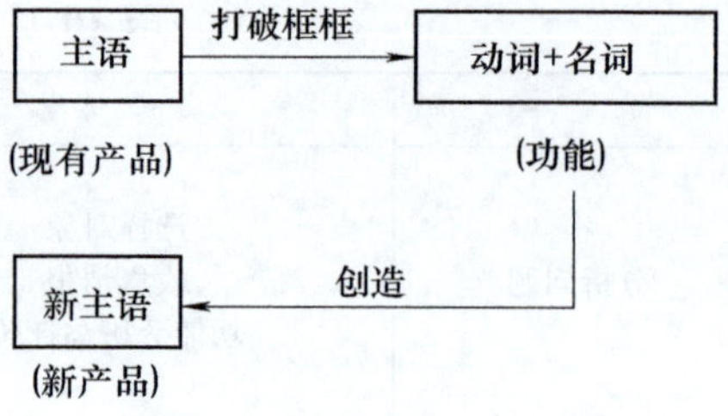

图10-2 新主语的创造

(二) 功能整理技术

功能整理是一个著名而有效的功能分析系统技术。此技术是按一定的逻辑关系，将VE对象各个组成部分的功能连接起来，形成一个有机整体——功能系统图（Functional Analysis Systems Technique，FAST），以掌握必要功能，发现和消除不必要功能。

任何一种产品的各个构成要素之间都会按照设计和生产的要求实现着相互联系、相互制约的关系，这种关系构成了产品的结构系统；各构成要素的功能之间也相互联系、相互制约，组成了产品的功能系统，发挥和实现着产品总功能的作用。

一般来说，在产品及其零部件的功能之间，存在着上下位关系和并列关系。上下位关系是指功能系统中存在着目的与手段的关系。甲功能是乙功能的目的，乙功能是甲功能的手段。起“目的”作用的功能叫上位功能，起“手段”作用的功能叫下位功能，如白炽灯的功能系统关系（见图10-3）。并列关系是为了实现同一目的功能，同时需要两个或更多个手段功能，且它们之间不存在从属关系，彼此独立，构成一个功能区域。如暖水瓶的功能系统中，减少热传导、热对流、热辐射即为并列关系，如图10-4所示。

将VE对象功能系统中的各个功能，按照上位功能在左、下位功能在右的原则，顺序排列，即可组成功能系统图，其一般形式如图10-5所示。

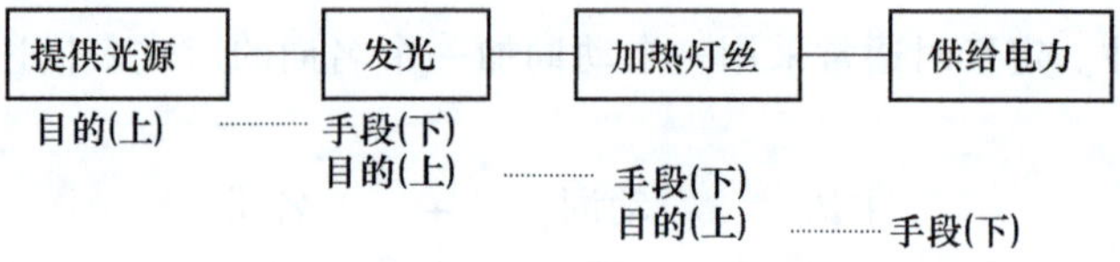

图10-3 白炽灯的功能关系

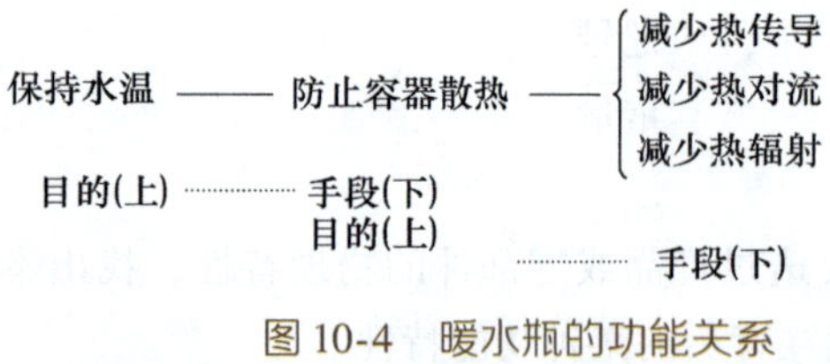

图10-4 暖水瓶的功能关系

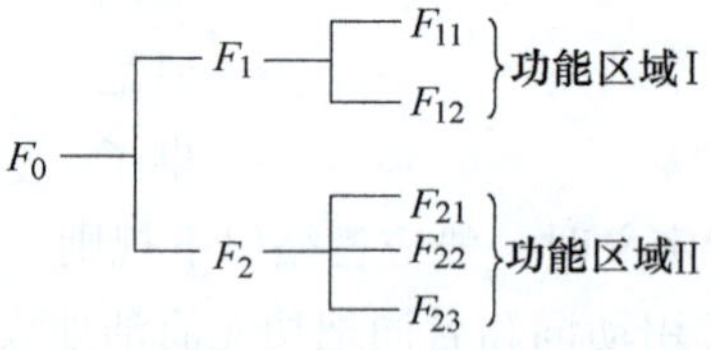

图10-5 功能系统图

功能系统图抛开了结构系统，以功能系统作为产品设计的构思，便于把握功能的内在联系，通过发现和消除不必要功能来删减承载该功能的零部件；在进行功能评价时，往往也是以功能区域为对象、以价值低的功能区域为变革的着手点来开展工作。

功能系统图的绘制并无唯一答案，因同一产品从不同角度分析可有不同功能系统图。因此，在绘制时要因目的而异，可分系统、分级和分段进行，并非要把产品全面详尽的功能绘制在一起。绘制时一般步骤是：

（1）编制功能卡片。把所有功能定义对象一一编成卡片，每张卡片包括对象名称、成本及功能内容。

（2）挑出所有基本功能卡片，把最基本功能放在最左端，并把它们按“目的”与“手段”的关系从左向右排，从而形成一个以基本功能为骨架的树形结构。

（3）把辅助功能联接到骨架上去，从而完成功能系统图的绘制。

（4）审定功能系统图，主要明确功能间是上下位关系还是并列关系。

二、成本分析

（一）功能现实成本

功能现实成本就是实现某项功能的目前成本。在 VE 活动中，是准备通过有效手段使其降低的对象。

在产品中一个零部件往往有几种功能，而一种功能也往往通过几个零部件才能实现。估算功能现实成本必须根据已知构成要素，即各零部件的成本，转移分配到各项功能上去。功能成本分析可用表格法进行，现举例说明。

某产品由 A、B、C、D4 个零部件组成，其成本分别为 300 元、450 元、130 元和 80 元，共实现 $F_1 \sim F_5$ 五个功能，如表 10-2 所示。

表 10-2　功能成本分析表

零部件			功能区域				
序号	名称	成本/元	F_1	F_2	F_3	F_4	F_5
1	A	300	100		100		100
2	B	450		150		200	100
3	C	130	80		50		
4	D	80		40		40	
合计		960	180	190	150	240	200

首先，根据功能系统图，确定每个零部件对实现哪些功能有贡献。然后，确定每个零件对各功能所起作用的大小（比例），并按比例将其成本分配到各个功能上去。例如，A 零件对 F_1、F_3 和 F_5 3 项功能起作用的比例为 1∶1∶1，将其成本 300 元分配给 $F_1$100 元、$F_3$100 元、$F_5$100 元，依此类推。

再将各功能从各零部件分配到的成本合计起来，就可得到各功能成本。例如，功能 F_5 的成本为 200 元。

（二）功能评价值（功能最低成本）

功能评价值是指为可靠实现某项功能的最低成本，也是实现该功能的目标成本。将它与功能现实成本进行比较，将二者的差额作为成本降低目标，从而确定功能改进对象。可见，功能评价值在 VE 中有着重要作用。但在实际中，功能现实成本较易确定，而确定功能评价值则比较困难。因此可以说，探寻对产品进行正确功能评价的方法，就是探求功能评价值的方法。

以下是几种功能评价值的确定方法。

1. 理论价值标准法

这是根据工程计算公式和费用定额资料或物理学、材料力学对功能成本费用进行定量计算的方法。如选某种材质的实心棒料来实现“传递转矩”的功能，就可根据转矩的大小及该材质允许最大切应力间的关系公式 $M_n = \pi\tau d^3/16$ 求出此材料的直径，并进一步结合密度和长度求出重量，最后按材料价格计算出为实现扭矩功能在材料方面的功能评价值。

2. 方案法

首先，根据技术信息，构思出实现某功能可能采用的各种方案，然后，预测出每种方案的成本，其中最低的成本即为功能评价值。此种方法把功能评价与实际方案结合起来考虑，增强了可操作性，实现目标成本比较可靠，避免了理论与实践的脱节。

3. 实际价值标准法

这种方法就是把能实现某一功能的成本资料收集起来，在创造性地比较基础上选择最低的成本作为功能评价值。如领带夹的功能是“拴住领带”，领带夹的评价值就可通过检验同样能“拴住领带”的其他物品求得；另外，具有同样功能的同类产品的各种指标数据应可测定，功能实现程度及功能条件应相同。

运用以上几种方法，直接求出功能评价值后，就可以与现实成本相比较，明确改进对象，并以二者的差距为改进目标。

实际工作中，直接用上述方法求出功能评价值往往并不容易。更为常用的方法是功能重要程度系数法，在下一节中将详细介绍。

第四节 产品价值评定

功能评价就是对产品价值进行评定，是在功能定义和功能整理的基础上，求出功能价值系数，以此来表示功能的大小和重要程度，用数量化的方法进行定量分析。其目的有以下两点：一是用定量的方法探讨功能价值，选择功能与成本不匹配的作为开展 VE 的对象；二是寻求实现功能的最低费用，并以此为目标成本（功能评价值）与目前成本相比较，并进行调整。

一、功能价值系数

用于功能评价的功能价值系数可用绝对值和相对值来表示，但无论如何表示，功能价值系数的计算都应在功能系统图同样的层次级别上进行。

（一）绝对值法

价值计量的绝对值法公式为：

$$\text{功能价值系数}(V) = \frac{\text{功能评价值}(F)}{\text{功能现实成本}(C)} \tag{10-4}$$

（二）相对值法

价值计量的相对值法，是把功能和费用都按其在总量中所占比率的大小进行定量后再进行比较的方法。某功能在总体功能中所占比率，称为该功能的重要程度系数；某功能成本在总体功能成本中所占比率，称为该功能的成本系数。

这时功能价值系数的计算公式为：

$$功能价值系数(V_i) = \frac{功能重要程度系数(F_i)}{功能成本系数(C_i)} \tag{10-5}$$

1. 功能重要程度系数的确定

（1）强制决定法（Forced Decision）。它简称 FD 法，它的评分准则为：组织 5～15 个熟悉业务的专业技术人员，各自评分，然后取平均值；所有零部件按其重要性两两对比，重要程度高的得 1 分，重要程度低的得 0 分；在两零件比较过程中，不许认为两者同样重要而给两者都打 1 分，也不许认为同样不重要都打 0 分。

设从某产品的 5 个零件中选择对象，现组织 a、b、c、d、e、f 等 6 位评审人员对其功能的重要性评分。以评委 a 为例说明评分过程：首先将 5 个零件按任意顺序填入表 10-3 中，然后按用户的要求评价零件的功能重要性；A 与 A 自身比较没有意义，用 × 号表示，A 比 B 重要则 A 打 1 分，B 打 0 分，其余类推。为避免出现某个零件在“得分小计”一栏中得 0 分的不合理情况，已给每一个零件加了 1 分底分，如表 10-3 所示。

功能重要程度系数按下式计算：

$$功能重要程度系数 = \frac{某零件得分数}{全部零件得分数之和}$$

即：

$$F_i = \frac{n_i}{\sum_{i=1}^{m} n_i} \tag{10-6}$$

式中，m 为零件数；F_i 为第 i 个零件的重要性在全部零件重要性中所占的比重；n_i 为第 i 个零件的得分数。

表 10-3 F_i 计算表（评委 a）

零件名称	一对一比较评分					得分小计 (n_i)	功能重要程度系数 (F_i)
	A	B	C	D	E		
A	×	1	0	1	1	4	4/15 = 0.267
B	0	×	0	1	1	3	0.200
C	1	1	×	1	1	5	0.333
D	0	0	0	×	0	1	0.067
E	0	0	0	1	×	2	0.133
合计						15	1.000

综合 6 位评委的评分结果，确定各零件的功能重要程度系数，如表 10-4 所示。

表 10-4 评分结果与确定功能重要程度系数（所有评委）

零件名称	评分人及结果						合 计	功能重要程度系数
	a	b	c	d	e	f		
	分值	分值	分值	分值	分值	分值		
A	4	5	5	3	5	4	26	0.289
B	3	1	1	2	2	4	13	0.144
C	5	4	4	5	3	3	24	0.267
D	1	3	2	1	3	2	12	0.133
E	2	2	3	4	2	2	15	0.167
累计	15						90	1.000

（2）倍数确定法（Decision Alternative Ratio Evaluation）。它简称 DARE 法。使用一对一进行功能重要性对比，只用0和1来体现重要和次要关系，显然太绝对了。DARE 法是根据重要性的大小灵活地按比例打分，是更为常用的方法。现以电冰箱的功能系统为例说明其步骤如下：

1）绘制电冰箱功能系统图。如图10-6所示，确定功能区域，决定评价功能的级别，并填入表10-5中。图中，F_0 是电冰箱的总功能——冷藏食物。F_0 之后有4个功能区域：F_1（储放食品）、F_2（制冷）、F_3（隔热保温）、F_4（控制温度）。

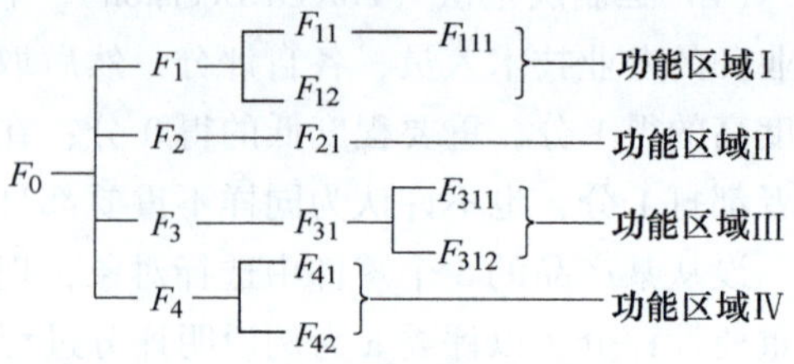

图10-6 电冰箱功能系统图

2）将上下相邻功能，从上到下两两对比，并将对比的重要性进行打分。例如，评价 F_1 的重要性为 F_2 的2倍，F_2 为 F_3 的1.5倍，F_3 为 F_4 的3倍，最后的 F_4 定为1分，这样打出的比分叫暂定重要性系数。

3）对暂定重要性系数进行修正。从最低分的 F_4 开始，将 F_3 至 F_1 的重要性系数按倍数递推上去，得到各功能的修正重要性系数。如 F_2 的修正系数为 $1.0\times3\times1.5=4.5$。

4）将各功能的修正重要性系数除以其合计总数，就得到该功能的重要程度系数（见表10-5）。如 F_1 的重要程度系数 $F_1=9/17.5=0.514$。

表10-5 功能重要程度系数表

功能区域	暂定重要性系数	修正重要性系数	功能重要程度系数
F_1	2	9	0.514
F_2	1.5	4.5	0.257
F_3	3	3	0.172
F_4		1	0.057
合计		17.5	1.000

除上述方法外，还可用直接估值法求出功能重要程度系数。此方法就是当你拿到一张同层次、同级别的功能表时，把你认为合适的任意数赋予第一个功能，然后相继为随后的功能赋值，以反映你对这些功能相对于前一个功能重要程度的主观印象。如你认为第二个功能的重要程度为第一个的10倍，赋值可用正分数、整数或小数，重要的是赋值必须与你认为的重要程度成比例。因为估计值呈对数正态分布，所以最好采用估计值的几何平均值来平均。平均后按前述方法计算出功能重要程度系数。

2. 功能成本系数

功能成本系数是根据功能现实成本来计算的。即：

$$C_i = \frac{c_i}{\sum_{i=1}^{m} c_i} \tag{10-7}$$

式中，m 为零件数；c_i 为第 i 个零件的现实成本。

二、功能价值系数分析与功能评价

求出功能重要程度系数和功能成本系数后，就可用相对值的公式得到功能价值系数，以明确改进对象。在此基础上进一步求出功能评价值，结合目标成本计算出待改进对象成本降低的期望值。

（一）功能价值系数分析

按公式 $V_i = F_i/C_i$，功能价值系数可得到的3种结果，现分析如下：

1. $V_i < 1$

$V_i < 1$ 表明该重要程度的功能分配了过多的成本，即功能与成本不相匹配，应作为功能改进对象。

2. $V_i = 1$ 或接近1

$V_i = 1$ 或接近1表明功能与成本基本匹配，不作为功能改进对象。

3. $V_i > 1$

$V_i > 1$ 表明功能高于成本，是物美价廉的体现，一般来说，是追求的目标。其前提是确实由于采用了新技术、新材料、新工艺等，大大降低了成本，从而达到用较低成本获得重要功能的目的。但在实际中还应具体分析，以下两种情况除外：

（1）盲目降低现实成本，使其低于必要成本水平，使功能得不到可靠的实现。

（2）功能水平偏高，造成功能过剩。

（二）功能评价

功能评价的一个重要目的就是寻求到实现功能的最低费用，并以此为功能评价值同目前成本相比较。

对产品进行功能定义、功能整理，确定其功能重要程度系数、成本系数等一系列活动都是为进一步改进设计服务的。改进设计，说明原来成本分配到各功能区域不一定合适，现在根据重新确定的功能价值系数，重新分配产品成本，就能发现各功能区域新分配的成本和原分配成本之间的差异。还是以电冰箱为例，假如目前成本为800元，重新分配的功能区域成本等于功能区域现实成本800元乘以功能重要程度系数，具体计算如表10-6所示。

表10-6 功能评价值及成本降低值计算表

功能区（1）	功能重要系数（2）	目前成本 C（3）	重新分配的功能区域成本（4）	功能评价值 F（5）	$V=F/C$（6）	成本降低值 $C-F$（7）	功能改善优先顺序
F_1	0.514	325	800×0.514=411	325	1	—	—
F_2	0.257	262	800×0.257=206	206	0.79	56	1
F_3	0.172	138	800×0.172=138	138	1	—	—
F_4	0.057	75	800×0.057=45	45	0.60	30	2
合计	1.000	800	800	714	—	—	—

表10-6第（6）栏中的 $V=F/C$，是按本节前面所讲的绝对值法计算功能价值系数而得来的。从表中可反映很多信息。首先，功能区域新分配的成本与目前成本对比，有3种结果。

确定功能评价值时应遵循以下原则：

（1）功能区域新分配成本等于目前成本，则以目前成本为功能评价值，如 F_3。

（2）新分配成本小于目前成本，则以新分配成本作为功能评价值，如 F_2。

（3）新分配成本大于目前成本，要作具体分析：判断功能重要系数是否定得过高、甚至存在多余功能而导致成本上升，如过高，重新调整功能重要系数后再计算；如不高，则考虑以目前成本水平能否实现必要功能，如不能，则以新分配成本作为功能评价值。如能，则以目前成本作为功能评价值，如本例中的 F_1。

从表 10-6 中还可知道功能价值系数、成本降低的期望值以及功能改善的优先顺序等信息。由此，功能评价的基本目的得以实现，VE 的价值也真正得以体现。

前面已经提到，功能评价值在 VE 中有重要作用，VE 的工作在某种程度上就是探求功能评价值的过程。本章第三节介绍的几种方法和本节的功能重要程度系数法都是围绕功能评价值开展工作的。

第五节　VE 的对象选择与信息收集

选择 VE 对象是价值工程活动的关键步骤。一个企业可有许多种产品和大量的工作过程，一个系统、一种产品、一项工程或者是它们中的某些组成部分，都可以作为 VE 的选择对象，题目也可大可小。但在实际工作中，对所有对象都展开 VE 活动是不可能的。这就要求合理地、有重点地进行，才能提高 VE 活动的效率和效果。

一、选择 VE 对象的基本原则

一般 VE 对象的确定大致可从下面几个方面考虑：

1. 结构、工艺复杂的产品

这类产品一般工艺复杂、工序多，有简化、合并或减少工序的可能性。

2. 成本或产量大的产品

降低高成本产品的成本能减少资金占用，且增加企业效益较显著；对于产量大的产品，只要单位产品成本略有降低或收益略有增加，则总量效益就能明显增加。

3. 用户意见多的产品

要搞清楚用户意见集中在哪些问题上，以便确定 VE 对象并找到解决方法，以提高产品质量。

4. 有发展前景或成功可能性大的产品

某些项目不需太多人力、物力、财力的投入就能在短期内取得经济效果，如作为 VE 对象更能加快其成功；某些项目本来就有人才、技术优势，采用 VE 起到催化作用；符合本企业战略发展方向的产品也应作为重点改进对象。

企业进行 VE 活动也是一个循序渐进的过程。对于刚刚开始尝试的企业应本着先易后难、先小后大的原则，取得经验后逐步扩大规模和范围。

二、选择 VE 对象的方法

选择 VE 对象的方法有很多，下面仅介绍常用的 4 种方法。

1. 经验分析法

这是一种定性的分析方法。它凭借价值工程活动人员的经验，按照上述原则对各种因素进行分析，区分轻重、主次。这种方法简便易行，但精度差，通常在资料不全或时间紧迫的情形下使用，使用时要注意发挥集体智慧进行决策。

2. ABC 分类法

ABC 分类法也叫重点法、成本比重分析法或巴列特法。该方法是根据“关键的少数，次要的多数”思想，抓住主要矛盾的定量分析方法。它是将意大利经济学家巴列特（Pareto）的不均匀分布定律，用在成本分析上。即：占零件总数10%左右的零件，其成本往往占整个产品成本的60%～70%，这类零件划为 A 类；占零件总数20%左右的零件，其成本也占整个产品成本的20%左右，这类零件划为 B 类；占零件总数70%左右的零件，成本仅占整个产品成本的10%～20%，这类零件划为 C 类，如图 10-7 所示。在确定 VE 对象时，一般选取 A 类作为 VE 对象，B 类作为一般对象，C 类则不作为对象。

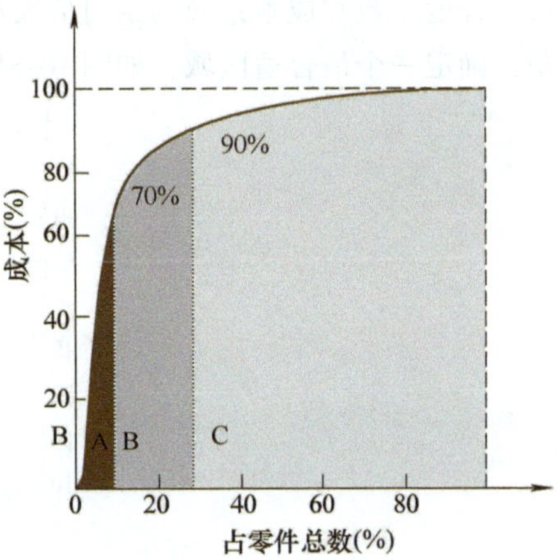

图 10-7 ABC 分类法

此种方法的优点是能抓住重点，把数量少而成本大的零部件或工序作为 VE 对象，便于重点突破。缺点是对 A 类开展 VE 时通常所需时间、人力和财力水平较高，实践时应充分考虑；另外，可能一些现实成本属于 C 类而功能却十分重要且有 VE 潜力的零件未被选上，这时需要运用其他方法进行综合分析。

3. 比重分析法

该方法针对不同指标（或目标），通过计算不同对象的相对比重来选择 VE 对象。如以降低能源消耗为目标，如表 10-7 所示数据，首先计算产品或项目消耗能源的比重，产品 B 和 D 能源消耗比重较大，分别占总量的30%和25%，可将二者列为 VE 对象；又如以提高设备组中各设备成本利润为目标，如表 10-8 所示，其中设备 A 成本利润率最低，可将其列为 VE 对象。

表 10-7 能源消耗费用比重表

项 目	产 品				管理设施		生活设施	
	A	B	C	D	E	F	G	H
能源消耗费用比重（%）	12	30	18	25	3	2	4	6

表 10-8 设备工时利润对比表

设备名称	A	B	C	D	合计
成本/千元	8.0	6.0	15.0	10.0	39
利润/千元	1.2	2.0	4.0	3.2	10.4
利润/成本	0.15	0.33	0.27	0.32	

4. 最合适区域法

前面已介绍过，可通过相对价值系数 V_i 大于、等于或小于 1 来基本判断是否可作为 VE 对象。为进一步清晰表达功能重要程度和功能成本系数的关系，以成本系数为横坐标，功能重要程度系数为纵坐标，可作价值图，如图 10-8a 所示。图中 45°直线的价值系数为 1，直线上方区域具有高的价值，而下方区域价值较低。

最合适区域法是日本东京大学田中教授提出的，也是根据价值系数的大小来选择 VE 改进区域。它不单纯考虑价值系数大于或小于 1，而是将价值系数与 1 的偏离程度以及将功能重要程度系数和成本系数的绝对值大小综合考虑，绝对值小的放宽控制，绝对值大的从严控制，确定一个最合适区域，如图 10-8b 所示。

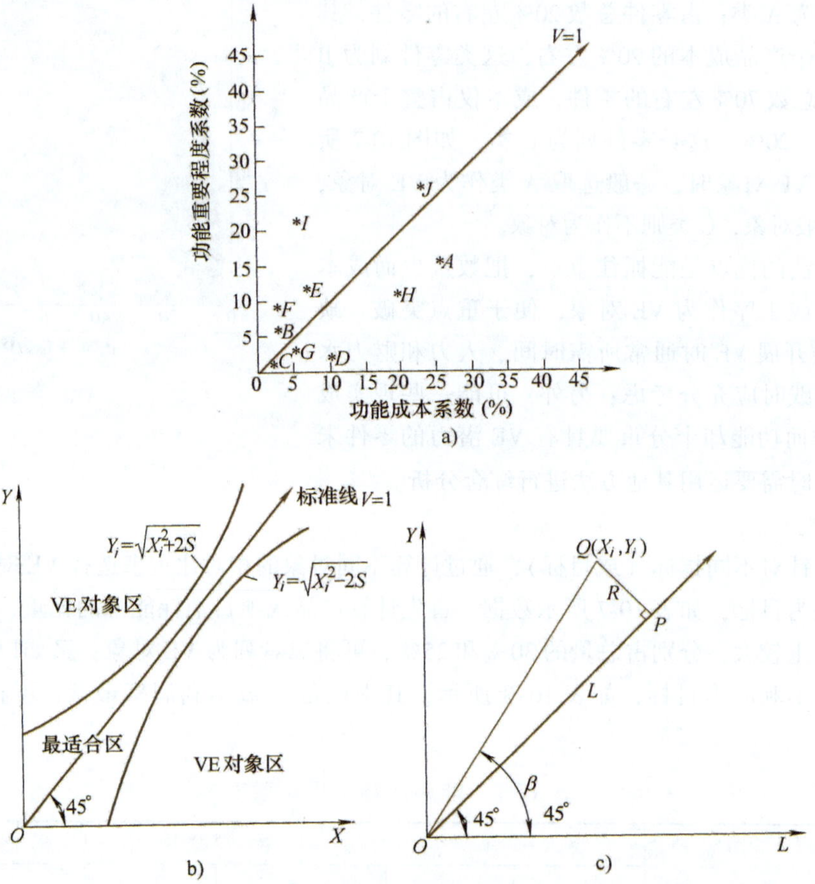

图 10-8 VE 最合适区域

构成最合适区域的两条曲线是这样确定的：曲线上任一点 Q，到价值标准线的垂直距离 R 与垂足 P 到原点 O 的距离 L 的乘积为一常数 S，如图 10-8c 所示。这样一个运动规律的动点轨迹必然是两条以价值标准线为渐近线且相互对称的曲线，并呈向原点开口的喇叭形。根据 $S=RL$ 这一规律可推导出两条曲线的方程（过程略），并只取第一象限：$Y_i=\sqrt{X_i^2-2S}$（当 $X_i>Y_i$ 时）；$Y_i=\sqrt{X_i^2+2S}$（当 $X_i<Y_i$ 时）。两曲线所围区域之外的各点即为改革对象。

这样曲线上的点凡距原点较近者，与价值标准线的距离必然较大，达到放宽控制的目的；

凡距原点距离较远者，与价值标准线距离较小，达到从严控制的目的。曲线所围区域的大小，取决于 S 值的大小，常数 S 的取值越大，所围区域越大，反之越小。一般根据各对象的点在图中的分布情况选一合适的 S 值，使得大多数点（80% 以上）分布在区域内，则认为 S 较合适，该区域为最合适区域；或根据事先确定的 VE 目标而定，有时也可通过试验，选取合适的 S 值，直到价值工程取得满意的效果。

除上述方法外，还可通过用户打分的方法对产品的各项性能指标的重要程度进行评分。典型的评分等级为：90～100 分为“最重要”；70～89 分为“很重要”；50～69 分为“中等重要”；30～49 分为“略重要”；10～29 分为“不重要”。通过打分可把用户认为最重要的功能选择出来作为 VE 对象。使用该方法时应注意使参加的用户具有同一参考等级。

三、VE 的情报收集

在 VE 活动中，收集情报的工作是非常重要的。只有在大量、迅速、准确、全面情报资料的基础上，才能有效地分析对比，打开思路，找到解决问题的办法。从某种程度上说，VE 成果的大小取决于情报收集的质量、数量与适宜的时间。

VE 对象不同，需要的情报资料也不同。一般涉及产品的研究开发、生产、流通、维修和服务等各方面的情况，并在此基础上进行整理和分析。

1. 科学技术方面的信息

科学技术方面的信息包括：产品的功能、水平及实现功能的方式、方法；现产品研制设计和演变的历史；国内外同类产品的设计方案、产品结构、加工工艺、设备、材料、技术标准、质量标准等一系列技术资料；有关新技术、新工艺、新材料、标准化等科技资料和相关的技术法规。

2. 产品成本方面的信息

产品成本方面的信息主要包括：构成产品的原材料、元器件、外协件成本及各种材料消耗定额；加工、装配成本；包装、存储、运输、销售等成本情况。

3. 用户方面的信息

包括用户使用的目的、条件、环境等；用户对产品性能、外观、操作、维修、保养的要求；用户对产品价格、交货方式、配件供应的期望等；用户的其他要求。

4. 市场方面的信息

国家一定时期内的宏观政策对产品的影响；同类产品生产企业的状况和市场的划分、布局及产品占有率；同行业竞争对手产品的产量、成本、价格、利润、技术服务及研发状况等。

除上述信息外，还应注意收集政府和社会相关部门有关法规、条例等。应该说，需要收集的信息很难一一列举，但收集信息时应注意目的性、可靠性、适时性，增强信息的使用价值，避免遗漏、浪费、错用、延误等情况的发生。

第六节 价值工程方案的评价与实施

一、方案创造

方案创造是以用户对功能的需求为依据，创造性地提出可供选择的方案，达到改进功能、提高价值的目的，是VE的重要组成部分。主要回答“有无其他方法实现这个功能”“怎样删去某些功能而仍可实现基本功能”等一系列问题。方案创造要求充分发挥人的创造力，应用创造学理论和方法，大胆提出各种设想而不受时间、空间以及权威意见的影响。

方案创造的方法很多。据统计，国内外共有300多种，现介绍影响较大的3种。

1. 头脑风暴法（BS法）

头脑风暴法也称“智暴法”，由美国的奥斯本首创。这种方法是邀请5~10个熟悉产品的人开会，由头脑敏捷、善于启发归纳的人主持。规则是：欢迎自由地提出大量方案；不批判别人的意见和方案；在改善和结合别人意见基础上提方案。目的是使与会者在头脑中掀起风暴，激发灵感和思考力，力戒相互扼杀，鼓励相互启发。由此必然会出现有价值的想法和方案，会后再整理、分类、综合，分析其可行性。但会议时间不应过长，以1h左右为宜。

2. 哥顿法（Gordon法）

哥顿法由美国人哥顿于1964年所创。此法运用抽象思维的方法，通过扩散与收敛思维相结合的方法，以小组会的方式进行创造。会议主持人只提出一个抽象的功能概念，要解决的问题只有主持人知道，以免与会者思路受限制。如研究改进剪草机的方案，只提出“用什么方法可把一种东西断开？”当与会者纷纷提出用剪断、切断、扯断、割段、锯断、冲断甚至抽断等不同方法后，再告诉大家断开的东西是草，让大家研究割草机方案，由此可提出用旋转刀片、盘形刀片等多种方案，还有一种新型割草机是用直径约2mm高速旋转的尼龙绳修整草地。总之，哥顿法是一种抽象类比法，抽象对象为功能定义中的动词部分，以扩大思路，寻求解决办法。

3. 德尔菲法（Delphi Method）

德尔菲法是20世纪60年代初由专家调查法发展而形成的，也称为函询调查法。组织者将所研究对象的内容和要求，以信函意见征询表的形式寄给相关专家，得到大家的反馈意见后，经组织者归纳整理再次征询意见。如此反复几次，一般可得到较好的改进方案。德尔菲法具有匿名性、反馈性和统一性，本质上属于具有反馈的函询集智。匿名性可避免权威所带来的负面影响，使大家畅所欲言；统一性是指专家们的意见用统计方法进行处理，以达到预测结果统一的目的。

除上述方法外，还可用校对清单法、类比法、形态综合法或特性列举、缺点列举及希望点列举法等，可针对不同的对象和专业特点适当采用。

二、方案的评价与选择

对提出的若干方案，需要进行评价，评价有概略评价和详细评价两种。

（1）概略评价是对提出的方案或改进设想进行粗略分析、对比和筛选，以便把它减少到便于处理的规模，内容不要求详尽，时间要迅速及时，评价标准不宜过严。

（2）详细评价是对经过筛选的少数方案再具体化，通过进一步调查、研究、分析，对改进方案提供全面、准确、可靠的依据，最后选出最令人满意的方案。

无论哪种评价都包括技术性评价、经济性评价、社会评价及综合评价等几个方面。

（1）技术评价主要评价方案的功能实现程度（性能、质量、寿命等）、可靠性、安全性、维修性、操作性及整个系统的协调与环境条件的协调等。

（2）经济评价主要针对方案的寿命周期成本、利润、使用期限、实施方案、实施条件以及费用的节约等因素进行分析。

（3）社会评价主要考查企业利益与社会利益能否一致，方案的功能条件与国家的技术政策和科学发展规划是否一致，方案的实施与环保、能源消耗及国家法律、法规、条例是否一致。

（4）综合评价是在技术、经济和社会评价的基础上，对改进方案做出全面、综合的评价，从而选出最优方案。方案评价的方法有很多，如评分法、加权评分法、线性规划法、层次分析法等，现介绍评分法和加权评分法。

1）评分法。这种方法是通过专家打分后，对方案技术性和经济性进行综合评价。

① 技术性系数。技术性系数用 X 表示如下：

$$X = \frac{\sum P}{nP_{\max}} \tag{10-8}$$

式中，P 为各方案满足功能的得分数（一般取0、1、2、3、4，分别表示不能满足要求、勉强过得去、过得去、好、理想等）；$P_{\max}$ 为满足功能的最高得分数（4 分）；n 为需满足的功能数。

② 经济性系数。经济性系数用 Y 表示如下：

$$Y = \frac{H_0 - H}{H_0} \tag{10-9}$$

式中，H_0 为理想成本（以老产品原成本为基准进行核算）；H 为新方案的预计成本。

③ 综合评价系数。综合评价系数用 K 表示如下：

$$K = \sqrt{XY} \tag{10-10}$$

选优原则：K 值最高的方案为最优方案。

2）加权评分法。加权评分法就是把目标判据的重要性考虑进去，用一个加权系数表示重要性的大小，总加权系数为 1。首先用 DARE 法或 FD 法确定目标判据重要性系数 W_i（各方案相同）和各方案分别满足目标判据的得分 S_i（如满分可取 100 分），最后求出各方案的总评价值 $A_i = \sum W_i S_i$。

选优原则：A_i 最大者为最优方案。

三、方案实施与成果评价

（一）方案试验与审定

选定最佳方案后，在正式实施前还要对其进行必要的试验和验证，通过后才可以正式将提案上报审批；方案试验和验证内容包括产品结构、新材料、新工艺、新方法、样机或样品的性能、使用等；上报审批时，应提交价值分析提案表，包括原产品的技术经济指标、用户要求、存在的主要问题、预计达到的目的等，并附上功能分析、改进依据、试验数据、图样、预计效果等资料。

（二）成果评价

提案通过并实施后，要对 VE 活动的成果进行评价与总结。

1. 技术成果对比评价

主要评价采用新方案后，产品性能与功能条件的改善，如各项性能指标、质量、寿命、可靠性、安全性、操作性、系统协调性等，来具体对比评价。

2. 经济效果对比评价

根据需要，计算提案实施对劳动生产率、原材料消耗、能源消耗、资金利用、设备利用率、产量、利润等指标的影响效果，一般计算以下几项指标：

（1）成本降低率。

$$\text{成本降低率} = \frac{\text{VE 后单件成本降低额}}{\text{VE 前单位成本}} \times 100\%$$

（2）年节约总额与年净节约额。

$$\text{年节约总额} = \text{VE 后单件成本降低额} \times \text{年预计销量}$$

$$\text{年净节约额} = \text{年节约总额} - \text{实施附加费用}$$

（3）VE 投资倍数。

$$\text{VE 投资倍数} = \frac{\text{年净节约额}}{\text{VE 活动费用}}$$

其中：VE 活动费用是指 VE 人员的工资、试验费、调研费、资料费等。

3. 社会效果对比评价

社会效果主要从以下方面考查：是否填补国内外科学技术或品种发展的空白；是否满足国民经济或国防建设的需要状况；是否节约能源消耗；是否降低用户购买成本或其他消费；是否防止或减少污染公害；是否增加就业效果等方面的效益。

4. VE 工作总结

全部工作结束后，要对整个 VE 工作进行总结。总结的内容是：预定目标是否如期实现，与国内外同类产品相比还存在什么差距；VE 活动的计划安排、工作方法、人员组织等方面的优缺点、经验和教训，以便今后改进。

四、价值工程应用案例

本案以胜利油田海上单井平台建设为例，通过采用价值工程对其工艺流程进行优化，在保证功能的前提下降低建设成本，说明价值工程的应用原理及方法。

（一）选择对象

海上油田建设为滚动开发，每年都有新的平台投入使用，其中以卫星采油平台为主。该类建设项目具有投资高、风险大，施工费用、运行费用高的特点。而油井平台的工艺流程直接决定投资、运行费用及其经济效益。特别是单井平台，由于只有一口油井，产油量不大，不可能配置整套的油气设施。因此，选择单井平台的工艺流程进行分析和优化。

（二）功能分析

1. 功能的定义

功能是指一种产品（或作业）所起的作用、负担的职能和具有的使用价值。功能定义的目的是为搞清现有产品已经存在的功能，明确用户所要求的功能，为改进或创造新的功能方式开阔思路，为功能评价提供依据。

单井平台的主要功能有油气输送、数据采集远传、变配电、消防、通信等。平台组成主要包括：平台结构、平台油气设施、外输系统、供配电系统、消防系统、通信系统、自控系统等。此外，对于原油凝固点比较高的平台应有加热装置，终端平台还应考虑添加海底管道紧急替挤橇块。

平台结构用于平台上设施的支撑；平台油气设施及外输系统用于石油天然气的正常生产和外输；供配电系统用于平台变电、供电；消防系统用于平台安全消防；通信系统用于平台对内和对外通信；自控系统主要用于各系统的自动控制和运行。

对功能系统进一步分析整理，可以看出，为实现正常的油气生产，单井平台必须具有6项功能，为明确各项功能构成要素之间的关系，整理了功能要素一览表，如表10-9所示。

表10-9　海上单井平台功能要素表

构成要素	功　能
平台导管架、甲板	支撑平台
油气集输管道、设备及海底管道	油气处理及外输
供配电系统	变电、供电
自控系统	自动化控制和运行
消防系统	安全消防
通信系统	平台内外的通信

2. 功能评价

功能评价就是对实现功能的构成要素所造就的价值系数与改善幅度进行定性和定量的评价，为工程改进提供科学的依据。

（1）确定功能的成本。根据初步方案应用概算的方法估算工程投资，而得出各构成要素的总成本，改进前数据部分如表10-10所示。

表10-10　功能成本（包括改进前、后）

平台的构成要素及成本			各功能成本/万元											
名　称	成本/万元		平台设施的支撑（A）		油气处理及外输（B）		变电、供电（C）		自动化控制和运行（D）		安全消防（E）		平台内外的通信（F）	
	改前	改后	改前	改后	改前	改后	改前	改后	改前	改后	改前	改后	改前	改后
平台结构	620	543	620	543										
油气管道设备和海底油气混输管道	1 250	20			1 250	20								
供配电系统	160	10					160	10						
自控系统	60	10							60	10				
消防系统	2	2									2	2		
通信系统	4	4											4	4
工程费合计	2 096	589												

（2）计算功能的重要性系数。功能的重要性系数也称功能评价系数，产品各项功能的投入成本一般按该系数分配。首先应用强制确定法排列功能重要性的顺序为 A > B > C > D > E > F，然后应用倍数确定法计算功能重要性系数，其中倍数是通过征求有关专家和工程技术人员的意见后综合评定的，结果如表 10-11 所示。

表 10-11　功能重要性系数

功　能	相邻功能比值（本项/下项）	功能得分	功能的重要性系数（%）
平台设施的支撑（A）	A/B = 5	67.5	67.5/99 = 68.18
油气处理及外输（B）	B/C = 1.5	13.5	13.64
变电、供电（C）	C/D = 1.5	9	9.09
自动化控制和运行（D）	D/E = 3	6	6.06
安全消防（E）	E/F = 2	2	2.02
平台内外的通信（F）	—	1	1.01
合计	—	99	100

（3）计算功能价值系数。功能价值系数是指产品功能重要性系数与产品功能成本系数的比值。$V = 1$，说明产品功能价值合理；$V < 1$，说明产品功能价值低劣，需要进行改进；$V > 1$，说明产品功能价值优良。

因为目标成本一时无法确定，所以不能采用绝对计算法计算功能价值系数，而应采用相对计算法，由功能重要性系数及功能成本系数计算功能价值系数。计算结果如表 10-12 所示。

表 10-12　功能价值系数

功　能	①功能重要性系数（%）	②功能成本/万元	④功能成本系数（%）（②/③）	⑤功能价值系数（①/④）
平台设施的支撑（A）	68.18	620	29.58	2.30
油气处理及外输（B）	13.64	1 250	59.64	0.23
变电、供电（C）	9.09	160	7.63	1.19
自动化控制和运行（D）	6.06	60	2.86	2.12
安全消防（E）	2.02	2	0.10	20.2
平台内外的通信（F）	1.01	4	0.19	5.32
合计	100	③2 096	100	

从表 10-12 中可以看出，功能价值系数的排列顺序为 B < C < D < A < F < E，且油气处理及外输（B）部分功能的价值系数远小于 1，即成本偏高，功能与成本不匹配，需要改进；平台设施的支撑（A）、变电和供电（C）、自动化控制和运行（D）功能的价值系数，虽然大于 1，但也较低，有待于改进；安全消防（E）、平台内外的通信（F）功能的成本系数很低，一般可不进行改进。

（三）改进方案

1. 油气处理及外输

油气工艺部分价值系数小，主要是因为油气处理设施以及海底油气混输管道的投资较大，并且对于产液量不大的单井来讲，1 250万元的初期投资显然太高，同时由于设备数量的增加也使平台的尺寸和载荷增大，即增加了结构部分的投资。油气设施由两部分组成：一是平台的油气管道设备，包括电加热器、替挤橇块共计50万元；二是外输系统，即将油气混合物从一个平台输送到其他平台的海底管道（D76mm海底管道每千米的投资也在800万元以上）。因此，考虑到单井平台产液量不很大，并且产量衰减速度较快，平台可以不设置海底管道，即取消海底管道和电加热器、替挤橇块等与海底管道配套的设施，增加两相分离装置和低压火炬装置，改为船拉油的方式生产，这样就可以减少初期投资。

2. 平台设施的支撑

（1）优化平台结构。工艺流程的简化，使平台尺寸减小、载荷降低，减少平台结构投资约70万元。

（2）改进导管架结构。具体包括：①把具有多种功能的平台分开设置，减少单个平台的质量，从而满足浅海施工船舶吃水及吊重的要求。②在材料上，除主要构件采用具有低温性能的钢材外，大部分上部组块及附属构件都采用常用国产钢材。③对于环境荷载重现期的选择，现有规范建议100年。但根据该海域油藏情况及采油年限一般不超过15年的要求，将重现期降为不超过50年，从而降低造价。

（3）选择国产导管架封隔器。对于导管架平台，桩与导管架主腿柱之间的环形空间必须灌水泥浆，使桩与导管架成为一体，增加抗载能力。导管架封隔器安装在导管架底部，能够防止灌浆时水泥浆从导管架主腿柱底部漏出，是导管架主要构件之一。本平台采用国产封隔器替代进口产品，平均价格仅为1.2万元人民币左右，与进口产品相比，节约投资约7万元。

3. 自动化控制和运行

由于平台采用船拉油流程，很大程度上降低了平台的自控要求，不必设海底管道的紧急切断装置，很多数据也不用采集远传，相应节约投资近50万元。

4. 供配电

由于平台本身没有大功率用电装置，因此不用设置高压配电间，可以采用太阳能或风力发电装置满足平台上的航标灯、边界灯、安全阀控制柜等设施的用电，这样可一次性节约投资150万元。

（四）成果评价

1. 经济效益评价

改进后的单井平台功能成本见表10-10（改进后）。比较表10-10中改进前、后数据可以看出：改进后，平台投资减少1 500余万元，经济效益显而易见。

2. 社会效益评价

由于采用太阳能或风力发电装置，每年节约电量可达144×10^4kW·h。

习题

1. 什么是价值工程？提高产品价值的途径有哪些？
2. 简述价值工程与工程经济的关系。
3. 功能定义应遵循哪些原则？功能系统图的绘制步骤有哪些？

4. 简述最合适区域法的原理。

5. 某产品P由A、B、C、D4个部件组成，其现实成本分别为540元、980元、130元和260元，部件A可实现F_2、F_4、$F_6$3个功能，其功能的重要性相同；部件B具有F_1、F_3、$F_5$3种功能，但F_3所起作用是F_5的两倍，是F_1的4倍；部件C只实现一个功能F_5；部件D实现F_1、F_3、$F_6$3种功能，其重要性比例为2:1:2，试求F_1~F_6的功能成本C_1~C_6。

6. 某产品由12种零件组成，各种零件的个数和单个零件的成本如表10-13所示，用ABC分类法选择价值工程的研究对象，并画出ABC分类图。

表10-13 零件数量及单个成本

零件名称	a	b	c	d	e	f	g	h	i	j	k	l
零件个数	1	1	2	2	18	1	1	3	5	3	4	8
单个零件成本/元	5.65	4.74	2.05	1.85	0.15	0.84	0.75	0.33	0.35	0.18	0.15	0.10

7. 已知某产品由6个主要零部件组成，专家用FD评分法得到的各零部件功能评分值及其单件成本（见表10-14）。若产品目标成本为50元，试根据已知资料进行该产品零部件成本改善幅度目标计算。

表10-14 零部件功能评分值及单件成本

序号＼项目	零部件	功能评分值	目前单件成本/元
1	A	21	12.50
2	B	23	10.80
3	C	20.5	8.90
4	D	25	9.25
5	E	22	6.60
6	F	16.5	8.66
		128	56.71

第十一章 设备工程经济分析

引例

小吕是刚毕业的研究生，在一家从事电源设计与制造的企业做产品开发工作。由于在开发区工作，交通不便，为改善交通条件，决定买一辆汽车代步。因为工作不久，经济条件有限，无法一步到位买新车，所以他决定买一辆二手车。一辆尼桑蓝鸟车，只要5万元，然而已经跑了40万km。从外形和品牌来说，小吕还是比较满意的。可是，该车已行驶公里数比较多，将来可能有较高的维修费。这种情况使得小吕有些举棋不定。请帮助小吕做一些工程经济分析，以便他进行决策。

每个企业或多或少都有一些设备。设备经过一段时间的使用都会产生磨损。即使没有用过的新设备，也会由于技术进步而导致价值下降，从而贬值，造成设备的精神磨损。设备磨损后需要维修，维修会产生很多费用。此时，是维修设备还是更新设备就成为需要决策的问题。本章将就设备工程经济分析中存在的问题进行讨论。

第一节　设备管理与维修体制

设备是企业进行生产和服务活动的重要物质基础，是重要的生产力要素之一。在当前现代工业条件下，机器设备日益精密化、自动化、数字化、大型化，与设备有关的费用在产品成本中的比重不断提高，加强企业设备管理变得日益重要。设备管理就是用先进的管理模式和方法，对寿命周期内的所有设备的物质运动形态和价值运动形态进行的系统管理工作。

企业设备管理工作包括设备运动的全过程，即设备的选购、使用、维护、修理和改造、更新和租赁等。本节只介绍设备的故障理论及维修体制，其他相关内容将安排在本章其他各节中。

一、设备故障与可靠性

（一）零件磨损与设备故障理论

1. 设备零件的磨损规律

机器设备在使用过程中，由于摩擦、应力和化学反应等作用，其零件会逐渐磨损和腐蚀，甚至断裂。但零件的磨损速度在零件寿命期的各阶段是不一样的，一般可分为3个阶段，如图11-1所示。

第Ⅰ阶段叫初期磨损阶段。在这个阶段，零件磨损很大，表面宏观几何形状和微观粗糙度都要发生明显的变化。第Ⅱ阶段叫正常磨损阶段。在该阶段，如果零件工作条件不变或变化不大，零件的磨损非常缓慢，磨损速度基本上随时间匀速增加，这个阶段的时间，就是零件的使用寿命。第Ⅲ阶段叫剧烈磨损阶段。当零件磨损到一定程度后，正常磨损关系破坏了，使得磨损加剧。零件磨损到这个阶段，就会降低设备的生产率和产品质量，发生事故，还会加大修理工作量和修理费用，延长设备修理时间。所以，一般不允许零件进入剧烈磨损阶段还继续使用。

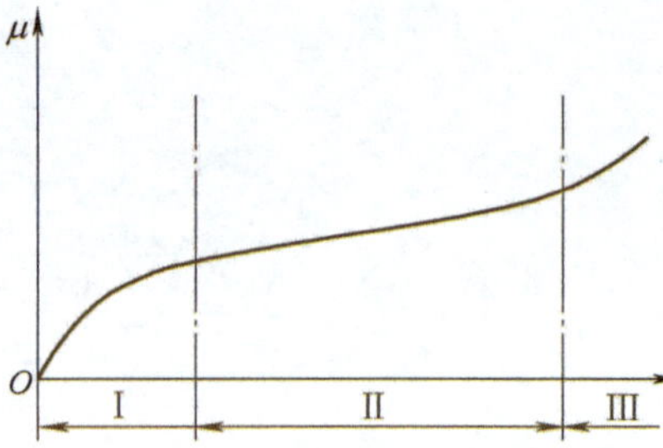

图11-1　机器零件磨损曲线

如果设备使用维护不当，或在使用过程中出现加剧磨损的外部因素，如作用力增加或摩擦面上聚集磨料或磨损物等，就会缩短或没有一个正常磨损阶段，即第Ⅱ、Ⅲ两个磨损阶段之间没有明显的界限，零件经初期磨损阶段后，直接进入剧烈磨损阶段。图11-2是表示该种状况的非常磨损曲线。

从上述磨损规律中可以得出如下结论：

(1) 只要设备使用，零件的磨损就是不可避免的。当零件磨损到一定程度后，就会降低生产效率和产品质量，要使设备经常处于良好状态，就必须合理使用和正确维护修理设备。

(2) 设备如果加强管理，合理使用和维护，就会延长零件的正常磨损阶段，从而延长设备的使用寿命。

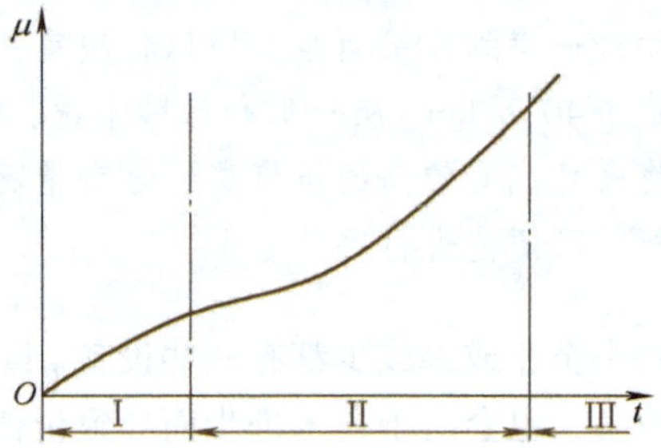

图11-2　零件非常磨损曲线

(3) 加强设备日常检查和定期检查，掌握零件的磨损情况。在零件进入剧烈磨损阶段之前进行修理，可以降低设备故障，减少修理工作量。

(4) 设备零件在正常磨损阶段的磨损同时间呈正比。因此，在正常生产情况下可以用试验和统计分析等办法计算出设备易损零件在正常条件下的磨损率和使用期限，有计划地进行更换修理。

2. 设备故障曲线

通过对设备不同阶段故障规律的研究，得到一个可划分为3个阶段的故障曲线，如图11-3所示。曲线的形状好似浴盆，故又称浴盆曲线。*ab*阶段叫早发故障期，其特征是设备故障率开始很高，经过设备试运转管理后故障率迅速降低。该阶段的故障主要是由于设计的疏忽、制造质量欠佳或对新设备的操作不习惯引起的。*bc*阶段叫偶发故障期，也是设备的有效寿命期。在这个阶段，设备的电子元器件等已经受到了考验，设备零部件也进入正常磨损期，因此故障较少，大多是由于维护不好或操作失误而引起的偶发故障，与设备零部件、元器件的使用时间无关。*cd*阶段叫劣化故障期，故障率迅速增加，电子元器件等老化变质，设备零件进入剧烈磨损期。

通过设备故障规律，设备管理部门可针对不同时期故障特征及成因，采取相应措施。在早发故障期，设备管理的重点是尽快找出故障率高的原因，以便调整和采取相应措施，使设备尽早进入正常运转；在偶发故障期，应重点加强工人的技术培训，提高操作和日常维护保养水平；针对劣化故障期，如果知道设备劣化的开始时间，提前更换或修复有关零部件等，就可延长设备有效寿命。因此，该时期的任务重点是加强设备的状态监测和计划修理工作。

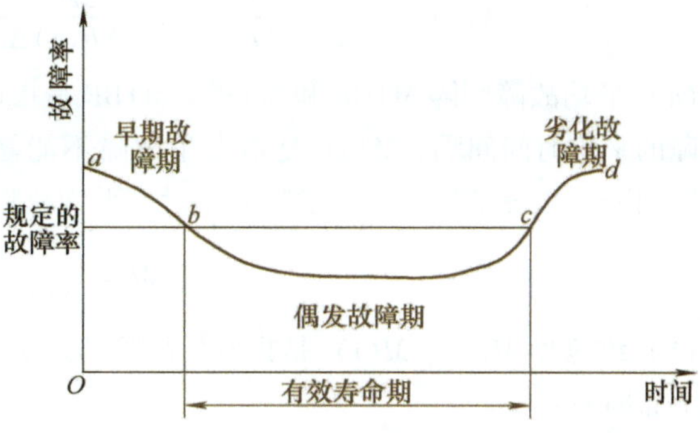

图 11-3　设备故障曲线

（二）可靠性及其在设备管理中的应用

1. 可靠性的定义

设备可靠性就是在规定的条件下和规定时间内，完成规定功能的能力。规定的条件包括使用时的应力条件、环境和储存条件，规定的条件不同，设备的可靠性也不同；一台设备可具备若干项功能，完成规定功能是指完成规定的全部功能，而不是其中的一部分。

设备可靠性涉及从设备设计、制造、使用直至报废的整个设备寿命周期。设备在设计和制造时内在的可靠性称为固有可靠性；使用和维修人员对设备可靠性的影响称为使用可靠性；环境适应性则指设备所处的周围环境对设备可靠性的影响，如环境湿度、相对温度、大气压力、振动和冲击等。这些方面都是设备可靠性的研究对象。

2. 可靠性的尺度

设备可靠性可用以下尺度（指标）进行定量表示。

（1）可靠度与不可靠度。可靠度是指设备到时刻 t 时无故障的概率［$R(t)$］；系统在时间间隔 t 内发生故障的概率称为设备不可靠度或累积故障率［$F(t)$］。

$$F(t) = \frac{r(t)}{N} \tag{11-1}$$

式中，N 为在同样环境和条件下工作的设备数；$r(t)$ 为到时间 t 止，发生故障的设备数。

由可靠度的定义可知：

$$R(t) = \frac{[N - r(t)]}{N} = 1 - F(t) \tag{11-2}$$

（2）故障密度 $f(t)$。就是从时刻 $t=0$ 开始工作的设备在时间间隔 $(t, t+dt)$ 内发生故障的概率。故障密度可近似地按下式计算：

$$f(t) \approx \frac{\Delta r(t)}{N\Delta t} \tag{11-3}$$

式中，Δt 为时间单元；$\Delta r(t)$ 为在时间单元 Δt 内发生故障的设备数。

（3）故障率（瞬时故障率）$\lambda(t)$。就是设备在 t 时刻后的一个单位时间内的失效数与在时刻 t 尚在工作设备数的比，即：

$$\lambda(t) \approx \frac{\Delta r(t)}{[N - r(t)]\Delta t} = \frac{\Delta r(t)}{NR(t)\Delta t} = \frac{\Delta r(t)/N\Delta t}{R(t)} = \frac{f(t)}{R(t)} \tag{11-4}$$

（4）平均故障间隔 MTBF 和 MTTF。MTBF 是指可修理的设备与系统，从一次故障到下一次故障的平均时间间隔；MTTF 是指发生故障不能修理的零件，从开始使用到发生故障的平均时间间隔。当设备故障遵从指数分布时，平均故障间隔等于故障率的倒数，即：

$$M = \frac{1}{\lambda(t)} \tag{11-5}$$

（5）维修度 $M(t)$。$M(t)$ 是指发生故障的系统在某一时限内修复的概率，当 $M(t)$ 遵从指数分布时有：

$$M(t) = 1 - e^{-\mu t} \tag{11-6}$$

式中：μ 为修理率，是平均修理时间 MTTR 的倒数。

（6）有效度（A）。（A）是指不发生故障的可靠度和排除故障的维修度的综合量度。

$$(A) = \frac{U}{D + U} \tag{11-7}$$

式中，D 为设备或系统的故障停工时间；U 为可以工作时间。

二、设备维修管理体制

（一）设备维修制度

设备维修制度一般可分为事后维修、预防维修、生产维修和设备综合管理等。无论拟采用哪种维修方式，考虑的重点之一是维修的时间点，即等到设备劣化不能继续使用再进行修理，还是在设备损害之前预先进行维修。显然，有计划的预防维修要优于消极的事后维修，但是不是维修的频率越高就越好呢？重点之二是纳入预防维修计划设备及其零部件的范围的确定，是所有的设备都要定期检修，还是有针对性地采取不同维修方式？要回答这些问题，必须充分考虑设备维修的费用问题。

当维修活动很少，设备劣化和故障停机带来的损失大于日常维修费用的支出时，说明设备维修不足；反之，维修活动频繁，设备劣化和故障停机的损失减少，但维修费用增加，当维修费用增加的部分超过了设备劣化和故障停机损失减少的部分时，这种维修活动称为过剩维修。若能使维修费用与设备劣化、故障停机损失之和（总费用）达到最小，则设备维修的规模是较理想的。可见，设备维修这一技术性活动，必须从技术和经济两个方面结合起来加以考虑。

（二）设备维修计划的确定

预防维修优于事后维修，其主要方式为定期检修，即按照检查间隔期定期检查设备，根据检查结果编制修理计划，再按修理计划进行维修。因此，确定哪些设备纳入检修计划和设备检修周期是首要解决的问题。

1. 设备纳入检修计划的确定方法

可用维修系数 S_{PM} 来解决该问题，即：

$$S_{PM} = \frac{B}{A} \tag{11-8}$$

式中，B 为修理费用与设备故障损失之和；A 为日常检修费用。

当 $S_{PM} \geqslant 1.5$，设备纳入检修计划；$S_{PM} < 1.5$，设备可采取事后维修或相应减少维修活动。S_{PM}越大，表明维修越不足，应加强维修。

2. 合理检修周期的确定方法

确定检修周期的方法有很多，这里仅介绍费用损失系数法，运用该方法得出的最佳检修周期 T_m 近似为：

$$T_m = \sqrt{\frac{2C_i}{\lambda L}} = \sqrt{\frac{2}{\lambda\varphi}} \quad （当 \lambda T \leqslant 1）$$

$$T_m = \sqrt{\frac{3C_i}{\lambda L}} = \sqrt{\frac{3}{\lambda\varphi}} \quad （当 \lambda T > 1） \tag{11-9}$$

式中，φ 为费用损失系数，$\varphi = \frac{L}{C_i}$；C_i 为每次检查的费用；λ 为故障率；L 为设备故障造成的损失费用。

运用该方法须掌握上述相关数据。如果数据不充分，可选取一个相对合理的方案代替最佳方案。

3. 最佳维修费用的计算方法

上面已提到，当维修费用与设备故障停机损失费用之和最小时，设备维修的规模是较理想的，总费用也是最佳的。在维修实践中，针对同样的定期维修任务，维修时间的长短决定总费用及其构成的不同。一般来说，维修时间长，则投入的维修力量和手段相对较弱，维修费用较低，但故障停机损失却增大；要缩短停机时间，减少停机损失，务必投入相对较大的维修人力、物力和财力，造成维修费用的提高。最佳维修费用决策就是要求我们找到一个最合适的时间点，在该时间点维修总费用最低。

维修总费用 M 与维修时间 t 的函数关系可写成：

$$M = A + B = \frac{w}{t} + mt \tag{11-10}$$

式中，w 为常量，代表维修的工作量；m 为单位时间的故障停机损失费用；A 为维修费用，$A = w/t$；B 为故障停机损失费用，$B = mt$。

将式（11-10）对 t 微分，并令其等于零，可求得 M 为最小值的维修时间 t_c 和最佳的维修总费用 $M_{\min}$ 分别为：

$$t_c = \sqrt{\frac{w}{m}} \tag{11-11}$$

$$M_{\min} = 2\sqrt{wm} \tag{11-12}$$

例 11-1 某设备组将进行定期维修。上次维修时，消耗维修费用为 4 000 元，设备停机时间 30h，1h 的停机损失费用为 1 200 元。试求出此次维修的最佳总费用和维修时间。

解： $w = 4\,000 元 \times 30\text{h} = 120\,000 元 \cdot \text{h}$

已知 $m = 1\,200 元/\text{h}$，可得：

$$t_c = \sqrt{\frac{w}{m}} = \sqrt{\frac{120\,000}{1\,200}}\text{h} = 10\text{h}；\ M_{\min} = 2\sqrt{wm} = 2\sqrt{12^2 \times 10^6}元 = 24\,000 元$$

此时，$A=B=12\ 000$ 元。

上次维修总费用为 $M=4\ 000$ 元 $+30\times1\ 200$ 元 $=40\ 000$ 元。此次维修与上次不同之处在于加大了维修力量的投入，虽增加了维修费用，但大量节约了故障停机损失费用，从而使总体费用节省了16 000元。

第二节 设备的磨损与寿命

一、设备的磨损及其度量

设备在使用或闲置过程中均会发生磨损，从而降低设备的使用价值（使用性能）和价值。设备磨损有两种形式：有形磨损和无形磨损。现分别予以介绍。

（一）设备有形磨损及度量

设备有形磨损又称物质磨损，是指设备在使用或闲置过程中所发生的实体磨损或损失，主要表现在物理性能、几何形状、技术属性等方面的改变。

设备的有形磨损又可划分为两种形式：第Ⅰ种有形磨损和第Ⅱ种有形磨损。

1. 第Ⅰ种有形磨损

设备在使用过程中，由于外力的作用使零部件及整个设备发生摩擦、振动、疲劳和冲击等现象，致使设备的实体产生磨损，这种磨损叫做第Ⅰ种有形磨损。它通常表现为：机器设备零部件原始尺寸甚至形状发生改变；公差配合性质的变化导致精度降低；部分零部件损坏等。

设备有形磨损一般可经过3个阶段，与零件的磨损规律类似，可参看图11-1。第Ⅰ阶段是新机器设备的“初期磨损阶段”。在这个阶段，通常由于设计、制造、安装及操作人员对新设备操作不习惯或不正确造成的；第Ⅱ阶段为“正常磨损阶段”。在此阶段内，设备零部件已经受到运行考验，在正常工作条件下，零件磨损缓慢并与机器开动时间长短及负荷强度大小有关；当零件磨损到一定程度，正常磨损关系开始受到破坏，使得磨损加剧，进入到“第Ⅲ磨损阶段”。这时，设备故障率增加，功能下降，不能正常工作甚至发生事故。

2. 第Ⅱ种有形磨损

设备在闲置过程中，由于自然力的作用，发生金属件生锈、腐蚀、橡胶和塑料老化等，使其降低甚至丧失工作精度和能力，这种磨损称为第Ⅱ种有形磨损。

3. 有形磨损的度量

设备有形磨损量 α_p 是用在综合单个零件磨损程度基础上确定的整机平均磨损程度来度量的。可用下式来表示：

$$\alpha_p=\frac{\sum_{i=1}^{n}\alpha_i k_i}{\sum_{i=1}^{n}k_i}=\frac{R}{K_1} \tag{11-13}$$

式中，α_p 为设备有形磨损程度；k_i 为零件 i 的价值；n 为设备零件总数；α_i 为零件 i 的实体磨损程度（以不能使用为 100%）；R 为修复全部磨损零件所用的修理费用；K_1 为在确定磨损时该种设备的再生产（或再购）价值。

$$\alpha_i = \frac{\delta_{pri}}{\delta_{mi}} \times 100\% \tag{11-14}$$

式中，δ_{pri} 为第 i 个零件的实际磨损量（mm）；δ_{mi} 为第 i 个零件所允许的最大磨损量（mm）。

α_p 应小于 1。若 $\alpha_p \geqslant 1$，则此设备已无修理的必要，可用买新换旧的方法来解决；另外 n 的确定应符合实际，不能把一切磨损件不分主次均纳入计算范围，而只应把那些直接影响设备基本功能的零部件作为对象。通常，制造厂家会向用户提供设备关键件清单及修理图样；否则，负责设备修理的部门要事前准备好关键件清单及图样资料。

（二）设备无形磨损及度量

设备无形磨损又称经济磨损或精神磨损，该种磨损不是在生产过程中由于使用或自然力的作用造成的，所以并不表现为设备实体的变化，而是表现为设备原始价值的贬值。

设备无形磨损根据不同的成因也可分为两种：第Ⅰ种无形磨损和第Ⅱ种无形磨损。

1. 第Ⅰ种无形磨损

由于相同结构设备再生产价值的降低而产生原有设备价值的贬低，称为第Ⅰ种无形磨损。该种磨损主要是由于劳动生产率不断提高、技术进步、工艺改善等原因使生产同种设备的劳动耗费相应降低，而使原有设备贬值。但设备本身的技术特性和功能，即使用价值并未发生变化，不存在提前更换设备的问题。

2. 第Ⅱ种无形磨损

由于新技术的发明和应用，出现了结构更先进、性能更完善、生产率更高的新型设备，使原有设备显得陈旧落后，并且如继续使用原有设备，就会使产品成本高于社会平均成本。此时出现的经济磨损，称为设备的第Ⅱ种无形磨损。可见，第Ⅱ种无形磨损不仅使原有设备的价值相对降低，而且会使原设备局部或全部丧失其使用价值。这时，应考虑用技术更先进的设备代替原有设备。但是否更换，需根据原设备贬值的程度而定。

3. 无形磨损的度量

设备无形磨损的程度用设备的价值降低系数 α_I 来估计：

$$\alpha_I = \frac{K_0 - K_1}{K_0} \tag{11-15}$$

式中，α_I 为设备无形磨损程度；K_0 为设备的原始价值（购置价格）；K_1 为等效设备的再生产价值或再购价格。

$$K_1 = K_n \times \left(\frac{q_0}{q_n}\right)^{\alpha} \times \left(\frac{c_n}{c_0}\right)^{\beta} \tag{11-16}$$

式中，K_n 为新设备的价值（元）；q_0、q_n 为旧设备、新设备的生产率（件/单位时间）；c_0、c_n 为旧设备、新设备的单位产品耗费（元/件）；α、β 为设备劳动生产率提高指数和成本降低指数（$0 < \alpha < 1$，$0 < \beta < 1$）。

分析式（11-16）可知：当 $q_0 = q_n$、$c_0 = c_n$，表明新旧设备的生产率和使用成本均相同时，$K_1 = K_n$ 表示只发生了第Ⅰ种无形磨损；若出现了下述情况之一，即表明发生了第Ⅱ种无形磨损。

（1）$q_n > q_0$，$c_n = c_0$，此时 $K_1 = K_n(q_0/q_n)^\alpha$；

（2）$q_n = q_0$，$c_n < c_0$，此时 $K_1 = K_n(c_n/c_0)^\beta$；

（3）$q_n > q_0$，$c_n < c_0$，此时 $K_1 = K_n(q_0/q_n)^\alpha\ (c_n/c_0)^\beta$。

（三）设备的综合磨损及度量

设备无论运转还是闲置，均会同时发生有形磨损和无形磨损，二者互相影响，使设备的价值降低，由此形成的损失和贬值称为设备的综合磨损。

设备综合磨损可用如下方法度量：设备遭受有形磨损后的残余价值系数为（$1-\alpha_p$）；设备遭受无形磨损后的残余价值系数为（$1-\alpha_1$）；设备遭受综合磨损后的残余价值系数为（$1-\alpha_p$）（$1-\alpha_1$）。

因此，设备综合磨损程度的计算公式为：

$$\alpha = 1-(1-\alpha_p)(1-\alpha_1) \tag{11-17}$$

式中，α 为设备综合磨损程度。

设备在遭受综合磨损后的净值 K 为：

$$\begin{aligned} K &= (1-\alpha)K_0 \\ &= [1-1+(1-\alpha_p)(1-\alpha_1)]K_0 \\ &= \left(1-\frac{R}{K_1}\right)\left(1-\frac{K_0-K_1}{K_0}\right)K_0 = K_1 - R \end{aligned} \tag{11-18}$$

从式（11-18）可看出，设备遭受综合磨损后的净值等于等效设备的再生产价值减去修理费用。

二、设备的寿命

（一）设备寿命的种类

从不同的角度考查机器设备，可将设备寿命划分为以下4个范畴：

1. 物理寿命

物理寿命也称自然寿命、物质寿命，是指从一台全新设备从开始使用，直到不能正常工作予以报废为止所经历的全部时间。物理寿命的长短，主要取决于设备抵抗有形磨损的能力，而与无形磨损无关。

2. 技术寿命

技术寿命也叫设备的技术老化周期，是指从设备开始使用，到因其技术落后而被淘汰为止所延续的时间。技术寿命长短主要取决于技术进步的速度，而与有形磨损无关。

3. 折旧寿命

折旧寿命亦称会计寿命，是指从设备开始使用，到其投资通过折旧的方式全部回收所延续的时间。其长短由国家财政部门规定的固定资产使用年限决定。

4. 经济寿命

所谓经济寿命，是指使用一台设备年平均总费用最低的年数，是根据设备使用成本最低的原则确定的，其长度往往短于物理寿命。经济寿命是由有形磨损和无形磨损共同决定的。

（二）设备经济寿命的确定

1. 静态法（运行成本低劣化值法）

随着使用年限的增加，设备能源费、保养费及修理费等运行成本势必逐年增加，称为设备的低劣化。假定运行成本每年以 λ 值线形递增，λ 称为设备运行成本的低劣化值。若设备使用 T 年，则第 T 年的运行成本为：

$$C_T = C_1 + (T-1)\lambda \tag{11-19}$$

T 年内运行成本的年平均值：

$$\overline{C}_T = C_1 + \lambda(T-1)/2 \tag{11-20}$$

式中，C_1 为运行成本的初始值，即第一年的运行成本；T 为设备使用年数。

除运行成本外，设备的年总费用中还包括逐年分摊的设备购置费用，其值为：

$$\frac{K_0 - K_L}{T} \tag{11-21}$$

式中，K_0 为设备原始价值；K_L 为设备处理时残值。

因此，使用设备的年平均总费用为：

$$C_A = (K_0 - K_L)/T + C_1 + \lambda(T-1)/2 \tag{11-22}$$

其变化规律呈马鞍形，如图 11-4 所示。

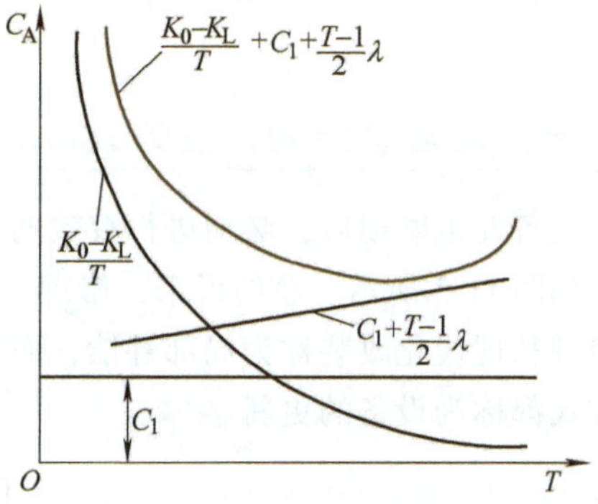

图 11-4　使用设备的年均总费用曲线图

设备经济寿命可用对 C_A 求极值的方法得到，即使用设备的年平均总费用最低的年数。设 K_L 为一常数，令 $\frac{d(C_A)}{dT}=0$，则设备经济寿命 $T_E = \sqrt{\frac{2(K_0-K_L)}{\lambda}}$。

以上计算未考虑资金的时间价值。如需考虑，则采用动态计算方法。

2. 动态法（最小年平均总费用法）

动态法的计算公式为：

$$AC_t = [K_0 - L_t(P/F,i,t) + \sum C_t(P/F,i,t)](A/P,i,t) \tag{11-23}$$

式中，AC_t 为动态年总费用；K_0 为设备原始价值；L_t 为设备使用 t 年后的残值；C_t 为第 t 年设备使用费用；t 为设备使用时间，$t=1$，2，…，n。

设备经济寿命 T_E 应为 $\min[AC_1, AC_2, \cdots, AC_n]$ 对应的计算年限 t 值。

例 11-2　某设备原始价值 $K_0=60\ 000$ 元，年利率 $i=10\%$，各年使用费用及年末残值如表 11-1所示，试计算该设备经济寿命。

表 11-1　某设备各年使用费及残值表

年　数	1	2	3	4	5	6
年使用费/元	12000	14 000	18 000	23 000	28 000	34 000
年末残值/元	15 000	7 500	3 750	2 000	2 000	2 000

解：求解过程如表 11-2 所示。

表 11-2　某设备的经济寿命计算过程

t	C_t	$(P/F,i,n)$	$C_t(P/F,i,n)$	$\sum C_t(P/F,i,n)$	L_t	$L_t(P/F,i,t)$	$(A/P,i,t)$	AC_t
1	12 000	0.909 1	10 909	10 909	15 000	13 637	1.100 0	62 999
2	14 000	0.826 4	11 570	22 479	7 500	6 198	0.576 2	43 953
3	18 000	0.751 3	13 523	36 002	3 750	2 817	0.402 1	37 470
4	23 000	0.683 0	15 709	51 711	2 000	1 366	0.315 5	34 814
5	28 000	0.620 9	17 385	69 096	2 000	1 242	0.263 8	33 728*
6	34 000	0.564 5	19 193	88 289	2 000	1 129	0.229 6	33 788

由表 11-2 可知，设备的年平均总费用在 1 ~ 5 年内是逐年递减的，到第 5 年达到最低点，随后呈上升趋势。因此，设备的经济寿命为 5 年。

第三节　设备磨损补偿的技术经济分析

一、设备磨损的补偿方式

设备发生磨损后，必须进行有效的补偿。由于磨损形式的不同，补偿磨损的方式也不一样，如图 11-5 所示。总的说来，修理、更新和现代化改装是设备磨损补偿的 3 种方式，通常把修理和现代化改装称为局部补偿，而把更新称为完全补偿。从广义上讲，又可把这 3 种补偿方式都称为设备的更新。

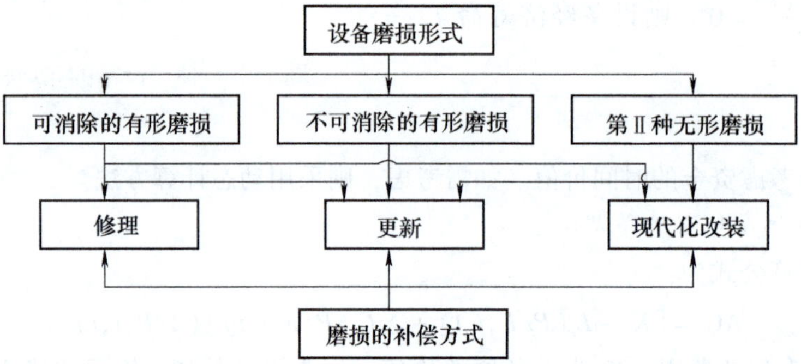

图 11-5　设备磨损的 3 种补偿方式

究竟采用何种方式补偿，要具体情况具体分析，先进行准确的经济评价再做决定。

二、设备磨损补偿的经济分析

（一）设备修理的经济分析

1. 设备修理的概念

设备修理是指为保持设备在平均寿命期限内的完好使用状态而进行的局部更换或修复工作，目的是消除设备经常性的有形磨损和机器运行中遇到的各种故障，以保证设备在其寿命期内保持必要的功能。

从经济上讲，大修理与中修、小修（固定资产制度改革后，3 种修理方式已统称为固定资产修理）相比，是规模最大、花钱最多的设备修理方式。因此，在选择补偿方式时，往往把大修理作为研究对象，同其他再生产方式进行经济分析、对比。对大修的技术要求是使大修过的设备达到出厂水平，但实际上大修过的设备无论从精确度、速度、生产效率等各方面，还是使用中的技术故障频率、有效运行时间等方面，都比同类型新设备有所逊色，其综合性能会有某种程度的降低。而且，随着修理次数的增加，大修间隔期也会缩短，从而使大修的经济合理性逐步降低。

修理包括大修理过程中，应尽量保留并重复利用原设备留下来的零部件。重复利用度越高，修理的经济性就越好。通常，在设备的平均寿命期内，进行适度的修理，往往经济性是合理的。当然，如果设备修理次数过多，零部件的重复利用度越来越低，相应的修理费用会越来越高，经济合理性将逐渐丧失，此时就要考虑其他更新方式对设备磨损进行补偿。

2. 设备大修的经济界限

设备从投入使用到其寿命周期结束前所花费的维修费用总额，往往超过设备原值的若干倍。而且设备使用期越长，相应的维修费用就会越高。由于日常设备使用中的维护、中小修费用相对较少，因此应把注意力放在大修理的经济合理性分析上。

（1）设备大修的最低经济界限。设备大修可继续利用原设备保留下来的零部件，这是保证修理经济性的有利条件。如果设备当次大修费用低于同种设备的重置价值，则认为大修在经济上是合理的。将这个条件称为设备大修的最低经济界限，可用下式表示：

$$R < K_n - K_L \tag{11-24}$$

式中，R 为设备当次大修费用；K_n 为同种设备的重置价值（即旧设备在大修时同种新设备的市场价格）；K_L 为旧设备被替换时的残值。

之所以叫最低经济界限，是不考虑修理后的设备在性能等方面与同种新设备的差异，即只要满足上式条件即可选择大修理。如不能满足上述最低的经济界限，应考虑其他补偿方式。

（2）设备大修的理想经济界限。满足最低经济界限，并不一定达到最佳效果。前面已提到，设备大修理后的总体性能、使用效果及经济性一般会有所下降。设备大修的理想经济界限是：大修后生产的产品质量达到规定要求，且单位产品的生产成本不超过同种新设备生产的单位产品成本。这个界限是更为重要的设备大修理经济界限。可用下式表示：

$$C_j \leqslant C_0 \tag{11-25}$$

式中，C_j 为在第 j 次大修理后的设备上加工单位产品的成本；C_0 为在同种新设备上加工单位产品的成本。

C_0、C_j 可参考下式计算：

1）C_0 可看作在新设备第一次大修理之前整个使用期间（称为第一个使用周期）生产单位产品的成本。

$$C_0 = \frac{K_n + P_0 - L_1}{Q_0} \tag{11-26}$$

式中，K_n为新设备的价值（现值）；P_0 为设备在第一个使用周期内经营费用现值总额（以 K_n 为现值计算点，以下同）；L_1 为设备使用到第一次大修时的残值现值；Q_0 为设备在第一个使用周期内的产品产量。

2）C_j 可根据两次大修理之间的总经营成本额与该期间生产的产品数量之比来确定。

$$C_j = \frac{L_{j-1} + R_{j-1} + P_j - L_j}{Q_j} \tag{11-27}$$

式中，L_{j-1} 为设备使用到第（$j-1$）次修理时的残值（现值计算点，以下同）；R_{j-1} 为设备第（$j-1$）次大修理费用，其中 $R_0=0$；L_j 为设备第 j 次大修理时的残值现值；P_j 为设备第 j 个使用周期内经营费用现值总额；Q_j 为设备在第 j 个使用周期内的产品产量。

（二）设备更新的经济分析

1. 设备更新的形式及评价指标

设备更新有原形更新和技术更新两种形式。原形更新是用相同的新设备更换有形磨损严重、不能继续使用的旧设备；技术更新是用较先进的新设备更换那些遭到第Ⅱ种无形磨损、技术上不能继续使用或经济上不宜继续使用的旧设备。

设备更新的评价指标有很多，有技术方面的（如可靠性、安全性、节能性、维修性等），有社会方面的（如环保等），有经济方面的（如投资、经营成本等）。设备更新时究竟按照哪些指标进行评价，要具体情况具体分析。在一些特殊行业，如石油、化工或高温、高压、易燃、易爆等行业，首先考虑设备的安全可靠性，其次才是经济性。通常意义下，经济性是更多的考虑因素。因此，在这里我们仅对设备更新的经济性进行分析比较。

2. 设备更新的决策方法

（1）按照经济寿命确定设备更新。首先计算设备经济寿命，从而确定其更新时间。这种方法简单易行，主要针对长期生产同一类型产品的企业或进行周期性重复更换的设备。经济寿命的计算方法前面已介绍过，这里不再赘述。

（2）出现新设备的更新决策。该方法主要针对由于第Ⅱ种无形磨损的作用，在现有设备运行成本尚未升高到需要用原形设备替换之前，已经出现效率更高、经济性更好的设备，这时是否更换的决策问题。

可采用年费用比较法。这种方法是：从原有旧设备现状出发，分别计算旧设备再使用一年的总费用和备选新设备在预计的经济寿命期内的年平均总费用，并进行比较，根据年费用最小原则决定是否更换设备。

1）旧设备再使用一年的总费用可由下式求出。

$$\mathrm{AC}_0 = V_{00} - V_{01} + \frac{V_{00} + V_{01}}{2} i + \Delta C \tag{11-28}$$

式中，AC_0 为旧设备下一年总费用；V_{00} 为旧设备在更新决策时可出售的价值；V_{01} 为旧设备一年后可出售价值；i 为最低期望收益率；ΔC 为旧设备再使用一年运行费用的损失（包括使用新设备后运行成本的节约额和销售收入的增加额）；$\frac{V_{00} + V_{01}}{2} i$ 为因继续使用旧设备而占用资金的时间价值损失，资金占用额取旧设备现在和一年后可售价值的平均值。

2）新设备年均总费用的计算。该部分费用包括3项：

$$\mathrm{AC}_n = \frac{\lambda(T-1)}{2} + \frac{K_n - V_{\mathrm{L}}}{T} + \frac{K_n + V_{\mathrm{L}}}{2} i \tag{11-29}$$

式中，AC_n 为新设备年均总费用；$\frac{\lambda(T-1)}{2}$ 为设备 T 年间劣化值的平均值（T 为设备使用年限）；$\frac{K_n-V_L}{T}$为设备 T 年内每年的价值损耗（K_n 为设备的原始价值，V_L 为新设备使用 T 年后的残值）；$\frac{K_n+V_L}{2}i$ 为新设备在使用期内平均占用资金的时间价值。

如取新设备的经济寿命 $T=\sqrt{\frac{2(K_n-V_L)}{\lambda}}$ 并代入式（11-29），可得按经济寿命计算的新设备年均总费用：

$$AC_n=\sqrt{2(K_n-V_L)\lambda}+\frac{(K_n+V_L)i-\lambda}{2} \tag{11-30}$$

当 λ 不易求得时，可根据经验决定新设备的合理使用年数 T，然后得 $\lambda=\frac{2(K_n-V_L)}{T^2}$。由此求得的新设备年均总费用为：

$$AC_n=\frac{2(K_n-V_L)}{T}+\frac{K_n-V_L}{2}i-\frac{K_n-V_L}{T^2} \tag{11-31}$$

3）将 AC_0 与 AC_n 进行比较，做出是否更新的决策。如果 $AC_n \leqslant AC_0$，则更新设备；如 $AC_n > AC_0$，则不能更新，应继续使用旧设备。

（三）设备现代化改装的经济分析

1. 设备现代化改装的概念

设备现代化改装是应用现代的技术成就和先进经验，改进现有设备的结构，给旧设备换新部件、新装置、新附件等以改善现有设备的技术性能，使之全部或局部达到现代新设备的水平。

设备现代化改装投资少、见效快，具有较强的针对性和适应性。有的设备现代化改装后，适应生产需要的程度甚至超过一般的新设备，所以在极个别情况下对新设备也可以进行改装。但通常情况下，对性能和结构全新的设备不存在改装的问题。另外，当现代化改装致使现有设备结构有重大改动，甚至是整机的改动时，也不宜进行现代化改装。

2. 现代化改装的经济分析

设备现代化改装的经济分析不能孤立进行，应与其他补偿方式相比较：设备大修理、原设备继续使用、用相同结构的新设备更换、用性能更好的设备更换等。现介绍具体分析方法。

（1）总费用现值法。对上述几种补偿方案，分别计算它们的使用总成本现值，从中选取总成本最低的方案为最佳方案。可用下列公式计算：

$$方案的生产能力系数(\beta)=\frac{方案的生产能力}{同类型新设备的生产能力}$$

1）继续使用旧设备（下标用“o”表示）。

$$C_{To}=\frac{1}{\beta_o}\left[\sum_{t=1}^{T}\frac{G_{ot}}{(1+i)^t}-\frac{L_{on}}{(1+i)^T}\right] \tag{11-32}$$

2）旧设备大修理（下标用“r”表示）。

$$C_{Tr}=\frac{1}{\beta_r}\left[K_r+\sum_{t=1}^{T}\frac{G_{rt}}{(1+i)^t}-\frac{L_{rn}}{(1+i)^T}\right] \tag{11-33}$$

3）用原型新设备替换（下标用“n”表示）。

$$C_{Tn}=\frac{1}{\beta_n}\left[K_n+\sum_{t=1}^{T}\frac{G_{nt}}{(1+i)^t}-L_o-\frac{L_{nn}}{(1+i)^T}\right] \tag{11-34}$$

4）用高效率新设备替换（下标用“g”表示）。

$$C_{Tg}=\frac{1}{\beta_g}\left[K_g+\sum_{t=1}^{T}\frac{G_{gt}}{(1+i)^t}-L_o-\frac{L_{gn}}{(1+i)^T}\right] \tag{11-35}$$

5）设备现代化改装（下标用“m”表示）。

$$C_{Tm}=\frac{1}{\beta_m}\left[K_m+\sum_{t=1}^{T}\frac{G_{mt}}{(1+i)^t}-\frac{L_{mn}}{(1+i)^T}\right] \tag{11-36}$$

式中，j代表各种不同的方案，$j=o$，r，m，n，g；β_j代表j方案的设备生产能力系数，$\beta_n=1$（以原型新设备替换的生产能力为基准，使各方案具有可比性）；C_{Tj}代表j方案的总费用现值；K_j代表j方案的投资费用；G_{jt}代表j方案第t年的经营费用；L_0代表j方案的旧设备在待处理（决策）年份的残值；L_{jn}代表j方案的第T年年末的设备残值；t代表设备使用年份，$t=1$，2，…，T。

（2）追加投资回收期法。大多数情况下，设备大修理、现代化改装、更新之间有下列关系：

$$\begin{gathered}K_r<K_m<K_n\\C_r>C_m>C_n\\Q_r<Q_m<Q_n\end{gathered} \tag{11-37}$$

式中，K_r，K_m，K_n为设备大修理、现代化改装和更新的基本投资（元）；C_r，C_m，C_n为设备大修理、现代化改装和更新的单位产品成本（元/件）；Q_r，Q_m，Q_n为设备大修理、现代化改装和更新的年生产量（件/年）。

在考虑设备补偿方案时，可按下列标准进行决策：

1）当$K_r/Q_r>K_m/Q_m$，且$C_r>C_m$时，现代化改装的经济效果好，不仅基本投资节约，经营费用也相对较少，但该种情况较少出现。

2）当$K_m/Q_m>K_n/Q_n$，且$C_m>C_n$时，设备更新优于现代化改装。

3）当$K_r/Q_r<K_m/Q_m$，但$C_r>C_m$时，可用追加投资回收期指标进行决策。

$$P_a=\frac{K_m/Q_m-K_r/Q_r}{C_r-C_m} \tag{11-38}$$

当$P_a\leqslant P_c$（P_c为企业或部门规定的基准投资回收期），应选择现代化改装方案；若$P_a>P_c$，则应选择大修理。

4）当$K_m/Q_m<K_n/Q_n$，但$C_m>C_n$时，也可用追加投资回收期来计算：

$$P_a=\frac{K_n/Q_n-K_m/Q_m}{C_m-C_n} \tag{11-39}$$

当$P_a\leqslant P_c$，更新方案是合理的；若$P_a>P_c$，则应选择现代化改装方案。

例11-3 某设备更新方案各年费用的原始资料如表11-3所示，旧设备在决策年份的可售价值为3 000元，$i=10\%$。试选择不同服务年限时设备的最佳更新方案。

表 11-3　各种更新方案的原始数据　　（单位：元）

方案＼项目数据	K_j	β_j	Ⅰ表示各年的经营费用；Ⅱ表示各年末残值										
使用旧设备	$K_o=0$	$\beta_o=0.75$	Ⅰ	1 450	1 880	2 200	2 700						
			Ⅱ	1 290	680	400	100						
旧设备大修理	$K_r=7\ 200$	$\beta_r=0.96$	Ⅰ	720	980	1 200	1480	1750	1 950	2 200	2 500	2 750	2 960
			Ⅱ	6 500	5 800	5 200	4 800	4 000	3 200	2 300	1 500	800	750
用原型新设备	$K_n=13\ 000$	$\beta_n=1$	Ⅰ	480	570	660	750	850	960	1 050	1 180	1 250	1 400
			Ⅱ	9 500	8 500	7 300	6 280	5 300	4 200	3 150	2 100	1 300	1 250
用高效率新设备	$K_g=18\ 000$	$\beta_g=1.3$	Ⅰ	360	430	500	550	620	700	780	850	900	980
			Ⅱ	11 500	10 250	8 800	7 250	5 680	4 800	4 000	3 000	2 000	2 000
现代化改装	$K_m=11\ 000$	$\beta_m=1.1$	Ⅰ	550	660	800	950	1 080	1 200	1 350	1 450	1 600	1 730
			Ⅱ	9 000	8 000	6 800	5 800	4 700	3 800	2 700	1 700	1 000	1 000

表 11-4　各种方案的总费用　　（单位：元）

方案＼总费用＼使用年限	1	2	3	4	5	6	7	8	9	10
继续使用旧设备	193. 9*	3 079. 9*	5 632. 4*	8 400. 8						
旧设备大修理	2 026. 5	4 032. 4	5 895. 0	7 602. 5*	9 562. 3	11 414. 5	13 242. 6	14 958. 0	15 886. 4	17 127. 4
用原型新设备	1 800. 0	3 882. 6	5 918. 7	7 626. 2	9 152. 5*	10 614. 5*	11 907. 6*	13 094. 9	14 053. 3	14 662. 5
用高效率新设备	3 748. 3	5 547. 4	7 266. 7	8 832. 4	10 224. 7	11 157. 4	11 970. 5	12 777. 9*	13 495. 7*	13 845. 6*
现代化改装	3 016. 5	4 939. 9	6 852. 3	8 485. 4	10 043. 3	11 362. 1	12 682. 3	13 835. 9	14 788. 2	15 429. 6

由表 11-4 分析计算可知，如果考虑最多只使用 3 年（如 3 年后产品将更新换代等原因），则以继续使用旧设备为最佳方案。此时没有更换的必要，甚至连大修理也是多余的；如果使用 4 年，就可以考虑大修理方案；如果设备将使用 5 ~ 7 年，则最佳方案是用原型新设备替换旧设备；如果使用 8 年以上，则用高效率新型设备替换旧设备为最佳方案。

第四节　设备租赁经济性分析

一、设备租赁概述

（一）设备租赁的概念

设备租赁是随着企业资产所有权与使用权的分离而产生的设备使用形式。它是指设备的承租者按照租赁契约的规定，定期向出租者支付一定数额的租赁费从而取得设备的使用权，设备的所有权则不发生改变，仍归出租者所有。

（二）设备租赁的方式

设备租赁的方式主要有两种：经营租赁和融资租赁。

1. 经营租赁

经营租赁也称运行租赁，是指出租者除向承租者提供租赁物外，还承担设备的保养、维修、贬值以及不再续租的风险，任何一方可以随时以一定方式在通知对方后的规定时间内取消或中止租约；该类租赁具有可撤销性、短期性、租金高等特点，适用于技术进步快、用途较广泛、使用具有季节性的设备；经营租赁设备的租赁费计入企业成本，可减少企业所得税。

2. 融资租赁

融资租赁是指由双方明确租让的期限和付费义务，出租者按照要求提供规定的设备，然后以租金形式回收设备的全部资金，出租者对设备的整机性能、维修保养、老化风险等不承担责任；该种租赁方式是以融资和对设备的长期使用为前提的，租赁期相当于或超过设备的寿命期，具有不可撤销性、租期长等特点，适用于大型机床、重型施工等贵重设备；融资租入的设备属承租方的固定资产，可以计提折旧计入企业成本，而租赁费一般不直接计入企业成本，由企业税后支付。但租赁费中的利息和手续费可在支付时计入企业成本，作为纳税所得额中准予扣除的项目。

（三）设备租赁的意义

1. 设备租赁对承租者的益处

（1）减少资金占用和减轻资金负债状况。

（2）有利于适应季节性和暂时性的需要。

（3）在加快设备更新和避免技术落后的同时，降低投资风险。

（4）可避免通货膨胀的冲击。

2. 设备租赁对出租者的益处

（1）促进资产的合理使用，提高设备利用率。

（2）扩大设备销路，提高经济效益。

（3）享受税负和加速折旧的优惠，减少税金的支出。

二、租赁与购买的决策分析

承租人在决策租赁还是购买设备时，最简单的方法是将租赁成本与购买成本进行比较。租赁成本不仅包括租金的支付，还包括使用设备所发生的运转费和维修费；购买成本不仅包括设备的价格，也同样包括使用设备所发生的运转费和维修费，无论用现值法或年值法，均以成本较少的方案为宜；如果方案考虑设备产生的收入情况，则方案的选择要以收益效果为准。

设备租赁的现金流量与购置方案的比较。

1. 经营租赁的设备方案的净现金流量

$$净现金流量=销售收入-经营成本-租赁费-销售税及附加-(销售收入-经营成本-租赁费-销售税及附加)\times所得税税率 \tag{11-40}$$

2. 融资租赁的设备方案的净现金流量

净现金流量 = 销售收入 − 经营成本 − 租赁费 − 销售税及附加 − (销售收入 − 经营成本 − 折旧费 − 销售税及附加 − 租赁费中的手续费和利息) × 所得税税率 (11-41)

3. 自有资金购置设备方案的净现金流量

净现金流量 = 销售收入 − 经营成本 − 设备购置费 − 销售税及附加 − (销售收入 − 经营成本 − 折旧费 − 销售税及附加) × 所得税税率 (11-42)

4. 贷款购置设备方案的净现金流量

净现金流量 = 贷款 + 销售收入 − 经营成本 − 设备购置费 − 销售税及附加 − 利息 − (销售收入 − 经营成本 − 折旧费 − 销售税及附加 − 利息) × 所得税税率 − 本金 (11-43)

下面举例说明设备租赁方案与购置方案的比较方法。

例 11-4 设备价格 5.4 万元，每年可实现销售收入 6 万元，经营成本 4 万元，寿命为 6 年，残值为 0，所得税税率 33%。有 4 种投资方式，若基准收益率为 15%，试决策采用何种方式最佳？

(1) 用自有资金购买。

(2) 贷款购买，贷款年利率 10%，贷款年限 6 年，利息当年付清，本金最后偿还。

(3) 经营租赁，年租金 1 万元。

(4) 融资租赁，先一次支付 50% 的设备价款，然后在 6 年内每年支付 0.6 万元，其中利息和手续费合计 0.2 万元。

解：(1) 自有资金购买：

第 0 年：净现金流入 = −5.4 万元

第 1 ~ 6 年：净现金流入 = 6 万元 − 4 万元 − (6 − 4 − 0.9) 万元 × 0.33 = 1.637 万元

其中，折旧费 $= \frac{5.4\text{ 万元}}{6\text{ 年}}$ = 0.9 万元/年。

$$\text{NPV} = 1.637\text{ 万元} \times (P/A,\ 15\%,\ 6) - 5.4\text{ 万元} = 0.80\text{ 万元}$$

现金流量图如图 11-6 所示。

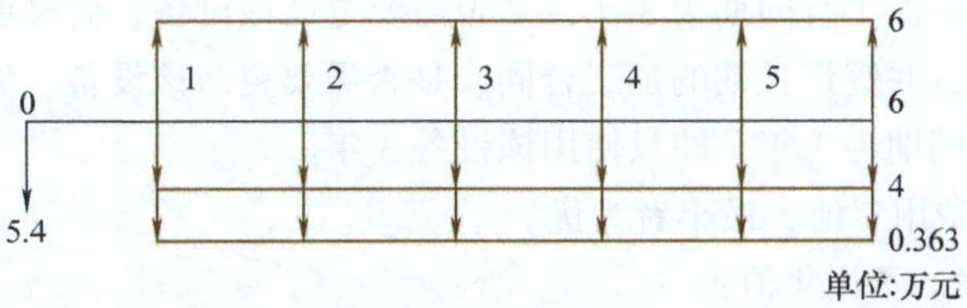

图 11-6 现金流量图

(2) 贷款购买：

第 0 年：净现金流入 = 5.4 万元 − 5.4 万元 = 0

第 1 ~ 5 年：净现金流入 = 6 万元 − 4 万元 − 0.54 万元 − (6 − 4 − 0.54 − 0.9) 万元 × 0.33 = 1.275 万元

第 6 年：净现金流入 = 6 万元 − 4 万元 − 0.54 万元 − (6 − 4 − 0.54 − 0.9) 万元 × 0.33 − 5.4

万元 = −4.1248 万元

其中，折旧费 $=\frac{5.4\text{万元}}{6\text{年}}=0.9$ 万元/年，利息 = 5.4 万元 × 10% = 0.54 万元。

$$NPV = 1.275\text{万元}\times(P/A,15\%,6)-5.4\text{万元}\times(P/F,15\%,6)=2.49\text{万元}$$

现金流量图略。

(3) 经营租赁：

第1~6年：净现金流入 = 6 万元 − 4 万元 − 1 万元 − (6 − 4 − 1)万元 × 0.33 = 0.67 万元

$$NPV = 0.67\text{万元}\times(P/A,15\%,6)=2.54\text{万元}$$

现金流量图略。

(4) 融资租赁：

第0年：净现金流入 = −2.7 万元

第1~6年：净现金流入 = 6 万元 − 4 万元 − 0.6 万元 − (6 − 4 − 0.9 − 0.2)万元 × 0.33 = 1.103 万元

其中，折旧费 $=\frac{5.4\text{万元}}{6\text{年}}=0.9$ 万元/年

$$NPV = 1.103\text{万元}\times(P/A,15\%,6)-2.7\text{万元}=1.47\text{万元}$$

现金流量图略。

最终的决策结论是：按经济效益指标，经营租赁方案最优，贷款购买方案次之，再者是融资租赁，用自有资金购买最差。

第五节 设备更新实例

例11-5 某机械加工企业进行招投标前的准备工作，针对必须使用的一台设备进行技术经济决策。该设备5年前用12 000元购买，目前估计价值为3 500元。现在又出现一种改进的新型号，售价为15 000元，寿命为8年，其运营费用低于现有设备。新、旧设备各年的残值及使用费用如表11-5所示，基准收益率为15%。

(1) 若企业中标，加工合同期为3年，是否需要更新该设备，何时更新？

(2) 若企业中标，并签订长期的加工合同，是否需要更新该设备，何时更新？

解：(1) 加工合同期为3年，即只使用该设备3年。

可计算各方案的费用年值，最小者为优。

1) 马上更新方案的费用年值：

$$AC=[15\,000\text{元}+600\text{元}\times(P/F,15\%,1)+900\text{元}\times(P/F,15\%,2)+(1\,200-8\,000)\text{元}\times(P/F,15\%,3)]\times(A/P,15\%,3)=5\,138\text{元}$$

2) 1年后更新方案的费用年值：

$$AC=[3\,500\text{元}+(2\,200-1\,800+15\,000)\text{元}\times(P/F,15\%,1)+600\text{元}\times(P/F,15\%,2)+(900-9\,000)\text{元}\times(P/F,15\%,3)]\times(A/P,15\%,3)=5\,264\text{元}$$

表 11-5 新、旧设备相关费用数据 （单位：元）

年份（t）	旧设备		新设备	
	使用费用 C_t	残值 L_t	使用费用 C_t	残值 L_t
1	2 200	1 800	600	10 000
2	3 500	900	900	9 000
3	4 500	400	1 200	8 000
4			1 500	7 000
5			1 800	6 000
6			2 200	5 000
7			2 800	4 000
8			3 500	3 000

3）2 年后更新方案的费用年值：

$AC = [3\ 500\text{元} + 2\ 200\text{元} \times (P/F, 15\%, 1) + (3\ 500 - 900 + 15\ 000)\text{元} \times (P/F, 15\%, 2) + (600 - 10\ 000)\text{元} \times (P/F, 15\%, 3)] \times (A/P, 15\%, 3) = 5\ 492\text{元}$

4）不更新方案的费用年值

$AC = [3\ 500\text{元} + 2\ 200\text{元} \times (P/F, 15\%, 1) + 3\ 500\text{元} \times (P/F, 15\%, 2) + (4\ 500 - 400)\text{元} \times (P/F, 15\%, 3)] \times (A/P, 15\%, 3) = 4\ 711\text{元}$

设备在不更新方案中的费用年值最小，为4 711 元。所以，旧设备还可继续使用3 年，无须更新。

（2）若企业长期需用该设备，需计算出新设备经济寿命后再做决策。新设备经济寿命的计算方法可参照本章第二节，此处不赘述。计算结果如表 11-6 所示。

表 11-6 新设备经济寿命计算表（$i = 15\%$）

t	C_t	$(P/F, i, n)$	$C_t(P/F, i, n)$	$\sum C_t(P/F, i, n)$	L_t	$L_t(P/F, i, t)$	$(A/P, i, t)$	AC_t
1	600	0.869 6	522	522	10 000	8 696	1.150 0	7 850
2	900	0.756 1	680	1 202	9 000	6 805	0.615 1	5 780
3	1 200	0.657 5	789	1 991	8 000	5 260	0.438 0	5 138
4	1 500	0.571 8	858	2 849	7 000	4 003	0.350 3	4 850
5	1 800	0.497 2	895	3 744	6 000	2 983	0.298 3	4 702
6	2 200	0.432 3	951	4 695	5 000	2 162	0.264 2	4 632
7	2 800	0.375 9	1 053	5 748	4 000	1 504	0.240 4	4 626*
8	3 500	0.326 9	1 144	6 892	3 000	981	0.222 9	4 661

从表 11-6 可看出，新设备使用 7 年，等值年度费用最小，为 4 626 元，因此其经济寿命为 7 年。

最后，计算各方案费用年值：

1）马上更新方案的费用年值为：

$$AC = 4\ 626\ 元$$

2）1年后更新方案的费用年值为：

$$AC = \{3\ 500元 + [2\ 200元 - 1\ 800元 + 4\ 626元 \times (P/A,\ 15\%,\ 7)] \times (P/F,\ 15\%,\ 1)\} \times (A/P,\ 15\%,\ 8) = 4\ 587元$$

3）2年后更新方案的费用年值为：

$$AC = \{3\ 500元 + 2\ 200元 \times (P/F,\ 15\%,\ 1) + [3\ 500元 - 900元 + 4\ 626元 \times (P/A,\ 15\%,\ 7)] \times (P/F,\ 15\%,\ 2)\} \times (A/P,\ 15\%,\ 9) = 4\ 596元$$

4）3年后更新方案的费用年值为：

$$AC = \{3\ 500元 + 2\ 200元 \times (P/F,\ 15\%,\ 1) + 3\ 500元 \times (P/F,\ 15\%,\ 2) + [4\ 500元 - 400元 + 4\ 626元 \times (P/A,\ 15\%,\ 7)] \times (P/F,\ 15\%,\ 3)\} \times (A/P,\ 15\%,\ 10) = 4\ 664元$$

依据以上数据可知，1年后更新方案的费用年值最小，为4 587元。因此，设备应当在使用1年后更新，即第2年更新。

上述方法较烦琐，一般可用简化算法求得最佳方案：

新设备的经济寿命为7年，等值年度费用为4 626元，将继续使用旧设备的第 t 年度费用与之相比较。

旧设备继续使用，第1年：$AC_1 = 3\ 500元 \times (F/P,\ 15\%,\ 1) - 1\ 800元 + 2\ 200元 = 4\ 425元$

旧设备继续使用，第2年：$AC_2 = 1\ 800元 \times (F/P,\ 15\%,\ 1) - 900元 + 3\ 500元 = 4\ 670元$

旧设备继续使用，第3年：$AC_3 = 900元 \times (F/P,\ 15\%,\ 1) - 400元 + 4\ 500元 = 5\ 135元$

可画出不同年份下使用旧设备的现金流量图，如图11-7所示。

由计算结果可知，旧设备继续使用1年的年度费用小于新设备经济寿命时期的等值年费用，而第2、3年的费用则都大于它。因此，应在第1年年末更新。

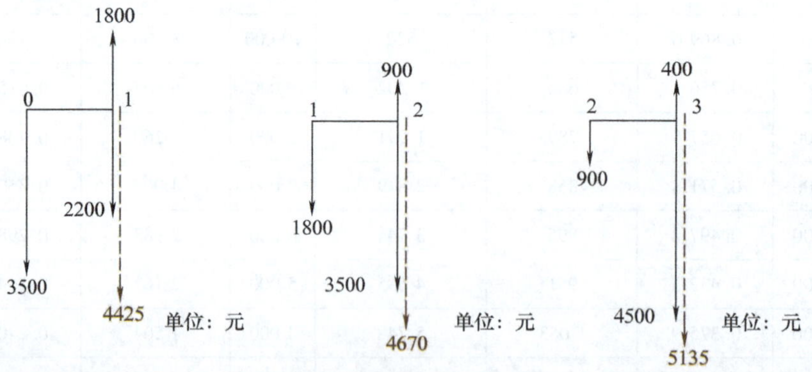

a) 旧设备继续用，第1年　b) 旧设备继续用，第2年　c) 旧设备继续用，第3年

图11-7　旧设备继续使用的现金流量图

习题

1. 什么是设备的磨损？设备的磨损有几种形式？每种形式又包括哪些内容？

2. 设备的寿命可分为几种？设备的经济寿命是什么？

3. 设备磨损的补偿方式有哪些？各自针对哪种磨损形式？

4. 某车床的年使用费和年末的估计残值如表11-7所示。设备原始费用为60 000元，$i=10\%$，求该车床的经济寿命。

表11-7 车床年使用费及残值 （单位：元）

年 末	1	2	3	4	5	6	7
年度使用费	10 000	12 000	14 000	18 000	23 000	28 000	34 000
年末估计残值	30 000	15 000	7 500	3 750	2 000	2 000	2 000

5. 有一设备更新方案，新设备购置费为11 000元，可使用5年，年运行成本为2 000元，5年后的残值为1 000元。如果把现有设备转卖出去，售价为2 000元，5年后售价为400元，旧设备的年运行费为4 500元。若利率为10%，问现有设备是否应更新？

第十二章 科学发展观与项目可持续发展评价

引例

据报道，2012年入冬以来，河北南部、北京、山西东部、山东、河南、安徽、江苏、上海、浙江、福建、湖北、湖南、江西、广东西部、广西东部、四川和云南局部地区有10~20天是雾霾天气，其中江苏大部分地区在20天以上。与常年同期相比，北京、天津、安徽、上海等地雾霾天气3~8天，山东北部、安徽东北部、江苏大部、浙江北部及广东南部雾霾天气偏多，超过8天。华北南部及江苏中部、四川东部、重庆西南部、贵州西部等地有8~15天能见度不足1 000m，河北南部、山东西北部、四川东部等地部分地区有5~12天能见度不足500m。

为什么会出现这种情况，原因是什么呢？

近年来，我国经济快速增长，但在资源和环境方面也付出了巨大代价，这两者之间的矛盾日趋尖锐，广大民众对环境污染问题反应强烈。针对此问题，国家出台了一系列方针政策，从2003年提出科学发展观到2007年实施节能减排政策，继而陆续出台了《重点区域大气污染防治“十二五”规划》和新《环境保护法》，2014年5月颁布了《2014~2015年节能减排低碳发展行动方案》。这体现着我国在提高资源利用效率、减少排放、保护环境、促进可持续发展方面所做的不懈努力。

要使经济健康、持续发展，就要寻找新的经济增长点，而大力促进节能减排，发展循环经济不但是我国实现经济可持续发展的必由之路，而且是确保今后我国经济持续、健康发展的新亮点。

因此，研究工程经济问题时，可持续发展评价是不可忽视的内容。

第一节　科学发展观

一、科学发展观提出的历史背景

1. 生态危机已成为21世纪中国发展的严重障碍

新中国成立以来，特别是改革开放以来，我国采取了一系列政策措施，有力地促进了生态建设和环境保护事业的发展。但是，我国仍是一个缺林少绿的国家，到目前为止，林业累计为国家生产木材 50 多亿 m^3，消耗森林资源达 86 亿 m^3，相当于把过去全国的森林都砍了一遍。如今，人均占有森林面积和蓄积量分别只有世界平均水平的 20% 和 12%。大规模盲目利用生态资源，使我国的生态资源质量下降，涝、旱、沙三大灾害成为威胁中华民族的“心腹之患”。

全国大部分水体受到污染，江河断流、湖泊萎缩、天然湿地干涸。大气环境处于严重污染水平，尤其是城市空气污染严重。我国国土面积的 1/3 左右受酸雨影响，沙漠和沙化土地总面积达 174.3 万 km^2，占国土面积的 18%，且沙化面积不断扩张。

随着生态资源受到污染和耗竭的威胁，固体废物和噪声污染也日益突出，电子垃圾产生的高峰期已经来临。2005 年有关部门监测的 401 个城市中，21% 的道路交通噪声超标，352 个城市中近一半区域环境噪声超标，有些城市属重度污染。

上述资源及环境条件的变化，不但使人类的生存和生产环境遭到严重破坏，也使生物多样性锐减，全国共有濒危或接近濒危的高等植物 4 000 ~ 5 000 种，占我国高等植物总数的近 20%。

长期以来，不少人认为先污染后治理、先破坏后恢复是经济发展的必然规律，因而出现了以牺牲环境为代价发展经济的诸多问题。还有些地区的不少决策事先没有考虑环境因素，许多环境问题的解决主要依赖于末端治理，提高了防治成本。许多有识之士指出，环境问题已经成为 21 世纪中国经济发展的重大障碍。

2. 人与自然协调发展是人类面临的共同主题

一百多年前，恩格斯就警示说，不要过分陶醉于我们对自然界的胜利。对于每一次这样的胜利，自然界都报复了我们。2003 年，中国气象局的科学家预估了未来气候变化：到 2050 年全国平均气温将上升 2.2℃，将导致冰川消融、农作物旱灾、海平面上升等。

协调人与自然的关系，成为当今世界高度关注的议题之一。自 20 世纪 60 年代以来，人们就深刻认识到工业繁荣背后的人与自然的冲突，20 世纪 90 年代以后，一系列具有里程碑意义的纲领性文件和国际公约问世，标志着可持续发展之路、实现人与自然和谐发展成为全世界共识。

从总体上看，我国人口众多，自然资源相对短缺，生态环境脆弱，污染日趋严重，战略性资源供需矛盾日益尖锐，人与自然的关系更加紧张，已成为制约我国经济社会发展的重要因素。我国现在必须摒弃传统观念，辩证地认识物质财富的增长和人的全面发展的关系，转变重物轻人的发展观念；辩证地认识人与自然的关系，转变单纯利用和征服自然的观念。在这样的历史条件下，我国政府及时提出了中国应该调整和改变传统的发展思路，保护资源与环境，促进人类与自然和谐发展的科学发展观。

二、科学发展观的内容

1. 科学发展观的提出

2003 年，中国共产党十六届三中全会明确提出：“坚持以人为本，树立全面、协调、可持续的发展观，促进经济社会和人的全面发展”。这样完整地提出科学发展观，是我们党对社会主义现代化建设指导思想的新发展。

坚持以人为本，就是要以实现人的全面发展为目标，从人民群众的根本利益出发谋发展、促发展，不断满足人民群众日益增长的物质文化需要。在发展过程中要切实保障人民群众的经济、政治和文化权益，让发展的成果惠及全体人民。

全面发展，就是要以经济建设为中心，全面推进经济、政治、文化建设，实现经济发展和社会全面进步。

协调发展，就是要统筹城乡发展、统筹区域发展、统筹经济社会发展、统筹人与自然和谐发展、统筹国内发展和对外开放，推进生产力和生产关系、经济基础和上层建筑相协调，推进经济、政治、文化建设的各个环节、各个方面相协调。

可持续发展，就是要促进人与自然的和谐，实现经济发展和人口、资源、环境相协调，坚持走生产发展、生活富裕、生态良好的文明发展道路，不但要保证当代人的发展能力和水平，而且要保证一代接一代地永续发展。

2. 科学发展观的主要内涵

科学发展观的内容是相当丰富的，发展不只是经济的发展，更重要的是包含社会、经济、人类及环境的全面协调发展；发展也不仅仅是传统意义上的只重眼前利益和短期效益，而是更注重资源持续利用和环境保护，促进可持续发展。结合我国目前的发展形势和现状提出的科学发展观具体内涵包括如下7方面。

（1）以经济建设为中心。我国正处在社会主义初级阶段，这个阶段的根本任务就是发展生产力。作为一个发展中大国需要长期保持较快的经济增长速度，并实现速度、结构、质量、效益的统一。经济发展是社会全面进步和人类全面发展的物质基础。

（2）经济社会协调发展。在推进经济发展的同时，更加注重加快社会发展，使经济与社会的发展协调统一。发展经济，同时注重社会发展是科学发展观的一个重要方面，也是我国发展思想上的重要变革。

（3）城乡协调发展。以往的发展注重城市的发展，注重工业的发展，科学发展观要求城乡发展要统一、工业农业发展要协调。要站在国民经济发展全局的高度研究解决“三农”问题，实行以城带乡、以工促农、城乡互动、协调发展，逐步改变城乡二元经济结构。

（4）区域协调发展。我国已提出了“西部大开发”、“振兴东北老工业基地”等发展战略，这是区域发展的典型范例。科学发展观要求在坚持推进西部大开发，振兴东北地区等老工业基地的同时，要注重促进中部地区崛起，鼓励东部地区加快发展，形成东中西互动、优势互补、相互促进、共同发展的新格局，注重区域间的协调发展。

（5）可持续发展。经过十几年的发展，可持续发展思想越来越受到重视，而且我国已有许多可持续发展成功范例。因此，可持续发展必然成为了科学发展观的重要内容之一。可持续发展要坚持人与自然和谐发展，处理好经济建设、人口增长与资源利用、生态环境保护的关系。建设资源节约型和生态保护型社会。推动整个社会走上生产发展、生活富裕、生态良好的文明发展道路。

（6）坚持改革开放。统筹推进各方面改革，为促进经济社会全面、协调和可持续发展提供体制和机制保障。统筹国内发展和对外开放，处理好内需与外需、利用外资与利用内资的关系，充分利用国内外两个市场、两种资源。适应全球化深入发展和我国加入世贸组织后的新形势，在更大范围、更广领域和更高层次上参与国际经济技术合作和竞争，提高对外开放水平。

(7) 以人为本。这是科学发展观的本质和核心，是坚持立党为公、执政为民的必然要求。要把人民的利益作为一切工作的出发点和落脚点，不断满足人们的多方面需求和实现人类的全面发展。

三、树立和落实科学发展观的意义

发展观是关于发展的本质、目的、内涵和要求的总体看法和根本观点。有什么样的发展观，就会有什么样的发展道路、发展模式和发展战略，就会对发展的实践产生根本性、全局性的重大影响。

1. 科学发展观是对我国社会主义现代化建设规律认识的进一步深化

科学发展观是根据马克思主义辩证唯物主义和历史唯物主义的基本原理，总结了国内外在发展问题上的经验教训，吸收人类文明进步的新成果，进一步明确了新世纪新阶段我国要发展、为什么发展和怎样发展的重大问题。科学发展观是对三十多年改革开放和现代化建设经验的总结，也是实现全面建设小康社会的重要保证。

树立和落实科学发展观是贯彻落实“三个代表”重要思想的具体体现。按照“三个代表”重要思想的要求，发展先进生产力、发展先进文化，就是要促进物质文明、政治文明和精神文明共同进步，发展的最终目的是为了满足广大人民的根本利益。科学发展观强调以人为本，强调实现经济社会全面、协调、可持续发展，体现了“三个代表”思想关于发展的要求。

2. 树立和落实科学发展观是全面建设小康社会的必然要求

党的十六大提出：要在21世纪头20年，集中力量，全面建设惠及十几亿人口的更高水平的小康社会，使经济更加发展、民主更加健全、科教更加进步、文化更加繁荣、社会更加和谐、人民生活更加殷实，并明确提出了经济、政治、文化、社会发展等方面的目标和任务。这是一个以人为本全面发展的目标体系，体现了科学发展观的重要内涵。只有牢固树立和认真落实科学发展观，坚持按照科学发展观的要求想问题、办事情、做决策，才能真正做到在经济发展基础上促进社会全面进步，不断提高人民生活水平，保证人民共享发展成果。

树立科学发展观，是全面建设小康社会的必然要求。我们要到21世纪中叶实现现代化建设第三步战略目标，基本实现现代化，也必须以科学发展观为指导。

3. 树立和落实科学发展观是妥善应对各种风险和挑战的正确选择

多年来，我国在经济快速发展的同时，也积累了不少矛盾和问题，例如，城乡差距、地区差距加大，就业和社会保障压力增加，人口增长、经济发展同生态环境、自然资源的矛盾加剧等。这些问题必须高度重视而不可回避，必须逐步解决而不可任其发展。国内及许多国家的发展经验教训告诉我们，一定要处理好经济发展与社会发展的关系，处理好城乡发展与地区发展的关系，处理好经济增长同资源、环境的关系，处理好改革发展稳定的关系，处理好物质文明建设同政治文明建设、精神文明建设的关系，还要处理好国内发展与对外开放的关系。科学发展观为我们解决前进道路上面临的矛盾和问题提供了明确的指导思想，只有牢固树立和认真落实科学发展观，才能为妥善应对经济社会发展中的诸多矛盾提供指导思想和工作的基本原则，以顺利实现全面建设小康社会的宏伟目标。

4. 树立和落实科学发展观是提高党的执政能力和执政水平的迫切需要

党的十六大向全党提出了加强党的执政能力建设，提高领导水平和执政水平的要求。在新的历史条件下，提高各级党委、政府和领导干部的领导水平和执政能力，必须牢固树立和贯彻落实科学发展观。至关重要的是，在领导和管理经济社会工作中，做到把握全局，搞好统筹兼顾。协调好各方面利益关系，调动一切积极因素，是我们党的一个重要历史经验，也是我们党在新的历史条件下要长期坚持的战略方针。我们必须适应新阶段、新任务的要求，更新发展观念，创新体制机制，转变政府职能，改进工作作风，完善政策措施，认真贯彻落实科学发展观。

四、科学发展观与项目可持续发展评价

“坚持以人为本，树立全面、协调、可持续的发展观，促进经济社会和人的全面发展”的科学发展观，是在总结我国以及世界相关国家的经济社会发展历史经验的基础上提出的。可持续发展是科学发展观的重要组成部分，也是科学发展观的目标之一，树立可持续发展思想是牢固树立和落实科学发展观的基础。因此，我们在各项工作中也应以可持续发展的思想为指导，并将可持续发展作为落实科学发展观的基本工作内容之一。

在工程项目实施之前，也要将可持续发展作为项目可行性分析与评价的重要内容之一，评价项目建设和执行过程中对资源、环境以及人类的影响程度及效果。这样才可能保证项目实施后在获得较好经济效益的同时，也能合理利用资源、保护环境、支持和促进人与自然和谐发展。这是可持续发展观的基本思想，也是落实科学发展观的具体体现。

第二节 可持续发展概述

一、“可持续发展”的由来

自20世纪以来，随着科技进步和社会生产力的极大提高，人类创造了前所未有的物质财富，经济增长了几十倍，大大推进了人类文明的进程。与此同时，人口剧增、资源的过度开发过度消耗、环境污染、生态破坏和南北差距扩大等成为全球性的重大问题，这些问题的不断积累，加剧了人类与自然界的矛盾，严重阻碍着经济的发展和人民生活质量的提高，继而威胁着全人类的未来生存和发展。

在这种严峻形势下，人类不得不重新审视自己的社会经济行为和走过的历程，认识到通过高消耗追求经济数量增长和“先污染后治理”的传统发展模式已不再适应当今和未来发展的要求，而必须努力寻求一条新的发展的道路。

20世纪中叶，美国海洋生物学家蕾切尔·卡逊（Rechel Karson）在潜心研究使用杀虫剂所产生的种种危害之后，于1962年发表了环境保护科普著作《寂寞的春天》。作者通过对污染物富集、迁移、转化的描写，阐明了人类同大气、海洋、河流、土壤、动植物间的密切关

系，初步揭示了污染对生态系统的影响。她告诉人们：地球上生命的历史一直是生物与其周围环境相互作用的历史……只是人类出现后，生命才具有了改造其周围大自然的异常能力。经济快速发展的同时，也使空气、土地、河流以及大海受到各种致命化学物质的污染。这种污染是难以清除的，它们不仅进入了生命赖以生存的世界，而且进入了生物组织内……她还向世人呼吁，我们长期以来行驶的道路，容易被人误认为是一条可以高速前进的平坦、舒适的超级公路，但实际上，这条路的终点却潜伏着灾难。她首次提出：人类将失去“阳光明媚的春天”，试图唤醒人们对自身的传统行为和观念进行比较系统的反思。

随着工业生产能力的迅速扩张，环境污染、资源短缺等问题同时发展，向在狂热中追求无限增长的人类敲响了警钟。1968 年，来自世界各国的几十位科学家、教育家和经济学家等学者聚会罗马成立了罗马俱乐部（The Club of Rome），关注、探讨与研究人类面临的共同问题，使国际社会对人类面临的社会、经济、环境等诸多问题有了更深入的理解。受俱乐部的委托，以麻省理工学院 D. 梅多斯（Dennis. L. Meadows）为首的研究小组针对长期流行于西方的高增长理论进行了深刻的反思，并于 1972 年提出研究报告——《增长的极限》。报告认为：由于世界人口增长、粮食生产、工业发展、资源消耗和环境污染 5 项基本因素的运行方式是指数增长而并不是线性增长，全球的增长将会因为粮食短缺和环境的破坏于 21 世纪的某个时段内达到极限……《增长的极限》在国际社会，特别是学术界引起了强烈的反响。一般认为，虽然该报告的观点和结论存在缺陷，但是报告对人类前途的忧虑以及唤醒人类自身觉醒的意义却是积极的，它所阐述的“合理的、持久的均衡发展”为孕育可持续发展的思想萌芽提供了土壤。

1972 年，来自 113 个国家和地区的代表在斯德哥尔摩召开联合国人类环境会议，共同讨论环境对人类的影响问题，大会通过了《人类环境宣言》。它向世界呼吁：我们在决定世界各地的行动时，必须更加审慎地考虑它们对环境产生的后果……保护和改善人类环境是关系到全世界人民的幸福和经济发展的重要问题，是各国人民的迫切希望和各国政府的责任，也是人类的紧迫目标。各国政府和人民必须为全体人民和自身后代的利益而做出共同的努力。此次会议唤醒各国政府共同对环境问题的关注。

本着研究自然的、社会的、生态的、经济的以及利用自然资源过程中的基本关系，确保全球发展的宗旨，联合国于 1983 年成立以挪威前首相布伦特兰夫人（G. H. Brundland）任主席的世界环境与发展委员会（WCED），负责制定长期的环境对策，研究能使国际社会更有效地解决环境问题的途径和方法。1987 年，该委员会向联合国提交了名为《我们共同的未来》的研究报告，在系统探讨了人类面临的一系列重大经济、社会和环境问题之后，提出了“可持续发展”的概念。报告深刻指出：在过去，我们关心的是经济发展对生态环境带来的影响，而现在我们正迫切地感到生态的压力对经济发展所带来的重大影响。因此，我们需要一条新的道路，它不是一条仅能在若干年、若干地方支持人类进步的道路，而是一条一直到遥远的未来都能支持全球人类进步的道路，这就是可持续发展的道路。《我们共同的未来》把人们从单纯考虑环境保护引导到把环境保护与人类发展切实结合起来，实现了人类有关环境与发展思想的重要飞跃。

1992 年 6 月在巴西的里约热内卢召开联合国环境与发展大会（UNCED），102 位国家元首和政府首脑到会讲话。会议通过《里约环境与发展宣言》和《21 世纪议程》两个纲领性文件。前者是开展全球环境与发展领域合作的框架性文件，是为了保护地球永恒的活力和整体性，建立一种新的、公平的全球伙伴关系的“关于国家和公众行为基本准则的宣言”，它提出了可持续发展的27条基本原则；而《21世纪议程》则是全球范围内可持续发展的行动计划，提供了一个从当时起至21世纪向可持续发展转变的行动蓝图，涉及与地球发展有关的所有领域，为保障人类共同的未来提供了一个全球性措施的战略框架。这次大会使可持续发展得到世界广泛和最高级别的承诺，它标志着人类对环境与发展的认识提高到了一个崭新的阶段。

二、可持续发展的概念

可持续发展的第一次被明确提出是在1982年由世界自然保护同盟等组织发起、各国政府官员和专家参与制定的《世界自然保护大纲》中。该大纲不仅强调资源保护，而且注重将它与人类发展结合起来，可持续发展被理解为“为使发展得以持续，必须考虑社会和生态因素以及经济因素，考虑生物及非生物资源基础”。“可持续发展”一词提出后，先是在一些发达国家的文章和文件中使用。

在《我们共同的未来》的报告中，明确指出了过去经济的发展对环境产生的影响，强调环境保护与社会经济发展兼顾的可持续发展道路。这一报告是可持续发展观正式形成的重要标志，对可持续发展理论体系的建立产生了关键作用。该报告认为可持续发展是“既满足当代人的需要，又不对后代人满足其需要的能力构成危害的发展”。此定义的核心思想是：健康的经济发展应建立在生态可持续能力、社会公正和人民积极参与自身发展的基础上，它所追求的目标既要使人类的各种需要得到满足，个人得到充分发展，又要保护资源和生态环境，不对后代人的生存和发展构成威胁。它特别强调经济活动的生态合理性，强调对资源、环境有利的经济活动应给予鼓励，反之则应摒弃。在发展指标上，不再以国民生产总值为衡量发展的唯一指标，而是用社会、经济、文化、环境等多项指标综合衡量发展。可持续发展观符合经济、社会、环境以及生态系统的内在联系的要求，是人类发展观念上的一个重大进步。它把眼前利益与长远利益、把局部利益与全局利益有机统一起来，保证经济社会的发展不偏离健康的轨道。

1989年5月，第15届联合国环境开发署理事会议通过了《关于可持续发展的说明》指出：可持续发展系指满足当前需要而又不削弱子孙后代满足其需要之能力的发展，而且绝不包含侵犯国家主权的含义。这一概念表明两层含义：一是人类要发展，要满足人类的发展需求；二是不能损害自然界支持当代人和后代人的生存能力。要达到持续发展，涉及国内合作和跨越国界合作，可持续发展意味着国家内和国际间的公平，意味着要有一种支援性的国际经济环境，从而导致各国，特别是发展中国家的持续经济增长与发展，这对于环境的良好管理也具有很重要的意义。此外，可持续发展还意味着维护、合理使用并且提高自然资源基础，这种基础支撑着生态环境的良性循环及经济增长。再者，可持续发展还意味着在发展计划和政策中纳入对环境的关注与考虑。这一定义是以布伦特兰报告提出的可持续发展概念为基础的。它得到了国际社会的广泛认可，并在1992年联合国环境与发展大会上取得全球范围的共识，与会各国一致承诺把走可持续发展的道路作为未来的长期共同的发展战略。可持续发展成为各国解决环境、人口、资源、贫困等问题，提高生活质量，寻求社会全面协调发展的指导原则，是制定全球及各国发展战略的基本理论依据。

我国学者认为：可持续发展是“不断提高人群生活质量和环境承载能力的、满足当代人需求又不损害子孙后代满足其需求能力的、满足一个地区或一个国家需求又不损害别的地区或国家人群满足其需求能力的发展”。这是对前述可持续发展概念的完善和补充。

由上述概念可以看出，可持续发展要具备两个基本要素：“需要”和对需要的“限制”。满足需要，首先是要满足贫困人民的基本需要。对需要的限制主要是指对未来环境需要的能力构成危害的限制，这种能力一旦被突破，必将危及支持地球生命的自然系统：大气、水体、土壤和生物。决定这两个基本要素的关键性因素是：①再分配以保证不会为了短期生存需要而被迫耗尽自然资源；②降低主要是穷人对遭受自然灾害和农产品价格暴跌等损害的脆弱性；③普遍提供可持续生存的基本条件，如卫生、教育、水和新鲜空气，保护和满足社会最脆弱人群的基本需要，为全体人民，特别是为贫困人民提供发展的平等机会和选择自由。

三、可持续发展的基本思想

可持续发展是一个涉及经济、社会、文化、技术及自然环境的综合概念。“可持续”是指以人为中心的“自然—社会—经济”复合系统的可持续。应当以系统的观点，从“自然—社会—经济”三维复合系统出发将可持续发展的基本思想确定为：人类能动地调控“自然—社会—经济”复合系统，在不超越资源与环境承载能力的条件下，促进经济持续发展，保持资源永续利用，不断提高生活质量，既满足当代人的需求，又不损害后代人满足其需求能力。这一基本思想表明，完整意义的可持续发展应是可持续经济、可持续生态和可持续社会3个方面的和谐统一，是一个涵盖内容极为广泛的概念。它是一种立足于环境和自然资源角度提出的关于人类长期发展的战略和模式。它的基本思想包括3个方面：

1. 可持续发展鼓励经济增长

可持续发展强调经济增长的必要性，它既为提高人民生活水平及其质量提供保障，也为可持续发展提供必要的物力和财力。但可持续发展不仅要重视经济增长的数量，更要追求经济增长的质量。数量的增长是有限的，而依靠科技进步，提高经济活动中的效益和质量，采取科学的经济增长方式才是可持续的。可持续发展呼吁人们放弃传统的高消耗、高增长、高污染的粗放型生产方式和高消费、高浪费的生活方式，实施清洁生产和文明消费，主张产品、效率、资源环境并重，经济增长与资源保护相结合，社会稳定与公平相结合，短期利益与长期利益相结合。

2. 可持续发展的标志是资源的永续利用和良好的生态环境

经济和社会发展不能超越资源和环境的承载能力。可持续发展以自然资源为基础，同生态环境相协调。它要求在严格控制人口增长、提高人口素质、保护环境和资源永续利用的条件下，进行经济建设、保证以可持续的方式使用自然资源和环境，使人类的发展控制在地球的承载能力之内。可持续发展强调发展是有限制条件的，要实现可持续发展，必须使自然资源的耗竭速率低于资源的再生速率，必须通过转变发展模式，从根本上解决环境问题。如果经济决策中能够将环境影响全面系统地考虑进去，这一目的是能够达到的。但如果处理不当，环境退化和破坏的成本就非常巨大，甚至会抵消经济增长的成果而适得其反。

3. 可持续发展的目标是谋求社会的全面进步

发展不仅仅是经济问题，单纯追求产值的经济增长不能体现可持续发展的内涵。可持续发展也包括社会的发展和保持、建设良好的生态环境。可持续发展要以改善和提高人类生活质量为目的，可持续发展的核心是人的全面发展。这就是说，在人类可持续发展系统中，经济发展是基础，自然生态保护是条件，社会进步才是目的。而这三者又是一个相互影响的综合体，只要在每一个时间段内都能保持与经济资源和环境的协调，这个社会就符合可持续发展的要求。显然，在21世纪里，人类共同追求的目标是以人为本的“自然—社会—经济”复合系统的持续、稳定、健康的发展。

四、可持续发展的基本原则

可持续发展作为一种新的发展思想和发展战略，它所追求的经济、社会、资源、环境协调发展的目标，要求人类在未来的发展中，不仅要遵循经济规律，更要遵循生态、自然规律，实现人类与自然之间的和谐，重建经济、社会、资源与环境协调发展的生态文明。就其社会观而言，主张公平分配，既满足当代人又满足后代人的基本需求；就其经济观而言，主张建立在保护地球自然系统基础上的持续经济发展；就其自然观而言，主张人类与自然和谐相处。可持续发展应遵循以下原则。

1. 公平性原则

可持续发展的公平性原则包括两个方面。一是本代人的公平，即代内之间的横向公平。当今世界贫富悬殊、两极分化的状况完全不符合可持续发展的原则。因此，要给世界各国以公平的发展权、公平的资源使用权，要在可持续发展的进程中消除贫困。各国拥有按其本国的环境与发展政策开发本国自然资源的主权，并负有确保不致损害其他国家或在各国管理范围以外地区的环境责任。二是代际间的公平，即世代的纵向公平。人类赖以生存的自然资源是有限的，当代人不能因为自己的发展与需求而损害后代人满足其发展需求的条件——自然资源与环境，要给后代人以公平利用自然资源的条件。

可持续发展不仅要实现当代人之间的公平，而且也要实现当代人与未来各代人之间的公平。这是可持续发展与传统发展模式的根本区别之一。可持续发展要求当代人在考虑自己的需求与消费的同时，也要对未来各代人的需求与消费负起历史的责任，因为同后代人相比，当代人在资源开发和利用方面处于一种无竞争的主宰地位。各代人之间的公平要求任何一代都不能处于支配的地位，即各代人都应有同样选择的机会空间。

2. 持续性原则

可持续性是指生态系统受到某种干扰时能保持其生产率的能力。可持续发展有着许多制约因素，其主要限制因素是资源与环境。资源与环境是人类生存与发展的基础和条件，离开了这一基础和条件，人类的生存和发展就无从谈起。因此，资源的永续利用和生态环境的可持续性是可持续发展的重要保证。人类发展必须以不损害支持地球生命的大气、水、土壤、生物等自然条件为前提，必须充分考虑资源的临界性，必须适应资源与环境的承载能力。可持续发展要求人们根据可持续性的条件调整自己的生活方式，在生态可能的范围内确定自己的消耗标准，而不是盲目地、过度地生产和消费。

可持续发展的可持续性原则从某一个侧面反映了可持续发展的公平性原则。

3. 和谐性原则

可持续发展不仅强调公平性，同时也要求具有和谐性，正如《我们共同的未来》报告中所指出的，“从广义上说，可持续发展的战略就是要促进人类之间及人类与自然之间的和谐。”尽管不同国家的历史、经济、文化和发展水平不同，可持续发展的具体目标、政策和实施步骤也各有差异，但是，要实现可持续发展的总目标，必须争取全球共同的配合行动。这是由地球整体性和相互依存性所决定的。如果每个人在考虑和安排自己的行动时，都能考虑到这一行动对其他人（包括后代人）及生态环境的影响，并能真诚地按“和谐性”原则行事，那么人类与自然之间就能保持一种互惠共生的关系，因此，致力于达成既尊重各方的利益又保护全球环境与发展体系的国际协定至关重要。这就是说，实现可持续发展就是人类要共同促进自身之间、自身与自然之间的协调，也只有这样，可持续发展才能实现。

4. 需求性原则

传统发展模式所追求的目标是经济的增长，它忽视了资源的有限性，立足于市场而发展生产。这种发展模式不仅使世界资源、环境承受着前所未有的压力而不断恶化，而且人类所需要的一些基本物质仍然不能得到满足。而可持续发展则坚持公平性和长期的可持续性，立足于人的需求而发展，强调人的需求而不是市场商品。可持续发展是要满足所有人的基本需求，向所有的人提供实现美好生活愿望的机会。

人类需求是由社会和文化条件所确定的，是主观因素和客观因素相互作用、共同决定的结果，与人的价值观和动机有关。首先，人类需求系统是人类的各种需求相互联系、相互作用而形成的一个统一整体。其次，人类需求是一个动态变化过程，在不同的时期和不同的文化阶段，旧的需求系统将不断地被新的需求系统所代替。随着时间的推移和社会的不断发展，人类的需求内容和层次将不断增加和提高，所以可持续发展本身隐含着不断地从较低层次向较高层次的阶跃性过程。

5. 高效性原则

可持续发展的公平性原则、可持续性原则、和谐性原则和需求性原则实际上已经隐含了高效性原则。事实上，前四项原则已经构成了可持续发展高效性的基础。不同于传统经济学，这里的高效性不仅是根据其经济生产率来衡量，更重要的是根据人们的基本需求得到满足的程度来衡量，是人类整体发展的综合和总体的高效。

第三节 可持续发展评价及指标体系

要实现可持续发展，就必须有一种度量监测的有效方法，以此评价可持续发展政策和措施的实施效果。因此，可持续发展评价及相应的评价指标体系的研究是可持续发展理论的重要内容，也是实施可持续发展战略的重要保障。

一、可持续发展评价的内容与原则

对可持续发展的评价是可持续发展由理论阶段进入到实施阶段的前提。可持续发展评价旨在寻求可操作的、定量化的方法和手段，或用以分析可持续发展战略实际的进展和效果，以便更好地指导可持续发展的具体实践。可持续发展评价在时间上反映发展速度和趋向，在空间上反映整体布局和结构，在数量上反映其规模，在层次上反映其功能和水平。

1. 可持续发展评价的内容

根据传统的经济增长观念，经济发展主要的度量手段或评价内容是国民生产总值（GNP）或国民收入的增减。因此，发展的基本问题是如何提高GNP水平及增长率，GNP指标自然成了评价社会发展的重要内容。然而，GNP标准无法衡量经济增长所带来的诸如环境污染、资源枯竭以及社会保障等问题。首先，GNP没有包括诸如环境破坏所造成的GNP的损失；其次，用于处理污染及资源破坏等费用支出却被包括在GNP之中。

可持续发展是“既满足当代人的需求，又不对后代人满足其需要的能力构成危害的发展”，从可持续发展的基本定义出发，可持续发展评价主要包括以下4方面的基本内容：

（1）经济可持续发展评价。经济可持续发展评价不仅鼓励经济增长，重视增长的数量分析，更重要的是对经济发展的质量、资源配置的优化状态、经济发展的效率、效益进行分析计量和衡量，以倡导改变传统生产和消费模式，实施清洁生产和文明消费。

（2）生态可持续评价。生态可持续评价以建立资源可持续和良好的生态环境为目的，分析整个生命支撑系统和生态系统的完整性和生物多样性；评价自然资源，尤其是再生资源可持续利用程度；并对资源破坏和环境污染所产生的各种影响进行衡量或计量。

（3）社会可持续发展评价。社会可持续发展评价以改善和提高人类生活质量为目的，对经济发展过程中社会公正、安全、文明与健康状况做出诊断，特别强调对人口与资源、环境平衡关系、社会分配关系、失业和社会平等、文化教育和卫生健康以及社会保障体系的健全状况等进行分析、评价，借以分析经济发展中社会目标的实现程度。

（4）可持续发展的综合评价。由于可持续发展是由生态、经济及社会等因素复合而成的综合系统，在进行了经济、生态及社会可持续发展程度评价的基础上，还必须综合上述评价结果，对整个国家或区域的可持续发展程度进行综合评判，从而判断出可持续发展的现状、潜力和发展趋势。

可持续发展系统的运行受到一定时空所约束，既有区域（空间）的相对性，也有发展阶段（时间）的相对性。这样，在可持续发展评价中，以区域范围来分，可分为区域评价、国家评价、全球评价。从时间上分，可分为事前评价和事后评价。事前评价是根据自然、社会、经济等方面条件，按照可持续发展的要求，评价可持续发展系统目前的现状和影响，为可持续发展系统诊断、规划和设计提供科学的依据。事后评价是对设计的可持续发展系统运行后实际产生的结果进行评价，并与事前评价或预测的结果加以比较，总结系统运行后存在的主要问题，为系统的优化提供服务。

2. 可持续发展评价的主要原则

根据可持续发展的目标，可持续发展评价需要遵循以下原则：

（1）当前利益与长远利益相结合的原则。当前利益就是近期内就能获得或实现的利益；长远利益是指将来才能获得的效益。当前利益和长远利益相结合是可持续发展内涵的必然要求，在可持续发展评价中要求重视长远利益，一个十分重要的问题就是对资源的合理利用和环境保护，当代人不能因为自己的发展与需求，只顾眼前利益而损害人类后代人满足其需求的条件——自然资源与环境；另一方面，也不能一味地追求长远利益而忽视和不顾当前利益，因为当前利益是长远利益的基础，要强调在发展中保护资源和环境。因此，在可持续发展评价中要把当前利益与长远利益有机地结合起来。

（2）经济效益、生态效益和社会效益相结合的综合评价原则。生态效益是指自然生态环境系统获得物质和能量交换，以保持生态平衡和改善生态环境的效率。生态效益是形成经济效益的客观自然基础，而经济效益则是生态效益得以改善的重要的社会环境和外部条件。生态效益好，可以促进经济效益的提高；生态效益差，则会使经济效益下降。同样，经济效益好，就可以有更好的条件治理污染，不断改善生态环境，提高生态效益；反之经济效益不好，没有条件保护和改善生态环境，有可能降低生态效益。在通常的情况下，当二者发生矛盾时，绝不能以牺牲生态效益去换取暂时的、局部的经济效益。否则，长此下去必将造成生态环境的严重破坏，使暂时的、局部的经济效益也丧失殆尽，甚至彻底摧毁人类赖以生存和发展的自然条件和生态环境。社会效益与经济效益、生态效益也是相互依赖和相互制约的。因此，进行可持续发展评价时，必须高度重视经济效益、生态效益和社会效益的统一，正确处理3种效益之间的关系。

（3）区域性原则。由于区域的自然条件、发展历史、文化背景和地理位置等方面的差异，区域间社会经济发展的水平差别很大，造成各区域间发展的不平衡性，即地域差异。各区域在实施可持续发展过程中遇到的问题不一样，从而区域可持续发展主要目标、评价重点也不一样，评价的方法或指标体系以及指标的权重也由于区域差异而不同。在可持续发展评价时要遵循区域性原则，以便客观、准确地对可持续发展状况进行评价。

（4）静态评价与动态评价相结合的原则。静态评价是指现状评价，主要剖析目前系统结构状况，衡量整个系统所达到的功能和效益水平，静态评价能够反映系统的现实生产能力和水平。动态评价就是要研究系统的结构、功能及效益诸方面的演变规律，考查系统发展趋势，分析系统结构的稳定性及缓冲能力和应变能力，以掌握可持续发展系统的运行规律，进行系统的有效控制。静态评价和动态评价相结合，能从纵横两方面综合反映可持续发展系统的全貌。

二、可持续发展评价指标体系

自可持续发展的概念被提出以来，已经有很多学者和研究机构对可持续发展的评价问题进行了研究，并提出和建立了一些评价指标。就区域可持续发展指标体系而言，大致有：可持续发展经济福利指标（ISEW）（Bmwn 等，1991 年）、人类活动强度指标（HAI）（牛文元，持续发展导论，科学出版社，1994年)、人文发展指标(HDI)(UNDP，1995年)、世界银行可持续发展指标体系(World Bank，1995年)。

1. 可持续发展评价指标的类型

从可持续角度出发，国内学者把可持续发展指标(Indicators of Sustainable Development)分为描述性指标和评估性指标两大类。描述性指标用来表示经济、社会、资源及环境4大系统任一时刻状态与发展趋势，如经济水平、人民生活质量、资源、环境质量等以及人口增长率、产值增长率、资源利用变化度、环境质量退化趋势等。

评估性指标是4大系统相互联系与协调程度的指标。即人口、资源、经济及环境之间协调发展程度，可持续发展的实现程度可用评估性指标研究。

2. 可持续发展指标体系的构成

(1) 描述性指标。可持续发展指标体系包括社会发展指标、经济发展指标、资源指标和环境指标4大体系。描述性指标体系必须具有两方面功能，即它能描述和表示出某一时刻4大系统发展的现状以及变化趋势。由于每一系统都是由复杂的多变量组成，必然构成一个复杂而庞大的指标体系，问题是如何在这些复杂而庞大的变量中，选择少量的指标组成指标体系，要求这一指标体系能描述经济社会系统的规模、发展速度和趋向、整体布局与结构以及功能和水平。

1) 社会发展指标。社会发展的目标是提高人民生活质量、人口素质以及社会文明。人是社会的主体，社会发展指标主要是以人为主体的指标。社会发展描述性指标可以包括：总人口、人口增长率、人口平均寿命、人口平均受教育程度、人均住房面积等。

2) 经济发展指标。经济发展的目标是为了发展生产，扩大生产规模，改善经济结构(包括产业结构、就业结构、消费结构、城乡结构等)，提高生产率，最终为提高国家或地区综合实力及人民生活水平。经济发展指标主要是以生产为主体的指标。经济发展描述性指标可以包括：人均GDP及变化率、产业结构、单位产值能耗等。

3) 资源指标。自然资源是人类可以利用的天然存在的自然物，如土地资源、水资源、矿产资源、生物资源、气候资源、海洋资源等，它们是物质资源生产的原料来源和布局场所。自然资源是人类赖以生存与发展的物质基础。传统的经济增长模式造成资源普遍不足、人口爆炸和环境质量退化三大影响实现可持续发展目标的严重障碍。提高自然资源的生产率是经济可持续发展的重要内容，自然资源的可持续利用状况，也决定着社会的可持续发展能力。因此，资源指标是可持续发展指标体系中必不可少的。可以选择的资源指标有：资源可开发储量、新增资源可开发储量、人均资源占有量、资源开发利用程度等。

4) 环境指标。生态环境有狭义与广义之分。狭义的生态环境是指自然环境，由岩石圈、水圈、生物圈和大气圈等构成。广义的生态环境包括自然环境和人文环境，泛指人类周围的一切自然要素和社会要素，包括影响人类生存和发展的各种天然的大气、水、海洋、土地、矿藏、森林、草原、野生动物、自然遗迹、人文遗迹、自然保护区、风景名胜区、城市和乡村等。生态环境为人类的生存和发展提供了丰富的资源和空间，生态环境为人类提供了经济和社会发展所必需的物质材料。另外，提高人的生活质量，不仅靠国民生产总值的提高和人均收入的增加，而且关键在于生态环境的改善，特别是人们生活、居住环境的改善，使人们享受清洁、舒适、安静、优美的生活环境和劳动环境。当今，环境质量退化逐渐威胁着人类的生存，如大气污染、水污染、温室效应、臭氧层破坏等。由于追求发展经济的目标，今后的环境质量问题更为严峻，生态环境恶化已成为制约我国经济发展的关键。生态环境的优劣是衡量可持续发展的重要标志。可以用于评价环境质量的指标有：烟尘（CO_2、SO_2）排放量及变化率、工业废气排放量及变化率、城市噪声、森林覆盖率、水土流失面积及变化率、草原退化面积及变化率等。

（2）评估性指标。评估指标是评价可持续发展状态和可持续发展程度的，是反映四大系统（经济、社会、资源、环境）描述性指标之间关系及描述性指标的不同值与可持续发展的关系。通过可持续发展的事前评估，为制定发展战略与规划提供决策依据。通过事中、事后评估，可及时总结经验，发现问题与采取措施。评估性指标要有以下功能：

1）污染排放和废物排放是否超过了环境的承载能力。

2）资源能否可持续利用，即资源保证程度。不可再生资源的利用及其耗竭速率是否超过了资源的替代速率，可再生资源利用是否超过了其再生速率。

3）可持续人均收入是否增加。

由于环境承载能力评价、自然资源之间的替代关系及替代速率的确定、可再生资源及再生速率的确定、国民收入受环境退化与环境损害的影响等问题较难确定，因此，使评估性指标完全实现上述功能有一定困难。但随着人类知识和科技水平的提高，和对可持续发展评估性指标认识的加深，这一问题会得到很好解决。现阶段可采用的评估性指标可以是：人均GDP、科技贡献率、科技人员比例、人均耕地面积、就业率、失业率、通货膨胀率、资源保证程度、资源破坏及利用程度、单位GDP废水（废气）排放量等。

3. 中国科学院可持续发展评价指标体系

中国科学院可持续发展战略研究组在世界上独立地开辟了可持续发展研究的系统学方向，依据此理论内涵，设计了一套“五级叠加，逐层收敛，规范权重，统一排序”的可持续发展指标体系。该指标体系分为总体层、系统层、状态层、变量层和要素层5个等级。

（1）总体层。综合表达可持续发展的总体能力，代表着可持续发展总体运行态势和战略实施的总体效果。

（2）系统层。将可持续发展总系统解析为内部具有逻辑关系的5大子系统：生存支持系统、发展支持系统、环境支持系统、社会支持系统、智力支持系统。

（3）状态层。在每一个子系统内能够表征系统行为的关系结构。以某一时刻为断面，表现为静态，而随着时间的变化，它们则呈现动态特征。

（4）要素层。共采用45个具体“指数”从本质上反映、揭示状态的行为、关系、变化等的原因和动力。

（5）指标层。采用可测的、可比的、可以获得的指标及指标群，对变量层的数量表现、强度表现、速率表现给予直接地度量。《2002中国可持续发展研究报告》中采用了219个“指标”全面系统地对45个指数进行了定量描述，构成了指标体系的最基层要素。

中国科学院可持续发展评价指标体系如图12-1所示。

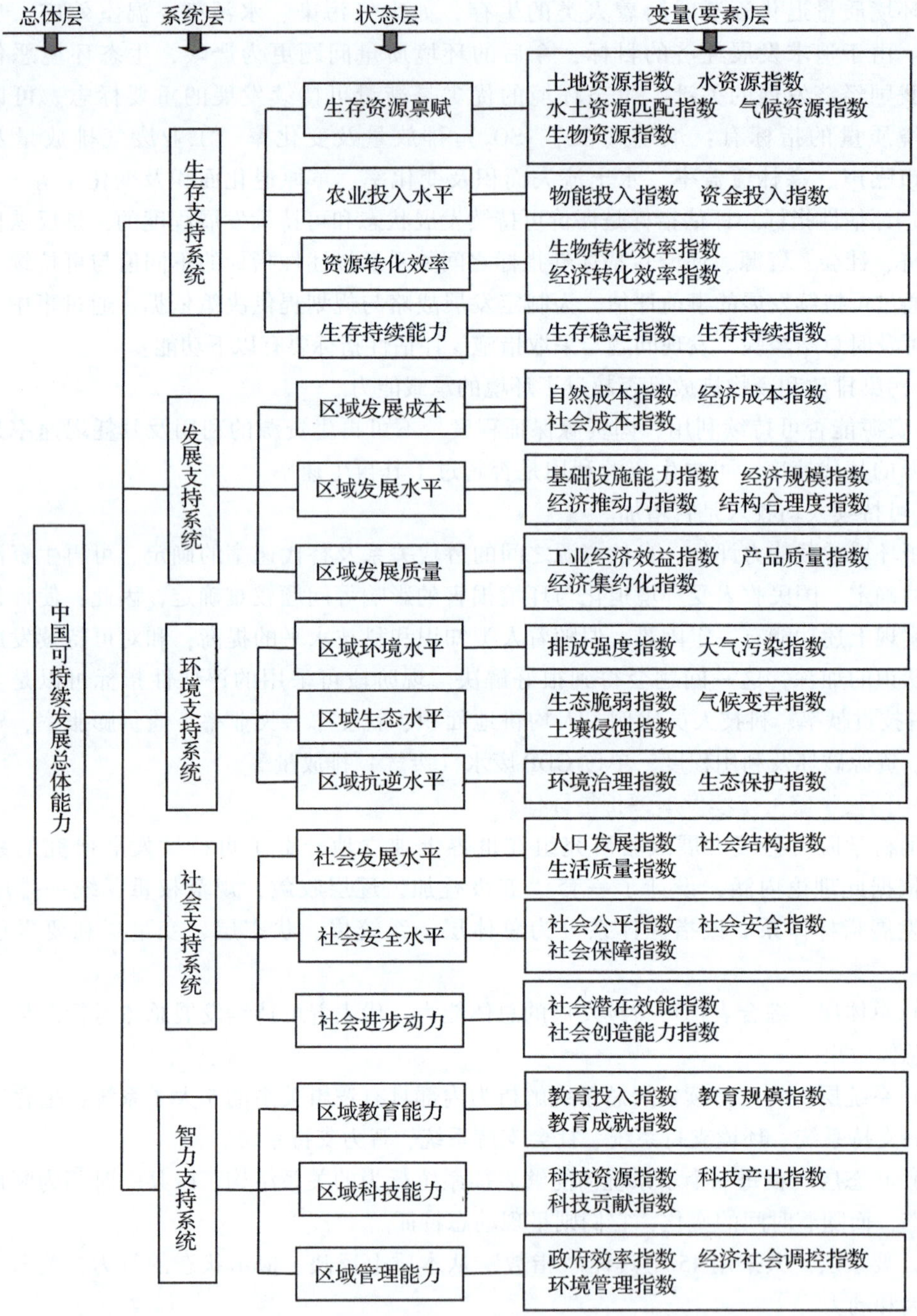

图12-1　中国科学院可持续发展评价指标体系图

4. 工业行业可持续发展评价指标体系

（1）评价模型构建。在市场经济条件下，一个地区的工业行业可持续发展能力取决于如下几个方面：

1）取决于它的市场竞争力。一个没有竞争力的行业，不管它在资源节约上或在废物利用方面做得如何好，很可能在激烈的市场竞争中被淘汰；相反，只有在市场竞争中处于优势的工业行业，才有能力采用新技术有效利用资源和保护环境，才能获得（持续）发展。

2）工业行业发展状况如何，对该地区经济增长的贡献率大小，也决定了该行业的可持续发展能力。经济增长贡献率大的行业，才有可能获得该地区的产业发展政策支持，有望成为主导产业。

3）可持续发展的后劲取决于科技创新能力，依靠科技进步，工业行业才能获得持续发展的源动力。

4）行业对资源有效利用和环境保护的能力是行业稳定、协调发展的必要条件。行业的可持续发展受到资源的制约，资源综合有效利用能力强的行业才有可能获得持续发展。环境保护能力反映该行业对自然环境的适应能力，一个行业的发展如果不考虑保护自然生态环境，必然被社会淘汰。

5）党的十六大提出，“走出一条科技含量高、经济效益好、资源消耗低、环境污染少、人力资源优势得到充分发挥的新型工业化路子”。走工业可持续发展之路，必须切实解决工业化与资源、环境的矛盾，统筹经济社会发展，统筹人与自然和谐发展。

根据上述分析：工业行业的可持续发展能力是市场竞争力、经济增长贡献率、科技创新能力、资源有效利用能力和环境保护能力的综合体现。其模型如图 12-2 所示。

其中，市场竞争力、经济增长贡献率反映了行业可持续发展的数量水平，构成发展度平台；科技创新能力反映了行业可持续发展的时间水平，构成了持续度平台；资源有效利用能力、环境保护能力反映了行业可持续发展的质量水平，构成了协调度平台。发展度、持续度和协调度构成工业可持续发展综合能力的 3 个基础平台。

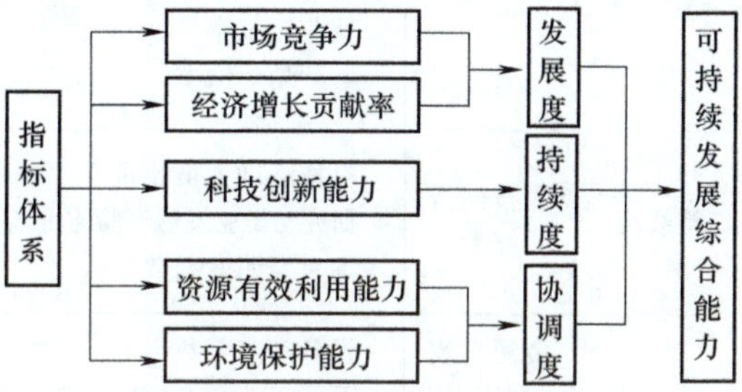

图 12-2　工业行业可持续发展能力评价模型方框图

（2）指标选择的原则。工业行业可持续发展能力的指标选择要考虑完备性原则、客观性原则、可行性原则和动态性原则。

1）完备性原则。完备性原则要求所选择的指标应尽可能全面反映行业可持续发展能力的各个方面，并使评价目标和评价指标有机联系起来，形成一个层次分明的整体。虽然所选指标很难对各个行业可持续发展的特征、要素的各个方面做出详尽的描述，但要能够反映可持续发展的主要内容，通过对这些主要指标的分析和评价，可以把握行业可持续发展能力的总体水平。

2）客观性原则。在确立指标体系时，通常有量化指标和定性评价指标。量化指标相对比较客观，而定性指标量化较复杂或较困难，确定定性指标数值时，往往带有个人主观因素。所以，要慎重选择定性指标，尽量选择量化指标。

3）可行性原则。选择的指标要切实可行，容易操作，统计指标数据能较容易获取。

4）动态性原则。可持续发展是一个动态的过程，其评价指标体系也应是一个动态的体系。随着时间的推移，行业内部、外部环境发生变化，行业可持续发展能力的评价指标体系需反映这种变化过程，或根据时间的变化不断对原指标体系进行调整和完善。

(3) 指标体系的内容。根据上述原则，从经济、社会和环境等方面选取了22个指标构建工业行业可持续发展能力评价指标体系。具体如表12-1所示。

表12-1 工业行业可持续发展能力评价指标体系

一级指标	二级指标	三级指标	指标解释
发展度	市场竞争力	市场竞争力	行业产品销售收入/全国该行业收入
		总资产贡献率	利税总额/平均资产总额
		工业增加率	工业增加值/工业总产值
		成本费用率	
		全员劳动生产率	
		销售利税率	
	经济增长贡献率	企业亏损面	逆向指标
		百元固定资产原值实现利税	
		人均劳动报酬	从业人员劳动报酬/年平均人数
		工业总产值贡献率	行业工业增加值/全部行业工业总产值
		工业增加值贡献率	工业增加值/工业总产值
		利税贡献率	行业利税总额/全行业利税总额
		就业贡献率	行业从业人数占全部行业从业人数的比重
		新产品产值率	新产品产值占全部产值的比重
持续度	科技创新能力	科技活动人员比重	
		研究与试验发展经验比重	
		拥有发明专利数	
协调度	资源有效利用率	设备新度系数	固定资产净值/固定资产原值
		万元工业总产值电力消费量增长率	
	环境保护能力	工业废水排放达标率	
		工业固体废弃物综合利用率	
		工业废气排放量比重	工业废气排放量/全部行业工业废气排放量

第四节 投资项目的可持续发展评价

衡量投资项目是否为可持续发展，可采用4类指标来考核：一是投资项目的技术效益评价，技术效益越高，越说明该项目科学技术本身是进步的、发展的；二是生态效益评价，如果某项技术应用会带来严重的生态环境问题，即使经济效益、技术效益再好，也是不可取的；三是经济效益评价，投资项目具有好的经济效益，是市场经济条件下最直接的动力和最基本的要求；四是社会效果评价，即评价投资项目对人类社会发展的作用和意义，包括人的自由与公平、人类文化卫生条件的改善等方面。可持续发展的投资项目，要求实现上述4种效益的协调与统一，必须摒弃单纯以追求经济效益为中心的发展观。

一、可持续发展评价的自然资源价格与投资项目评价模型

为了逐步解决发展和环境所面临的问题，摒弃单纯以追求经济效益为中心的发展观，对自然资源的持续利用是必然趋势。为此，需要讨论自然资源持续利用的价格问题及其对投资项目评价的影响。

1. 自然资源持续利用的福利准则

在自然资源的利用过程中要保证自然资源的总存量基本保持不变，以便下一代能够获得跟我们同样的利用自然资源的机会，这是自然资源的经济福利公平性准则。如果一种自然资源减少，就必须进行经济补偿，使自然资源的产品价格体现资源补偿费；如果一种资源自然枯竭，就必须出现一种替代资源。这样，才能保证下一代的自然资源的经济福利水平不至于降低。

此外，要保证自然资源的利用过程中生态环境的质量不要降低。如果对生态环境造成破坏，在经济上要对环境进行补偿，使自然资源的产品价格体现环境成本，借助环境成本来弥补、维持和改善生态环境质量，以保证下一代的生态福利水平不至降低。这是生态福利的不变性准则。

2. 自然资源的价格构成

据以上准则，在理论上应纠正“自然资源无价”的错误观点。自然资源，包括未经人类劳动参与、尚未参与交易的天然的自然资源和经过人类劳动投入的自然资源都是有价值的。自然资源的价值不取决于其中包含的人类劳动，而取决于自然资源对人类的有用性、自然资源的稀缺程度和开发利用条件。可用下式来表示自然资源的价格。

$$\text{自然资源价格} = \text{生产成本} + \text{平均利润} + \text{资源补偿费} + \text{环境成本} \tag{12-1}$$

生产成本是资源产品生产或开采过程中所消耗的勘探费用、人力、物力和财力等；成本中包括平均利润，是现代经济分析和决策的特点，成本以外的利润属超额利润或“经济利润”；资源补偿费是自然资源的耗用所收取的补偿费，可以理解为现在使用稀缺的自然资源而失去的未来使用的“机会成本”；环境成本是由于利用自然资源造成了对生态环境的破坏，为了弥补、维持和改善生态环境质量所付出的代价，环境成本又称为生态成本、生态效益价格、边际外部成本等。

3. 修正投资项目评价模型

在进行投资项目评价时应考虑生态环境的经济价值。投资项目评价经常采用的模型是“效益—成本”模型，即BC分析法。为此，修正以后的评价模型为：

$$(\text{效益} - \text{项目成本} \pm \text{环境效果的经济价值}) > 0 \tag{12-2}$$

式中，正的环境效果经济价值为环境收益，负的为环境损失。

如果在上述模型中考虑资金的时间价值，则须把模型的3个变量进行贴现计算。

二、投资项目环境经济效益分析

投资项目的环境效益是投资造成的生态环境变化对人类利益的影响。这部分人类利益，有些可以通过一定时间增长的经济效益或费用来计算，如大气污染会使一定时期内的生产成

本上升或效益下降（即环境损失），生态环境改善使农民收入增加、工厂生产成本下降（即环境收益）。而有些则必须通过对生态资源的价值化来确定。

1. 生态经济的成本与效益

从企业角度看，投资项目的生态经济的成本与效益，就是以货币计量的包括环保投入和环保效果的现金流入与流出。这种考虑生态效益的企业经济评价与传统的纯经济评价的区别，主要在于后者以短期为主，前者则是以一个较长时期为考查对象。因为投资生态经济的外部影响要在一个较长时期才会明显地影响到企业内部的成本与效益；同时，生态资源的价值只有当它遭到破坏并影响人们的生活和生产时，才会反映出来。所以从一个较长时期看，企业造成的外部不经济有相当部分会逐渐内部化。

为了简化分析过程，这里假设各种物质投入品与产出品的价格不变，项目投产后的产量不变，并且产销量相等，折现率为 i。由此可得到一定时期内（n）的项目现金收入：

$$\mathrm{NM} = \sum_{t=1}^{n} \frac{(QP + X + Y)_t}{(1+i)^t} \tag{12-3}$$

式中，Q 为产量；P 为产品价格；X 为企业治理污染中从政府方面得到的收入，如政府补贴或税赋减免等；Y 为企业在治理污染中得到的副产品收入。

可见，QP 是传统意义上的项目效益部分，而 $X+Y$ 则是环境收益部分企业内部经济化的结果，如 Y 是污染物的资源化结果。显然，X 的大小是由企业生产的性质，即其生产过程是外部经济还是外部不经济、企业用于环境治理费用的高低及国家生态环境政策等因素共同决定的。

在成本方面，项目的货币流出主要表现为固定资产和流动资产投资，购买原材料、燃料、动力等物质投入品所需的费用，劳动工资，各种税款，由于消耗资源和排污而被政府征收的生态环境补偿费、生态环境治理费等。因此，项目的现金支出为：

$$\mathrm{NN} = \sum_{t=0}^{n} \frac{(I - I' + D + V + W + C)_t}{(1+i)^t} \tag{12-4}$$

式中，I 为项目的固定资产和流动资产投资；I' 为回收的固定资产折旧、残值和流动资产价值；D 为除工资外的企业经营费用；V 为与劳动者直接有关的工资及其费用；W 为由政府征收的外部不经济补偿费；C 为企业支出的生态环境治理费。

显然，在式（12-4）中，I、I' 与 D 是传统意义上的项目经济成本，而 $W+C$ 则是项目生产中环境损失部分企业内部经济化的结果。其中，W 与 C 成反比，因为企业支出的生态环境治理费越大，企业对生态环境的损害就越小，由此政府征收的费用就越小。在其他条件不变时，V 的高低以及人的劳动能力与工作场所和生活场所的生态环境质量的好坏密切相关，恶劣的生态环境会降低人的体质，使劳动生产率和出勤率等下降，医疗保健费等上升，从而使劳动成本上升。

2. 环境经济效益评价

在市场经济条件下，企业的行为是以净效益或净现值最大为目标的，所以有：

$$\begin{aligned}\mathrm{NPV} &= \mathrm{NM} - \mathrm{NN} \\ &= \sum_{t=0}^{n} \frac{QP - D - (I - I') + (X - W) + (Y - C) + V}{(1+i)^t}\end{aligned} \tag{12-5}$$

一般而言，$QP-D-(I-I')$为一常数，这样影响企业净现值的就主要由$(X-W)+(Y-C)+V$的相互关系决定，而这些因素之间又存在着密切的依存关系。因此，要使企业得到最大的生态经济效益，必须同时解式（12-2）、式（12-3）和式（12-4）方程组，或者说根据各因素之间的关系来合理配置资源。

在实践中，当社会的环境政策一定时，企业根据各变量之间的关系，通过资源的合理配置来取得最大利益，并不断随着国家生态环境政策的改变来调整自己的行为方式。例如，生态环境治理费的支出是企业取得最大利益的重要手段，也是项目业主可以自由加以控制的因素。由此，在整个项目建设中，如何在正常投资与环保投资之间合理地安排它们之间的比例就显得极为重要。

三、投资项目的社会评价

1. 项目社会评价的概念

国家计委投资研究所与建设部标准定额研究所研究并出版的《投资项目社会评价指南》（经济管理出版社，1997年）指出，我国投资项目社会评价的概念可以表述为：投资项目社会评价，是指分析项目为实现国家和地方的各项社会发展目标所做贡献与影响，以及项目与社会相互适应性方面的一种系统的调查、研究、分析、评价方法。

国家和地方各项社会发展目标的实现，有赖于各项社会政策的贯彻执行，如就业政策、公平分配政策、扶贫政策、社会福利政策、社会保障改革等。因此，项目的社会评价是以各项社会改革为基础，分析研究项目对各项社会政策的效用，及其对各项社会发展目标的作用。项目对各项社会发展目标的贡献，是指由于项目的突破，给社会创造效益，或者说是项目对社会的有利影响，如增加人民的卫生设施，使人民的保健水平提高，提高人民的教育、文化水平，改善人民的劳动条件等。项目对社会发展目标的影响，包括自然影响与社会影响。前者包括项目对自然与生态环境的影响、对自然资源的影响，这些自然影响一般是对人民生活的间接影响。后者包括项目对人口、劳动形式、劳动组织、社会就业、社会政治、人民的生活收入、生活质量的影响等。项目与社会的相互适应性分析，包括项目与社区人们的相互影响如何，如何相互适应，如项目是否适应当地人民的需要与需求；项目对社区人民的吸收能力如何，是否需要提高其吸收能力以适应项目的生存；承担项目的组织机构的能力如何，是否需要采取措施加以提高等。

因此，我国项目社会评价的目的是使项目与社会相互适应、相互协调，避免投资的社会风险，保证项目顺利实施并持续发挥效益，以提高投资效益，保持社会稳定，并促进社会进步与发展。从而使项目决策建立在社会可行的科学分析基础上，得以持续实施，并促进社会经济协调发展，走可持续发展的道路。

2. 项目的社会效益与影响评价

社会效益与影响评价，是以各项社会政策为基础，针对国家与地方各项社会发展目标而进行的分析评价。其评价内容可分为4个方面、3个层次的分析，即项目对社会环境、自然与生态环境、自然资源以及社会经济4个方面的效益与影响评价，对国家、地区、项目3个层次的分析。一般项目对国家与地区（省、市）的分析可视为项目的宏观影响分析，项目与社区的相互影响分析可视为项目的微观影响分析。

（1）对社会环境的影响。这是效益与影响评价的重点，包括项目对社会、政治、安全、人口、文化教育等方面的影响。这方面一般包括如下内容：①对当地民族关系、人口、人民卫生保健、妇女地位的影响；②就业效益、公平分配效益（包括项目的收益在社区居民中分配是否公平，贫困户、妇女是否受益）；③对社会安全、社会稳定的影响；④对国防的影响，对提高国家国际威望的影响；⑤对当地文化教育的影响（包括文物古迹、娱乐设施）；⑥对社区社会结构、基础设施、服务设施、生产的社会组织、社会福利、社会保障以及社区凝聚力等方面的影响；⑦对社区人民生活（如住房、生活资料供应等）、宗教信仰、人民生活习惯、道德规范、生活质量、人际关系等方面的影响。

（2）对自然与生态环境的影响。对自然与生态环境的影响可在国家已规定的环境影响评价的基础上，分析评价项目采取环保措施后的环境质量状况、各项污染物治理情况、有无近期或长远的自然与生态环境影响导致人民对项目的不满。具体内容包括：①对环境质量的影响；②对自然环境的污染治理（如废水、废气、废渣、噪声、震动、放射物的污染等）；③影响自然景观、破坏绿化地；④传播有害细菌；⑤破坏森林植被；⑥影响水土流失；⑦诱发地震；⑧危害野生动植物生存；⑨其他。

（3）对自然资源的影响。主要是分析评价项目对自然资源合理利用、综合利用、节约使用等政策目标的效用。包括以下内容：①节约自然资源综合指标，如节约土地（耕地）、能源、水资源、海洋资源、生物资源、矿产资源等；②国土开发效益；③自然资源综合利用效益；④其他。

（4）对社会经济的影响。项目社会评价中的社会经济影响，主要是从宏观经济角度分析项目对国家、地区（省、市）的经济影响。具体内容可考虑如下各方面：①项目的技术进步效益；②项目节约时间的效益；③促进地区经济发展；④促进部门经济发展；⑤促进国民经济发展（包括改善结构、布局及提高效益等）。

3. 项目与社会相互适应性分析

以分析项目与当地社区的相互适应性为主，但大中型项目则还有适应国家、地方（省、市）发展重点的问题。这部分适应性分析的目的是：使项目与社会相适应，以防止发生社会风险，保证项目生存的持续性；促使社会适应项目的生存与发展，以促进社会进步与发展。项目与社会相互适应性分析一般可包括如下内容：

（1）项目是否适应国家、地方（省、市）发展的重点。

（2）项目的文化与技术的可接受性。分析项目是否适应当地人民的需求，当地人民在文化与技术上能否接受此项目，有无更好的成本低、效益高，更易为当地人民接受的方案等。

（3）项目存在社会风险的程度。项目有无社会风险，严重程度如何，干部与群众对项目有何反应；他们对项目的态度如何，有无不满或反对的，特别是项目是否为贫困户、妇女与受损群众所接受，他们是否存在不满；采取什么措施防止社会风险。

（4）受损群众的补偿问题。分析项目使谁受益，谁受损，特别是有无脆弱群体受损；分析影响受益与受损的因素，研究如何防止效益流失与减少受损群众的数量以及如何补偿的措施等。

（5）项目的参与水平。分析研究社区干部、群众参与项目各项活动的态度、要求，可能的参与水平，提出参与规划。

(6) 项目承担机构能力的适应性。分析项目承担机构的能力，是否需要采取措施提高其能力以适应项目的持续性，研究是否要建立非政府组织以协助项目承担机构的工作，以及组织机构的发展等问题。

(7) 项目的持续性。主要是通过分析研究项目与社会的各种适应性，存在的社会风险等问题，研究项目能否持续实施，并持续发挥效益的问题。对影响项目持续性的各种社会因素，研究采取措施解决，以保证项目生存的持续性。

上述第一部分影响评价与第二部分项目与社会相互适应性分析是紧密结合的。因为在项目层次分析公平、贫困、妇女、参与、组织机构发展以及持续性等问题，都是随着项目的效益与影响带来的社会变化而变化的。没有项目的效益与影响引起的人民群众的收入分配、住房、基础设施、服务设施、自然环境、资源等方面的社会变化，就不存在项目与社会是否相互适应，是否存在社会风险的问题。因此这两部分分析在实践中是紧密结合，互有交叉的。

4. 投资项目社会评价的基本方法

(1) 定量分析方法。对于项目社会评价来说，大量的、复杂的社会因素都要进行定量计算，难度很大。我国的社会评价方法采用定量分析与定性分析相结合，参数评价与经验判断相结合的方法。在一项评价指标中，可以用定量分析方法部分说明评价结果，也可以先用定量分析，然后再用定性分析补充说明评价结果。例如，我国社会评价方法中几项主要指标，可做如下定量分析：

1) 就业效益。就业效益指标可按单位投资就业人数计算，即：

$$\text{就业效益} = \frac{\text{新增就业人数(人)}}{\text{项目投资(万元)}} \tag{12-6}$$

式中，新增就业人数为本项目与相关项目新增就业人数；项目投资为本项目的直接投资和与该项目直接相关的项目的间接投资。

就业效益指标，从国家层次分析，一般是项目单位投资所能提供的就业机会越多越好，即就业效益指标越大，社会效益越大。但项目创造的就业机会，往往与项目采用技术和经济效益密切相关。劳动密集型企业与资金密集型企业，就业效益相差很大。行业不同，产品不同，单位投资创造的就业机会也相差悬殊。

因此，在评价就业效益指标时，应根据项目的行业特点，并结合地区劳动就业情况进行具体分析。一般来说，从社会就业角度考查，在失业率高的地区，特别是经济效益相同的情况下，就业效益大的项目应为优先项目。如果当地劳动力紧张，或拟建项目属高新技术产业，就业效益指标的权重就应减小，可以只作为次要的或供参考的评价指标。

2) 收入分配效益指标。从国家宏观经济层次分析来说，收入分配分析是指国民收入在社会集团或社会成员之间的分配效益分析。从项目的微观层次分析来说，即项目的净收益对社区居民的收入分配效益。

收入分配是否公平，不仅是个经济问题，更是社会是否公平的重要问题，包括贫富分配之间、地区分配之间是否公平的问题。我国项目社会评价方法设置了“贫困地区分配效益指标”，以促进国家经济在地区间合理布局，并促进国家扶贫目标的实现。

3) 节约自然资源指标。项目涉及何种自然资源就分析评价何种资源。例如，工业项目一般要分析评价节约能源、节约水资源、节约耕地等。矿山建设项目一般还要分析评价对该项矿产资源是否做到合理开采利用、综合利用等问题；水库建设要分析评价节约土地、少占耕地等问题；学校、医院等建设也要分析评价节约耕地的指标，等等。

对于节约能源、节约耕地、节约水资源一般可采用以下公式计算：

$$\text{项目的综合能耗} = \frac{\text{项目的年综合能耗}}{\text{项目的净产值}} \leqslant \text{行业规定的定额} \tag{12-7}$$

各种能耗应折合成“年吨标准煤”的消耗计算。行业的节能定额应由各主管部门根据国家计划期的节约要求制定。

$$\text{单位投资占用耕地} = \frac{\text{项目占用耕地面积}}{\text{项目总投资}} \tag{12-8}$$

$$\text{单位产品生产耗水量} = \frac{\text{项目年生产耗水量}}{\text{主要产品年生产量}} \tag{12-9}$$

单位产品耗水量由主管部门按行业规定的定额考核；单位投资占用耕地根据同类项目的经验予以评定。

4）环境影响指标。我国投资项目社会评价中设立的环境影响指标为环境质量指数，此指标是在环保系统工作的基础上，将环境治理的效益与影响纳入社会评价，分析评价由于项目实施对环境影响的后果及由此引发的社会问题。

环境质量指数指标，通过分析评价项目对各项污染物治理达到国家和地方规定标准的程度，从而全面反映项目对环境治理的效果。为了便于计算，环境质量指数采用各项对环境污染物治理的指数的算术平均数。如果项目对环境影响很大，比较复杂，则对各污染物聚集对环境影响的程度给予不同的权重，然后再求平均数。环境质量指数的计算公式为：

$$r_1 = \frac{\sum Q_i/Q_{i0}}{n} \tag{12-10}$$

或

$$r_1 = \sum W_i \frac{Q_i}{Q_{i0}} \qquad \left(\sum W_i = 1，且\ 0 \leqslant W_i \leqslant 1\right) \tag{12-11}$$

式中，n 为项目排出的污染环境的有害物质的种类，如废气、废渣、噪声、放射物等，有几种算几种；Q_i 为 i 种物质排放量；Q_{i0} 为国家或地方规定的 i 种物质最大允许排放量；W_i 为 i 种污染物对环境影响的权重。

（2）定性分析方法。定性分析方法基本上是采用文字描述，说明事物的性质。在需要与可能的情况下，应尽量采用直接或间接的数据，以便更准确地说明问题的性质或结论。如分析项目对地区文化水平的影响，可以采用有项目与无项目对比当地中小学生入学率，人均拥有的大学毕业生数加以说明；又如公平分配问题，项目的收入分配使社区的贫富差距是扩大了，还是缩小了，可以用有项目与无项目时社区贫富收入差距比来说明。

社会评价的科学的定性分析，要求与定量分析一样，要确定分析评价的基准线；要在可比的基础上进行“有项目”与“无项目”的对比分析；要制定定性分析的核查提纲，以利于调查与分析的深入；并要在衡量影响重要程度的基础上，对各种指标进行权重排序，以利于综合分析评价。

制定定性分析的分析核查提纲，一般是根据工作经验按具体行业分别制定的。如亚洲开发银行的社会分析准则，在其附件中分列了各主要行业的分析核查提纲。

分析核查提纲一般采取提问的形式，对每个需要分析的问题拟定比较全面的提问，由评价者沿着提纲的思路，深入进行分析。例如，分析项目对社区人口的影响，可提出如下分析核查提纲：①当地社区人口的统计特征如何；由于项目实施将引起社区人口统计特征发生什么样的变化，特别是社区人口数量、结构将如何变化。②社区人口包括哪些群体，由于项目实施将对社区各群体有何影响；群体的数量、结构是否可能变化。③项目目标人口包括哪些人；使哪些人受益，哪些人受损，对受损群众的补偿是否合理；有无受损的人得不到补偿。④项目对当地控制人口、计划生育有无不利影响；如果有，如何采取措施解决。⑤项目是否涉及所在社区和有关社区人口的迁移；如果涉及人口迁移，迁移的人数有多少，能否缩小迁移规模；迁出与迁入人口对项目有何反应，这方面是否存在社会风险。⑥项目所需职工，需要在当地社区招收的有多少；这方面当地群众有无不良反应；是否存在社会风险。⑦项目实施是否增加所在社区和有关社区的临时人口；这些临时人口对社区居民的生活有何影响；临时人口的生活是否可得到妥善安排；这方面是否存在社会风险。⑧项目对当地社区人口素质的提高有何影响。

第五节　企业可持续发展案例

国内外很多企业在促进社会可持续发展方面做出了很多努力，在资源节约及有效利用、环境保护等方面做了大量工作，在促进社会可持续发展的前提下，也促进了企业自身可持续发展。本节分别以中国海尔集团及日本丰田公司为例，简要分析这些企业在促进社会和企业可持续发展方面的成功经验。

一、我国企业案例——中国海尔集团

1. 案例描述

海尔空调早在2000年就开始了对低碳技术的研发，并成功推出了自己的无氟变频空调产品。如今海尔又推出整套绿色家电，并形成了模块化的基地生产线，新成立的低碳产业链和无氟变频空调推广联盟引领着家电行业的低碳经济潮流。

目前，海尔无氟变频空调不仅实现了绿色环保，还彻底解决了行业内空调制冷制热慢、效率低的问题。海尔无氟变频空调能够两分钟速热、一分钟速冷、-20℃超低温启动，能效比更是高达6.91，运行24h比普通变频空调省电5.2kW·h，相当于每天少向大气排放4kg的CO_2。节能就是最大的减碳。2007年，海尔节能冰箱又提前达到最新能效标准。新的1级能效标准比过去的1级能效标准平均节能还要低25%，比普通冰箱节能50%。

据世界权威市场调查机构Euromonitor（欧洲商情市场调研公司）2009年年底最新发布的全球家用电器市场调查结果：

海尔品牌在大型白色家用电器市场占有率为5.1%，居全球第一；同时，海尔冰箱、海尔洗衣机分别以10.4%与8.4%的全球市场占有率在行业中排名第一。由于在低碳领域节能

环保方面的贡献，海尔更是成为上海世博会无氟变频空调唯一指定产品。目前在欧洲市场，海尔无氟变频空调已经牢牢占据了市场份额第一的位置。与此同时，海尔节能冰箱还获得澳大利亚、新加坡、韩国等最高五星级能效标准。海尔以“环保、绿色”为发展理念，为消费者创造绿色、低碳生活，加深消费者的环保理念，提高生活质量。

2. 案例解释

海尔空调在设计、生产、销售、服务的全过程实施低碳并全面开发无氟变频环保产品，迎合了宏观社会环境，真正做到了用代碳的方式做企业，为企业的长期发展奠定了坚实基础。期间，海尔用以下几种方式进行长期可持续发展战略：

（1）供应链管理。为了实现长期可持续发展目标，海尔从源头做起，整合供应链，选择高效益、低耗能的8家供应商成立供应商加盟，共同组建了全球首条“无氟变频空调低碳产业链”。通过与其共同协作，确立共同目标，在确保本企业原材料成本最优、质量最好、耗能最低的同时，也保证了供应商的有利可赚，进而使双方效益达到均衡，实现了协同发展。

与此同时，海尔集团在加工制造环节紧扣“环保、节能”这一目标，实行“即供即需”模式。海尔集团及时掌握市场信息，并依此组织生产，降低存货水平。在电器生产制造阶段，海尔集团加大对新技术的投入与研发力度，掌握了世界领先的绿色家电核心技术，构建本企业的核心竞争优势，为企业长期可持续发展奠定了良好的技术基础。

在销售方面，海尔以“绿色推广”为销售理念，以低碳、环保为出发点，创造绿色消费。采取“即供即需”模式，使海尔随时掌握市场需求；采取订单生产，降低了库存成本；更重要的是，提升了产品的客户满意度，迅速占领电器市场。通过“海尔低碳家电购物节”等活动，不仅加大了绿色环保的宣传，而且为消费者带来适合的产品，进而树立了企业自身的绿色品牌形象，加深消费者对环境、低碳家电的认识，扩大了海尔绿色环保的影响力。

（2）企业文化。企业文化是企业长期可持续发展的灵魂，海尔追求绿色环保产品设计与制造理念，并逐步形成了独具特色的海尔企业文化。具体体现在如下几个方面：

1）有生于无——海尔的文化观。有生于无，表明海尔鼓励大胆创新，大力支持新技术的研究与开发决心与理念。由此，海尔公司不断提出新的管理方法、生产理念与营销观念，适应市场的不断变化，与市场同步发展。

2）先谋势，后谋利——海尔的战略观。海尔为长期的发展考虑，首先打响品牌知名度，明确目标市场，确定消费群体，迎合政府政策，整合供应链条，加快企业的发展。

3）市场无处不在，人人都有市场——海尔的市场链。海尔以市场为导向，提出“即需即供”的销售模式，充分掌握市场消费者信息，随时进行适应化生产，既降低生产成本，也满足了消费者需求。

4）品牌是帆，用户为师——海尔的品牌营销。海尔通过对市场的调查以及以对政府政策的了解，采取“绿色推广”的营销观念，在市场上为海尔树立了“绿色、环保、节能、低碳”的企业形象，赢得了广大消费者的认同，增加了海尔品牌价值的同时，扩大了品牌忠诚度。

5）走出去，走进去，走上去——国际化的海尔。海尔处在中国家电行业的领先地位，也成为中国家电实行走出去战略的成功典范。通过国际化经营，海尔拓宽了销售渠道，赢得了更广泛的顾客群，增加了产品的知名度。

（3）资源循环。近几年来，国内家电行业为应对世界经济环境的发展变化开展了系列活动，取得了良好成效。2005 年，在还没有实行以旧换新政策的时候，海尔公司就建立了一个很大的废旧家电基地。海尔提前实施家电以旧换新工作，使其在家电下乡和以旧换新等方面都获得了商机。海尔通过资源的循环再利用，不仅赢得了广大消费群，而且主动承担社会责任，为保护人类的生存环境做出了贡献。

海尔是可持续发展企业的典型成功案例。海尔集团目标明确，通过大力整合供应链，不断更新和树立企业文化以及企业管理模式，为企业更好地实现长期发展目标做了充分准备。“低排放、低耗能、低污染”能够清晰表现出海尔对环境的贡献，海尔通过技术的不断创新，履行低碳企业的承诺，在引领全球家电的同时，自身也获得了更大的发展。

二、国外企业案例——日本丰田汽车公司

1. 案例描述

日本丰田汽车公司（以下简称丰田）成立于1937 年，它一直在探索实现自身的可持续发展。目前，丰田正努力将汽车所造成的环境负荷降到最低，力争在汽车的设计开发、生产、使用等每一个环节都体现其关爱人类、关爱地球的环保理念，丰田坚持为各个国家和地区提供适应其能源情况及基础设施条件的最佳环保车型汽车，并将发挥多种能源优势的混合动力技术视为最佳环保汽车的核心技术。为尽快实现“再生利用率95%”的目标，丰田通过实施汽车再生利用制度，积极为建设循环型社会做贡献，追求环保型生产和物流。

此外，丰田还在日本本土设立了丰田百川乡自然学校，通过让人们体验自然的活动，使成人和小孩树立环保意识；为了促进郊外山区的发展，作为实验地开辟了一块示范森林。在“里山学习馆环保森林之家”，设有面向学龄儿童的环保教育课程。这些都是丰田作为一个企业主动承担并履行的社会责任、环境责任。丰田将“低碳经济”“生产环保型汽车，促进社会与自然和谐发展”作为企业的发展经营理念，并积极贯彻实行到底，通过这些最终实现企业的可持续发展。

2. 案例解释

丰田从生产到销售每一个环节都采用低碳经济理念，给企业的持续发展带来了巨大好处。

（1）供应链管理。企业是以盈利为目的的生产经营活动主体，获得最大利润是企业发展的动力与来源。丰田开发新技术，研究新型环保型汽车，虽然成本较高，但是这些将有利于促进社会和企业的可持续发展，在未来汽车市场上获得较大市场份额，最终为企业带来巨大收益。同时，丰田坚持为各个国家和地区提供适应其能源情况及基础设施条件的最佳环保车型汽车，并将发挥多种能源优势的混合动力技术视为最佳环保汽车的核心技术，在汽车供应生产上自主研发，严格控制生产过程中的每一个细节，力求达到资源的可持续利用。在前向生产中，新型汽车生产技术的研发促进了原材料资源的有效利用与循环，为企业更好地节省了生产成本与环保成本，扩大了规模经济。

丰田通过调整企业生产供应链，使得生产链条更加井然有序，从基础设备到产品包装，都做到低碳、节能、环保和创新。增加了产品的附加值，使得企业团队更具有信心，创新意识更为强烈，在国际竞争中具有较高的竞争力。

此外，丰田进行技术与知识创新，开发研制环保型汽车，而这必将在以环保为主体的未来引领汽车市场，并成为新型汽车市场的领军者，从而为企业获取更大的市场份额与企业利润，最终实现企业的可持续发展。

此外，丰田采用绿色推广来进行汽车销售，在市场营销宣传中采用绿色环保方式，策划一系列企业活动，引领日本民众走向大自然，亲身感受绿色，感受低碳生活。低成本、高收益地为企业产品做了宣传，同时也达到了绿色环保。

（2）企业文化。丰田从人类社会和谐相处的角度出发补充了公司发展基本理念，其中可以明显看到这样两条：①以提供环保且安全的产品为使命，通过所有的企业活动为创造更美好、更舒适的生存环境和更富裕的社会而不懈努力；②通过全球化的创造性经营努力实现与社会的协调发展。丰田在此基础上承诺将不断谋求人与社会及环境的和谐，力争长期稳定的可持续性发展，继续开展公开、公正的企业活动，生产更加环保、安全的汽车，为建设舒适的地球和富裕的社会而不懈努力。环境保护是丰田最为重视的课题之一。

丰田把“低碳经济”等环保型理念融入企业文化，确立企业新文化，并采取积极行动将企业文化传达到世界的每一个角落，使日本民众乃至世界人民了解丰田汽车，了解这个企业的内在文化，并在心里对丰田进行认可。这为其以后的发展奠定了基础，也预示着企业可持续发展的成功实现。

（3）资源循环。目前，丰田正努力将汽车所造成的环境负荷降到最低，力争在汽车的设计开发、生产、使用等每一个环节都体现关爱人类、关爱地球的环保理念。丰田积极研发新型环保汽车，力图降低汽车碳排放量，甚至实现零排放。在此过程中，有效合理利用资源，循环使用，采用尖端高科技，绿色环保技术，在汽车生产整个工业流程中达到资源的最优配置。

人类社会环境的可持续发展是企业可持续发展的前提和保障。在社会环境与自然可持续发展的前提下，企业才能实现长远目标，获得长远利益，实现企业可持续发展。丰田秉承低碳经济理念，从企业供应链管理、资源循环以及企业文化3方面进行调整，采取各项措施促进整个社会的可持续发展。而这一切的努力为丰田带来了无限商机与社会认可，升华了企业形象，丰富了企业内涵，真正实现了企业可持续发展。

习题

1. 什么是“科学发展观”？其基本内涵是什么？
2. “可持续发展”主要包括哪些观点？其核心思想是什么？
3. 可持续发展的评价指标包括哪些方面？
4. 自然资源有没有价格，为什么？
5. 考虑环境效益条件下，投资项目评价模式有何特点？
6. 项目可持续发展评价应考虑哪些方面？
7. 投资项目环境经济效益评价包括哪些内容？
8. 什么是投资项目的社会评价，主要包括哪些内容？
9. 结合当前全球环境现状，探讨论述工程项目实施可持续发展评价的必要性与重要性。

附录　“工程经济”课程实践及应用

“工程经济”课程设计是以小组团队为基础，在学习“工程经济”教学内容的基础上，自主选择主题，在教师指导下对所研究问题进行调研、资料检索、数据处理、论证或分析建模、评价等过程，经过充分讨论得出结论、给出最终决策方案的一种全过程综合训练，是重要的实践环节，对于培养和提高本科生科学思维、科学方法、实践技能和创新应用能力的综合素质至关重要。具体表现为创造性思维能力、科研能力，如分析和解决实际问题的能力、定量分析与上机能力、综合与表达能力、合作共事与团队作战能力、协调与应变能力等。

一、课程实践目的

“工程经济”是一门实践性极强的应用性课程，课程实践对学生掌握工程项目评价与决策理论与实务具有重要意义。国外工程经济应用范围非常广泛，从个人居家生活（如汽车维修策略、房屋贷款方案、人寿保险）到企业、政府各类项目的可行性分析，包罗万象。近些年，国内工程经济方法应用也渗透到社会生活的各个角落。因此，利用课程中的理论与方法直接解决现实生活中的经济评价与决策问题，有其巨大的社会需求。同时，也是提高学生利用理论解决实际问题的能力不可或缺的环节。

二、课程实践要求

综合应用“工程经济”课程中的理论与方法解决实际问题是本环节的基本要求。因此，从理论与实践两个方面提出要求：第一，在理论上必须应用资金时间价值相关理论，在方法上要求采用规范的可行性研究流程与模式；第二，在实践上，所研究的问题必须是学生身边所遇到的经济评价与决策问题，学生通过努力可以获得评价与决策所必需的第一手资料。鼓励学生，充分发挥挖掘各自拥有的资源，发挥主观能动性，创造性地拓展研究范围，尽最大努力使问题与社会经济生活接轨。

三、课程实践内容

1. 选题

选题是一项好的研究的基础，需要给予足够的关注。通常由项目小组成员通过头脑风暴法等技术，经过充分讨论，形成若干议题，然后从问题的应用价值、数据的可获得性，研究的分量等方面进行综合分析与评价，必要时，可通过一定的预研，确定研究问题。由于学生对问题的把握缺乏相应的判断力，因此，项目布置一周后，在完成了上述议题提出过程后，需要由任课教师介入，逐一对各组所选课题进行方向性指导。

2. 数据收集

项目评价与决策是否正确关键在于数据是否准确。在实践环节中，如果数据来源不可靠，甚至胡编乱凑，其结果毫无意义。因此，高度重视基础数据来源的可靠性，应成为评价一项研究优劣的重要指标，同时，数据收集工作总工作量中也应占有相当的比重，并且应该在最终的考核中予以体现。项目评价与决策实践由于涉及的问题不同，所收集的数据也不同，但是这些数据的共同点是通过课本无法获得，必须通过学生的努力从外界获得，如银行利率、保险公司保单上的条件、产品市场需求，以及设备场地价格等。相关数据来源可分为两类，即一手数据与二手数据。前者是学生通过自己调查获得的数据，如在餐馆投资项目评价中，通过问卷调查获得人群中对素食食品或药膳的需求，又如在网吧选址中，对某处客流量的调查等；后者是通过公开发表的数据源（报刊或网络）中获取的数据，如行业的基准收益率、某产品社会需求、市场价格以及成本测算等。这两类数据均很重要，须根据问题性质确定应用哪种数据源，但由于两种数据的获取途径不同，对学生实践能力的锻炼也不同，因此，在实际操作中，需要对获取不同数据的能力分别进行训练，同时，为了确定工作量，教师可依情况对两种数据的比例做一些具体要求。

3. 备选方案设计

根据不同问题的要求，应该对可行的方案进行筛选，可利用其他学科的方法确定可行的方案，最后确定一个或多个（竞争性方案）备选评价方案。

4. 可行性分析报告

按照技术、经济、财务、投资、建设周期以及环境等方面的要求，从项目背景、市场调查、原材料、燃料、动力、选址、项目规划与设计、人员、进度、投资筹措和成本估算等方面对项目进行可行性分析，最终进行财务评价。要求按规范的可行性报告模式撰写可行性研究报告，其中财务报表需按规范制作。

5. 评价与决策结果的分析与讨论

根据上述分析，对前文问题的评价结果进行分析讨论，主要是对结果产生的条件进行稳健性分析，手段包括灵敏度分析、概率分析等。

四、课程实践组织方式

项目以小组方式进行，4～6人一组比较适宜，需要确定组长一名以协调工作。工作方式以团队形式为主，同时必须有明确分工，以便最终对每位成员进行考核。除合作完成工作外，从数据收集、财务报表的制定、方案的评价到最终公开演讲，组长应均衡分配工作任务，以确保每个成员机会均等。

五、课程实践进度计划

课程实践以4～5周为宜，在完成了第七章“不确定性分析及风险分析”后，即可布置问题，进入选题阶段，在完成了“工程项目的可行性分析”一章后（建议第6～7章放在第9章之后，使学生更早进入实践环节）正式开始项目研究工作。在课程结束前，安排2～4个学时进行公开答辩（提交PPT文档）。

六、研究报告撰写

撰写课程实践报告的目的是为了培养学生规范、良好的科研作风，参照科研论文的写作而提出的要求，包括研究报告和工作报告两部分，写作格式如下：

1. 研究报告

研究报告是课程实践的主要成果，应反映研究的内容和结果，主要包括背景资料（问题的提出）、市场需求分析与预测、项目方案选择、投资估算与资金筹措、财务评价及不确定性分析、结论。

报告的写作格式应参照科研论文的写作，具体要求如下：

（1）标题（标题下为署名）。

（2）摘要。

（3）关键词。

（4）正文。

1）问题的提出（选题意义、背景）。

2）资料数据的收集和整理。

3）市场需求分析与预测。

4）项目方案选择。

5）投资估算与资金筹措。

6）财务评价。

7）不确定性分析。

（5）结论。

（6）参考文献。

2. 工作报告

工作报告的内容应反映研讨过程中组织、开展的具体活动、小组成员分工与完成质量自评、收获与体会、缺憾与努力方向等内容，是对本组工作的总结与评价，应反映出每个同学的工作量和工作质量、个人与小组的收获和进一步努力的方向。

学习写作“研究报告”和“工作报告”，对于培养学生规范、良好的科研作风有积极作用，应鼓励学生认真总结。

七、答辩与成绩评定

课程实践考核采取团队考核与个人考核相结合的原则，一方面考核整个团队的工作效果，另一方面考核个人的工作贡献。前者主要依据小组提交的报告和公开答辩的情况给定成绩，后者分两个方面：其一是合作贡献的问题，请同组同学就每个同学在项目中的贡献进行打分（考虑同学不愿公开给别人打分等行为方面的因素，可设计网上打分渠道完成此项工作）；其二是在研究报告中，明确标识每个人的工作，以便确定个人成绩。

八、以前学生所完成的一些项目（谨供参考）

（1）××网吧投资项目评价与决策分析。

（2）“××药膳餐馆”投资项目可行性分析。

（3）“××校外休闲学习吧”项目可行性研究。

(4)“615厂柴油机扩产”项目可行性分析。

(5)平安保险产品/服务经济性分析与营销策略研究。

(6)“××填充式布艺玩具项目”可行性分析。

(7)“××市居民购房经济性分析”。

(8)“××下岗职工再就业项目——草皮种植项目”可行性分析。

(9)“××市‘米旗’糕饼连锁店××零售店”可行性分析。

参考文献

[1] 刘新梅．工程经济学[M]．北京：北京大学出版社，2012.

[2] 刘晓君．工程经济学[M]．北京：中国建筑工业出版社，2009.

[3] 国家发展和改革委员会，建设部．建设项目经济评价方法与参数[M].3 版．北京：中国计划出版社，2006.

[4] 冯为民，付晓灵．工程经济学[M].2 版．北京：北京大学出版社，2006.

[5] 关罡，郝彤．工程经济学[M]．郑州．郑州大学出版社，2012.

[6] 蒋丽波．工程经济学[M]．西安：西北工业大学出版社，2012.

[7] 中国注册会计师协会．税法[M]．北京：中国财政经济出版社，2015.

[8] 中国注册会计师协会．会计[M]．北京：中国财政经济出版社，2015.

[9] 中国注册会计师协会．财务成本管理[M]．北京：中国财政经济出版社，2015.

[10] 刘新梅．工程经济学[M]．西安：西安交通大学出版社，1998.

[11] 赵国杰．工程经济学[M]．天津：天津大学出版社，2010.

[12] 李南．工程经济学[M]．北京：科学出版社，2013.

[13] 宋国防，贾湖．工程经济学[M]．天津：天津大学出版社，2000.

[14] 钱 S 帕克．工程经济学[M]．北京：中国人民大学出版社，2004.

[15] 沙利文，威克斯，科林．工程经济学(影印版)[M]．北京：清华大学出版社，2011.

[16] 陈明，罗家园，赵永红，等．可持续发展概论[M]．北京：冶金工业出版社，2008.

[17] 姚琴，潘巧兰，袁霖波．企业可持续发展案例分析与讨论[J]．北方经济，2010（6）.

《工程经济学》（第2版）（吴锋　叶锋主编）

信 息 反 馈 表

尊敬的老师：

您好！感谢您多年来对机械工业出版社的支持和厚爱！为了进一步提高我社教材的出版质量，更好地为我国高等教育发展服务，欢迎您对我社的教材多提宝贵意见和建议。另外，如果您在教学中选用了《工程经济学》（第2版）一书，我们将为您免费提供与本书配套的PPT课件，您可以登录机械工业出版社教育服务网（www. cmpedu. com）下载。

一、基本信息

姓名：__________ 性别：____ 职称：________ 职务：__________

邮编：__________ 地址：________________________________

任教课程：________________ 电话：____—________（H）______（O）

电子邮件：________________________________ 手机：__________

二、您对本书的意见和建议

（欢迎您指出本书的疏误之处）

三、您对我们的其他意见和建议

请与我们联系：

100037　机械工业出版社·高等教育分社·经济管理教材策划部　裴泱　收

Tel：010—8837 9539

Fax：010—6899 7455

E-mail：cmppy@163. com